JN247225

ビートルズはどこから来たのか

大西洋を軸に考える20世紀ロック文化史

和久井光司

Introduction
はじめに

若者の衝動を刺激する、低俗なダンス・ミュージックのために

本書は、２０１４年から15年に計22回行われた「和久井光司の20世紀ロック講座」の、講演録として企画されたものだ。けれども、１回約2時間の講座で話したことは膨大で、映像を見せたり、演奏してみせたりもしたため、その記録を本にまとめるというのは不可能だった。

そこで、講座のためにつくった資料を再構成しながら、話し言葉で書くという「ライヴの再現」を試みた。私は２０００年に行った第1回目の「5夜連続ライヴ」で収録したアコースティック・セットの音源に、1年がかりでリズム・セクションやキーボード、ホーンなどを加えて、『フロム・ダスク・ティル・ドーン』というアルバムをつくったことがある。そのときの工程を「フランク・ザッパ方式」と呼んだのだが、この本の作業も同じようなものになった。より詳しい見解や、新たな視点という〝新録〟を加えているから、講演録をリミックスしただけではない〝書き下ろし〟である。70年代中盤以降のザッパのアルバムの多くがライヴ音源を使った〝新作〟だったように、この本は講演録ではない。講演というライヴを〝再現したように見せた新作〟なのである。

評論を話し言葉で書くというのはあんがい面倒なことだが、そういう形にしたおかげで、意識の流れに任せて話を脱線させることができた。講座をやってみていちばん面白かったのが、思い

つくままに話題がそれていくのが評論を書いているときとは違う拡がりを生んだことだったから、〝そこ〟は再現したいと思った。

評論というのは史実があってのものだ。だから、ある人物を追っていけば時間を縦に切ることになるし、ある事象に言及すれば時間を横に切ることになる。それは文化や芸術を批評する場合の大きな欠点で、ジョン・レノンとボブ・ディランが1965年に考えたことの〝関係性〟は、縦軸と横軸のあいだに消えていったりしてしまう。

ジョンはディランの歌を聴いて「歌詞、すげぇ」と驚いただろうし、ディランはビートルズを観て「やっぱ、これからはエレキだよ」と思ったはずだ。それは、アマチュア時代から数えると45年も音楽をやっている私の〝皮膚感覚〟かもしれないが、ハウリン・ウルフやエルモア・ジェイムズのレコードに合わせてギターを弾いてスケール（音階）を習得していくようなこととは別の〝真性のクリエイティヴィティ〟は、「畜生、カッコいいじゃねえか、アイツ」と、同世代のライヴァルを愛憎入り混じった気持ちでながめたときにしか生まれない。ニルヴァーナ以降のロックがロックらしい爆発力に欠けているのは、フォークやカントリーといったルーツ系の音楽や、60〜70年代のロックを愛する若年寄のようなミュージシャンが増えたからだろう。

〝愛〟を表明するだけで愛が伝わるならディランは〈ライク・ア・ローリング・ストーン〉を書かなかったはずだし、彼が誰かについた悪態が、時の権力や、差別や戦争を生む社会を批判する〝気分〟にすり替わっていたことを、忘れてはいけないのである。

本書を書き始めて、方針が決まったころに、ディランはノーベル文学賞を受賞した。紆余曲折の末に、長いコメントを発表することで〝偉人〟のペルソナをメディアに残すのを回避したのもディランらしかったが、執拗に「私は歌を書いてきただけ」と繰り返した意味がどれだけ世界に伝わったのだろうか？

ディランは80年代の最高傑作〈ブラインド・ウィリー・マクテル〉で、盲目のブルースマンの歌の中にこそ「アメリカの悲しい歴史」があり、「あんなブルースを歌える男は二度と出ない」と言い切っている。そして、いまのところ最新のオリジナル曲集になっている『テンペスト』のラストに、ジョン・レノンの人生の瞬間瞬間を歌った〈ロール・オン・ジョン〉を置いているのだ。

どちらもメロディのついた〝歌〟で、詞も、とくべつ文学的だとは思えない〝歌詞〟だ。けれどもそれが〝ボブ・ディラン〟の歴史の中に置かれると、歴代の名篇と呼応しあって、とんでもなく深い意味を持つようになる。どこまで狙ってやっているのかはわからないが、〝ボブ・ディラン〟という存在自体が、ジョイムズ・ジョイスの『フィネガンズ・ウェイク』のような、おいそれとは読み解けない大長編全体小説のように思えてくるほど、彼の一曲は〝あるシーン〟にすぎず、それだけでは完結しないのである。

ディランとビートルズは、１９６５年に〝歌〟をそういうものにした。詞や曲のつくりかたということではないから、〝音楽表現を〟と言った方がいいかもしれない。〝自作自演〟という要素が加わったことは何よりのポイントだが、譜面に書けない〝情緒〟を、歌をつくった本人が演奏で伝えることで、〝歌の意味〟は前人未到の域に踏み込んだのだ。

ブルースやカントリーやフォークやR＆Bにも自作自演の唄い手はいたが、ビートルズの自作自演はそういうレベルではなかった。リンゴ・スターのスネア・ドラム一発まで、〝ビートルズの歌〟

には不可欠だと思わせたからだ。63年3月に英国で発売された『プリーズ・プリーズ・ミー』が、シンガー＋バックという〝ロックンロールのバンド・スタイル〟から〝ロック・バンド〟への分岐点であったことは間違いないが、〝優秀なバンド音楽〟ならジャズやR&Bにもすでにあったわけだから、詞も曲も書けて、全員で唄って、ハモれて、演奏できるという「他者の手を借りない自作自演」が、やはり〝ロックの肝〟ということになるだろう。けれど64年夏ごろまでのビートルズは、R&Bやロックンロールと、カントリーやソウルを含むポップスをミックスしていただけ、とも言える。作曲者＝演奏者の〝情緒〟を加えた「総合的な音楽表現」はもちろん一級品だったが、そこにとどまっていたらゾンビーズあたりに抜かれてしまったかもしれない。

『ア・ハード・デイズ・ナイト』をレノン／マッカートニーのオリジナル曲で固めたときに、ビートルズの総合的な音楽表現は最初のピークを迎えた。『ア・ハード・デイズ・ナイト』には映画もくっついていたから、〝総合的な〟は完璧だった。英国でアルバムが1位になるようになって1年半足らずと考えれば、とんでもない出世のスピードだったのがわかるが、ジョンはひそかに限界を感じ、ほかのメンバーも「こんなことが長く続くわけはない」と思っていた。

そんなときに、ビートルズはボブ・ディランと会った。自身のヒット曲はないのに、フォークの常識を塗り替え、アメリカ文化を担っていく存在と目されていたディランは、〈抱きしめたい〉のI can't hideを「high」と聴き間違え、マリファナを持って現れたという説もある。ディランの側からすれば、いずれにしても冗談めいたことだったはずだが、ビートルズはそれを真に受けた。ハンブルク時代に怪しい興奮剤を服まされていた程度のドラッグ体験しかなかった彼らは、マリファナまで〝文化〟として容認しているディランの〝新しさ〟に感化され（その直後から親交が始まるザ・バーズの面々や、アレン・ギンズバーグ、ピーター・フォンダらもマリファナ程度は常に持っていた）、「知覚の扉を開けるためには手段を選ばない」という姿勢を〝音楽表現を次の高みに向ける手段〟としていくのである。

そして64年秋、ジョンはディランに傾倒した曲を書き始め、ビートルズは過渡期の『フォー・セール』で、ディランやバーズの〝フォーク・ロック〟への接近を見せた。ジョンの歌詞がより直情的／個人的になっていったのは65年前半に録音された『ヘルプ！』でも明らかだが、ディランはその年3月の『ブリンギング・イット・オール・バック・ホーム』で〝フォーク・ロック〟を具体的なバンド・サウンドとし、7月のニューポート・フォーク・フェスティヴァルでついにエレクトリック・ギターに持ち替えた。その直前にリリースされた〈ライク・ア・ローリング・ストーン〉は全米2位。ビートルズのアイドル映画『ヘルプ！』が世界で公開されようかというときに、ディランは〝一歩先〟に進んでいたわけだ。

〈ライク・ア・ローリング・ストーン〉がヒットしている最中にリリースされた『追憶のハイウェイ61』は、弦楽四重奏とポールのヴォーカル／ギターだけで録音された〈イエスタデイ〉を「ロック・バンドらしからぬ……」と称賛した人たちを嘲笑うかのような〝真性のロック・アルバム〟になった。〝音楽を音楽としてつくる〟ことに疑問を感じていたジョンは、ビートルズを「優れたレコーディング・グループにしよう」と『ラバー・ソウル』に臨んだのだが、それは、「スタジオ・ワークを駆使しなければディランには勝てない」と悟ったからだろう。

どちらが先にやった、とか、どちらが優れている、という話ではない。ここで〝両輪〟が揃ったということだ。ディランが『追憶のハイウェイ61』を、ビートルズが『ラバー・ソウル』をリリースした65年後半こそ、ヒット・シングルに影響されずにアルバムを売ることができる〝新しいポップ・ミュージック＝ロック〟が誕生したときなのである。

リアルタイムでそれを感じていた音楽ファンはごくわずかだろう。米英での温度差もあった。けれど日本の遅れといったら、そういうレベルではなかった。ビートルズの『フォー・セール』が日本で発売されたのは65年3月で、タイトルは『ビートルズ'65』。その時点ではディランのレコードは一枚も出ていなかった。63年にディランの存在を知った中村とうようは、その年10月に初来日したピート・シーガーに、「ボブ・ダイランをどう評価していますか?」と質問して、「あぁ、ボブ・ディランのことだね」と教えられたという。とうようさんはその直後から日本にディランを紹介しようと尽力したが、ディランの日本でのデビュー・シングル〈ホームシック・ブルース〉が日本コロムビアからリリースされたのは65年6月のことで、『ブロンド・オン・ブロンド』までのアルバムはすべて編集盤。オリジナル盤通りの曲目で出た最初のアルバムが『ジョン・ウェズリー・ハーディング』だったのだから、68年まで、日本では〝ロックの片輪〟が作用していなかったと言ってもいいだろう。

もう片輪、ビートルズは理解されていたのかと言えば、これも怪しい。60年代に沢山の日本独自シングルやEPが中高生向けに発売され、それが70年代中盤まで売られていたから、日本は〝ビートルズ大国〟だと思っている人も多いが、ビートルズの歴史が整理され始めたのは赤盤・青盤が出た73年からで、リアルタイム世代ほど英米での活動には疎かったりする。

まぁ〝日本におけるビートルズ〟という認識があってもいいし、先輩たちの青春にチャチャを入れるつもりはないが、「ビートルズをアイドル視しているかぎり肝心なことは見えてこない」というのが私の結論である。

かつて〝ロック〟は若者の音楽だったから、世代によって受け止め方が違う。たった2年で終わったグラム・ロックなど我々の世代しか知らないのは当然だけれど、歴史というのは面白いもので、あとから俯瞰して、縦軸と横軸を冷静に整理した人たちの方が、より正確に真実を捉えていたりするのだ。

『20世紀ロック講座』は、いまや青息吐息の音楽文化を嘆く〝意識的な業界人〟に勧められて始めたものだったが、毎回の講座のための資料づくりは目から鱗の連続で、「こんなことも知らずに30年も音楽の原稿を書いてきたのか……」と反省ばかりしていた。

音楽なんて好き・嫌いでいいと思うし、ロックは神棚に祀るようなものではない。若者の衝動を刺激する、低俗なダンス・ミュージックでなければいけないのだ。けれどそこにも〝文化〟や〝芸術性〟はある。60歳になろうかという私が、中学生のときに初めて聴いたイギー・ポップの『ロウ・パワー』に、当時より何倍も痺れていたりするのがロックの深さだ。人間の猥雑さや滑稽さを肯定していくことで、ロックは19世紀半ばに生まれた商業音楽を文化・芸術の域にまで発展させ、世界を巻き込んでいった。その〝在り方〟を示したのはビートルズとディランだったが、彼らはそれまでにあった芸術表現の新たな組み合わせを〝発見〟しただけで、ロックを〝発明〟したわけではないのだ。

じゃあ、ロックはどこから来たのか。

私は『20世紀ロック講座』をやっているあいだ中、そればかり考えていた。歴史上の点と点が結ばれて線になり、いくつもの線が縦と横に編まれていかなければ、タペストリーは生まれない。つまり、ビートルズやディランが発見したのは、複数の線が〝有機的に交わる地点〟なのである。点と点。点と線。縦と横。国や時代という背景。いつ、誰が、どこで点を打ったのか。点と点はどう繋がったのか——。

それがわかったとき、音楽はきらめき始める。フォスターとビートルズが、ブラインド・ウィリー・マクテルとボブ・ディランが繋がる瞬間の喜びを多くの人と分かち合うために、私はこの本を書いた。

CONTENTS
目次

01. A System Called Pop Music

第1章

ポップ・ミュージックというシステム

疑問から始める20世紀ポップス研究

こういう講座[1]に、お金を払って参加しようという皆さんですから、それなりにロックを聴いていらっしゃると思います。レコードを集めるにもガイドは必要ですから、私の本とか（笑）、お買い上げいただいているはずですよね。ありがたいことです。

けれども、本を読んだり、ネットで調べたりしても、もうひとつピンとこないところがある。歴史的な事実はわかってもイメージが湧かない、とか、語られていることと実際の音がうまく繋がらない、とか……。

つまり、疑問を持っているわけですね。もやもやしたところがある。私もそうでしたが、**聴けば聴くほど疑問が出てくるのが20世紀のポップ・ミュージックです。**

音楽の実作者でもある私は、楽器を弾いたり、唄ったり、曲を書いたり、レコーディングしたりという体験から、音楽の構造を理解してきました。やってみたらわかった、ということは音楽じゃなくても多いと思いますから、私が体験をもって掴んだことがあるのはご理解いただけるでしょう。

もちろん、レコードを聴いてわかった、ライヴを観てわかった、ということも多いですから、楽器を弾いたり、曲を書いたりしたことがないと音楽はわからな

【1】
本書のもとになった「和久井光司の20世紀ロック講座」のこと。第1期は2014年11月～2015年2月で全10回、第2期は2015年5月～11月で全12回開催された。20世紀のポピュラー音楽の歴史を紐解きながら、ときにギターを持ち、歌いながら楽曲の構造分析も行った

【J1】
『ワックス・ワークス』1982年11月

い、なんてバカなことを言う気はありません。私が信頼している音楽評論家の中にも、実演や実作の経験はない人もいますからね。

大工さんじゃなくても釘ぐらい打てるし、カンナの使い方の解説はできるかもしれない。技術を論理的に説明したり、ある現象を歴史の中に当てはめて語ったりしているのが評論家でしょう。ときには実作者が気づかないようなことを、客観的な視点から解説してくれるのが優れた評論家です。

XTCのアンディ・パートリッジは、彼らの最初のベスト盤に、皮肉をこめて『ワックス・ワークス』【J1】というタイトルをつけました。レコーディングを〝壁塗り仕事〟と呼んだわけです。プロのミュージシャンは、レコード会社に提示された予算や締め切りに縛られながら作業するものですから、レコーディングは白い壁にはじからペンキを塗っていくようなものなんです。

我々の世代のミュージシャンは、ビートルズの本などを読んで、『リヴォルヴァー』【J2】や『サージェント・ペパーズ・ロンリー・ハーツ・クラブ・バンド』【J3】のようなクリエイティヴな実験ができると思ってプロを目指したんですが、あれは世界中で売れるビートルズだから許されたことで、実際はそういきません。

私は音楽業界が潤っていた1980年代にデビューしましたから、高いスタジオで、ずいぶん実験をさせてもらいましたが、いまはそうはいかない。ハードディスク・レコーディングが主流になったおかげで、友人のプライヴェート・スタジオを使った低予算の制作でもそれなりの音に仕上げられるようになりましたけど、

【J2】『リヴォルヴァー』1966年8月

【J3】『サージェント・ペパーズ・ロンリー・ハーツ・クラブ・バンド』1967年6月

レコーディングに臨む高揚感や緊張感が、かつてとはすっかり変わったことは認めざるをえません。[2]

「戦争の世紀」が生んだ文化

ロックが輝いていた時代、つまり、60年代から80年代は、レコーディングの技術がどんどん革新され、コンサートが現在のような形になった時代です。PAや照明が発展し、大会場でのライヴが可能になり、チケットの売り方も変わった。それとは逆に、ライヴハウスのような小さな会場でも、ロンドンのパブや、ニューヨークのフォーク・クラブでやっているような弾き語りではない、本格的なロックの、バンド・サウンドを楽しめるようになりました。それは「システムが完成された」ということだと私は思うんです。

おかげでロックの商業化が進みました。産業になりました。ビートルズの英国でのファースト・アルバム『プリーズ・プリーズ・ミー』[J4]は63年3月22日に発売されたんですが、25万枚を売った辺りで「空前の大ヒット」と言われた。それから14年後の77年2月に出たフリートウッド・マックの『噂』[J5]は、その年に全米だけで700万枚も売れたんです。たった14年で、ロックをめぐる状況はそんなに変わった。いまから14年前、21世紀に入った辺りから、そんなに変わったことって、ないですよね？　東西を分ける壁があった時代のことですから、世界的に、

【2】
1980年代の好景気で日本の音楽産業は急成長を遂げたが、CDの売り上げはピークである98年を境に落ち込んでいく。録音現場でコンピューターを用いた小規模・低コストでの制作が可能になった反面、潤沢な予算のもとプロフェッショナル・スタジオで録音される作品は減少。需要減から有名・無名問わず大小スタジオの閉鎖が世界的に相次いでいる

【J4】
『プリーズ・プリーズ・ミー』1963年3月

と言っても西側諸国での話ですが、それにしても、**ある文化がたった14年でそんなに発展したことが、人類の歴史にあったでしょうか？**

たぶんないです。絵画や彫刻は一点ものだし、木版時代の本は何十万部も刷れません。クラシックのコンサートやオペラだってPAがなければせいぜい５００人ぐらいのお客さんしか相手にできないし、レコードもシェラック製のSPの時代までは簡単に扱うことができなかった。SPはちょっとした衝撃ですぐ割れちゃいますからね。

そう考えると、第二次世界大戦後にポップ・ミュージックが世界に広まったのはなぜか、が見えてくる。西側諸国のほぼ全域で電気が使えるようになり、飛行機や自動車の発展から物流が整った。暗くなったら寝ていたような人たちが、新聞や雑誌を読み、ラジオを聴き、やがてテレビを観るようになった。つまり、家にいながら情報を得て、娯楽を楽しめるようになったわけです。

逆説的に言えば、電気や物流は戦争のおかげで世界的に整備された。レコーディングの技術だって、ヒトラーの演説をドイツ軍がよりよく記録しようとしたために発展したという説もあるくらいだし［3］、日本にラジオが広まったのも、大本営発表を聴くためでした。戦争のおかげなんです。

けれども、世界大戦が終わったとたん、大衆の逆襲が始まる。戦争のおかげで発展したものを使って、大衆は新しい娯楽や文化をつくった。１９４５年を境にまず大きく発展した娯楽は映画ですが、それだって戦争を記録するために技術が

【J5】
『噂』１９７７年２月

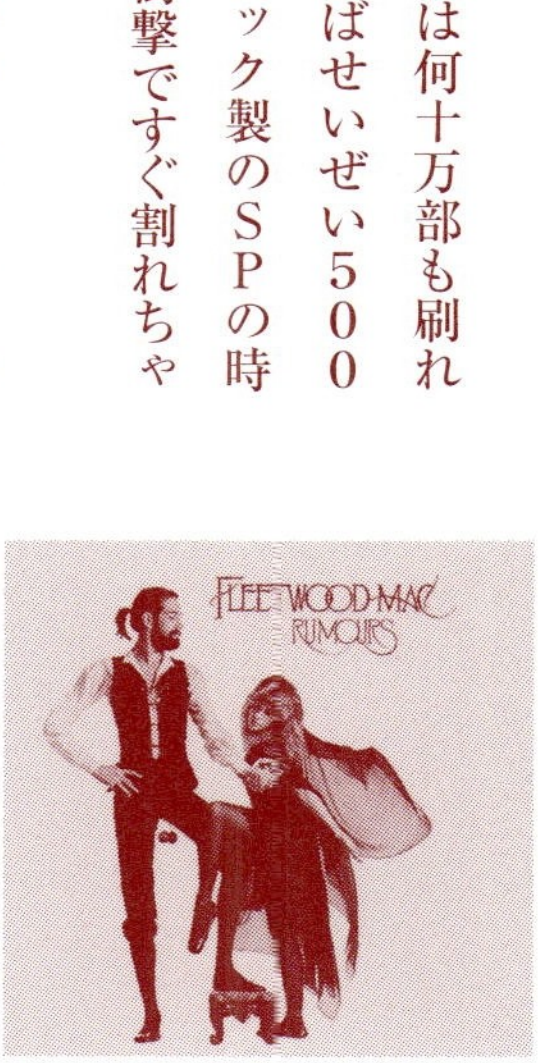

【3】
ドイツでは1930年代末にAEG社がテープレコーダー「マグネトフォン」を実用化させていたほか、高性能のマイクロフォンとアンプの開発、PAシステムの確立など、ナチスのプロパガンダ政策と相まって音響技術・電気録音技術が飛躍的進歩を遂げていた。第二次世界大戦終結後、アメリカ軍がこうした製品と技術を自国に持ち帰ったことで、アンペックス社のテープレコーダーに代表される録音機材が発展することになる

向上していたという下地があってのことです。

そして映画からヒット曲が生まれ、アメリカの都市部では黒人のジャズ・バンドやR&Bを演奏するダンス・バンドが盛んになった。そうすると、レコード会社はそれをレコード化するようになる。発売されたレコードはラジオでかかる。米軍の放送が世界に広める。やがてレコードの大量生産が望まれるようになり、おいそれとは割れない塩化ヴィニール盤が開発されるわけです。

ジュークボックスに見る「システム」の完成

レコードがお金を生むジュークボックスも、いま我々が考える以上に、レコード業界に貢献しました。

ジュークボックスは、そこにコインを入れてレコードを聴く人のもの、それを置いてある場所に売上をもたらすもの、ですけど、**レコード業界にとっては、「大衆がどういう音楽を好むか」の、バロメーターでもあった。**

ヒット・チャートをアメリカに広めた『ビルボード』誌は、全米のジュークボックスでどんな曲がかかったかの調査もしていて、50年代半ばまではそれもチャートに反映されていたんです。実際は、全米の何台ぐらいのジュークボックスがその対象になっていたのかも、誰がデータを取りに行っていたのかも、よくわかりません。いまならジュークボックス自体にメモリースティックを差しておけばデータが取れる、なんてことは簡単でしょうし、プレイされたとたん通信で記録されるなんてこともできるはずですが、電話がやっとの50年代の話です。しかも、ジュークボックスが置いてあったのは酒場とかですから、そこの従業員がプレイ・リストを記録していたとは到底思えませんよね。

じゃあ誰が『ビルボード』のチャートに反映されるジュークボックスでのプレイをカウントしていたのか?

私はレコードの卸し、つまりバイヤーの人たちだったと思うんです。当時はジュークボックスに入れるレコードを、卸し業者が直接持って行っていた。あんまりかからなくなったレコードを、新譜と取り替えに行くわけです。それもバイヤーの仕事だった。そうすると、入れ替えが激しい方が儲かりますよね。ジュークボックスで音楽がかかっているのが好きな酒場のオーナーならどんどん新曲を入れたがったでしょうけど、田舎町ではバイヤーも苦戦しそうです。そういうときに、「このジュークボックスでかかる曲が『ビルボード』のチャートに影響を与える」とバイヤーに誌面を見せられたら、どんな田舎町の酒場の店主だって、ちょっと考えると思いませんか?「どれどれ、いまはどんな曲が人気なんだい?」とチャートを見て、「じゃあこれとこれ。あとは見繕って入れ替えていってもらおうか」という話になるでしょう。いや、想像ですけどね、私の。

でも、商業音楽のシステムというのは、そういう風に成り立っている。売るものの形や売り方が変わっただけで、実はいまも〝このシステム〟は変わっていないんです。

じゃあ〝このシステム〟って何か、おわかりですか?

そう。「音楽を提供する側が、音楽でお金を得られるシステム」です。その最もシンプルな形のひとつなんで、ジュークボックスを例に出しましたが、悪く言えば、レコードのバイヤーと『ビルボード』は結託して、ジュークボックスを置いている店にレコードを買わせている。けれども、より多くプレイされる曲がジュークボックスに入っていれば、それを置いた酒場にも音楽が売上をもたらすんですから、この酒場も仲間なんです。

ほら、「音楽を提供する側」は、「音楽でお金を得る」ことを共有してますよね。そういう「システム」を売り手がみんなでつくっているんです。

音楽を商売にした人は何世紀も前からいたでしょう。それは、歌をその場で聴かせてお金をもらう、というような商売です。現在だって、テレビやネットで中継しないかぎり、ライヴはその場にいる人を相手にした、限定されたものでしかない。これは私が言っている「システム」とはかなり違うものです。

売り手は演者と小屋の人、買い手はお客さん、という牧歌的な商売を、「システム」だとは私は思えません。原初的な音楽商売というのは、生演奏を聴かせるということのみだったはずですが、それだとライヴが終わったら何も残らない。**どんなに良い音楽も、記録されないかぎりは後世に伝わらないんです。**

そこで、音楽を紙に記録したもの、つまり「楽譜」が売られるようになる。

バッハの時代から楽譜の売買はあったんじゃないかと思うんですが、クラシックは音楽の高等教育を受けた人や、それを支援する富裕層のものでしたから、楽譜の売買も不特定多数の大衆を相手にした商売にはならなかった。

楽譜を印刷して売ったり、それができるように楽曲の発売権を持つことを「音楽出版」と呼びます。これがアメリカで始まったのがスティーヴン・フォスターの時代、つまり19世紀半ばのことなんですが、音楽商売が「システム」に向かっていくのはここからです。あとで詳しくやるのでいまは簡単に言いますが、20世紀に入って、より現実的な形で音楽を記録したレコードが登場し、それが流れるラジオ放送が始まり、映画に音声がついたことで、音楽商売は一変します。生演奏を聴きに行かなくても、大衆は音楽を手に入れられるようになったからですね。そして第二次世界大戦後、それが本格化するんです。

「ポップ・ミュージックの始まり」から「ロックの時代」へ

大量生産できるレコードが一般化し、誰でもそれが買えるようになったのは50年代に入ってからですが、ある業者が作者から楽曲をあずかってその権利を売る「音楽出版」と録音物を企画して品物にする「原盤制作会社」や「レコード会社」、そしてそれを大衆に広めることで二次的に音楽から売上を得る「メディア」が、結託して**「音楽を提供する側が、音楽でお金を得るシステム」をつくった。**

お客さんは不特定多数の「大衆」です。私はそこが「ポップ・ミュージックの始まり」だったと思う。

世界の各地には、それぞれの民族が伝承してきた「大衆音楽」があります。80年代には、第三世界のそれと西欧のポップ・ミュージックが合体した「ワールド・ミュージック」がブームになりましたよね。でも、プリミティヴな「大衆音楽」や「ワールド・ミュージック」は、ポップ・ミュージックの中心には躍り出てこない。それは、そういう「システム」に則っていないから、なんです。

世界的な視野で言うと、「20世紀のポップ・ミュージック」のほとんどは、米英でつくられたものです。「ロック」に限定すれば、その度合いはもっと高くなる。

音楽を論じる人の中には、米英でつくられたシステムを嫌って、「ポップ・ミュージックの欺瞞」を語る人もいますが、それで歴史が覆るわけではないし、盲信は事実を歪めてしまう場合もある。

私がこの講座を「20世紀ロック講座」と名付けたのは、ロックが最も熱かった60年代中盤から90年代ごろまで、**たった25年ぐらいのあいだに起こったこと**を、きちんと伝えようと思ったからです。その時代には、「音楽を提供する側が、音楽でお金を得るシステム」を、アーティストとオーディエンスがぶち壊して、本気で「ロック」を芸術にした瞬間が何度もあった。

この場合の「ロック」には、ソウルやファンクやレゲエも含まれるんですが、売り手の予想をはるかに超える大衆の支持を受け、ポップ・カルチャーの中心に君臨していた時代の「ロック」は、20世紀後半という時代を、世界を、みごとに映し出した鏡であった、とも私は思うんです。

おそらく**同世代であろう皆さんも、歴史の証人です。**「ロックの時代」を語り、記録する作業に、積極的に参加していただけたら幸いです。

「フォークロア」と「フォーク」

ここまでは、とても大雑把な話をしてきました。それは「ポップ・ミュージック」を改めて考えてもらうためです。定義化するつもりはないんですが、「クラシック」に対しての「大衆音楽」には、フォークロア・ミュージック……つまり「民族音楽」も含まれますから、現在のような形になった商業音楽こそ「ポップ・ミュージック」だと認識しておく必要がある。

もっと言えば、「フォークロア・ミュージック」と「フォーク」も、同じような意味で差別化されています。

ジョンとアランのローマックス親子[4]が、アメリカ大陸のフォークロア・ミュージックや、ブルースとかゴスペルといった大衆音楽を、主にフィールド・レコーディングという方法で採集してまわったのは戦前から戦後にかけてでした。これはアメリカ国会図書館のスミソニアン協会に収めるためのもので、採集の旅はバハマやキューバにまで及んだ。

【4】1930年代からレコーダーを担いで全米～近隣諸国を渡り歩き、市井の音楽家による民謡、ワークソング、ブルースなどを録音、民俗音楽のアーカイブ化に尽力した。特に息子アランはレッドベリーやウディ・ガスリーを発掘して世に知らしめるなど、アメリカ・ポピュラー音楽史に大きな足跡を残した。彼らの仕事がなければボブ・ディランも今のような形では登場していなかっただろう。アランは50年代をイギリスで過ごし、BBCのラジオ制作に関わって米国のブルースやフォークを紹介。英国の音楽シーンにも影響を及ぼした（111ページ参照）

同時代にはウディ・ガスリー[5]がいて、フォーク・ミュージックの基盤をつくったわけですが、アメリカ各地を旅して知ったトラディショナル・ナンバーにオリジナルの歌詞をつけることで「フォークロア」を「フォーク」に転化させたガスリーに対して、ローマックス親子は大衆文化の中に「厳然と在るもの」を学者的な視点で追いかけていったと言っても過言ではありません。ところが、まったく逆のベクトルを向いていたとも言えるこのふたつの動きが、「レコード化」のもとに統合されていく。

双方の受け皿となったのが、モージズ・アッシュ[6]とマリアン・ディストラーによって、１９４８年に創立されたフォークウェイズ・レコーズでした。ここのところはのちに詳しく見ていくことになると思いますが、多くのミュージシャンから「モー」の愛称で親しまれ、リスペクトされることにもなるアッシュは、87年までに２０００枚以上のアルバムを制作し、「アメリカの大衆音楽」の牙城を築きます。そう、この場合は「大衆音楽」でしょうね。商業主義の「ポップ・ミュージック」ではなかったからです。アッシュが金銭難に陥ったときに、多くのミュージシャンが彼を支援し、スミソニアン協会がフォークウェイズの音源を買い上げました。「大衆音楽の歴史的な資料の宝庫」だからです。

48年に話を戻すと、フォークウェイズがリリースを開始したことによって、「フォーク・ミュージック」の概念は大きく変わります。そして50年代に「フォーク・リヴァイヴァル」が起こる。

【5】
ガスリーが1912年7月14日生まれ、1967年10月3日没。アラン・ローマックスが1915年1月31日生まれ、2002年7月19日没

【6】
1944年ころにアッシュ・レコーディングスを設立し、ウディ・ガスリーのレコードを世に送り出した。破産を経て1948年にフォークウェイズ・レコーズとしてディストラーと再出発すると（現在はスミソニアン・フォークウェイズ）アメリカのみならず、人種、ジャンルを超えて世界各地の伝統音楽、同時代の大衆音楽をレコードにした

日本でリヴァイヴァルと言うと、「かつてあったものをリメイクする」という意味合いが強いですが、当時の「フォーク・リヴァイヴァル」は、非商業的なものと思われていたアメリカの大衆音楽を「復興する」「再発見する」という動きだった。

初期のフォークウェイズは、ウディ・ガスリーの歴史的な録音や、フォーク・ブルースの貴重な音源で知られています。ハリー・スミス[7]が編纂した大衆音楽の名鑑『アンソロジー・オブ・アメリカン・フォーク・ミュージック』[J6]は、ボブ・ディランらフォーク第2世代に多大な影響を与えたことでも知られているし、CD化されたときにはグランジ以後のロック・バンドや、オルタナ・カントリー勢ら若い世代からも支持されました。

けれども、50年代の「フォーク・リヴァイヴァル」を牽引し、最も影響力を持っていたのはピート・シーガーと言えるでしょう。シーガーについてものちに詳しく語る必要がありますが、ここで名前を出したのは、**彼には「フォーク」を商業的な「ポップ・ミュージック」の方へ走らせた**パイオニアとしての一面もあるからです。

戦後すぐにアラン・ローマックスの助手として働き始めたシーガーは、ウディ・ガスリー、リー・ヘイズ、ミラード・ランペルとのジ・アルマナック・シンガーズでレコード・デビューし、49年にザ・ウィーヴァーズで、フォーク・クラシックとなる〈グッドナイト・アイリーン〉や〈花はどこへ行った〉、公民権運動の

【7】【J6】
1923年生まれの前衛芸術家／映像作家。スミスはフォーク、ブルース、カントリーのSP盤収集家だったが、金銭的な理由でそれらの売却をフォークウェイズに打診。ところがアッシュはコレクションをもとにしたアンソロジーの制作を提案し、1952年、LP6枚組に全84曲を収める『アンソロジー・オブ・アメリカン・フォーク・ミュージック』(写真)が生まれた

テーマ曲にもなった〈ウィ・シャル・オーヴァーカム（勝利を我等に）〉を大ヒットさせます。共産主義者だったシーガーはレッド・パージに遭いますが、ソロではプロテスト・ソングを唄い、ウィーヴァーズではヒット曲を放ったんです。

問題はその時期。ウィーヴァーズが活躍したのは50年から58年、代表曲は初期に多い。つまり、**ロックンロール以前に、シーガーは「フォークのポップ化」を推進していた**ということになるんですね。

「フォーク」の新しさ

これまでのロック史では、映画『暴力教室』のテーマ曲となったビル・ヘイリー&ヒズ・コメッツの〈ロック・アラウンド・ザ・クロック〉が55年7月に全米1位になったのをきっかけに、それまでロックンロールを推進してきたDJアラン・フリードや、南部のスターでしかなかったエルヴィス・プレスリーが全米的な人気を得て、一大ロックンロール・ブームが起こったことになっているのは、ご存じだと思います。

それはそう、事実に即したことで、歴史は間違っていません。けれど、ロックンロール・ブームがあって、アメリカン・ポップス黄金時代がやって来て、黒人音楽もモータウンあたりから白人層にも受けるようになって……という「ビートルズ以前」の語り方では説明がつかないことがある。

たとえばボブ・ディラン。ミネソタの高校に通っていたころは、リトル・リチャードを真似たスタイルでロックンロールを唄っていた彼が、なぜウディ・ガスリーに痺れ、フォーク・シンガーを目指したのか、疑問に思えてくるわけです。ディランがガスリーの歌を聴き、フォークに転向したのは59年ごろですが、ピアノでリトル・リチャードから、いきなりギターでウディ・ガスリーではなかったはずで、その間にはピート・シーガーや、当時人気だったキングストン・トリオがあったと思う。流行の「フォーク」を聴いてギターを覚えるうちに深みに嵌っていって、ガスリーに出会った、というところが実際でしょう。

「だからこれまでのロック史はダメなんだ」と言う気はまったくありませんが、こんなに発掘音源が出てきたり、You Tubeで動く姿を観られたり、簡単にネットで音を買える時代に、表面を撫でただけの歴史で満足していることはないと思うんです。

ビートルズ以前のロック／ポップを聴くと、ビートルズの「新しさ」をリアルに掴めるようになりますよね。初期ビートルズがカヴァーした曲のオリジナル・ヴァージョンを追いかけている人はあんがい多いですから、20年前よりその説明は楽になりました。

では、ディラン以前のフォークを聴いて、ディランの「新しさ」を掴もうとしている人はどのくらいいるのか。おそらくビートルズの百分の一にも満たないでしょう。それは、**「ディランはロックンローラーよりもフォーク・シンガーの方**

がカッコいいと思った」ということが、あまり語られていないために、50年代の**「フォーク」にもあった新しさ、つまり「ポップ性」や「ルーツ・ロック性」**にまでは、なかなか目が向かないからなんです。

　今世紀に入ってからのディランの音楽は、世界的にとても高く評価されているし、ファンのあいだでも評判がいい。50年代の〝ラジオ・デイズ〟を彷彿させる『ラヴ・アンド・セフト』[J7]は奇しくも2001年9月11日、ニューヨークで同時多発テロが起こったその日にリリースされたんですが、そこから始まった路線は揺らぐことなく発展してきました。

　50年代のラジオから流れていたようなフォーク、ブルース、R&B、ジャズを、現代的なカントリー・ストリング・バンドで演奏するディランは、70歳を超えても前進しています。音の印象は「50年代風」でも、「50年代にはなかったミクスチャー感」を漂わせているのが「新しい」んです。60年代に、50年代型の「ロックンロール」とは異質の「ロック」をつくったのはビートルズとディランでしょう。

　もちろん世界的に「ロックの時代」がおとずれたのは彼らだけの功績ではありませんが、**「ロックの概念」を打ち立てたのはビートルズとディランだった。**その一方が、音楽人生の締め括りに「ロックンロール以前」に目を向け、混沌としていた時代の「ポップ・ミュージック」から、現代に活用できる要素を掬い上げているのは、今後20世紀の「ポップ・ミュージック」や「ロック」を語るときの

【J7】『ラヴ・アンド・セフト』2001年9月

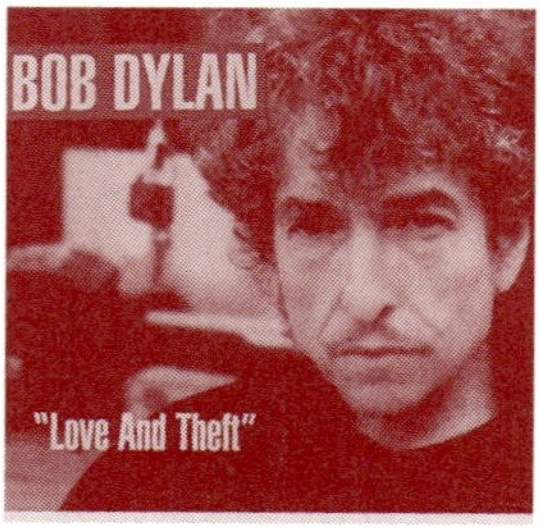

大きなヒントとなりそうです。

「ポップ・ミュージック」の起源

では、フォークロア的な大衆音楽ではない「ポップ・ミュージック」は、いつ、どのように生まれたのか。

これは、どちらから辿っていっても、どうやら19世紀前半らしい。「どちらから」というのは、**「欧米の白人音楽」を遡ってってみた場合も、「アメリカの黒人音楽」を遡ってみた場合も、**ということです。

商業的な「ポップ・ミュージック」も、世界各地にはさまざまなものがあります。フランスのシャンソン、イタリアのカンツォーネ、キューバのカリプソ、ブラジルのボサ・ノヴァなどは「フォークロア的な大衆音楽」から商業化を辿り、「ご当地のポップ・ミュージック」として世界に知られるようになった音楽ですよね。もっと言えば、レゲエやスカもいまや立派に「ワールドワイドなポップ・ミュージック」になっています。ジャマイカだけのものではありません。

けれどもそれを言い出すと、「ポップ・ミュージックの起源」を「フォークロア的な大衆音楽」と切り離しては考えられなくなってしまうので、我々が「これこそロックだ」とか、「ポップ・ミュージックはこういうものだ」と感じる辺り——つまり、ビートルズをはじめとする英米のビート・バンドや、ボブ・ディラン以後のフォーク・シンガーやシンガー・ソングライター、アトランティックやモータウンが形成した「ソウル」以後の黒人音楽や、ブリル・ビルディング[8]の職業作家たちのような**「プロ」がつくったポップスを、まず「20世紀後半のポップ・ミュージック」と捉えて**いただきたいんです。必ずしもそうではない、ということを承知の上で。

そうしないと、世界のポップ・ミュージックは例外だらけなんです。国や地域で言語や生活習慣が異なるように、音楽の「商業化」だってさまざま。たとえば、日本のプロダクション・システムなんて非常に独特なもので、アーティストのマネージメントをエージェントが仕切っている欧米には、ほとんどない形態ですからね。……まぁ、その辺りのことは置いておくとして、「ポップ・ミュージックの起源」に話を戻しましょう。

19世紀前半に、米英やヨーロッパ諸国の都市部で、フォークロア的な大衆音楽ではない「商業音楽」が誕生したことは間違いありません。産業革命によって貨幣経済が急成長し、夜の街に明かりが灯った。そうなると、人々は娯楽を求めるようになる。

いや、農耕主体の社会でも音楽は娯楽だったはずですが、音楽を仕事にしている人はクラシックの楽士やオペラ歌手といった、限られた人たちだけだったでしょうね。子供のころから音楽教育を受けて、試験に受かってその座を手に入れたプロです。宮中で雇われていたりしてね……。

【8】
マンハッタン49丁目にあるビルの名称で、第二次世界大戦以前から音楽出版社が入居していた。詳細は第3章を参照

パーラー・ミュージックとミンストレル・ショウ

ところが、19世紀前半のロンドンで「パーラー」が流行り始める。いまで言えばカフェでしょう。最初は上流階級だけのもので、パーラーでは弦楽四重奏団などが軽いクラシックを演奏していた。まあ、イージー・リスニングですよ。それが「パーラー・ミュージック」と呼ばれるようになる。

英国の歴史を見ていくと必ず出てくるのが、上流階級で「たしなみ」とされたものが、下へ下へと向かっていく現象です。パーラーも例外ではなく、すぐに労働者階級用の、安っぽい店が誕生し始めるんですが、レコードもラジオもない時代ですから、ミュージシャンが必要とされました。そうなると、村でヴァイオリンを弾いていた、みたいな輩が重宝される。演奏でお金を得る人が出てくる。お客はちょっと余裕があるといった程度の労働者ですから、音楽もどんどん俗っぽくなっていった。そうやって「軽いクラシック」の範疇には入らない「パーラー・ミュージック」が生まれる。

1830~40年のあいだに世の中は変わり、ロンドンは大都市になります。娯楽も進化します。19世紀中盤になると、歌や演奏、漫談や踊りといった芸を売り物にする「ミュージック・ホール」が誕生し、エンタテインメントは産業になっていくんです。チャーリー・チャップリンのお母さんはミュージック・ホールで唄っていたらしいですが、どんどんできる劇場に芸人の数が追いつかなかったらしく、ちょっと唄える、踊れるといった程度で、ミュージック・ホールに出演できた。

19世紀前半といえば、アメリカではミンストレル・ショウが誕生しています。ポール・マッカートニーとマイケル・ジャクソンが〈セイ・セイ・セイ〉のＰＶで再現してみせた旅まわりの一座の原形、と言えばわかりやすいでしょうか。白人の歌手や芸人が顔を黒く塗って、黒人に扮して歌や踊り、漫談なんかを演るんです。なぜ黒人かといえば、笑える、ヤジれる、バカにできる、という「発散」をお客に与えられたからでしょうね。まだ奴隷が売買されていた時代ですから、黒人に扮した芸人は「人間」とは見なされていなかったはずです。犬や猫だと素直にかわいいと言えたり、ふなっしーみたいなゆるキャラには害がないと思えたり、マツコ・デラックスがとても正直に見えたりするのと、あまり違わないかもしれません。そう考えると、人間は寂しい生き物だなぁ……なんて思えたりもしれますけど、下層の者を笑うのは初歩的な娯楽なんです。その証拠に、ミンストレル・ショウはアメリカ南部で流行りました。

そのうちに、ミュージック・ホールを目指して英国に渡る芸人も出てきます。いや、そういう連中は、もともとアイルランドやスコットランドからの移民だったのかもしれません。ヴァイオリンやアコーディオンが弾けたのは、たいていケルト系の移民ですからね。つまり彼らは、**ミンストレル・ショウで磨いた芸を持っ**

て祖国に帰ったわけです。

ミュージック・ホールの芸人には、顔を黒く塗ったアメリカ帰りや、その真似をした人たちがいました。ミュージック・ホールの最盛期は1880年代から1920年代。ラジオ放送の開始が劇場に大打撃を与えたといわれています。そこで披露されていた〝牧歌的な芸〟が英国のエンタテインメントにそれほど影響を与えたとは思えませんが、ミュージック・ホール最盛期にアメリカから持ち込まれた音楽は、英国人の感覚を変えることになったんじゃないでしょうか。[9]

録音物がない時代のことなんで、自分の耳で確認できないのが残念ですが、楽譜の出版がアメリカでは1840年ごろ始まっていることを考えると、ミンストレル・ショウで使っていた楽譜がそのまま持ち込まれた可能性は、かなり高いと言えるはずです。[10]

いずれにしても、**英国では「パーラー・ミュージック」から「ミュージック・ホール」への流れが、アメリカでは「ミンストレル・ショウ」から「音楽出版」への流れが、「ポップ・ミュージックの起源」になったん**です。そう言い切った資料は意外に少ないですが、川の上流から海に注ぐまでを俯瞰するように「全体」を見ると、そういうことになる。いや、支流はたくさんあるし、それもまたある音楽ジャンルの形成を論じるときには重要なんで、研究者はこんなに乱暴なことは言わないでしょう（笑）。たとえばブルースの研究者は、ブルースの定型のひとつである「3コード／12小節」が、「どこから来たか」とか、「いつ広まったの

【9】

素人芸の延長であるためかミュージック・ホールで披露された演芸は録音が残されていない。『大英帝国はミュージック・ホールから』（井野瀬久美惠著、朝日新聞社刊）が最良の手引書

【10】

当時、大衆音楽の楽譜はシート・ミュージックと呼ばれ、レコード普及以前は唯一の「音楽メディア」として親しまれた。当初楽譜は主にヨーロッパからの輸入に頼っていたが、次第に自国の音楽を印刷・販売するようになる

か」を追いかけていくものです。それはそれでいいですよね、私も知りたい。大歓迎です。

けれど、我々はそれをアメリカ南部まで聴きに行くわけではない。いまならiTunesやApple Musicですぐに聴けますから、「3コード／12小節」という話にピンと来なくても、実際に音を聴いて確認ができる。私がこの講座でやりたいのは、そういう「事実の追求」なんです。

音楽における産業革命は、まず、19世紀に起こった。「商業化」ということを考えれば、これは厳然とした事実です。そして大きなヒントは、人間の生活に「電気」が入ってから、という点でしょう。商業化されたエレクトリック・ミュージック――「ポップ・ミュージック」の定義にふさわしいと思いませんか?

フォスターこそ「ポップ・ミュージック」の始祖

音楽の商業化の歴史は、音楽出版、つまり楽譜の出版から始まっています。もちろん、演奏がお金を生むライヴを除いての話ですよ。

機械で印刷された最初の楽譜が出たのは、1473年だそうです。ヨハン・グーテンベルクが活版印刷を発明してから20年後ですが、このころの楽譜は5線譜に統一されていなかったようですね。楽譜が5線に落ち着いたのは17世紀に入ってから。イタリアのオペラ界で、楽器ごとに異なっていた楽譜のフォーマットが5

線に統一されたことが、5線譜を世界に広めるきっかけになった。わかりますね、オーケストラに合唱のオペラで譜面がバラバラだったら、いちばん困るのは指揮者ですから。1970年代の終わりに、音楽をデータ化してコンピュータに打ち込む、という手法がクラフトワークやYMOによって知られるようになりましたが、それが一般化し、当時の私のような駆け出しミュージシャンまで打ち込み機材が買えるようになるまで、わずか4~5年でした。それを考えると、5線譜が世界に広まったスピードも想像できます。ま、17世紀のことですから50年ぐらいはかかったと思いますけど……。それと、印刷技術の発展がうまい具合にマッチして、楽譜の大量印刷が可能になる。それが19世紀です。

ミンストレル・ショウで生まれたポピュラー・ソングの楽譜が、アメリカで出版され始めるのは1840年ごろです。「ヒット曲」を生んでいたのはアメリカ最大の一座だったクリスティ・ミンストレルズなどに限られるようですが、この一座を率いたエドウィン・クリスティがなかなかの商売人で、ミンストレル・ショウに良い曲を提供していたスティーヴン・フォスターを騙して、彼の最初のヒット曲である〈故郷の人々(スワニー河、Old Folks at Home)〉を自分の作として出版社に売ったりしていた。印刷された楽譜がお金を生むことを知ったフォスターは、40年代末期から自分で出版社と取引するようになり、〈おおスザンナ(Oh, Susanna)〉や〈草競馬(Camptown Races)〉を大ヒットさせるんです。最初は買い取りだったそうですが、曲を出せば当たるんで印税契約に切り替え、49

年にはファース・アンド・ポンド社[11]と売価の２パーセントの印税で専属契約しました。52年に再契約したとき、印税は10パーセントに引き上げられたそうですから、フォスターの楽譜は本当によく売れたんでしょう。

「ポピュラー音楽の父」と呼ばれるスティーヴン・フォスターは、１８２６年にペンシルヴァニア州はピッツバーグの近郊で生まれました。９歳のころからミンストレル・ショウを観ていたらしく、ピッツバーグでは綿花倉庫の検査係をしていたそうです。そこで働く黒人から、南部のプランテイションで彼らがどう働いていたかを聞いたフォスターは、ミンスレル・ショウで黒人のふりをする芸人が唄うのに最適の歌をつくり、それをクリスティ・ミンストレルズなどに持ち込んだんですね。まだ二十歳そこそこでしたから、最初はエドウィン・クリスティに騙されたりしましたが、64年にニューヨークで亡くなるまで、アメリカのポピュラー音楽界最高のソングライターでした。フォスターはわずか37歳で逝ってしまったんですね。

彼の晩年の作には、〈金髪のジェニー（**Jeannie With the Light Brown Hair**）〉や〈夢見る佳人（**Beautiful Dreamer**）〉といった洗練された曲があります。それらは英国のパーラー・ミュージックが生んだ歌謡曲「パーラー・バラッド」の亜流としてアメリカで流行った「センチメンタル・バラッド」の系譜に入るもので、初期のヒット曲が持つ無骨さ、カントリーっぽさは見られません。センチメンタル・バラッドの最大のヒット曲は、アメリカ人のジョン・ペインが作詞し、英国

【11】
１８４７年設立のニューヨークの音楽出版社（その後分裂）。楽器も扱っていたが、次第に楽譜の出版が主軸となる。フォスターのほかにミンストレル・ショウで知られた作曲家・パフォーマーのダン・エメットとも契約した

人のヘンリー・ビショップが作曲した〈埴生の宿（Home! Sweet Home!）〉です。アメリカ音楽界ではこのジャンルの曲は「イングリッシュ・スタイル」とも呼ばれていました。

パーラー・バラッドの世界的なヒット曲には、アイルランド人の詩人トーマス・ムーアの詩に曲をつけた〈夏の名残のバラ（The Last Rose of Summer）〉[12]や、ロバート・バーンズ作の〈蛍の光（Auld Lang Syne）〉があります。感傷的な歌詞と郷愁を誘うメロディが真骨頂なわけですが、下敷きになっているのはスコットランドやアイルランドにあった伝承歌でしょう。アイルランド民謡の〈ロンドンデリー・エア（Londonderry Air）〉にフレデリック・ウェザリーが新たな歌詞をつけた〈ダニー・ボーイ（Danny Boy）〉は、パーラー・バラッドとして始まってアメリカでもヒットし、さまざまなジャンルのミュージシャンに演奏されるようになった名曲ですが、この曲も重要ですね。アイルランド人、つまりケルト民族のあいだで伝わってきた民謡をもとにした曲が、ケルト系移民の多いアメリカで受けるのは当たり前とも言えますけど、**世界的にポピュラーとなり得る西洋音楽に散見する「ケルト・ルーツ」の嚆矢となった**という点こそ見逃せないでしょう。

ウディ・ガスリーは母親がアイルランド人とスコットランド人の娘というケルト系で、ウディは子供のころから母親が唄う伝承歌が大好きだったといいます。そのメロディに新たな歌詞をつけた曲や、メロディを改変してオリジナルに発展

【12】日本では唱歌〈庭の千草〉としても有名

させた曲は少なくありませんから、ウディを始祖とするアメリカン・フォークには最初からケルト・ルーツがあったと言っても過言ではありません。

ピート・シーガーも、ボブ・ディランも、いや、アメリカのフォーク系ミュージシャンのほとんど全部が、50〜60年代からケルト・ルーツを考えていたはずです。そのうち詳しくやりますが、ディランやポール・サイモンは、売れる前の英国体験でケルト系の民謡から「メロディ」を再発見している。

リヴァプール生まれのビートルズや、アイルランドのU2は、アメリカの音楽だと思っていたフォークやカントリー、R&Bやロックンロールからケルト・ルーツを発見して、アメリカ音楽に対する考え方を変えるんですが、それものちに詳しく話します。

パーラー・バラッドやセンチメンタル・バラッドのルーツがケルト民謡にあると考えると、**逆にフォスターの代表曲の「アメリカ臭さ」が見えてきます。**〈おおスザンナ〉や〈草競馬〉は、まっすぐにカントリーやブルーグラスに向かっていく曲だし、〈故郷の人々〉や〈懐かしきケンタッキーの我が家〉ではケルト系の郷愁メロディをアメリカ的に発展させようとした形跡が見えます。

なぜフォスターがそうしたかと言えば、最初から職業作家だったから、なんですね。

彼は生涯、アメリカ南部に行ったことがなかったそうですが、〈おおスザンナ〉はアラバマからルイジアナまでバンジョーを持って旅する男の歌だし、〈故郷の人々〉は南部の地図で見つけた川の名前を意識的に入れた、故郷を想う歌です。

フォスターは南北戦争が終わる前年に亡くなっていますが、１８６１年から65年の南北戦争は、黒人奴隷の解放を求める北軍と、奴隷制度廃止に反対する南軍の戦いでした。南部では安い賃金で使える黒人労働者を縛っておきたかったわけですが、奴隷の売買を禁じる法律が28年に成立したために、黒人労働者はより高い賃金を求めてアメリカ大陸を北上したんです。北部ではあらゆる産業の工業化が進んでいましたから、黒人や移民は経営者に喜ばれました。北軍、つまり合衆国側が勝って南北戦争が終わり、奴隷制度は完全に消滅しました。この戦争が起こるまで、南部では奴隷の売買が暗黙の了解のもとに続いていたんですが、それはなくなり、黒人もアフリカを知らない二世、三世の時代に入っていきます。**フォスターが想像で描いたアメリカ南部が、ケルト系移民を含む下層労働者にとっての「共通する故郷」になったとき**に、アメリカのポピュラー・ミュージックの運命が決まった、と私は思うんです。優れたポップ・ミュージックは常に時代の先端にあります。フォスターほど、その始祖と呼ぶにふさわしいソングライターはいないでしょう。

南北戦争後の黒人の立場

南北戦争は合衆国側の勝利で終わりましたが、それまで南部の黒人労働者を統括・管理していた連合国側が支配力を失ったために、黒人の社会的地位はむしろ低下しました。奴隷といえば聞こえは悪いですが、年季奉公のような形で南部のプランテイションに雇われていた黒人労働者には、低いなりにも安定があったようです。1877年には最後の北軍駐留部隊がルイジアナの州議事堂から撤退し、アメリカの社会構造はむしろ混迷の時代に入っていきます。古い社会構造が奴隷制によって築かれていたのが浮き彫りになった、という説もあるほどですが、それに代わる新しい社会構造を合衆国側が実現できなかったことは確かでしょう。

1883年、憲法修正第14条「黒人への公民権の保証」の項で、黒人から法廷へ訴え出ることを憲法違反とします。90年にはミシシッピ州議会が黒人の権利剥奪を決定し、95年にはルイジアナ州とサウス・カロライナ州が続きます。その後15年のあいだに南部の5州では黒人の力を抑制するために新憲法を制定し、この動きは全米に広がっていきます。

まぁ、雇い主が誰だかわからなくなって定住もあやしくなった黒人たちが街にあふれているわけですから、白人はビビッたんでしょう。ミシシッピ州では南北戦争終結の年、つまり1865年に、早くも白人と黒人の乗る鉄道車両を分ける実験が行われました。そして復興期を過ぎた88年には鉄道での差別が再開され、ほかの州もこれに倣っていきます。そして19世紀末には14州で、白人用と黒人用を差別した鉄道施設をつくらなければならないと規定した法律ができていました。96年には最高裁が、「分離はするが、それによって黒人にも平等な権利が与えられている」という見解から差別法を支持する判決を下します。けれど、それは黒人解放運動に火をつけることにもなったんです。

1897年、黒人牧師C．H．メイソンがミシシッピ州レクシントンを拠点にゴッド・イン・クライスト教会を創設します。翌年には黒人のコックが自力でオクラホマにチャーチ・オブ・ゴッドを開いたそうで、その後、黒人教会はどんどん増えていきます。アメリカの黒人へのキリスト教の布教は、白人経営者によって推進されました。簡単に言えば、神という存在を植え付けることによって、黒人奴隷が父なる経営者に逆らわないようにしたんです。教会は黒人たちにとって発散の場になりました。賛美歌を思い切り合唱できたからです。そう、**ゴスペルという黒人独自の賛美歌が生まれ、教会は音楽を楽しめる場所になった**わけですね。

南部のプランテイションで働く黒人奴隷は、アフリカから持ち込んだ単純なかけ声歌、フィールド・ハラーを唄いながら農作業をしていたと言われています。18世紀ごろまでのアフリカ音楽は小節の区切りのないワン・コード／16ビートの、よく映画で未開人が槍とかを掲げながら唄っている「ウホッホウホッホ」というアレに近いようなものしかなかったようですから、日本式に言うと、♪父ちゃんのためならエーンヤコーラ、と誰かが唄い出すとみんなが、♪もひとつオマケにエーンヤコーラと追いかけるようなフィールド・ハラーは、18世紀末期から19世紀初頭にアメリカ南部で形成されたと言えそうです。

まぁ、かけ声のようなワーク・ソングですから、どこから来た、とは言えないでしょう。自然発生的に南部のプランテイションで起こった、というのが実態に近いと思います。けれども、ローマックス親子がのちに刑務所で採集したワーク・ソングに残るメロディから推察されることは重要です。フィールド・ハラーがワーク・ソング、つまり曲としての体裁を築いていく過程で、ケルト移民が持ち込んだ民謡の音階や音節が加味された可能性が非常に高いからです。

それがプリミティヴなアフリカ音楽やケルト民謡とは違う「音楽」になっていったのは、19世紀の前半でしょう。ミンストレル・ショウの顔を黒塗りにした芸人たちは、南部の黒人が好む音楽を北部に知らしめ、「それ風」の曲を書くフォスターのような職業作家が登場する。けれども**南北戦争以前には、ブルースはまだ形成されていない**んです。

ブルースの起源

「ブルースらしきものを聴いた」という記述の最古のものは、シャーロット・フォーテンという北部育ちの黒人女性の日記の1862年12月14日の項にあります。教師の資格を得た彼女は、黒人奴隷に教育を与えるためにサウス・カロライナ州のエディスト・アイランドに赴任しました。彼女はこの日、長屋の奥から聴こえてきた怖ろしい叫び声に驚いて目を醒ましたんですが、どうやらそれは歌で、

「聴いているとふさぎの虫に取り憑かれそうだった」と日記に書いています。「ふさぎの虫」、原文では「ウィズ・ザ・ブルース」という一文こそ、ある心の状態を「ザ・ブルース」という言葉で表した最古のものだそうです。

シャーロットの友人のルーシー・マッキムは、当地の水上を仕事場とする黒人密輸業者が唄っていた音楽に興味を持ち、〈プアー・ロージー、プアー・ギャル（あわれなロージー、あわれな娘）〉という曲の歌詞を採集して『ドワイト・ジャーナル』という新聞に送っています。《あわれなロージー、あわれな娘／あわれなロージー、あわれな娘／ロージーが俺の心を引き裂いた》という第1節はブルースのAAB形態になっていますが、第2節は《いつかは天国に住むよ／こんな地獄にゃ一日も住めねぇ／いつかは天国に住んでやる》と、ブルースの形態からは外れていきます。マッキムは船上でそれがどう唄われているかもリポートしているんですが、どうやらこの曲はコール&レスポンスのワーク・ソングらしく、第1節がひたすら繰り返され、陽が落ちて仕事が終わるときに、リーダーがその合図として第2節を唄うらしい。

ブルースの原型となるワーク・ソングの記録はそれ以前にもあります。ジョージア州の米栽培業者と結婚した英国出身の女優アン・ケンブルが1838年から39年にかけてつけていた『ジョージアのプランテイション住まいの日記』です。その中でケイブルは、リーダーの第1声に仲間の奴隷がレスポンスするワーク・ソングの様子を、〈独唱で唄うメロディのフレーズごとに繰り返し繰り返しコーラスがわりこんでくるのが不思議な感じをかもしだして効果的だ〉と記しています。

こういったワーク・ソングの記録はほかにもあるんですが、「ブルース」の記録となるとシャーロット・フォーテンの日記が最古のものとなりそうです。ここで重要なのは、フォーテンの日記の1862年12月14日という日付です。南北戦争の渦中、黒人奴隷の権利が剥奪され始めたこの時期こそ、ワーク・ソングがブルースの様相を呈していった最初の時期なんじゃないかと私は思うんです。

南部の白人経営者にとって、黒人たちが唄うワーク・ソングはある意味では成功の証しだったという説があります。奴隷はそれなりに労働環境に満足して、唄いながら仕事をし、プランテイションの生活を楽しんでいる、という判断ですね。1860年に黒人たちのワーク・ソングを聴いた国会議員のダニエル・C・デジャーネットは、「南部の奴隷たちのあいだには、世界中のどこの労働者階級にもない、人間性とまじりけのない満足と幸福感とがあふれている」と感激したそうですが、**南北戦争後、黒人労働者が置かれた立場は大きく変わり、「ブルーな気分」が蔓延していく**わけですね。

ラグタイム、ジャズ、マウンテン・ミュージックの発生

けれども、黒人音楽の最初の収穫は、セントルイスのピアニストたちから始

まったラグタイムや、ニューオリンズで産声をあげたジャズだったんです。ラグタイムは1897年に出版されたトム・ターピンの〈ハーレム・ラグ〉をきっかけに盛り上がっていくんですが、2年後に出たスコット・ジョプリンの〈メイプルリーフ・ラグ〉によって全米的なブームになります。[13] セントルイスの万国博を経てシカゴでも人気となったラグタイムは東部にも流れ、プランテイションで形成された黒人のダンス、ウォークアラウンドや、その発展系であるケイク・ウォークとともに広まりました。

一方ジャズは、ニューオリンズのギタリスト、チャーリー・ギャロウェイが1885年という早い時期に結成したバンドから始まったようですが、ギャロウェイが演奏していたのはジャズともブルースとも呼べない、**フィールド・ハラーに演奏をつけたようなもの**だったらしい。けれどもニューオリンズでは世紀の変わり目ごろまでに祭礼用のブラスバンドが定着して、ケルトのバラッドと、ワーク・ソングやゴスペルを合わせたようなジャズが誕生するんです。そこにセントルイスから来たラグタイムや、ミシシッピ・デルタで発展途上だったブルースの要素が加わり、ビッグ・バンド化していくジャズと、リズム&ブルースへと向かうシンガー+バンドのスタイルができあがっていくんですね。

北部を目指した黒人の受け入れ先となった場所のひとつに、アパラチア山脈の炭坑地帯があります。ストリング・バンド、すなわち、バンジョー、ギター、ヴァイオリンなどの弦楽器を使ったバンド形態は、19世紀の末にアパラチア山脈

【13】
19世紀末からアメリカで流行した音楽ジャンルで、酒場などで演奏されていた黒人のピアノ音楽を、マーチなどの白人音楽に融合させて作り上げた。独自のシンコーペーション（＝ｒａｇ）を持つ。トム・ターピンとスコット・ジョプリンは代表的な黒人作曲家。以後、人種を問わず無数のラグタイマーが登場した

で形成されました。これがカントリー&ウエスタンの初期の形、「マウンテン・ミュージック」です。

バンジョーの原型はアフリカから持ち込まれたバンジョール、ギターの原型はメキシコのバホ・セストみたいですが、それがどう変化したかはよくわかりません。でも、ヴァイオリンはケルト移民が持ち込んだものに間違いなくて、ちょうど南北戦争のころからの、新移民と呼ばれる世代は、19世紀初頭までに南部に入植したケルト移民よりも、質の高いケルト・ミュージックを持ち込んだようです。ジグ、リール（後述）というリズム形態の民謡と、それに合わせたダンス・ステップは、それ以前に南部でも目撃され、黒人たちとの文化共有はすでに始まっていました。だからフォスターの曲はケルト音階に近かったんでしょう。

けれど、それを押し進め、新しい音楽をつくったのは新移民です。彼らの多くはジャガイモの不作で故郷を追われた[14]アイルランドの人たちでした。音楽好きの彼らは、黒人がより早いテンポの演奏や、より激しいダンスを好んだのに合わせて、ケルト民謡をアメリカ的に変化させていきます。

おそらくケルト移民よりも黒人の方が炭坑にとどまれる期間が短かったんじゃないかと思うんです。だから、マウンテン・ミュージックは白人のカントリーに発展した。じゃあ山を下りた黒人はどうしたか。さらに北、シカゴやデトロイトを目指したヤツも、南部に戻ったヤツもいたでしょう。プロのミュージシャンを目指してニューオリンズやニューヨークに向かったヤツもいるかもしれない。い

【14】
アイルランド全土で1845～1849年まで続いた大飢饉。主食であるジャガイモが疫病で壊滅的な不作となり、餓死者に加えて飢饉から逃れる移住者が急増。国内の人口は激減した

ずれにしても、19世紀の終わりから20世紀の前半に、**移民と奴隷によってつくられていったのがアメリカのポピュラー音楽**なんです。ブルースやR&Bがロックのルーツとされることが多いので、とくに日本では20年ほど前までケルト音楽の重要性が語られることはめったにありませんでしたが、アメリカの黒人音楽はケルト移民の文化があってこそのものだった。2拍4拍にアクセントがくるアフター・ビートや、Ⅰ・Ⅳ・Ⅴの3コードでペンタトニック音階のメロディも、アフリカの音楽にはなかったもので、**ケルト移民がいなければアメリカの黒人音楽はああはならなかった**んです。

けれども、**ブルースの特徴である7度がフラットする音階**、つまり「ブルー・ノート・スケール」は、20世紀前半にアメリカの黒人がつくったものと言えそうです。

ケルトのバラッドにもフラットする7度やAAB型の歌詞の例はあるんですが、徹底的にそうなっている音楽というのはブルースだけですからね。ブルーな気持ちを表現するためにそうなったのは想像がつきますけど、和音にもすべてセヴンスの音が入って、Cのキーで言うと、**C7・F7・G7**というコードになる。たった12小節で歌詞はAAB型という単純なスタイルですが、ブルースの曲はいくらでもできます。ほとんど同じでも歌詞が違えば別の曲だし、同じ曲でも演奏者によってまったくニュアンスの異なるものになる。そんな音楽は、ほかにないんじゃないかと思います。

ブルースの形成

ブルースの一般的な定型、すなわち「3コードで12小節、AAB型の歌詞」というスタイルは、1920年ごろまでにミシシッピ州のデルタ地帯で形成されたようです。けれども、初期のブルース・シンガーやギタリストは、このスタイルの曲ばかり演奏していたわけではなかった。ロバート・ジョンソンなんかにしても、ステージではブルースではない曲も演奏していたといいます。

ブルースの最初のレコードは、女性シンガーのメイミー・スミスが1920年にリリースしました。彼女の2枚目、〈クレイジー・ブルース〉が7万5千枚を売るヒットになったのをきっかけに、女性ブルース・シンガーがブームになるんですが、「クラシック・ブルース」と呼ばれる20年代の女性シンガーたちは、たいていはジャズ・バンドをバックに唄っています。23年にコロンビアと契約したベッシー・スミスは33年までの10年間で200曲も録音しているし、ほかにも、マ・レイニー、トリクシー・スミス、アイダ・コックスといった女性シンガーが人気でした。

その次にレコード会社が目をつけたのはカントリー・ブルースです。[15] 24年にパラマウントで吹き込まれたパパ・チャーリー・ジャクソンの〈パパズ・ローディ・ローディ・ブルース〉のヒットがきっかけになって、カントリー・ブルースが次々と録音されるようになる。けれども、6弦バンジョー奏者のジャクソンのこの曲もブルースのスタイルではなく、ミンストレル・ショウで流行ったバラッドの流れに入るものです。

デルタ・ブルースの始祖とされるチャーリー・パットンにしても、バラッドやミンストレル・ナンバー、ダンス・チューンを幅広く演奏した人で、プリ・ブルース期のこういうミュージシャンは「ソングスター」と呼ばれています。3コードで12小節、AAB型の歌詞というスタイルこそがブルースと認知されていくのは30年代のことですが、そのころになってもソングスターは沢山いて、オールド・スタイルの演奏が録音されました。ジョー・エヴァンスとアーサー・マクレインのトゥ・プア・ボーイズ、ヴァージニアのリューク・ジョーダン、ギターを弾きながらハーモニカやカズーを吹いたストーヴパイプNo.1、60年代に再発見されることになるミシシッピ・ジョン・ハートらが典型的なプリ・ブルースを残しているんですが、最も偉大なソングスターは、〈グッドナイト・アイリーン〉や〈ロック・アイランド・ライン〉の作者としても知られるレッドベリーということになりそうですね。

デルタ・ブルースのスターといえば、チャーリー・パットン、サン・ハウス、ロバート・ジョンソンですが、ミシシッピに続いて早い時期にブルースを形成した土地はテキサスでした。活動した時代は異なりますが、テキサス・ブルースの御三家といえば、ブラインド・レモン・ジェファーソン、テキサス・アレキサン

【15】
主にアメリカ南部農村の黒人たちによって、アコースティック・ギターなどの伴奏で歌われたブルース。フォーク・ブルースとも。地域によって、（ミシシッピ）デルタ・スタイル、テキサス・スタイル、などと細分化される

ダー、ライトニン・ホプキンスでしょう。生まれつき盲目だったブラインド・レモン・ジェファーソンは、1917年にダラスに出てミュージシャン生活を本格化させます。ソングスター的な側面を持ちながら、ナイフを使ったスライドでテキサス・スタイルを決定づけた彼は、26年にパラマウントからレコード・デビューします。初レコーディングは24年にされたんですが、スピリチュアル・ナンバー、つまり宗教歌をレコード会社から要求されて、失敗してるんですね。それが物語るのは、ブラインド・レモンはプリ・ブルース期に登場して、カントリー・ブルースに橋渡しをしたひとりだった、ということでしょう。ビートルズのレパートリーとして有名になるカール・パーキンスの〈マッチ・ボックス〉は、ブラインド・レモンの〈マッチ・ボックス・ブルース〉を改作した曲なんですが、27年3月にオーケー[16]で録音されたこの曲のオリジナル・ヴァージョンではブギ・ウギのパターンが見られます。ピアノへの興味がこのころから高まり、28年にはリロイ・カーを真似た〈ハウ・ロング・ハウ・ロング〉を録音したりしているほどですから、新しモノ好きだったんでしょうね。

そのリロイ・カー[17][J8]**こそ、ピアノとギターのデュオでブルースを発展させたパイオニア**です。28年初頭に片腕となるギタリスト、スクラッパー・ブラックウェルとコンビを組んだカーは、同年6月19日に初録音。35年2月25日のラスト・セッションまでのあいだに160曲以上を録音し、そのうち120曲がSPとしてリリースされました。大恐慌時代をものともしない人気を誇ったわけですね。ロ

【16】1918年設立のレコード・レーベル。創業者のイニシャルからOkehと命名。アメリカの各移民コミュニティに向けたレコード制作を皮切りに、サッチモやエリントンを擁したことでブルースやジャズのレーベルとして人気を博した。2000年に消滅したが、2013年に復活

【17】【J8】リロイ・カーとブラックウェルによる1920〜30年代の名演は、代表的な編集盤『ブルース・ビフォア・サンライズ』（写真）などで聴ける

バート・ジョンソンはカーのピアノをギターに置き換えてブルースを進化させるんですが、ピアノとギターのデュオという形態による洗練が「シティ・ブルース」[18]の呼び水となり、それがバンド化されて「リズム&ブルース」が生まれたことを考えると、カーがどれほどのパイオニアだったかがわかります。

ミシシッピ、テキサスに続いてブルースが盛んになるのは、アラバマや、当時の東海岸〜ノース・カロライナ、サウス・カロライナ、ジョージアの一帯です。

20年代後半から録音を残している東海岸の代表選手は、ブラインド・ブレイクとブラインド・ウィリー・マクテルでしょう。ブレイクはブルースの域にはとどまらないギター・ラグでジャズにも多大な影響を与えた人ですが、巧みなチョーキングと正確なリズムは革命的と言えます。ボブ・ディランに「あんなブルースを唄える男は二度と出ないだろう」と謳われたマクテルは、オールマン・ブラザーズ・バンドがロック・ファンに知らしめた〈ステイツボロ・ブルース〉の作者。これはジョージア出身のマクテルが故郷を唄ったナンバーです。

ノース・カロライナのダラムを拠点に活躍したブラインド・ボーイ・フラーは、35年の初レコーディングから40年のラスト・セッションまでの間に130曲以上を録音しました。1896年にノース・カロライナで生まれ、72年にニュージャージーで亡くなるまで現役として活躍したブラインド・ゲイリー・デイヴィスにギターを習っていたというフラーは、ブラウニー・マギーやフロイド・カウンシルといった地元の後輩や、シカゴのジミー・ロジャースにも影響を与えたと

【18】主に北部工業都市の黒人労働者に向けて、演奏・録音されたブルースの総称(シカゴ・ブルース)。弾き語りがメインだったカントリー・ブルースからバンド形態へと発展、都市の音楽として洗練された

いう名人。ハーモニカのサニー・テリーや、ウォッシュボードのブル・シティ・レッドとの録音が多く、ブルースのシティ化に貢献した人です。

一方、メンフィスのブルースは東海岸と異なる特性がありました。ガマの油に代表される日本の香具師（やし）のような大道芸「メディシン・ショウ」が盛んだったメンフィスでは、音楽やダンスは人を集めて薬を売るための手段だったようです。そのため、ミンストレル・ショウを起源とするバラッドなど純粋なブルース以外の曲が演奏されることも多く、ジャグ・バンドの宝庫でもありました。シティ・ブルースに向かうような洗練は20~30年代のメンフィス・ブルースには見られませんが、ワイルドな表現は「リズム＆ブルースやロックンロールにまっすぐ繋がっていく」とも言えそう。27年に〈カンザス・シティ・ブルース〉を大ヒットさせ、レコード会社の目をメンフィスに向けさせたジム・ジャクソンもメディシン・ショウ出身でした。彼に続いたのが、ダン・セインとのギター・デュオでノリのいい演奏を聴かせたフランク・ストークスや、スリー・フィンガー・ピッキングのファリー・ルイス、のちにシカゴに移ってブルースの女王となるメンフィス・ミニーらでした。

大雑把に言えば、20年代後半から30年代前半がカントリー・ブルースの時代。ブルースは北上の過程でシティ化していったとも言えそうです。30年代後半から第二次世界大戦を挟んで40年代末までが、シティ・ブルースの時代と言えるでしょう。シカゴやデトロイトが新たな拠点となったんですね。

33年にヴィクターの廉価盤レーベル「ブルーバード」がシカゴで誕生します。レイス・ミュージックと呼ばれた黒人音楽を専門にリリースしていたこのレーベルは、北部にブルースを広めた重要な拠点でしたが、いつも同じようなミュージシャンがスタジオに集められたためか、やがておざなりな演奏が目立つようになっていくんですね。

戦後、その傾向は顕著になり、戦前のカントリー・ブルースからの流れは40年代末にいったん終わった形になりました。乱暴に言えば、ブルースをバンドで、ダンサブルに演奏するのを「リズム&ブルース」と呼ぶようになった、とも言えるんですが、ルイ・ジョーダンらが40年代に流行らせた「ジャンプ」こそ、R&Bの方向性を決め、マディ・ウォーターズらによる新たな「シカゴ・ブルース」の試金石となった音楽です。

ジャズ・バンドのスウィング感とR&Bのエンタテインメント性を合体させたジャンプは、ロックンロールの原型としても非常に重要なんですが、その歴史的な流れは次回にまわすことにして、「ビートルズとブルース」という話をしておきましょう。

ネジレを生んだ英国の社会的背景

アメリカでロックンロールの人気が爆発するのは1955年のことですが、その最初の大ヒット曲であるビル・ヘイリー&ヒズ・コメッツの〈ロック・アラウンド・ザ・クロック〉がロックンロール・ナンバーの元祖というわけではなかった。ルイ・ジョーダンがジャンプを流行らせた時代から、「ロック」という言葉がタイトルに入ったナンバーや、明らかにロックンロール的なR&Bナンバーはあったんです。

亡くなった中村とうよう氏が編纂した『ロックへの道』というコンピレーションCDがあるんですが、これは労作で、ケルト移民がアメリカで始めた「ロック的なビートの曲」や、ブルースやジャズ、ジャンプやR&Bの範疇から「ロックンロールの元祖」的な曲を集めて、発表年代順に並べたものです。最後が〈ロック・アラウンド・ザ・クロック〉なんですが、まさにタイトル通り、『ロックへの道』がはっきりと見えてきます。次回はこれを聴きながら進めていきましょう。〈ロック・アラウンド・ザ・クロック〉が全米ナンバー・ワンになったころには、ロックンロールという言葉はできていました。DJのアラン・フリードが「ロックンロール」を標榜するラジオ番組を次々とヒットさせ、ライヴ・イヴェントもやるようになっていた。けれども、ロックンールを本当にブームにしたのは、〈ロック・アラウンド・ザ・クロック〉の直後に全米的なスターとなっていくエルヴィス・プレスリーです。

ロックンロールの人気は英国にも飛び火し、エルヴィス最初の英国盤〈ハートブレイク・ホテル〉は56年3月に出ています。全米チャートで初のナンバー・ワンとなったこの曲は、英国でも2位まで上がりました。

ちなみに〈ロック・アラウンド・ザ・クロック〉は、この曲をテーマとして使った映画『暴力教室』が55年10月に英国で封切られたのに合わせてリリースされ、11月12日付の全英チャートで1位。8週に渡ってその座をキープしたといいますから、英国でも大ヒットしたんですね。アメリカでこの曲が1位になったのは同じ年の7月9日付のチャートですから、時差は4ヶ月しかなかった。

そして4ヶ月後にはエルヴィス登場です。ロックンロール・ブームはアメリカと同じようにやって来ても、おかしくはないですよね。

ところが英国では、その間にロニー・ドネガン[19]の〈ロック・アイランド・ライン〉が挟まって、スキッフルがブームになってしまう。**情報の差、センスの差が巻き起こした、ある種のネジレ**だったと思うんですが、スキッフル・ブームというネジレが挟まったことで、英国のロックンロールはアメリカのそれとはまったく違ったものになります。ジョン・レノンの最初のバンド、ザ・クウォリーメンもスキッフル・バンドとして結成されたのはご存じだと思いますが、57年夏にポール・マッカートニーが加入してからスキッフル色が薄くなり、旧メンバーがほとんどいなくなった58年からロックンロール・バンドが目標になっていくんです。

これはビートルズに限ったことではなくて、英国ロックの第一世代は、58年ごろから本格的なロックンロールを始めている。なぜそうなったかといえば、ロニー・ドネガンに影響されてギターを弾き始めた英国の少年たちは、56～57年に

【19】
ビートルズ、特にジョン・レノンに絶大な影響を与えたことで知られる、1931年生まれのスコットランド人シンガー、ギタリスト。スウィングやヴォーカル・ジャズ、フォーク、ブルース、カントリーを聴いてギターを始め、40年代末からロンドンのジャズ・クラブで演奏。彼が巻き起こしたスキッフル・ブームは、子供たちがギターを手にとるきっかけになり、ブリティッシュ・ロック誕生の礎ともなった。2002年没

アコースティック・ギターを買って、スキッフル・バンドを組んでしまったからでしょう。ロックンロールの最大の武器であるエレクトリック・ギターは、その時点では夢のまた夢だったはずです。

58年はエルヴィスが兵役に出た年で、アメリカのロックンロールはここから急速に下火になっていく。ところが英国では、アコギからエレキに持ち替えた少年たちがロックンロールを始めるわけです。

社会的な背景として大きいのは、英国ではジョン・レノンの歳、つまり**1940年生まれから兵役の義務がなくなった**ことです。兵隊に取られるまでの間にちょっとバンドごっこでもしてみるか、という程度の動機でスキッフルを始めた連中に、18歳から20歳という貴重な期間の青春がプレゼントされることになった。モラトリアムがあと2年続くならロックンロールをやってみよう、とエレキに持ち替えた少年たちの気持ち、わかりますよね。当時の英国には「イレヴン・プラス」という共通試験があって、11歳のときに受けるこの試験で将来が決まってしまいました。成績がいい子が行けるのが大学への進学が可能な中・高校一貫のグラマー・スクール、並み以下の成績だと日本の中学にあたるパブリック・スクールにしか行けないんです。グラマー・スクールとパブリック・スクールには入学年次の差があるので編入は難しく、パブリック・スクールを出た子はたいてい職業訓練校に行きました。

ビートルズで言えば、ジョンとリンゴがパブリック・スクール出身、ポールとジョージはグラマー・スクール出身です。病気で中学にもろくに行けなかったリンゴは、短期の職業訓練校を経てすぐに就職していました。ジョンはお決まりのアート・スクールですね。ロック・ミュージシャンの多くは、アート・スクールに通った時期に音楽活動を本格化させています。

英国ロックの第一世代に、30年代生まれがほとんどいないのは徴兵制があったからなんです。いずれにしても、労働者階級の学生たちはバイトをしていますから、楽器ぐらいは買えます。リンゴなんか、昼は定職、夜はセミ・プロ・バンドで稼いで、ロリー・ストーム&ザ・ハリケーンズ時代から車を持っていたというんですから、「労働者階級」という言葉が我々日本人にイメージさせる像ほど、英国の青年たちは貧しくないんですね。

スキッフルの実態

では、英国ロック第一世代が最初に通ったスキッフルとは、どういう音楽だったのか。

戦後、英国のポピュラー・ミュージックの主流は「トラッド・ジャズ」と呼ばれる独特なものでした。アメリカから入ってくるポップスやカントリー、ジャズや映画音楽を、ひっくるめて演奏するデキシーランド・ジャズ・スタイルのバンド、と言えば実態に近いでしょうか。トランペットやトロンボーンといった金管楽器と、木管のクラリネット、弦楽器はバンジョーで、あとはピアノ、ベース、ドラムスといった編成です。英国には教会に属する祭礼用のブラスバンドの伝統がありますから、マーチング・バンドがデキシーランド・ジャズ化したようなものになったんでしょう。

そこに男女のシンガーが加わったりするのは、ミュージック・ホールからの流れもあったと思われます。バンドが出てくると、いくつかインスト曲を演奏、そのあとシンガーが紹介されて歌のコーナーになる。戦後の日本のジャズとも近かったはずですが、ギターがいないのが英国のトラッド・ジャズの特徴です。だから、誤解を怖れずに言えば、ブルースやR&Bの要素は希薄だったんですね。モダン・ジャズ的な方向には行かなかった。

50年代初頭から英国のトラッド・ジャズを牽引していたのが、トロンボーンとベースのクリス・バーバーと、トランペットのケン・コリヤー、クラリネットのアッカー・ビルクらでした。彼らはジャズ発祥の地であるニューオリンズの音楽を研究し、それを英国的に発展させようとしたんですが、52年にケン・コリヤーがニューオリンズを訪れた際に、**ストリートでカントリー・ジャグ・バンドを目撃したことが、英国のスキッフルを生む**んです。アメリカにもスキッフルと呼ばれる音楽はありましたが、コリヤーは瓶の口を吹いたり、盥に立てた棒に張った一本の縄を弾いてベースの代用としたり、洗濯板（ウォッシュボード）をパーカッションとして使ったりするジャグ・バンドが、カントリー・ブルースを演奏するのが面白いと思ったようです。ウディ・ガスリーやピート・シーガーのレコードはすでに英国でも出ていたようだし、ジャズの素としてブルースも聴いていたはずですけれど、「ギターを弾きながら唄うシンガーに、日用品を楽器にするバンド」という取り合わせは、コリヤーの想像を超えていた。帰国した彼はクリス・バーバーにその様子を話し、トラッド・ジャズ・バンドのショウにスキッフルのコーナーを設ける相談がされていくんです。

そこに現れたのが、スコットランドから来たロニー・ドネガンでした。**当時の英国にはギターを弾きながら唄うシンガーなんてほとんどいませんでした**から、バーバーはドネガンにレッドベリーの曲などを唄わせて、英国独自のスキッフルをつくるんですね。

56年1月に全英チャートの6位まで上がり、その年に三度もチャートに入るロング・ヒットを記録しました。4月には全米チャートの10位まで上がっています。ドネガン名義のシングルは55年11月に出たんですが、もともとこの曲は前年の11月にリリースされたクリス・バーバー・ジャズ・バンドの10インチ・アルバム『ニューオリンズ・ジョイズ』[J9]に入っていたものです。おそらくスキッフルのコーナーの評判がよかったからシングル・カットしたんでしょうが、のちにビートルズにも関わることになるロンドンの興行主ラリー・パーンズが、コーヒー・バーで演奏できる音楽を探していたという裏事情もあったようです。

コーヒー・バーは、ビールが売りのパブに対する青少年向きの店で、現在のカ

【J9】『ニューオリンズ・ジョイズ』1954年11月

フェのようなものです。ラリー・パーンズはスキッフルがブームになるとすぐに、ロンドンで「トゥー・アイズ（2I'S）コーヒー・バー」を始め、そこをスキッフルのメッカとします。女性シンガーのナンシー・ウィスキーとのデュオでも活躍したチャス・マクデイヴィッドや、その後ロックンロールに移行したヴィンス・テイラー、ビートルズのドイツ録音では主役だったトニー・シェリダンや、70年代にはセンセイショナル・アレックス・ハーヴェイ・バンドで一時代を築くアレックス・ハーヴェイも、トゥー・アイズのレギュラーでした。トニー・シェリダンが私に語ってくれたところによれば、「ホモのパーンズにケツを貸すとジャック・グッドがやっていたテレビ・ショウに出してもらえるんだが、ヤツが好きなのはクリフ・リチャードやビリー・フューリーみたいなタイプだったんだ。俺やアレックス・ハーヴェイみたいなロッカーズ系は、だからハンブルクに売られちまった」ということになるんですね。

ジャック・グッドというのは『オー・ボーイ！』や『ボーイ・ミーツ・ガール』といったＩＴＶの音楽番組で、クリフ・リチャードをはじめとする英国のロックンロール・スターを育てたプロデューサー。１９３１年生まれのアイリッシュ系英国人です。グッドはのちに『シンク・ユア・ラッキー・スター』や『レディ・ステディ・ゴー！』を立ち上げ、64年には『アラウンド・ザ・ビートルズ』を制作、その直後にアメリカに渡ってＡＢＣテレビで『シンディグ！』[20]をつくります。『シンディグ！』のハウス・バンドだったシンドッグズは、ギターとヴォーカル

【20】
1964年から66年まで放送された米ABCテレビの音楽バラエティ番組。ジミー・オニールが司会を務め、フォーク、ロック、R&Bなどの人気ミュージシャンが登場した。ビートルズやローリング・ストーンズらイギリス勢も出演。タイトルのシンディグ（shindig）はパーティーや大騒ぎの意

のディレイニー・ブラムレット、リード・ギターのジェイムズ・バートン、ベースのジョーイ・クーパー、ドラムスのチャック・ブラックウェルというのが基本メンバーで、66年に番組が終わるまで活躍しました。67年にはリオン・ラッセルのヴィヴァ・レコーズからシングルも出していますが、注目は70年代ロックの方向性を決めることになるディレイニー&ボニー・アンド・フレンズや、マッド・ドッグス&イングリッシュメンとなるメンバーだということです。ジェイムズ・バートンは復活後のエルヴィス・プレスリーのバンドのギタリストとして知られていますよね。

ロックの歴史はミュージシャンが発表したレコードや行ったツアーで語られがちですが、ラリー・パーンズのような興行主やジャック・グッドのようなプロデューサーが、**「ミュージシャンをどう使っていたか」は、ときにはレコード以上に重要**です。

50年代に話を戻します。

シェリダンは私に、「最初はみんなスキッフルだった」と言いました。「そのうちにアメリカのブルースやR&Bを理解していったんだが、英国のロックンロールはポップスの一種だと思っていたんだ。ハンブルクで腕を磨いた連中は、みんなアメリカ型のR&Bを目指していたんだと思うよ。そういう曲を演る方が荒っぽいハンブルクでは受けたしね。もちろんチーク・タイムのために、甘いスローバラードも唄ったけど……」と。

そんな話を聞いていたら、私の中に疑問が生まれました。50年代末期にロックンロール・バンドを組んだ英国ロックの第一世代は、ブルースとR&Bをどう差別化していたのか、ということです。

私が率直に疑問をぶつけると、シェリダンは「お前、なに言ってるの?」という顔をして、「ブルースはブルース、ああいう音楽の形態だろ。R&Bってのはそれにビートをつけてバンドで演る音楽じゃねぇか」という、非常に大雑把な説明をした。思わず吹き出しそうになりましたけど、当事者たちが「英国のロックンロールはポップスの一種」と見ていたとするなら、この説明は的を射ていますよね。ローリング・ストーンズがやたらと自分たちのことを「ブルース・バンド」と称したりするのも納得がいきます。

実際スキッフルは白いんです。レッドベリーやウディ・ガスリーのレイルロード・ソングなんかを唄っていますからアメリカっぽいんですが、フォークやカントリーに近い。リード・シンガーの呼びかけに、ほかのメンバーがコーラスで応えるコール&レスポンスがアメリカのフォークやカントリーよりバンドっぽいですけど、ブルースやR&Bが放つ黒さはありません。

ビートルズも「コーヒー・バー」から

英国ブルースの始祖となるアレクシス・コーナー[21]は、40年代の終わりからジャズ・ギタリストとして活躍していましたが、アメリカのフォークやブルースの研究者としても知られていたため、レコード・デビュー前からロンドンやハンブルクでラジオのDJをやっていたそうです。トニー・シェリダンの、ビートルズらをバックにしたハンブルク録音は、アレクシス・コーナーの口利きで放送局から借りた録音機材があったおかげで、「幼稚園でレコーディングできたんだ」と、シェリダンは私に教えてくれました。

碩学で知られ、人脈もあったコーナーでさえ、レコード・デビューはスキッフルだったんですが、すぐにブルースに移行し、マディ・ウォーターズらを英国に招聘するのにも力を注いでいたんです。

コーナーは58年ごろから、相棒のハーモニカ奏者シリル・デイヴィスと「ブルース・クラブ」や「R&Bクラブ」を設けるんですが、この時代の「クラブ」はクラブ活動のクラブと同じで、組織を差します。つまり、場所を借りて同好の士が集まる会だったんですね。ストーンズの出発点として知られるクロウダディ・クラブやマーキー・クラブというのは常設のライヴハウスなので混同されがちですが、クロウダディやマーキー以前に常にライヴを聴かせていた店は、コーヒー・バーとパブだけだったと思います。

いや、ジャズ・クラブはありました。ジャズといってもトラッド・ジャズや、それに近い軽音楽を聴かせるクラブですね。でも、スキッフルにとってはそれがよかった。ロニー・ドネガンがスキッフルをブームにすると、ジャズ・クラブが

【21】
1928年生まれで、49年にクリス・バーバーのジャズ・バンドに参加。50年代からシリル・デイヴィスとともにブルースの演奏を始め、62年にブルース・インコーポレイテッドを結成する。メンバーにはその後のブリティッシュ・ロックを牽引するミュージシャンが多数在籍したことから、ブリティッシュ・ブルースの父の異名を持つ。84年に病没

「スキッフル・セッション」と銘打った日を設けたからです。

リヴァプールの**キャヴァーン・クラブも、最初はジャズ・クラブだったん**です。ジョンは57年8月7日に行われた「スキッフル・セッション」に、クウォリーメンを率いて出たのがキャヴァーン初出演でした。ポールは、クウォリーメンとして2回目の出演だった58年1月28日が初キャヴァーンとなります。

その年の2月にはジョージが加入してクウォリーメンはロックンロール・バンドを目指すようになるんですが、オリジナル・メンバーのエリック・グリフィスやレン・ギャリーと、ジョン、ポール、ジョージの間に温度差が生まれ、バンド活動はしぼんでいきます。58年7月15日にジョンの母ジュリアが警察官が運転する車に撥ねられて亡くなってしまったことも影響して、ポールとジョージは、ジョンと少し距離を取っていたようですね。

ところが、のちにビートルズの初代ドラマーとなるピート・ベストの母親モナが、自宅の地下室を改装して青少年向けのクラブを開いたところから風向きが変わります。

モナ・ベストの「カスバ・コーヒー・クラブ」は58年8月29日にオープンするんですが、クウォリーメンとしての活動がほとんどなかったこともあってか、ジョージがときどき参加していたレス・ステュアート・クァルテットがオープニング・パーティで演奏することになった。ところが、リハーサル時にベーシストのケン・ブラウンとレスが大喧嘩して、レスは家に帰ってしまったんです。ケンはジョージに応援を頼み、ジョンとポールが呼ばれました。ジョン、ポール、ジョージにケンという布陣のクウォリーメンはモナに気に入られ、その後7週に渡ってカスバの土曜日の夜の部にブッキングされました。

けれども、10月に入ってギャラの問題が発覚する。風邪で休んだケンにもモナがギャラを払っていたことを知って腹を立てたジョン、ポール、ジョージは、ケンをクビにしてカスバを離れることにしたんです。どうやらそのときすでに、「ジョニー&ザ・ムーンドッグズ」を名乗ってエンパイア・シアターで行われる『TVスター・サーチ』のオーディションに出ることになっていたようです。マンチェスターで行われた二次予選まで勝ち上がったジョニー&ザ・ムーンドッグズでしたが、リヴァプール行きの最終列車に乗るために結果を待たずに帰り、棄権と見なされました。

第3章で詳しく話しますが、翌60年にバンド名はいったん「シルヴァー・ビートルズ」になります。音楽をするには、すでに仕事にしているシンガーのバック・バンドになるのが早道と考えたジョンたちは、「ジョニー&……」じゃだめだと思ったんでしょう。実際、シルヴァー・ビートルズと名乗ったのは、ビリー・フューリーのバック・バンドを探しにやって来たラリー・パーンズのオーディションを受けたときですからね。「ビリー・フューリー&ジョニー&……」ではカッコがつきません。

その後、ラリー・パーンズからハンブルクでの仕事をもらったためドラマーが必要となったジョンたちは、ピート・ベストに白羽の矢を立てて、モナとも和解します。そしてピートのオーディションが行われた60年8月12日からハンブルクに出発する16日までの間に、グループ名は「ザ・ビートルズ」に変わるんです。【22】

ここで注目したいのが、ラリー・パーンズからきた仕事をせっせとビートルズに紹介していたアラン・ウィリアムズという存在。初代マネージャーとしてビートルズ史に残る彼は、リヴァプールで「ジャカランダ・コーヒー・バー」を経営しながら興行に手を染めていた男です。

モナ・ベストの最初の夫、つまりピートの父親も、興行の仕事にも関わっていた元ボクサーだったようですが、**そこから窺えるのは当時の労働者階級の仕事に対する感覚です**。まぁ、そういうのはちょっと水商売系の人たちではありますが、ロンドンの流行を真似てすぐに「コーヒー・バー」や「コーヒー・クラブ」をつくり、バンドで一儲けしようとする。ジャズ・クラブだったキャヴァーンには敷居の高さを感じていた少年たちに、演奏する場所を与えたのはエラかったと思うんですが、タレントのマネージメントをちゃっかり商売にしようとしていたわけです。

英国は日本よりはるかに小さい国で、当時の人口は5500万人ぐらい。レコード会社もエンタテインメント産業もロンドンに集中していて、地方の興行はアラン・ウィリアムズのような、「プロモーターとしてはセミ・プロ」の人が支えていたんですね。実はアメリカも国が広いだけで、商業音楽のシステムとして

【22】ハンブルクで出演するクラブと交わした契約書で、初めてザ・ビートルズという名前を使用している

はさほど変わらないんですが、ローカル・シーンに放送局やマイナー・レーベルがあった、という点は英国との大きな違いです。

私はクウォリーメンのメンバーにインタヴューしたこともあるんですが、**ジョンがスキッフルを始めたのはドネガンのようになりたかったから**だといいます。ジョンはすぐにエルヴィスにも夢中になるんですが、母親に教わったバンジョーのコードでギターを弾いていたんで、ブルースから発展してロックンロールの根幹となった「スリー・コードの中で鳴っているセヴンスの音」は掴めていなかったんじゃないかと思います。

ドネガンをはじめとするスキッフルのルーツを求めて、すぐにレッドベリーのSPを買ったりしていたジョンですが、音楽の構造を真剣に考え始めるのはポールが入って1年ぐらい経った58年の後半からで、それは「プロとしての音楽活動」と「作曲」が視野に入ってきたからでしょう。

ジョンとポールは、彼らが好きなアメリカの最新ヒット曲の多くが、2〜3人で共同作業しているソングライター・チームの作品であることに、レコードのレーベル・クレジットから気づきます。リーバー／ストーラー、ホランド／ドジャー／ホランド、ゴフィン／キング、マン／ウェルズなどです。50年代末期から60年代初頭のアメリカン・ポップス黄金時代は、そういった若いソングライター・チームによって築かれたと言っても過言ではありませんから、ジョンとポールはいいところに気がついたわけです。

けれど、レノン／マッカートニーが作曲に意欲を見せ始めるのは、ハンブルク録音のあとだったと思われます。このセッションでビートルズは、シャドウズのパロディのようなレノン／ハリスン作のインスト曲〈クライ・フォー・ア・シャドウ〉を録音していますよね。ということは、演奏のギャラのほかに著作印税をもらっているはずです。英国人がドイツで発表した曲ということを考えると、買い取りの可能性も高いですが、曲がなにがしかのお金を生んだのは間違いない。1万円か2万円を現金でもらって、みんなで呑んでしまったとか、バンドマンの現実なんてその程度です。けれど、ジョージが作曲者としてクレジットされたレコードが先に出たら、ポールがどうなるか、皆さんなら想像できるでしょう。作曲にいちばん積極的だったのはポールだし、まだお遊びに毛が生えたような段階だったとはいえ、レノン／マッカートニーの片割れは彼です。プライドが傷つけられた、というほどではないにしても、いかにも奮起しそうですよね、こういうときのポールは。

〈ラヴ・ミー・ドゥ〉とフラットする7度

さて、話は62年6月6日に飛びます。EMIのレコーディング・テストが行われた日ですね。レコーディングを監督していたのはジョージ・マーティンではなく、部下のロン・リチャーズ。エンジニアはノーマン・スミス[23]で、テープ・オペレイターはクリス・ニールでした。マーティンはビートルズがリヴァプールから到着したときに挨拶に来ただけで、別の仕事をしていたようです。

レコーディングは、ポールが唄うラテン・ナンバー〈ベサメ・ムーチョ〉から始まり、レノン／マッカートニーの〈ラヴ・ミー・ドゥ〉〈P．S．アイ・ラヴ・ユー〉〈アスク・ミー・ホワイ〉と続きました。各曲、4〜5テイクが録られたはずです。

〈ラヴ・ミー・ドゥ〉のときに、ノーマン・スミスが興味を示し、クリス・ニールにジョージ・マーティンを呼んでくるように指示しました。食堂で打ち合わせしていたらしいマーティンも〈ラヴ・ミー・ドゥ〉を面白いと思ったようで、この日のテストに合格したビートルズは10月5日に〈ラヴ・ミー・ドゥ〉と〈P．S．アイ・ラヴ・ユー〉をAB面にしたシングルでデビューするわけです。

8月にはドラマーがピート・ベストからリンゴ・スターに交代、9月4日にはリンゴのドラムでデビュー・シングル用のセッションが行われました。マーティンはミッチ・マレー作の〈ハウ・ドゥ・ユー・ドゥ・イット〉をA面に推していたんで、この曲が先に録られ、次が〈ラヴ・ミー・ドゥ〉だった。バンド側が〈ハウ・ドゥ・ユー・ドゥ・イット〉に難色を示し、マーティンは〈ラヴ・ミー・ドゥ〉の出来を不満としました。それで9月11日に、セッションマンのアンディ・ホワイトがドラムス、リンゴがタンバリンの〈ラヴ・ミー・ドゥ〉と、ホワイトがパーカッション、リンゴがマラカスの〈P．S．アイ・ラヴ・ユー〉、まだスロウ・

【23】
EMIの社員エンジニアとして数々の録音を担当。初期ビートルズのサウンドを確立し、ピンク・フロイドやプリティ・シングスもプロデュースする。71年にハリケーン・スミス名義でソロデビューするや英米でシングルがヒット

テンポだった〈プリーズ・プリーズ・ミー〉がレコーディングされます。この日はジョージ・マーティンは遅い時間に顔を出しただけで、監督はロン・リチャーズ、エンジニアはノーマン・スミスでした。

ところが10月5日に発売されたのは、9月4日の〈ラヴ・ミー・ドゥ〉だったんです。この曲のドラム・サウンドを不服としていたのはノーマン・スミスとロン・リチャーズでしたが、マーティンは大差ないと思っていたようです。けれども、翌年3月22日発売のアルバム『プリーズ・プリーズ・ミー』以降、〈ラヴ・ミー・ドゥ〉は9月11日のヴァージョンに統一されることになります。そしてリンゴがドラムのヴァージョンのマスター・テープは、混同を避けるために廃棄されてしまう。

ま、そこは新人バンドのことですから、さもありなんという話ですが、マーティンが推した〈ハウ・ドゥ・ユー・ドゥ・イット〉は、およそ半年後にブライアン・エプスタインがEMIに送り込んだジェリー&ザ・ペースメイカーズのデビュー・シングルとなって、全英ナンバー・ワンに輝いています。

オリジナル曲で行きたかったビートルズの気持ちはわかりますが、〈ラヴ・ミー・ドゥ〉は17位までしか上がらなかったんですから、マーティンの読みが正しかったと言わざるをえないでしょう。

ポールは〈P．S．アイ・ラヴ・ユー〉を推していたんですが、「シングルA面曲にふさわしくない」とロン・リチャーズが却下する様子が『ザ・ビートルズレコーディング・セッションズ完全版』（マーク・ルーイスン著、シンコー・ミュージック刊、２００９年）に出ています。〈ハウ・ドゥ・ユー・ドゥ・イット〉のメロディをキャッチーと感じていたマーティンなら、それに代わる曲は〈P.S.アイ・ラヴ・ユー〉だと思いそうですが、そうはならなかった。ノーマン・スミスが最初に反応したのも〈ラヴ・ミー・ドゥ〉ですから、**この曲にはビートルズのデビュー・シングルにふさわしい何かがあったはず**です。

〈ラヴ・ミー・ドゥ〉、のちのビートルズ・ナンバーと比べなくても、モッサリした、地味な曲ですよね。私がビートルズを聴き始めた１９７１年には、ビートルズの歴史自体が「アメリカでの成功～日本上陸」という64年前半の動きを基準にしていましたから、デビュー・シングルと認知されていたのは〈抱きしめたい〉で、〈ラヴ・ミー・ドゥ〉なんて眼中にありませんでした。

だから73年に出た赤盤・青盤も、赤盤のA面にとっても違和感があった。76年に、英国盤に準じた曲順、ジャケットでオリジナル・アルバムの世界統一がなされたときに、私の世代はようやく「初期の英国でのリリースを理解した」とも言えます。当時は私の周りでも、ビートルズのデビュー・シングルって〈ラヴ・ミー・ドゥ〉だったの？　何で？　という反応がポピュラーだったし、私自身もその後10年ぐらい疑問を感じていたはずです。

私がビートルズを改めて聴き直し始めたのは、パンク／ニュー・ウェイヴが一段落した84年ごろでした。ある日、中学生のころ愛用していて、友だちの誰かに持って行かれたままになっていた楽譜の全曲集を古本屋で見つけ、懐かしくなって買ったんですが、ギターを持ってGとCとFのスリー・コードの〈ラヴ・ミー・ドゥ〉を唄おうとすると、歌の音が取れない。もうレコードを出している身でしたからちょっと焦って、イントロのハーモニカのフレーズをギターで弾いてみると、秘密がわかりました。最初のコードはG、ソシレの和音なのに、**ハーモニカは♪ファーミーレソッソ……と、セヴンスの音から出てる**んですね。メジャーのG、つまりニ長調ならファはシャープしますけど、この曲のファはナチュラル。調の概念から言うとフラットしているわけです。なるほど、と思って最初のコードをG7に変えてみると、ハーモニカのフレーズもすんなり出てくるし、歌も唄える。

　愕然としました。**〈ラヴ・ミー・ドゥ〉はブルースだったん**です。7度の音が全部フラットしているばかりでなく、♪So Please…の低いLove Me Doの「ドゥー」と下がった音はシのフラット、つまりルート（根音）に対する3度の音のフラットになっている。これ、**メロディは完全にブルー・ノート音階**なんですね。ところがビートルズは平然とGとCとFで通している。フラットする7度の音から出るハーモニカに導かれるような形で歌メロはブルー・ノートのスケールなのに、ギターにセヴンスの音は入っていないんです。

　そのころ私がいちばん夢中になっていたのは英国やアイルランドのトラディショナル・フォークだったんですが、〈ラヴ・ミー・ドゥ〉のギターのストロークは完全にそっち系だということにも気づきました[24]。

当時はまだ「ブルースは南部の黒人の発明」とする説が一般的でしたから、ケルト移民がアメリカに持ち込んだ要素と、ビートルズのケルト・ルーツが結びつくまでには、それから7～8年の時間がかかったと思います。その後さらに7～8年かけて、私は前段までで述べてきたような「ポピュラー音楽の成り立ち」を調べ、19世紀中盤から1920年代のアメリカで行われた「**ケルト移民と黒人の文化交流こそ、その礎である**」という説を、リアルに感じるようになったわけです。

さて、〈ラヴ・ミー・ドゥ〉はどこまで意識的にブルースだったんでしょう？もしポールとジョンが、「ブルースのルーツはケルト民謡にあり」なんてつもりでこの曲を書いたとしたら、怖ろしいですよね。まぁ、ブルージーな曲にしたくて、無自覚にああなったんでしょうが、ノーマン・スミスやジョージ・マーティンが「あれ？」と思ったのは、**〈ラヴ・ミー・ドゥ〉に黒人ブルースとケルト民謡の両方を感じたから**に違いありません。

その融合に、大人が可能性を感じたところからビートルズの歴史が本格化し、わずか3～4年で彼らはロックンロールの常識をぶち壊す「ロック」を発明するんです。

【24】
アフター・ビートを強調する♪ズン・ジャカ・ズン・ジャカというコード弾きが特徴。ケルト系リズムについては第2章で説明

年表1
ロックンロール誕生前夜の100年

US アメリカの動き		UK and others イギリスと他国の動き
●米国南部のプランテイションで「ブルース」誕生	**1800's前半**	●英国型イージー・リスニング「パーラー・ミュージック」ブーム
●「ミンストレル・ショウ」発生	**1840頃**	
●「音楽出版」始まる スティーヴン・フォスター(1826-64)の活躍 ペンシルヴァニア州ピッツバーグ近郊の生まれ、シンシナティ〜晩年はニューヨークに。〈おおスザンナ〉〈草競馬〉〈故郷の人々〉〈懐かしきケンタッキーの我が家〉など		
	1857	●フランスのレオン・スコットが「フォノートグラフ」を発明
●南北戦争 北部(合衆国側)→奴隷制度廃止 南部(連合国側)→奴隷制度維持	**1861~65**	
●英国、アイルランド、フランス、東欧からの「新移民」とケルト文化の流入、フレンチ・クォーター の形成 ●黒人と新移民間での文化の共有〜融合 ニューオリンズで「ラグタイム」誕生〜「ブルース」「ゴスペル」と混ざって「ジャズ」発生	**1800's後半**	●ロンドンで「ミュージック・ホール」が新しい娯楽に
●グラハム・ベルが電話機を発明	**1876**	

●トーマス・エジソンが円筒型レコード「フォノグラフ」を発明（12月6日）	**1877**	
●エミール・ベルリナーが「グラモフォン」（円盤型レコード）を発明	**1887**	
●レコード会社が誕生	**1800's末**	
●エジソンが映写機「キネトスコープ」を発明	**1893**	
	1894	●フランスのリュミエール兄弟が「シネマトグラフ」を発明
	1895	●パリのグラン・カフェで「シネマトグラフ」の有料試写会を開催（12月28日）
	1902	●フランス初の物語映画『月世界旅行』が公開（ジョルジュ・メリエス監督）
●西部劇『大列車強盗』公開（エドウィン・ポーターが監督／撮影）	**1903**	●フランスのオデオン・レコードが両面レコードを開発。他社も追従
●世界初のアニメ映画『愉快な百面相』の誕生（ジェイムズ・ステュアート・ブラットン監督） ●ド・フォレストが三極管（オーディオン管）を発明	**1906**	
●映画監督D.W.グリフィスの『國民の創世』（1915年）と『イントレランス』（1916年）が公開	**1915**	

US		UK and others
●ピッツバーグのウェスティング・ハウス社がラジオの実験放送を開始（11月）	**1916**	
	1920's	
●世界的に「ラジオの時代」へ　～アメリカ・KDKA（1920年）、イギリス・BBC（1922年）、日本・東京放送局（のちのNHKラジオ、1925年）		
	1920~30's	
●シェラック製のSPが一般化		
	1931	●コロンビア／EMIのアラン・ブラムレインがステレオによる録音とレコードカッティング方式を確立
	1935	●ドイツAEG社が世界初のテープ・レコーダー「マグネトフォン」を発売
●ビルボードが全米のジュークボックスで流れた曲の一覧を発表開始（1月4日）	**1936**	
	1939~	
●第二次世界大戦～軍需利用による録音技術、通信技術の発展		
●ビルボードが初めて統計を掲載（7月27日、ヒット・チャートは58年8月4日から） ●映画「ファンタジア」公開	**1940**	●リンゴ・スター誕生（7月7日） ●ジョン・レノン誕生（10月9日）

●ボブ・ディラン誕生（5月24日） ●テレビ放送が本格化	**1941**	
	1942	●ポール・マッカートニー誕生（6月18日）
	1943	●ジョージ・ハリソン誕生（2月24日）
●コロンビアが塩化ヴィニールのLPを商品化（6月21日）	**1948**	
	1949	●RCAビクターが7インチの塩化ヴィニール盤を商品化

02. Music, Culture & Philosophy

第2章

ロックの根源にあるもの～音楽、文化、思想

『ロックへの道』の衝撃

今回はまず、前回少し触れた中村とうよう企画・監修のコンピレーションCD『ロックへの道』[J1]の話からしましょう。

これは1996年10月にMCAビクターから発売されたもので、選曲もとうようさんによるものです。75年にMCA音源から編纂した『ブラック・ミュージックの伝統』というLPがあったんですが、まずCDならではの拡大版として、『ブラック・ミュージックの伝統　ジャズ、ジャイヴ&ジャンプ篇』と『同 ブルース、ブギ&ビート篇』がつくられ、それから『ロックへの道』がリリースされました。

『ブラック・ミュージックの伝統』も、アメリカの黒人音楽がどう発展したかがわかる、素晴らしいコンピレーションでしたが、『ロックへの道』は私にとっては衝撃で、目から鱗の連続だったんです。

中村とうようさんが69年に創刊した『ニューミュージック・マガジン（現ミュージック・マガジン）』は、ロックやフォークを評論する日本で初めての雑誌でしたから、私もそうとう影響を受け、中学生のころからチラチラ読んでいて、高校3年ぐらいのときはもう毎月買うようになっていました。

そのころになると、すでにとうようさんはロックへの興味を失いかけていまし

【J1】『ロックへの道』1996年10月

たが、下の世代の論客が育っていたので『マガジン』は黄金時代に突入していきます。とうようさんはワールド・ミュージックに入れ込んでいったんですが、大鷹俊一さんや鳥井賀句さん、大貫憲章さんらがパンク／ニュー・ウェイヴへの理解を示したので、『マガジン』を読んでいれば最新の音楽事情がわかるようになった。80年に〝ニュー〟が取れて『ミュージック・マガジン』になったんですが、とうようさんは『季刊ノイズ』や『レコード・コレクターズ』を創刊して、ルーツの方に向かいます。『マガジン』ではワールド・ミュージックのことばかり書いてね。

そのせいもあって、私と同世代の人たちの中には中村とうようを「ワールド・ミュージックの人」だと思っている輩が少なくないんですが、ボブ・ディランを最初に日本に紹介したのは氏だし[1]、前章で私が述べた、「アイルランド移民と黒人奴隷がアメリカで文化を共有したことから近代的なポップ・ミュージックが始まった」という説を日本で最初に唱えたのは、とうようさんだったはずです。

80年代末期に『マガジン』と『レココレ』の執筆陣に加えていただいた私は、創始者が何を考えて雑誌をつくったのかを改めて考えるようになり、とうようさんの著作を読み直しました。そうしたら、私が当時気にし始めた「アイルランド移民がアメリカではたしたこと」なんて、氏はとっくの昔に言っている。ビートルズやボブ・ディランと「そこ」を繋げるのには熱心ではなかっただけで、フォスターからロックンロールが成立するまでのアメリカ音楽を、きっちり検証して

【1】
中村とうようは日本コロムビアから65年12月に出た編集盤『ボブ・ディラン!』の選曲と解説執筆を担当した。これが国内盤でリリースされた初めてのディラン・アルバムとなる

くれていたんです。

『ロックへの道』は、とうようさんがそれまでに書かれた「論」を実際の音で証明するものになりました。配布した曲目表（141ページ）を見ていただけるとわかると思うんですが、このCDはフォスターの曲やベタなブルースから始まるわけではなくて、アイルランド北西のスライゴ[2]から1914年にアメリカに渡り、アイリッシュ・フィドルの名手として活躍したマイクル・コールマンの34年11月9日の録音が冒頭に置かれています。

コールマンはニューヨークでエレヴェーター係として働きながら同胞のあいだでフィドルを披露するうちに注目され、20年ごろからレコーディングするようになりました。同郷のジェイムズ・モリソンと共に「アイリッシュ・フィドルの二大巨頭」と呼ばれ、故郷のフィドラーたちにも多大な影響を与えたといいます。とうようさんはライナーノーツで、ヌーラ・オコーナーによる名著『アイリッシュ・ソウルを求めて』（茂木健、大島豊訳、大栄出版刊、1993年）から次の部分を引用しています。

《かれらのレコードが、その後50年間、アイルランド伝統音楽の方向性を定めることになる。かれらは、スライゴー特有のスタイルで演奏した。強烈な装飾音が施され、流れるような弓使いでスピードに乗った演奏を聴かせる、というスタイルだ。このスタイルが与える効果は、「優美」そして「華麗」と言い表されている。今も変わらず魅力的なこの演奏スタイルが、コールマンとモリソンの手に

【2】

アイルランド北部の州とその州都の名前。伝統音楽の重要地域として長い歴史を持つ

かかり、他のすべてのスタイルを押し退けてしまった。ふたりとも、すさまじい技術を持った名人だったからだ》

そして、とうようさんの解説が続きます。

《ここに収めた演奏でもわかるように、リールの4分の4拍子のリズムは、ジャズからロックに至る20世紀アメリカ・ポップ・ミュージックの基本的なリズム感覚そのものだと言っていい》と。

アイルランド音楽の代表的なリズムは4つ。8分の6拍子のジグと、4分の4拍子のリール、8分の9拍子のスリップ・ジグ、4分の4拍子と2分の2拍子が混ざったりするのを基本にしながら3拍子系（2分の3拍子、4分の9拍子、8分の9拍子）の曲もある「はねる」感じが特徴のホーンパイプです。いずれにしても、2拍目および4拍目、3拍目に強いアクセントを置くもので、ジャズやロックで言う「アフター・ビート」の原型とも言えます。

アフリカ起源のフィールド・ハラーは、前章でも述べたように♪ズン、ドッドッド、ズン、ドッドッドと1拍目3拍目にアクセントが置かれたりしますから、ロックのルーツ→ブルース→アフリカ音楽というのは、ほぼ間違いなんですね。ジェイムズ・ブラウンのファンクなんかはアタマにもアクセントがあるんですが、ユーロ・ビートなんかに受け継がれるいわゆる「4つ打ち」で、バス・ドラムが4拍全部を打つものの、スネアは2拍4拍に入る。つまり、やっぱりアフター・ビートではあるんです。

だから、とうようさんが『ロックへの道』の冒頭にアイリッシュ・フィドルのリールを持ってきたのは、ものすごく大きな意味がある。このCDの英語タイトルは〝All Roads Lead To Rock〟——「すべての道はロックに通ず」というんですが、ラスト、28曲目に置かれたビル・ヘイリーの〈ロック・アラウンド・ザ・クロック〉でロックンロール時代の幕が開くまでのポップ・ミュージックの変化を、これほどみごとに捉えたコンピレーションを私はほかに知りません。

ライナーノーツを読む

ちょっと長くなりますが、『ロックへの道』のライナーノーツ、「ロックは一日にして成らず」という一文の前置きの部分を読みます。

《20世紀のアメリカン・ミュージックを、ぼくは、このように要約できると思う——前半はジャズ時代、後半はロック時代、と。／50年代にロックが出現したとき、人々は大きな衝撃を受けた。オトナたちは猛烈にハンパツし、若者たちは熱狂的に歓迎した。その両者が、ロックは音楽の革命だ、それまでの音楽とまったく異なる音楽の誕生だ、と思い込んだ。しかし今、ロックも音楽産業が消費者に提供する商品のひとつでしかないことが、誰の目にも明らかとなり、むしろポップ・ミュージックのひとつとしてロックを見なおすことが必要になっている。／そういう目で再検討すれば、20世紀前半のジャズ時代にジャズの陰に隠れていたさまざまな音楽の流れの中にロックの源流となるものが存在し、それらがひとつにまとまったときにロックと呼ばれるものになった、という仮説を立てることができるのではないか。そういう仮説に基づいて、ぼくはこの“All Roads Lead To Rock”というアルバムを企画してみた。具体的に、ここでロックに通じる道として設定したのは、／（1）活気のあるビートに乗って力いっぱい歌い演奏する、パワフルでポジティヴな音楽はいつもアメリカ下層庶民のものとして存在した。／（2）黒人、白人、新移民（19世紀末以後にアイルランド、東欧などから来た移民）の民族統合が進展した。／（3）とくに黒人音楽ではブルースが変質し、ブギ・ビートが発展した。／（4）ギターを使っての音楽表現が進歩した。とくにエレキ・ギターの出現が重要。／（5）もともと性的な意味で使われた「ロック＋ロール」というワン・セットの言葉が、身体運動のリズム感覚を象徴するキイワードとしての役割を獲得した。／といった諸項目であり、それらが絡み合って歴史を動かして来た。このように見ると、ロックは20世紀前半を通じて徐々に形づくられ、50年には既に姿を現していたことが明らかとなる。そういった事実を、このCDは世界で初めて、実際の録音によって証明する》

この中村とうようさんの発言に嘘はありません。あるジャンルの音楽を徹底的に研究した専門家はたくさんいますが、世界の全部を見てやろうというスケールの大きさでポップ・ミュージックを検証した人は、地球上にはほかにいないと思います。

なぜ、それができたのかと言えば、常識や定説を鵜呑みにせず、ミュージシャンのいいかげんな発言なんか信じないで、音楽そのものが伝える「刻印」のような要素から、空想をふくらませて仮説を唱え、ルーツに遡って実証してみせるのが、とうようさんの「芸風」だったからです。

晩年のとうようさんと親しくさせていただき、私のCDのライナーノーツまで書いてもらったんですが、直感で「これはこうだろ！」と言う人で、悪く言えば決めつけすぎるきらいがありました。『マガジン』のレヴューでは平気で「0点！」なんてやってましたから、怨みを持ってるミュージシャンやレコード会社の担当者もいたと思います。でも、愛情のある人だったし、直感から広がった空想が的を射たときの「論」はすごかった。

『ロックへの道』の2曲目は、アンクル・デイヴ・メイコンの〈セイル・アウェイ、レイディーズ〉なんですが、この曲の解説が実にとうようさんらしいので、またも長くなりますが読んでみましょう。定説を覆すようなところがあるのが面白いです。

《一般にサザン・マウンテン・ミュージックなどと呼ぶ（かつてはヒルビリー音楽と呼んだが差別用語だとして使われなくなった）白人音楽の人気者アンクル・デイヴ・メイコン（1870－1952）が、フィドルやギターから成るフルート・ジャー・ドリンカーズとともに、5弦バンジョウを弾きながら歌うダンス・テュ－ン。テネシー州東部のキャノン郡スマート・ステイションで生まれたメイコンは、若いころ一時ナッシュヴィルで生活し、ジョウェル・デイヴィドスンというコメディアンにバンジョウを教わった。18のとき父の死で田舎に戻り、農民のひとりとして隣人たちのパーティやピクニックの余興を務め、ときにはプロのエンタテイナーとしてメディスン・ショウなどに参加もした。ナッシュヴィルで有名なオープリー・ショウがスタートすると、その舞台や放送で、彼の明るくユーモラスで活気に満ちた演奏は人気の的となった。こうして86歳で亡くなるまで、若々しい現役であり続けた。／このように、農村共同体と都市興行形態と二股かけていたのがメイコンの面白いところだ。オールド・タイムとかマウンテン・ミュージックというとカーター・ファミリーが過大評価されがちで、研究者たちはメイコンを軽視する傾向がある。端的に言って彼のショウマン的な体質のせいだ。ヒルビリー音楽を低俗なものと軽蔑する世間の目を気にして、地味で上品なカーターを表に出し、猥雑なメイコンを隠したがる。それに、学者どもがオーセンティックなどという無意味な価値基準を持ち込んで物事を歪めてしまう。われわれは、ミンストレル、ヴォードヴィルの伝統を継ぐエンタテイナー性を持つメイコンこそ、ポピュラー音楽の源流のひとつとして注目すべきだ。／メイコンの祖先がどこから来たのか、ぼくにはわからない。ヒルビリー・ミュージックとアイルランド移民の音楽との繋がりについての学者の見解も、知らない。しかし、18世紀に移民して来たアイリッシュの多くがアパラチア山脈南部に入植したこと、その地方こそメイコンやカーターなどいわゆるマウンテン音楽の中心地であることから見て、両者に繋がりがないとは考えられない。しかも、アメリカのヴォードヴィルもアイルランド系芸人の活躍の場だったから、ぼくの見方ではメイコンは二重にアイルランドと繋がっている。ここに収めた曲のように構造的にリフレインが入り込んだ陽気なダンス・ソングでは、1［編註：マイクル・コールマン］のアイルランド音楽（インストと歌ものの違いこそあるが）とフィーリングにおいて極めて近しい感じを受ける。しかもこの演奏にはクロッギング（木靴でタップを踏む踊り）の音まで入っているのがうれしい》

カーター・ファミリーを「過大評価」と言い、メイコンの「猥雑さ」にミンストレル、ヴォードヴィルからカントリーへの流れを見るあたりがとうようさんらしいですね。いまではYou Tubeで簡単にカーター・ファミリーとメイコンを比べられるので、ぜひ観てみてほしいんですが、ルーツというものには絶対にあるはずの泥臭さを消し去って「洗練された新しいスタイル」を提示したカーター・ファミリーと、何だか未整理なのに「逞しい」印象のメイコン、どっちがロックに近いかと言えばメイコンでしょう。

ギターの低音弦を1拍3拍で♪ブン、ブンと弾きながら、2拍4拍に中高音弦の♪ジャカ、ジャカと入れるのが、カーター・ファミリー・ピッキングの基本的なスタイルで、これはギター奏法の革命でした。1920年代の終わりごろ、彼らがこのフラット・ピッキングを始め、それがフォークやカントリー、ブルーグラスにおけるギターの、ひとつのスタイルになったんですね。50年代以降にギターを始めた世代、つまりビートルズなんかは、ごく当たり前のようにそうやってギターを弾くようになり、おそらくあとから、それがカーター・ファミリーを始祖とする奏法だったと知ったはずです。ポール・マッカートニーのアコギは、親指と人差し指の二本で弾くフィンガー・ピッキングのことが多いんですが、たいてい♪ブン、ジャカ、ブン、ジャカというスタイルですから、ピックで弾いていなくてもカーター・ファミリー・ピッキングの末裔ということになるでしょうね。

けれども、ブルースのフィンガー・ピッキングでは親指でベースを刻むのは普通ですから、カーター・ファミリーの新しさというのは非常にヒルビリー的——つまり白人的な見地だとも言えるんです。

カーター・ファミリーの音楽にもアイリッシュ・ルーツは根強いし、コーラスにはゴスペルからの影響もある。けれども、ミンストレルやヴォードヴィルの要素はほとんどないですよね。白人受けするところに収めようとしているのが見えることもあって、そのエンタテインメント性が猥雑なメイコンよりもむしろ商業的に感じられたりするんです。

いや、誰も「だからカーター・ファミリーなんかダメだ」と言ってるわけではないんですよ。この辺が音楽評論の難しいところで、わかりやすくするための比較が、優劣をつけているように誤解されてしまったりする。

もちろん我々だって個人の好みを言うことはありますけど、とうようさんのここでのアンクル・デイヴ・メイコンへの評価は、ロックという音楽の本質に迫るものだと私は思うんです。

「ロック」と「ロール」の意味

こうやって1曲1曲のライナーを読み、とうようさんが伝えたかったことまで探っていくと、時間はいくらあっても足りません。アンクル・デイヴ・メイコンのところだけでも、とうようさんの視点の鋭さはご理解いただけたと思うので、このライナーの最初の方に書いてある重要なことに話を進めます。

《具体的に、ここでロックに通じる道として設定したのは》と前置きして語られた5つの項目の5番目、《もともと性的な意味で使われた「ロック＋ロール」というワン・セットの言葉が、身体運動のリズム感覚を象徴するキイワードとしての役割を獲得した》というところに着目してみましょう。

「ロック」も「ロール」も性的な意味での「ヤる」とか「ヤッちゃう」を表す俗語ですから、「ロックンロール」なんて、言ってみれば「ヤリヤリ」みたいな言葉なんですよ。「ジャズ」っていうのは「グチャグチャ」とか「ハチャメチャ」みたいな、騒然とした状態を指す言葉だと思うんですが、それはジャズの音楽性を表してのことだったんでしょう。ところが「ロック」や「ロール」は、最初はセックスを表す言葉だった。意味が先にあって、そこに音楽がついていったんです。

『ロックへの道』には、タイトルに「ロック」や「ロール」が入った曲がたくさん収録されていますが、いちばん古いのは1929年に録音されたモンタナ・テイラーの〈デトロイト・ロックス〉と、ジュニー・コブの〈シェイク・ザット・ジェリー・ロール〉です。この2曲はブギ・ウギの特徴を伝える初期の録音として選ばれたんですが、とうようさんはモンタナ・テイラーの項で面白いことを言っています。

《ジョージ・トマスの変名と考えられているクレイ・キャスターの23年の「ロックス」、女性ピアニストのメリー・ルー・ウィリアムズの38年の「ロックス」などの録音から見て、むしろブギに先行してロックスと呼ばれるピアノのパタンが存在したと考えられるのであり、エリントンの30年の「ロッキン・イン・リズム」もそれを下敷きにしたものに違いない。とすれば、ロックという音楽より30年以上も前にロックスという音楽があったことになる。これはロックという動詞が、性的な身体運動を意味するのと同じくらい古くから音楽のビート感覚を表すのにも使われていたことを推測させる用例と言える》

けれども、ハリー・リーザー楽団が34年に録音した〈ロック・アンド・ロール〉は、音楽的にはロックスでもブギでもないんです。この曲は映画『トランスアトランティック・メリー・ゴー・ラウンド[3]』のために、ティン・パン・アレイのソングライターであるシドニー・クレアが作詞、リチャード・ホワイティングが作

【3】
1934年11月公開のアメリカ映画。監督はベンジャミン・ストーロフ

曲したもので、映画に主演したボズウェル・シスターズが34年10月4日にコロンビアで吹き込んだヴァージョンがオリジナルです。ヒットしたとは言い難い曲らしいんですが、34年暮れから35年前半にかけてカヴァー・ヴァージョンが相次いだことから見て、それなりに話題になった曲ではないか、と、とうようさんは言っています。そのひとつが、ラジオで人気を博したバンジョー奏者ハリー・リーサーの録音なんですが、私が考えるに、この曲が半年あまりのあいだに一気にカヴァーされたのは、セックスを意味するタイトルのおかげだったんじゃないでしょうか。

ブルースはそこのところは先を行っていて、トリクシー・スミスの38年の録音が収録された〈マイ・ダディ・ロックス・ミー〉は、10時間も続ける絶倫亭主と、時計で時間をはかっている女房を描いたセックス・ソングの傑作。とうようさんは、《ロックとロールは体の動きを表す動詞であるわけだが、後には踊りでの身体運動、さらにそのリズム感覚を意味する名詞となって音楽に結びついた。意味は変わっても、時間的な持続のニュアンスを、この曲いらい一貫して含んでいることに注意されたい》と書いているんですが、これは鋭い指摘ですね。「ロック」や「ロール」をテーマにするなら、それらしい肉体表現を伴わないと……ということになり、**テンポは速く、ビートは強くなっていった**ことが容易に想像できるからです。

バディ・ジョーンズ39年の〈ロッキン・ローリン・ママ〉は、カントリー畑では最初にエレキ・スティールを使ったボブ・ダンと、カントリーにおけるホンキー・トンク・ピアノの元祖ムーン・マリカンが参加しての録音。こういう曲が入ることによって、「ブルース、ブギ、R&Bといった黒人音楽がロックンロールを生んだ」と、短絡的には言えなくなる。ケルト移民がアメリカに持ち込んだ要素が、黒人の音楽にも白人の音楽にも多大な影響を及ぼしたと考えれば、ロックンロールの形成も「どちらか」ではないことは明白なんですが、こうやって証拠を突きつけられると、同時多発的に地表に出た湧き水が集まって、ロックンロールという大きな川ができていったことがリアルに感じられますね。

シスター・ロゼッタ・サープとラッキー・ミリンダー楽団の41年録音〈ロック・ダニエル〉も、垣根を越えた演奏が興味深いです。とようさんは、《シスター・ロゼッタ・サープ（1915‐73）は本来はゴスペル・シンガーでありながら非宗教的な歌もバンバン歌い、エレキ・ギターで男も顔負けの強烈な演奏をやってのけた怪女だ。カントリーのレッド・フォーリーと共演してオープリーにも出た。商売熱心で何でも手を出した、というのでなく、形式にこだわらない自然児だったのだと思う。いくらヒットを出しても泥臭いパワーを失わなかった彼女の歌からそう感じるし、それは彼女が属したホリネス教会の体質でもあったのだろう。38年にはコトン・クラブでキャブ・キャロウェイ楽団との共演で「ロック・ミー」なんて曲を歌った彼女だからラッキー・ミリンダー楽団と共演の「ロック・ダニエル」も、宗教と非宗教の境界を楽々と超えている。曲はサープ自身とその母か姉妹との共作らしい。ロニー・ジョンスンに影響されたギターのソロも見事なもの。テナー（サックス）・ソロはスタフォード・サイモン》と解説しています。

50年代前半のロックンロール・ナンバー

《50年ごろになると、「ロック」という語を使用した曲が幾つも現れる。それを偶発的現象と見るのは不可能だ。大きな動きの始まりとして捉えるべきで、もう予兆などとは呼べない。50年には第1期ロック時代に突入していた、と言わざるを得ない。ロックはビル・ヘイリーで突発的に出現したのではなく、その5年前には始まっていた。ただ、それらの初期ロック作品はまだヒットしなかったし演奏者の多くが無名のままに終わった、というだけのことなのだ》

という強烈な一文から始まるのは、ルネ・ホール・トリオが51年に録音した〈マイ・カインド・オブ・ロッキン〉の解説です。

この曲はバンドの形態も、アレンジや演奏も、歌詞も、「最初期のロックンロール」と呼ぶにふさわしいものですが、ルネ・ホールのキャリアを知れば納得がいきます。とうようさんの解説の続きはこう。

《ルネ・ホールは、ジャズと初期リズム＆ブルースの境界線のあたりで30－50年代に活躍したギタリストで、30年代前半はジョセフ・ロビショウのバンドでバンジョウを弾き、後半にはアーニー・フィールズのバンドでギターとトロンボーンを担当するなどニューヨークのさまざまなバンドで働き、50年にはバディ・テイトたちを含む自己のバンドでジュビリーに録音。続く51年のデッカ録音のうち1曲をここに収録した。その後も自分のトリオでヴィクターなどに録音を残したほか、50年代後半をカリフォルニアで過ごし、サム・クック、リッチー・ヴァレンスなどのバンドでギターを弾き、ラリー・ウィリアムズなどスペシャルティ【4】の歌手たちの伴奏バンドを率いた。この曲でも、リフにおける2ギターの効果やアドリブ・ソロなどに当時としては新しい感覚を見せる。チャック・ベリーやミッキー・ベイカーにも影響を及ぼしたと言われ、ロック・ギターの先駆者として今後の再評価が必要な人物だ。歌詞の繰り返し部分に「お前がロック・アンド・ロールするとオレのソウルは満足しちゃうぜ」とあり、もちろんセックスのことを歌っているわけだが、曲調はまさにロックンロールしてる》

　私はこのCDを手にするまでルネ・ホールなんてまったく知りませんでしたが、いつの時代も、こういう職人がいるんですね。ものすごいパイオニアなのに、本人はそこには無自覚で、ただお金がもらえる方に流れていっただけなんでしょう。活躍したのが30年代から50年代じゃ無理もないですね。レコードも1枚1枚のワン・ショット契約だったはずですから、印税まで含めて取っ払いのギャラ制だったかもしれません。チャック・ベリーなんかでも黄金時代を除いては、ほとんどワン・ショット契約だし、ライヴのバック・バンドは現地調達ですからね。オールド・スタイルに見えるかもしれませんが、ミュージシャンのあいだでは、いまだに「1回いくら」の感覚は根強いんですよ。

【4】
1945年にLAで設立されたレコード・レーベル。リトル・リチャード、サム・クック、ギター・スリム、パーシー・メイフィールドなど、ロックンロール、R&Bの重要アーティストの作品をリリースした

『ロックへの道』の後半には、本人名義の録音も含めてジョニー・オーティスが何度も出てきます。アル・クーパーの『クーパー・セッション』[J2]で彗星の如くデビューしたシュギー・オーティスのお父さんですね。

ビッグ・ママ・ソーントンの〈ハウンド・ドッグ〉の項で、とうようさんは《伴奏のキャンザス・シティ・ビルとはジョニー・オーティスの変名である。黒人歌手のヒットの白人によるカヴァーが50年代に流行したこともロックの初期段階での重要な動きだった。それを何より雄弁に証言するのがこの曲。ギリシャ移民の子で白人と黒人の間に立っていたオーティスは、そういった動きを加速させた張本人みたいな人だ》と書いています。

１９２１年12月28日にカリフォルニアで生まれたジョニー・オーティスは、今世紀初頭まで現役で活躍、「リズム&ブルースのゴッド・ファーザー」と呼ばれた人で、２０１２年1月17日に亡くなりました。ドラマー、ピアニスト、ヴィブラフォン奏者、シンガーとして知られるマルチ・プレイヤーですが、ソングライター、バンド・リーダー、プロデューサー、プロモーターとしての功績の方が、歴史的には大きかったと言えるでしょう。黒人ミュージシャンが不当な扱いを受けているのを改善しようと、人種差別に立ち向かい、音楽業界の活性化を金銭面から考えた人でしたから、スライ・ストーンやフランク・ザッパといった後輩からも尊敬されてたんです。

39年にジャズ・ドラマーとしてのキャリアをスタートさせたオーティスは、

【J2】『クーパー・セッション』1970年

ナット・キング・コールとジミー・ウィザースプーンの勧めでロサンゼルスに拠点を移し、43年にクラブ・アラバムのハウス・バンドだったハーラン・レオナルド・カンザスシティ・ロッカーズに加入します。45年には16人編成の自身のバンドを結成、エクセルシア・レコードからリリースした〈ハーレム・ノクターン〉をヒットさせました。このビッグ・バンドは、ナット・キング・コール、ルイ・ジョーダン、インクスポッツなどとツアーに出たり、ワイノニー・ハリスやチャールズ・ブラウンといったブルースマンや、レスター・ヤング、イリノイ・ジャケーといったジャズマンともレコーディングをしています。

47年にオーティスは、R&Bを聴かせるクラブとしては史上初の「バレルハウス・クラブ」をロサンゼルスにオープンするんですが、ここで演奏するためにバンドの規模を小さくしたというんですから、経済を考えられるプロフェッショナルですよね。バレルハウス・クラブはシンガーとして、メル・ウォーカーやリトル・エスター・フィリップス、のちにコースターズとなるロビンズらを雇い、オーティスは彼らのレコードをプロデュース。50年代にはビルボードのR&Bチャートのトップに立つヒットを10曲も放っているんですが、オーティスはそれだけでは飽きたらず、「カリフォルニア・リズム&ブルース・キャラヴァン」という史上初のR&B一座を組織して全米ツアーに出ます。

これが大受けする。そこに参加していたのがビッグ・ママ・ソーントンで、彼女の十八番がリーバー&ストーラーが書いた〈ハウンド・ドッグ〉だったんです。

やっと『ロックへの道』に繋がりましたね（笑）。

40年代末からオーティスが見いだしていったシンガーには、ビッグ・ジェイ・マクニーリー、ジャッキー・ウィルソン、ハンク・バラード、リトル・ウィリー・ジョンといった人たちがいました。ソングライターとしては、52年にロイヤルズのために書いた〈エヴリ・ビート・オブ・マイ・ハート〉が初ヒットだったようですが、この曲はのちにグラディス・ナイトやパーシー・スレッジらのカヴァーによってR&Bクラシックになります。

そしてレコード・プロデューサーとしては、初期のリトル・リチャードに関わります。

リチャードは51年にRCAヴィクターで8曲、53年にピーコックで8曲を吹き込んでるんですが、ピーコック録音を仕込んだのがオーティスで、自身のバンドでバックも務めている。『ロックへの道』にはここから、オーティスのヴァイブも聴ける〈リトル・リチャード・ブギ〉が収録されています。

ジョニー・オーティス楽団としてピーコックに残した中の1曲、54年録音の〈シェイク・イット〉も『ロックへの道』に収録されているんですが、これなんかもう完全にロックンロールですね。

とうようさんはシスター・ロゼッタ・サープを《自然児》と表現し、ルネ・ホールの項で暗に「オールド・スタイルで日銭を稼ぐミュージシャン」を語っています。それと比べるとジョニー・オーティスはどこを切ってもプロなんですが、**商**

売を考えられる人が乗ってきて、いよいよロックンロールの時代が本格化したってことを、ちゃんと語った人は実はほとんどいません。そういう意味でも、『ロックへの道』は画期的なコンピレーションなんですよ。

アラン・フリードの功績

ビル・ヘイリー以前に、「ロック」や「ロール」、そして「ロックンロール」がタイトルに入った曲がたくさんあり、50年代に入ると、音楽的にもロックンロールの原型ができあがっていたわけですが、黒人がやっていればR&B、白人のものならカントリーやジャズに分類されていました。

「ロックンロール」を白人・黒人の壁を超えた音楽ジャンルとしてまとめた最初の男は、51年からオハイオ州クリーヴランドのWJW局で『レコード・ランデヴー』という番組を持っていたDJアラン・フリードでした。

1922年12月15日にペンシルヴァニア州ウィンドバーで生まれたフリードは、子供のころからトロンボーンを吹いていて、ビッグ・バンドのリーダーを夢見ていました。ところが戦争中に耳を悪くしてしまったので方向転換し、50年にペンシルヴァニア州ニューキャッスルの局でDJとしてのキャリアをスタートさせたんです。

クリーヴランドで『レコード・ランデヴー』を軌道に乗せたフリードは、その番組のスポンサーになっていた地元でいちばん大きなレコード店で、白人の若者たちが黒人のR&Bのレコードを買っているのを目撃しました。それをきっかけに自分の番組でより多くのR&Bナンバーをかけるようになった彼は、番組名を『ムーンドッグ・ロックンロール・ハウス・パーティ』と変更するんです。

するとこれが大人気となる。黒人層からも白人層からも受けて、「ロックンロール」は新しい音楽ジャンルとしてひとり歩きを始めます。フリードがすごかったのは、すぐさま次の手を打ったこと。彼は52年3月21日にクリーヴランド・アリーナで史上初のロックンロール・ショウ「ムーンドッグ・コロネイション・ボール」[5]を開催するんですが、8000枚のチケットを求めて2万5千人が集まったというんですから、フリードはロックンロール人気を確信したはずです。

それ以前にも、黒人向けのラジオ局では黒人DJがR&Bをかけていました。南部では早くから白人のDJも黒人リスナーのためにR&Bをオンエアしていたという記録もあるんですが、R&Bをかける番組が盛んになるのは50年代に入ってからです。その流れに先駆けて、48年に全米初の黒人専門局へと転身したWDIA[6]は「マザー・ステイション・オブ・ニグロズ」と呼ばれたそうで、そこでは若き日のB.B.キングやルーファス・トーマスがDJを務めていた。またKWEM局[7]では、ハウリン・ウルフやサニー・ボーイ・ウィリアムソンが生演奏を聴かせていたそうですから、この時代にラジオがはたした役割は重要です。

けれども、北東部のオハイオ州では、黒人R&Bがラジオでガンガンかかると

【5】
ヘッドライナーはサックス奏者のポール・ウィリアムスのバンドとギタリストのタイニー・グライムスのバンドで、ほかにザ・ドミノスとダニー・コブなどが出演。コンサートは午後10時から午前2時まで夜通し行われた

【6】
メンフィス州テネシーで1947年に開局。当初は白人向けの軽音楽を流していたが、翌年アメリカ初となる黒人向け番組「Tan Town Jamboree」をスタート。同番組のおかげで倒産の危機を免れる。さらに49年秋には完全に黒人リスナー向けのラジオ局へと転身し、現在に至る

【7】
1947年にウェスト・メンフィスで開局。10〜20ドル払えば誰でも演奏をオンエアできるのが売りで、B.B.キングやハウリン・ウルフらブルース勢も、ジョニー・キャッシュやスコッティ・ムーアらロックンロール勢も演奏を披露。以後、さまざまなミュージシャンがライヴをオンエアする場となっていたが、1960年に閉鎖

いうのは画期的だったし、手元の電話帳を叩きながらノリノリで曲を紹介したり、ときにはレコードに合わせて唄ったりしてしまうフリードのDJスタイルは新しかったんですね。フリードはすぐに「ミスター・ロックンロール」と呼ばれるようになり、54年にはニューヨークのWINS局にメインDJとして招かれます。ロックンロールに力を入れたWINSは全米一のAM局にのし上がり、フリードが主催するロックンロール・パーティはそのころから全国規模になっていきます。

55年、エルヴィス・プレスリーというセックス・シンボルを得たロックンロールがますます盛んになろうとしていたそのときに、ビル・ヘイリーの〈ロック・アラウンド・ザ・クロック〉が大ヒット、「ロックンロール」は世界的になるわけですが、フリードの人気は揺るぎませんでした。56年の『ドント・ノック・ザ・ロック』を皮切りに映画出演も続き、57年には代表作と呼ぶにふさわしい『ロック・ロック・ロック』と『ミスター・ロックンロール』が公開されています。

DJ兼プロモーターというフリードの立場は、音楽のジャンルとして認められたロックンロールに精神性を加えることにもなりました。白人と黒人のあいだにあった壁を取り払ったことも大きいですが、白人の良識層が眉をしかめるような、いまで言えばパンクな在り方を、フリードは率先して見せつけた。彼はこのころ30代中盤だったことを考えると、やんちゃですよね。反体制的だし、型に嵌まらない自由を体現しています。それは、当時の不良を描いた若者映画とも通じていて、時代の気分に合っていた。マーロン・ブランド主演の『乱暴者（あばれもの）』は54年、エヴァン・ハンターの小説をもとにした『暴力教室』と、ジェイムズ・ディーン主演の『理由なき反抗』は55年の作品ですが、エルヴィス・プレスリー、ジーン・ヴィンセント、エディ・コクラン……と名前を挙げるまでもなく、ロックンロールのヴィジュアル・イメージは、マーロン・ブランドやジェイムズ・ディーンが醸し出した「反逆」や「反抗」の姿そのものだったわけです。

ロックンロールとビートニク

『ザ・ビートルズ・アンソロジー』の映像版では、ビートルズの「ビート」がビートニクの「ビート」であったことを説明するために、その『乱暴者』のシーンが使われています。ジョンはバディ・ホリー&ザ・クリケッツの「こおろぎ」に対抗すべく「かぶと虫」をバンド名にしようと考えたようですが、かぶと虫のBeetleそのままでは面白くないと悟り、ビートニクのBeatの綴りにしました。『乱暴者』の中に不良たちをビートニクと呼ぶシーンがあるんで、そこが『アンソロジー』に使われたんですね。

けれども、ジョンが生きていたら、「それだけではビートニクに対する説明は不充分」と言ったんじゃないかと私は思うんです。

ビートニクの「ビート」は、音楽のビートから来てるんですが、人の在り方を示す言葉として「ビートニク」が広まったのは、アメリカ文学界に「ビート・

ジェネレイション」と呼ばれる作家たちが登場したからでもあった。ジョンがどこまでビート・ジェネレイションの文学作品を読んでいたかは定かではありませんが、アレン・ギンズバーグの出世作である『吠える』に、反応せざるをえない経験が彼にはあったんです。

まだ音楽に興味を持つ前のジョンは、本を読んだり絵を描いたりするのがいちばんの趣味だった。中学生になると自分の雑誌を手づくりして友だちに見せていたんですが、その誌名が『ハウル（吠える）』だったんです。ギンズバーグと最初に親交を持ったビートルはポールでしたが、ジョンは「俺の方が先に『吠える』をつくっていたんだぜ、とギンズバーグに伝えてくれ」とポールに言ったほどですから、アメリカのビート・ジェネレイションの作家に通じる感性や気分を、真っ先に表現に持ちこんだひとりだったという自覚もあったんでしょう。

ロスト・ジェネレイション

ビート・ジェネレイションを語る前に知っておかなければならないのは、その親の世代にあたるロスト・ジェネレイションの存在です。作家では、アーネスト・ヘミングウェイ、スコット・フィッツジェラルド、シャーウッド・アンダーソン、ジョン・ドス・パソスらがここに分類されていますが、詩人のE．E．カミングス、画家のワルド・パース、批評家のマルカム・カウリー[8]やガートルード・スタ

【8】『ロスト・ジェネレーション―異郷からの帰還』（みすず書房刊、原題：Exile's Return）は、ロスト・ジェネレーション世代であるカウリーがつづった自伝的エッセイにして文化批評の名著

インら、パリで生活したアメリカ人の一団がいました。「ロスト・ジェネレイション」という言葉は、第一次世界大戦後の１９２０年代にパリに滞在していたヘミングウェイに対して、ガートルード・スタインが言った《**You are all a lost generation.** あなたたちはみんな失われた世代なのよ》に由来していて、「失った」「迷える」「行き場のない」といった意味を持つ「ロスト」の背景には第一次世界大戦がありました。そのため「ロスト・ジェネレイション」は、「第一次世界大戦後に青年期を迎えたアメリカ人」を指すようにもなったんです。ヨーロッパではロスト・ジェネレイションを、第一次大戦が始まった年にちなんで「１９１４年世代」とも呼ぶそうですが、戦争によって青春期を失った反動として、酒や享楽に溺れる自堕落な在り方がその特徴になったという指摘もあります。

ヘミングウェイが『日はまた昇る』のエピグラフに、先のスタインの言葉を引用したことから「ロスト・ジェネレイション」は広まったんですが、20代を第一次世界大戦に踏みにじられ、40代にあたる１９３０年代には世界恐慌を経験、そして50代には第二次世界大戦を苦々しい気持ちで眺めていたんですから、「ロスト」はリアルですよね。一方には、伝統あるヨーロッパ文化にアメリカ人が参入し、伝統を無視したような表現を広めたことに対する批判もあったようですが、ローリング・トゥエンティーズと呼ばれた20年代の好景気に沸いたアメリカをあとにして、ヨーロッパで表現活動を本格化させたデラシネ的な生き方はビート・ジェネレイションに多大な影響を与えました。

純粋に世代として見た場合、ウラジミール・ナボコフや、映画監督のアルフレッド・ヒッチコック、役者のハンフリー・ボガード、画家のノーマン・ロックウェル、野球のベイブ・ルースや、ギャングのアル・カポネもロスト・ジェネレイションに含まれます。音楽界では、アル・ジョルソンや作曲家のアーヴィング・バーリンがこの世代。

代表的な作品としては、文学ではフィッツジェラルドの『グレート・ギャツビー』、シンクレア・ルイスの『バビット』、ウィリアム・フォークナーの『響きと怒り』、ダシール・ハメットの『マルタの鷹』、レイモンド・チャンドラーの『大いなる眠り』、ヘミングウェイの『武器よさらば』、T.S.エリオットの『荒地』など。映画ではマルクス・ブラザーズの『モンキー・ビジネス』、音楽ではジョージ・ガーシュインの〈パリのアメリカ人〉や、ファッツ・ウォーラーの〈浮気はやめた〉などが挙げられます。

それに対してビート・ジェネレイションは、1914年から29年、つまり、純粋なアメリカ文化としてジャズが花開いた時代に生まれた世代なんですが、彼らも第二次世界大戦によって青春期に傷を負っているんですね。

ビート文学が誕生するまで

「ビート・ジェネレイション」という言葉は1948年ごろ、ニューヨークのアンダーグラウンド社会で生きる反社会的な若者たちを総称するために生まれたんですが、それを文学界のものとしたのは、52年にニューヨーク・タイムズに掲載された、ジョン・クレロン・ホームズのエッセイ『**This is the Beat Generation**（これがビート・ジェネレイションだ）』と、小説『ゴー』だったと言われています。ビート・ジェネレイションを自分たちの表現スタイルを示す言葉にしようと思いついたのはジャック・ケルアックで、彼がクレロン・ホームズにその言葉を使うように進言したという説もあります。

ビート文学を代表する3人の作家、すなわち、14年生まれのウィリアム・バロウズ、22年生まれのジャック・ケルアック、26年生まれのアレン・ギンズバーグは、44年にニューヨークで出会いました。デイヴィッド・カーメラー死亡事件[9]の被疑者ルシアン・カーの共通の知人だったからです。バロウズとケルアックはこの事件を題材にした『そしてカバたちはタンクで茹で死に（**And the Hippos Were Boiled in Their Tanks**）』を45年に書き上げるんですが、これは発表されませんでした。けれども、バロウズとジョーン・ボルマーが同棲するアパートに、結婚したばかりのケルアック夫妻が転がり込んだのが「ビート・ジェネレイション」の始まりになった。この共同生活はケルアックの離婚と、初期のビートニクとして歴史に名を残すハーバート・ハンケがバロウズに教えたモルヒネのおかげで数ヶ月で崩壊、ケルアックはコロンビア大学に在学していたギンズバーグの寄宿舎に、大学には無断で入り込むんです。これがバレたりしたのが原因でギンズ

【9】
この事件を題材にした映画『キル・ユア・ダーリン』が2013年に公開。ギンズバーグ役は『ハリー・ポッター』シリーズで知られるダニエル・ラドクリフ

バーグが一度は大学を追われるんですが、終戦の年に3人が「共犯者」の意識を持ち始めたのがビート文学の運命を決めたというのは面白いですね。

バロウズは46年に、ボルマーと彼女の娘を連れてテキサス州のニューウェーベリーに引越し、同じころケルアックは『オン・ザ・ロード(路上)』のモデルとなるニール・キャサディ[10]に出会います。このあと、バロウズ、ケルアック、キャサディ、ギンズバーグは、いろいろな場所を旅行したり、断続的に共同生活をしたりするんですが、50年にバロウズが『ジャンキー』に着手したのも刺激になったのか、ケルアックは『ザ・タウン・アンド・ザ・シティ(町と街)』を出版して作家デビュー。51年には『オン・ザ・ロード』を書き上げました。

メキシコ・シティにいたバロウズはこの年、実弾の入った拳銃で「ウィリアム・テルごっこ」をしていてボルマーを殺害するという事件を起こすんですが、過失を認められて不起訴となります。けれども52年にはメキシコ政府に「危険外国人滞留者」の烙印を捺されて国外退去処分となり、バロウズは中央アメリカから南アメリカにかけて放浪することになる。その間にギンズバーグにあずけてあった『ジャンキー』が出版され、バロウズも「作家」の肩書きを得ました。彼の旅はギンズバーグとやりとりした手紙をまとめた『麻薬書簡(The Yage Letters)』を生み、ニューヨークに戻ったときには一時的に、バロウズ、ケルアック、ギンズバーグの共同生活も行われています。

ところがバロウズは、54年にモロッコのタンジールに向かって旅立ちました。

【10】
その前半生はトーマス・ジェーンやキアヌ・リーヴスらが出演した『死にたいほどの夜』として映画化された(1997年公開)

ビートの兄貴分にあたる作家で作曲家のポール・ボウルズが、妻で作家のジェインと自由奔放な暮らしをしていたタンジールは、一種の「楽園」だったからです。モロッコはのちに、ロックにとっても大きな意味を持つようになるんですが、まずはその精神的な源流となったポール・ボウルズのことを語っておきましょう。

ボウルズ夫妻とタンジール

１９１０年12月30日にニューヨーク州の郊外、ロング・アイランドで生まれたポール・ボウルズは、高校在学中から雑誌に詩などを発表し、作曲もする早熟な青年だったんですが、ヴァージニア大学に入学したとたんブルースのレコードに夢中になり、29年3月には船でヨーロッパに渡ってしまいます。ヨーロッパを放浪しながら当時の文化人と交流を持っていったボウルズは、31年にパリでガートルード・スタインと知り合い、彼女の勧めでタンジールに向かいます。その後も作曲を続けながらヨーロッパを放浪し、ときにはニューヨークに戻ったりしていた彼は、35年に舞台のための音楽で注目されるようになり、36年1月26日には自身の作品だけで構成されたコンサートをニューヨークのミッドタウン・センターで開いています。これは連邦音楽プロジェクト[11]が主催。25歳になったボウルズは作曲家として認められ、ヨーロッパの音楽界でも頭角を現していきました。

ニューヨークに戻るとチェルシー・ホテルを常宿にしていたボウルズは、彼が

【11】
ルーズベルト大統領のニューディール政策の一環として始まった、大恐慌で仕事を失った音楽家のための救済計画。コンサートや音楽教室の開催、オーケストラの設立など施策は多岐に渡った

音楽を担当したバレエを母親と観に来たジェイン・アウアーと交際を始め、ジェインの21歳の誕生日の前日にあたる36年2月21日に入籍します。ボウルズは音楽の仕事を続けながら、ジェインは作家を目指しながら、ニューヨークとヨーロッパを行ったり来たりする生活が続くんですが、奔放なセックス観を持っていたふたりはときに別々の行動を取り、ジェインも作家として認められていきます。

ボウルズは『ヘラルド・トリビューン』の音楽コラムを担当したことから文才も認められ、長篇小説『シェルタリング・スカイ』を執筆するために47年からタンジールを主な拠点にするようになるんです。このころから取り巻きとしてブライオン・ガイシン[12]の存在が大きくなり、ボウルズは麻薬にのめりこんでいくんですが、ジェインはニューヨークやパリで小説や戯曲を執筆していることが多く、49年に出版された『シェルタリング・スカイ』でボウルズが作家としての地位を築いてからも、タンジールで一緒に過ごす時間は少なかったようです。

54年にボウルズを訪ねてきたウィリアム・バロウズをジェインが嫌ったことや、ジェインがシェリファという女性とタンジールで恋仲になったこともあって、夫婦が落ち着いて暮らすようになるにはさらに時間がかかりました。けれども、ボウルズは音楽の仕事や小説の執筆にさらに力を入れ、前例のない「文化人」になっていきます。一方ジェインも、戯曲がロンドンで評判になったりしたこともあって世界的な作家と認められていくんですね。麻薬と奔放な性生活、モロッコという無法地帯が、ふたりのパブリック・イメージとなっていったのは50年代後

【12】
イギリス生まれのアーティストで、絵画から音楽まで多彩な創作活動で知られる。バロウズにカットアップの手法を教え、ビート世代以降のアーティストにも大きな影響を与えた。ストロボ効果で視覚的な刺激を作り出す「ドリームマシン」の考案者のひとり

半のことです。ボウルズは56年4月、バロウズにブライオン・ガイシンを紹介します。ガイシンはボウルズを頼ってアメリカやヨーロッパからやって来る表現者に、モロッコをガイドする役を引き受けるようになるんですが、64年にローリング・ストーンズのメンバーでは初めてタンジールを訪れたブライアン・ジョーンズに、ジャジューカ村に太古から伝わる不思議な笛の音楽を教え、そのフィールド・レコーディングに協力したのはガイシンでした。[13][J3]

ビート文学、確立される

ここで話は「ビート・ジェネレイション」に戻ります。

タンジールでバロウズは『裸のランチ』を書き始めるんですが、ビート文学のオーヴァーグラウンド化を決定的にしたのは、56年にギンズバーグが出版した『ハウル・アンド・アザー・ポエムズ（「吠える」と他の詩篇）』と、57年になってようやく世に出たケルアックの『オン・ザ・ロード』でした。ロックンロール世代の感性にフィットした『オン・ザ・ロード』はアメリカでベストセラーとなり、やがてヨーロッパでも読まれるようになっていくんですが、ミュージシャンのあいだにそれを広めたのは、57年からの数年はレコーディングをむしろ英国中心で行い、ヨーロッパ・ツアーにも出るようになったランブリン・ジャック・エ

【13】【J3】

1968年にモロッコを訪れたブライアン・ジョーンズは、ジャジューカ村でその音楽を録音。帰国後にスタジオで音響処理を施し、ソロ作として完成させていた。ジョーンズが69年に死亡したため、作品は71年に『ブライアン・ジョーンズ・プレゼンツ・ザ・パイプス・オブ・パン・アット・ジャジューカ』（写真）として日の目を見る

【14】
50年代の英国フォーク・リヴァイヴァル運動で中心的な役割をはたし、トラッド研究家として数々の著作も残している。1908年生まれ、82年没

【15】

1915年生まれのマコールは、30年代は俳優として活動。アラン・ローマックスに触発されて本格的にフォーク・ソングを歌い始め、膨大な数の作品を残す。ダブリナーズ、ロッド・スチュワー

リオットとデロール・アダムズだったようです。

アメリカのフォーク・シンガーやブルースマンが英国やヨーロッパにツアーに出るようになったのは49年ごろから。**アラン・ローマックスとピート・シーガーが、英国のトラディショナル・フォーク界の重鎮であるA.L.ロイド[14]やイーワン・マコール[15]と交流を持ったことも、実はスキッフル・ブームへの布石だった**んです。54年ごろからローマックスとピートの妹ペギー・シーガーは英国のラジオでフォーク専門の番組を持っていたんですが、英国勢のレギュラーだったイーワン・マコールとペギーが結婚したこともあって、英米のフォークの人的交流は加速しました。ギターとバンジョーのコンビでアメリカを旅していた若手の代表格、ランブリン・ジャック・エリオットとデロール・アダムズは、おそらく最初はアラン・ローマックスに招かれて英国に渡ったと思うんですが[16][J4]、「ホーボー」のイメージが強いふたりの演奏は、アメリカのレイルロード・ソングを英国に広めることになったスキッフル・ブームのあとにはピッタリだったんでしょう。エリオットとアダムズはカウボーイ風のヴィジュアルで意識的に「アメリカ」をアピールしたようですが、ロックンロール世代の精神性を象徴する『オン・ザ・ロード』のプロパガンダも忘れませんでした。

当時のふたりにロンドンで会ったというウィズ・ジョーンズ[17]は、「デロールはリーヴァイスのジーンズの尻ポケットに、いつもペイパーバック版の『オン・ザ・ロード』を差していた。それはポーズだったと思うんだけど、ロンドン勢はみん

ト、ポーグスらにカヴァーされた〈ダーティ・オールド・タウン〉はマコールの作。ペギー・シーガーと出会ったときは既婚者であったが（娘は歌手のカースティ・マコール）、20歳の年の差を乗り越えて結婚。89年没

[16][J4]
バンジョーのアダムスとギターのエリオットのコンビは、ランブリング・ボーイズを名乗りイギリス〜ヨーロッパを渡り歩く。英フォークの中心トピック・レコードから60年に発売された10インチのファースト・アルバム（写真）を含む、5枚の共作アルバムを残した。エリオットはディランにも影響を与え、「ローリング・サンダー・レヴュー」に参加

[17]
カントリーブルースや英国トラッドに影響を受け、50年代に活動を始めたシンガーソングライター。アコースティックギターの名手としても知られる

な〝これがアメリカの本物か〟と感心して、憧れたんだ。実際カッコよかったからね」と私に教えてくれました。その話をトニー・シェリダンにすると、彼もロンドンでエリオットとアダムズのステージを観たと言うではないですか。そして、「オレたちにとってのバイブルは『オン・ザ・ロード』だった」「ジョン・レノンはハンブルクのクラブの薄暗い楽屋でもケルアックやギンズバーグを読んでいるようなヤツだったんだ」という興味深い証言をしてくれたんです。

57年、アレン・ギンズバーグと、のちに詩人／俳優として有名になるピーター・オーロフスキーは、パリのホテル「クラス13」に滞在します。1933年にオープンした小さなホテルですが、モネやピカソがいたことで知られ、ギンズバーグとオーロフスキーがパリでの定宿にしたことから、バロウズや、デレク・レイモンド、ハロルド・ノースといった作家が訪れるようになり、詩人のグレゴリー・コーソによって「ビート・ホテル」と名付けられました。オーロフスキーはギンズバーグが97年に亡くなるまで、彼のパートナーだったことでも知られています。ギンズバーグは56年の『ハウル』で有名になりましたから、ホモ・セクシャルであることや、ドラッグ問題を追求されるようになったんじゃないかと思うんです。早い話、アメリカから逃げ出したんでしょう。シュールリアリズムやダダイズムの時代からパリは常に新しいタイプの芸術家に優しい街だったし、ロスト・ジェネレイションとビート・ジェネレイションを繋ぐ作家であったポール・ボウルズの影響もあってか、「クラス13」はビート作家にとってのヨーロッパの拠点になっていくんですね。

バロウズは『裸のランチ』の草稿を持って、ブライオン・ガイシンと共にモロッコからやってきました。画家としてのガイシンはロンドンを拠点にしていましたから、中継地点としてパリはベストだったんでしょう。

そして59年、オリンピア・プレスというパリのポルノ専門出版社から『裸のランチ』の初版が出ます。オリンピア・プレスとの交渉役はギンズバーグだったんですが、賛否両論となることは間違いないバロウズ作品を続けて出版させるために、著者にとっては分の悪い条件を呑んだようです。ポルノとしても文学作品としても異色の『裸のランチ』はそれなりに話題になって、英米でも発売されたんですが、本文を引用した記事を載せた雑誌がそのせいで猥褻文書として取り締まられたことから、『裸のランチ』をめぐる論争に火がつき、ロングセラーとなるんですね。そして、すでに『ソフト・マシーン』と『爆発した切符』をオリンピアから出していたバロウズは、作家としての地位を確立しました。

バロウズとガイシンのチームに、60年に加わったのが英国人のシステム・エンジニア、イアン・ソマーヴィルです。カンタベリーやケンブリッジの学校でプログラミングを学んだソマーヴィルは、バロウズと恋人になったこともあって、彼らの作品づくりに協力していきます。絵を切り貼りしているときに思いついたカットアップの手法を『裸のランチ』に応用したのはガイシンですが、切り刻まれた原稿を読めるように繋いだのはギンズバーグだったし、その役目を受け継いだのがソマーヴィルだったわけです。

61年にガイシンは写真や映像や録音におけるカットアップ手法を思いつき、「ドリームマシーン」と名付けます。その装置を製作し、システム・エンジニアとなったソマーヴィルは、ガイシンとバロウズが出してきた素材をアート作品や録音作品に仕上げる重要な存在になりました。バロウズとソマーヴィルがつくった「シルヴァー・スモーク・オブ・ドリームス」という5分のテープがきっかけとなって、ふたりは65年にロンドンでラジオ番組を始め、ソマーヴィルは録音におけるカットアップ、つまりテープ・ループや多重録音をはじめとする実験的なレコーディングを試していくんですが、**その作業場を与えたのはポール・マッカートニーだったん**です。

ビートルズとビート作家の繋がり

リンゴ・スターが住んでいたメリルボーンはモンタギュー・スクエアのアパートの使い道を託されたポールは、ソマーヴィルの多重録音やカットアップに興味を持って、そこをスタジオとして提供したんです。注目すべきはそれが65年後半だったこと。**『リヴォルヴァー』でビートルズが行った革命的なレコーディングへの布石が、バロウズとソマーヴィルのスタジオで始まっていた**ことは、実はほとんど語られていません。

リンゴとモーリン・コックスが結婚したのは65年2月11日。長男ザック・スターキー[18]は9月13日に生まれてますから、入籍したときモーリンはすでに妊娠していたんでしょう。リンゴは家族が増えることを考慮して広い家を探したんでしょうが、『ヘルプ!』の撮影や録音のスケジュールを見ると、どう考えても普通の引越しは無理です。新居をかまえても、モンタギュー・スクエアのアパートをすぐに空にするわけにはいかなかった事情が窺えます。

リンゴがポールにアパートを託したのは、当時はジェーン・アッシャーの家に住んでいたポールが、ビートルズの中ではいちばんロンドン人脈を強固にしていたからです。

ジェーン・アッシャーは5歳のころから子役として活躍し、ビートルズがデビューしたころは人気テレビ番組『ジュークボックス・ジュリー』のレギュラーを務めていました。彼女がビートルズに初めて会ったのは、63年4月18日。ロイヤル・アルバート・ホールの楽屋でした。まだ17歳だったジェーンはこの日、『ラジオ・タイムズ』紙に載せるビートルズとの写真を撮りに来ていたんですが、メンバーとすぐに打ち解けて夕食を共にしたのがきっかけで、ポールとつきあうようになるんです。

彼女の父、リチャード・アッシャーは医者。ピーター、ジェーン、クレアという3人の子供を芸能の道に進めたのは、母親のマーガレットでした。アッシャー家はロンドンのウエスト・エンド、ウィンポール・ストリートに建つ大きなテラ

【18】キース・ムーンの手ほどきを受けてドラム演奏に開眼。96年のリユニオン以降、ザ・フーのドラマーを務めている

ス・ハウスに暮らしていたんですが、「ピーター&ゴードン」として音楽活動をスタートさせていたピーターとも、ポールはすぐに仲良くなりました。それもあって、ポールはアッシャー家から3階の一部屋を与えられ、ピアノがある地下の音楽室も自由に使えるようになったんです。

やがてポールは、ピーターの親友だった美術評論家のジョン・ダンバーや、彼の子供を産むことになるマリアンヌ・フェイスフルとも親しくなり、そこにローリング・ストーンズのメンバーやドノヴァン、ジョン・メイオールらを加えたロンドン人脈が築かれていくんですね。

ジョン・ダンバーの友だちに、バリー・マイルズという男がいました。のちに『ビートルズ・ダイアリー』や、ポール公認の評伝『メニー・イヤーズ・フロム・ナウ』を書く人です。マイルズは当初、チャリング・クロス・ロードの大書店「ベター・ブックス」のペイパーバック部長を務めていました。この書店のオーナーはペンギン・ブックスの辣腕編集者として知られたトニー・ゴドウィンだったんですが、実は彼こそがビート文学を世界に広めた人なんです。ゴドウィンがケルアックやギンズバーグの作品を「世界的な文庫」であるペンギンのカタログに加えていったから、ビート文学は拡散されたんですよ。

ベター・ブックスでは詩の朗読会やケネス・アンガーの前衛映画の上映会、アヴァンギャルド・アートの展覧会なども行われていて、マイルズはそういったイヴェントも仕切っていました。先述のグレゴリー・コーソを通じてマイルズと知り合いになっていたクラリネット奏者のパオロ・リオーニが、ギャラリーを開きたいと言っている男がいる、と連れてきたのがダンバーだったといいます。60年代前半のロンドンでは唯一と言ってもいい新しいカルチャーの発信基地だったベター・ブックスですが、ゴドウィンがハチャーズという大資本に突然経営権を売却してしまったため、部長のマイルズや、そこを根城にしていたアーティストたちは路頭に迷うことになったんです。

文学はもちろん、現代音楽やフリー・ジャズ、映画や美術にも精通していたマイルズは、仲間たちに芸術的センスを教えるリーダーと言ってもいい存在だったんで、アッシャーとダンバーは彼を代表にした会社をつくるために出資します。3人の頭文字を取ってMADと名付けられた会社は、書店と画廊の経営に向けて65年夏に動き出すんですが、**マイルズの知識に惹かれていたポールも彼の影響をもろに受けることになりました**。ちょうどポールが現代音楽やフリー・ジャズを聴きあさっていた時期だったこともあって、マイルズはポールのブレインのような格好になるんですね。

ビートルズとギンズバーグの親交は、この年の前半に始まっていました。6月3日にチェスター・スクエアのアパートの地下室で開かれたギンズバーグの39回目の誕生日を祝うパーティには、ジョンとシンシア、ジョージとパティが出席しています。あとで話しますが、ポールはそれ以前にギンズバーグと親しくなっていました。けれど、その日はほかの予定があったようで、ジョンとジョージに

「ビートルズの代表」を任せたんです。

そういう流れの中で、ビート文学の専門家であるマイルズが切り盛りする書店と、美術に精通するダンバーがキュレイターを務める画廊が誕生したんですから、英国ロックの先頭集団が応援したのは当然でしょう。

ギンズバーグやバロウズ、ソマーヴィルと親しくしていたマイルズから、彼らの動きを聞いたポールは、アメリカでは沢山出ていたスポークン・ワードのレコードや、ニューヨークのインディ・レーベル「ESPディスク」に興味を持ちました。のちに「ザップル」[19]で実現しようとする音楽以外のレコードです。常にポップ・ヒットを要求されるビートルズに、飽き飽きしていたんでしょうね。

リンゴのアパートをソマーヴィルのスタジオにすればどんどんそういうものが録音されるんじゃないかと思ったポールは、彼を応援し、テープの切り貼りがメインとなるカットアップの作業を覗きに行くようになりました。そして、プライヴェートなアヴァンギャルド作品をソマーヴィルと録音するようになるんです。

そのころソマーヴィルはセイント・ジェイムズのデューク・ストリート、ダルムニー・コートのバロウズのアパートで、新しいボーイフレンド、アラン・ワトソンと暮らしていました。バロウズのニューヨーク滞在が長引いたりしたんで新しい恋人をつくっちゃったんですが、バロウズと完全に別れたわけではなくて、性的には三角関係だったようです。でも、ソマーヴィルにとってバロウズは「過去の人」だったんで、モンタギュー・スクエアのスタジオに籠もっている方が気

【19】

ポール・マッカートニーの友人であるバリー・マイルズが運営した、アップルのサブレーベル。ジョンとヨーコの『未完成作品第2番』やジョージ・ハリスンの『電子音楽の世界』などの非商業的な作品をリリースしたが、半年たたずにレーベルは廃止された

が楽だったみたいですね。バロウズもときどきやってきて録音していたそうですが、「ポールのプライヴェート・スタジオ」と呼んだ方がしっくりくる状態になっていました。

一方マイルズは、ビート文学の総本山であるサンフランシスコのシティ・ライツ・ブックスなどから英国では発売されていない本を集め、半年がかりで書店をオープンし、その直後にはインディ・マガジン『IT（インターナショナル・タイムズ）』を創刊します。

66年の早春、メイソンズ・ヤードの6番地に、いよいよマイルズの書店「インディカ・ブックショップ」と、ダンバーの画廊「インディカ・ギャラリー」が誕生しようとしていたときに、ポールはブックショップの包装紙のデザインを買って出ました。3月、店の陳列が始まったときに、倉庫と『IT』の編集部を兼ねていた地下室を訪れたポールは、フィンランドの詩人アンセルム・ホッロの『アンド・イッツ・ア・ソング』、ザ・ファグスのエド・サンダースの詩集『ピース・アイ』、ロバート・S・デ・ロップの『ドラッグズ・アンド・ザ・マインド』などを購入して最初の客になったそうです。

そして3月末、ポールはジョンを連れてインディカを訪れます。「ニッツガの本を探している」と言ったジョンに、マイルズが「ああ、ニーチェですね」と応えたことが癪に障ったようで、ジョンはインテリ層を攻撃する悪態をつき始めるんです。けれど、マイルズはうまくかわし、自分には大した学歴がないことを告白する。怒りを鎮めたジョンはおとなくしくなって、棚から抜いたティモシー・リアリーの『ザ・サイケデリック・エクスペリエンス』を椅子に座って読み始めました。その序文から引用した「迷いがあるときは頭を休ませ、リラックスして、気持ちを落ち着けてごらんなさい」が、一週間後に始まる『リヴォルヴァー』のレコーディングで、アルバムの方向性を決める曲になった〈トゥモロウ・ネヴァー・ノウズ〉の歌詞になったことは、あまりにも有名です。

英国コメディとビートルズの関係

最初にギンズバーグに会ったビートルがポールであったことは間違いないんですが、仲介役となったのが誰かはよく判りません。けれど、ポールがギンズバーグに興味を持ったのは、弟マイクの人脈からの影響だったことは間違いなさそうです。

「ブライアン・エプスタインがビートルズのマネージャーになったころ」とマイクは自伝に書いていますから、61年の暮れか62年初頭だったと思うんですが、マイクはリヴァプールのレーンロー・ストリートにあったアンドレ・バーナードの美容院で見習いとして働くようになります。この店に客としてやってきたシリアという学生と恋仲になったマイクは、やがて彼女のアパートでボブ・ディランのファースト・アルバムを聴きました。62年3月19日にアメリカで発売された

【J5】
『ボブ・ディラン』1962年3月

『ボブ・ディラン』[J5]の英国盤が出たのは6月ですから、62年の7月か8月だったと思われます。

マイクが部屋でシリアから借りた『ボブ・ディラン』を聴いていると、ギグを終えたポールが帰ってきました。午前1時ごろだったそうです。ポールはさっそく興味を持って、「それは誰?」と訊きます。けれど、**しばらく聴くうちに「雑音だな」と言い出して、否定的な見方しかしない**。マイクが「ぼくも最初はそう思ったけど聴いてると良くなってくるんだ」と言っても、「くだらないね」と相手にしなかったらしいんです。ところが**63年になると、ポールはすっかりディランのファンになっていた**。マイクが兄の最初の反応を指摘すると、ポールは「それはジョンが言ったんじゃないか?」とシラを切ったというんですから彼らしいですよね。けれど、マイクがポールに一目置かれるようになっていくのはこのころからです。

なぜならマイクは、すでに自分の道を歩き始めていたんです。コント作家兼俳優を目指していたジョン・ゴーマンが、詩人のロジャー・マゴーフやエイドリアン・ヘンリの協力を仰いで主宰していたイヴェント集団「マージーサイド・アーツ・フェスティヴァル」に誘われたマイクは、詩の朗読、コント、バンドの演奏、絵画展などを一緒にした、そのアメリカ型の「イヴェント」を面白いと思い、仲間に加わりました。そして、ゴーマン、マゴーフと「ザ・スキャッフォルド」を結成します。これが62年のこと。ゴーマンが書いたコントに、マゴーフの詩の朗読をはさみながら、スラップスティックに展開される3人のステージはマージーサイド・アーツ・フェスティヴァルの中核になり、やがてヘンリら客演陣を加えた「リヴァプールのある太ったレディのオール・エレクトリック・ショウ」を評判にしていきます。これはオックスフォードとケンブリッジの学生演劇集団が全英を席巻した舞台『ビヨンド・ザ・フリンジ』への、リヴァプールからの答えといった内容のコメディだったらしく、『ビヨンド・ザ・フリンジ』を経てBBCのプロデューサーに収まったアラン・ベネットとジョナサン・ミラーにも注目されます。

ここで少し『ビヨンド・ザ・フリンジ』の紹介をしておきましょう。

オックスフォード大学とケンブリッジ大学は何かとライヴァル関係にありますが、演劇もその例に漏れず、50年代末には新しいコメディづくりを競い合うようになっていました。そして両校の精鋭が合体したのが『ビヨンド・ザ・フリンジ』だったんです。アラン・ベネット、ジョナサン・ミラー、ピーター・クック、ダドリー・ムーアを中心とする『ビヨンド・ザ・フリンジ』は、60年のエジンバラ・フェスティヴァルで喝采を浴び、61年には英国ツアー、62年にはブロードウェイ公演も成功させました。そしてベネットとミラーはBBCのコメディ部門を任されるようになり、クックとムーアのコンビは英国を代表する喜劇作家兼役者となっていくんです。

ここで時計の針を少し戻して、50年代半ばに遡ります。英国コメディの歴史を知っておくと、ビートルズとモンティ・パイソンが簡単に繋がるからです。

スパイク・ミリガン、ピーター・セラーズ、ハリー・セイコムのラジオ番組『グーン・ショウ』の大ヒットで、英国コメディは50年代半ばに最初の黄金時代を迎えました。グーンズとしてレコードをヒットさせるようにもなったトリオに注目したのが、EMIパーロフォンのプロデューサー、ジョージ・マーティンだったんです。

彼は58年にピーター・セラーズのソロ・アルバム『ベスト・オブ・セラーズ』を大ヒットさせたのを皮切りにコメディのレコードを連発し、60年にはスパイク・ミリガンのアルバム『ミリガン・プリザーヴド』、61年には『ビヨンド・ザ・フリンジ』のライヴ盤【20】【J6】を出すことになるんですね。

ビートルズの〈サージェント・ペパーズ・ロンリー・ハーツ・クラブ・バンド〉に入っている拍手や歓声は、マーティンが『ビヨンド・ザ・フリンジ』のライヴ盤から編集して入れたものなんですが、伝説の舞台から音を拾ったというのは洒落が利いていています。

グーンズが解散となるのは、ピーター・セラーズの映画俳優としてのキャリアが本格化するからです。59年にウォルター・シェンソンがプロデュースした『ピーター・セラーズのマウス（The Mouse That Roared）』が大ヒット、続く『ピーター・セラーズの労働組合宣言！（I'm All Right Jack）』で英国アカデミー賞の男優賞を獲った彼は、60年にはソフィア・ローレンと共演した『The

【20】【J6】
ロンドンのフォーチューン・シアターで録音されたライヴ音源をジョージ・マーティンが編集したアルバム（写真）。1961年作

Millionaires（求むハズ）』で国際的なスターの仲間入りをはたします。これを見逃さなかったジョージ・マーティンはイタリアまでソフィア・ローレンのソロ曲を録りに行って、強引な共演盤『ピーター&ソフィア』を完成させたりするんですから、なかなかの商売人です。

62年、スタンリー・キューブリックの『ロリータ』でアメリカでも注目されたセラーズは、63年の『ピンク・パンサー』で人気を爆発させ、ジャック・クルーゾー警部のシリーズは計5作がつくられることになります。そして64年には再びキューブリックに呼ばれ、『博士の異常な愛情』で映画史に残る名演を見せるわけです。

セラーズのターニング・ポイントとなった作品は『マウス』だと言われています。アメリカ人プロデューサーのウォルター・シェンソンは、ユナイテッド・アーティスツの英国担当だったんですが、この人も重要ですね。ビートルズ映画を生んだ張本人ですから。

その前にシェンソンが売りだそうとしていたのが、リチャード・レスター監督です。アメリカから英国に渡り、テレビで活躍していたレスターが、60年に初めて監督したトラッド・ジャズ映画『イッツ・トラッド・ダッド！』に注目したシェンソンは、セラーズを有名にした作品の続編『ザ・マウス・オン・ザ・ムーン』の監督に彼を抜擢する。これが63年のことなんですが、2作目の『マウス』のころは、もうセラーズは忙しくなっていて、カメオ出演したにとどまっています。

シェンソンが人気のビートルズに目をつけたのは、ジョージ・マーティンが手掛けるバンドだったということもあったんでしょう。マーティンはピーター・セラーズを売ったばかりでなく、『イッツ・トラッド・ダッド！』に出演していたザ・テンペランス・セヴンが、61年2月に全英ナンバー・ワンにしたシングル〈ユー・ドライヴィング・ミー・クレイジー〉のプロデューサーでもありましたから、シェンソンがセラーズ＝レスター＝ビートルズというラインを考えたのも当然です。マーティンをあいだに挟めば、映画と音楽はあっさり繋がるわけですからね。リチャード・レスターやピーター・セラーズとの関係も、ボンゾ・ドッグ・バンドやモンティ・パイソンとの関係も、その布石はビートルズが有名になる前からあった、と言っても過言ではないでしょう。

「音楽以外」を考え始めたジョン

ここで話はスキャッフォルドに戻ります。

彼らの「リヴァプールのある太ったレディのオール・エレクトリック・ショウ」は、BBCに入ったベネットとミラーが『ビヨンド・ザ・フリンジ』流のコメディでテレビに新風を巻き起こしていたのに対抗しようとした民放のABCに買われ、63年に7回のシリーズとして放映が始まりました。ところが、これが評判となって32週まで延長され、スキャッフォルドは思わぬスターになるんです。

「ビートルズのポールの弟」として注目されることを嫌ったマイクは、スキャッフォルド結成当初から変名を使っていたんですが、テレビへの進出を機に「マイク・マッギア」と名乗るようになります。スキャッフォルドと並行して詩人としても活動していたロジャー・マゴーフは、エイドリアン・ヘンリや、やはりマージー・ビート・アーツ・フェスティヴァル出身のブライアン・パットンと、リヴァプール流のビート詩を広めようと、「もうひとつのマージー・ビート」としてポエトリー・リーディングを展開していきます。彼らは64年ごろからギンズバーグと親交を持つようになるんですが、アメリカのビート詩人に対抗する存在が、ビート・バンドがみんなロンドンに行ってしまったあと無風状態になりつつあったリヴァプールから出てきたことは徐々に話題になっていきます。

それをいちばん喜んでいたのはジョン・レノンだったんじゃないでしょうか。なぜなら、リヴァプールで最初にビート詩人の仲間入りをはたしたのはジョンだからです。

ジョンの最初の散文画集『イン・ヒズ・オウン・ライト（絵本ジョン・レノンセンス）』[J7]が英国で出版されたのは64年3月のことでした。表紙のジョンは、ボブ・ディランがファースト・アルバムのジャケットで被っていた帽子を真似して、自分も「若きビート」であることを密かにアピールしています。ビートルズとディランが初めて会うのはこの年8月28日のニューヨーク、フォレスト・ヒルズ公演のあとですから、およそ半年前にしていたこの意思表示は重要です。

【J7】
『絵本ジョン・レノンセンス』片岡義男・加藤直 訳／晶文社

『イン・ヒズ・オウン・ライト』は世界的なベストセラーとなりましたが、当時ジョンの散文を理解したビートルズ・ファンはほとんどいなかったと思います。けれど、ちょっとグロテスクでありながらもポップでキュートなイラストや、辛辣なジョークはファンにも受けました。みんな最初は「え？」となったと思うんですが、「ああ、これは感覚で味わうものなんだな」と観点を変えると、奇妙なところや意味不明の飛躍が面白いからです。そして文芸評論家は、単なる言葉遊びにとどまらないジョンの想像力を、ルイス・キャロルやジェイムズ・ジョイスを例にして語りながら、言葉そのもので引っぱっていくビート感や、綴りの変形による物語性の破壊から受ける「新しさ」を称賛しました。勢いに乗ったジョンは、65年6月に2冊目の単行本『ア・スパニアード・イン・ザ・ワークス』を出版します。もちろんこれもベストセラーになりました。

いまジョンの著作を読み返すなら、２００２年になってようやくオリジナル版を原本とした日本語版が出た『ア・スパニアード・イン・ザ・ワークス』、つまり『らりるれレノン』[J8]がオススメです。ポピュラー音楽とメディア・カルチャーの専門家で、当時は東大教授だった佐藤良明さんの訳がみごとなこと、また、解説で当時の英国社会やキリスト教に対する揶揄がきちんと語られていることは特筆すべきでしょう。佐藤さんも指摘していますが、学生時代に書いたものも入っている『イン・ヒズ・オウン・ライト』とは違って、『ア・スパニアード〜』はほとんど書き下ろしです。だから、64年春から1年ぐらいのあいだのジョンの思

【J8】
『らりるれレノン』佐藤良明 訳／筑摩書房

考が判るところが多くて、そのときに英国社会を揺るがした総選挙に対する皮肉や、キリスト教へのブラックな視線には、ギンズバーグやディランからの影響も垣間見えるんですね。例の「キリスト発言」がアメリカでことのほか大きく取り沙汰されたのは、この本に対する反感が下地にあってのことだったと思われます。

スキッフルが流行ったときにレッドベリーやウディ・ガスリーのレイルロード・ソングを、アメリカの広大な土地とそこにある自由の象徴として、憧れをもって受けとめたことから表現活動を始めた人間の中で最も有名になってしまったジョンは、ビートルズで世界を旅するようになって大きく変わりました。現実は厳しかったからです。とくにアメリカに対しては、予想を超える差別や、キリスト教を都合よく使った倫理観など、疑問に思うところが多かったのでしょう。

ロックンロール以後はアメリカ音楽の最新のトレンドを追いかけていたつもりが、**いつの間にか本物を超える「オリジナル」になってしまった**のがビートルズですから、音楽はすでに「好きなようにつくっても大丈夫」になっていたと思うんです。でも当時は、まさか50年後もビートルズがこんなに聴かれているなんて、誰も考えていなかった。実際64年には、チャック・ベリーのオリジナル・ヴァージョンよりビートルズの〈ロックンロール・ミュージック〉の方が断然カッコよくなっていたし、ビートルズのサウンドこそが最新のロックンロールだったんです。ジョンとポールは自分たちの曲も「作品」として残るかもしれないとは思っていたはずですが、ビートルズがそのまま50年も聴かれ続けるなんて想像できなかったと思います。

そう考えると、「ディランの勝ち」に見えてくる。自身が唄ったヒット曲はないのに、カヴァーされると軒並みヒットし、その多くが「歴史的な作品」と評価されていくディランの姿を見ていたら、3ヶ月おきにナンバー・ワン・ヒットを出さなければいけない「王者の立場」にジョンが疑問を持ち始めたのは当然という気がしてきます。

ビートルズの快進撃が始まったのは、2枚目のシングル〈プリーズ・プリーズ・ミー〉が出た63年1月からです。この曲が『ディスク』紙のチャートで1位になるのは2月22日付ですから、そこからアメリカ制覇までおよそ1年ということになる。当初はキャピトルに冷遇されたこともあって、ビートルズのアメリカ上陸は劇的に語られますが、冷静に考えれば、英国での人気爆発から1年でアメリカを席巻し、その後の2〜3ヶ月で世界のアイドルになっていたんですから、伝播のスピードは異常です。衛星生中継は3年後の〈オール・ユー・ニード・イズ・ラヴ〉から、64年といえば国際電話だってままならなかったことでしょう。そんな時代に年に4枚のシングルと2枚のアルバムをつくり、主演映画を撮り、世界規模のツアーに出ていたんですから、アッと言う間に疲弊しますよね。

62年10月にビートルズがＥＭＩからデビューしたあと、ブライアン・エプスタインのＮＥＭＳエンタープライズ[21]はリヴァプールのバンドやシンガーと次々に契約し、ジョージ・マーティン／ＥＭＩに供給していくようになります。63年3月

【21】
NEMSはエプスタイン家がリヴァプールで経営していたレコード店、North End Music Storesの略。エプスタインはビートルズのマネージメントに際してNEMSエンタープライズを設立、のちにジェリー&ザ・ペースメーカーズらとも契約して成功する

9日にロンドンのソーホーの6階建てビルに本部を移したNEMSは、ジェリー&ザ・ペースメイカーズ、ビリー・J・クレイマー&ザ・ダコタス、シラ・ブラック、ザ・フォーモストをデビューさせ、マージー・ビートの一大拠点になるんですが、64年後半になるとビートルズはエプスタインの事業展開に不信感を持つようになっていました。エプスタインがアメリカでビートルズを成功させるためにギャラを安く設定していたり、ユナイテッド・アーティスツとの4本の映画契約をレコーディングやツアーのスケジュールを無視した形で締結してしまったことがきっかけだったようですが、ビートルズ側からすれば、ようするに「自分たちが稼いだ金がエプスタインのいいように使われている」ということだったと思うんです。

そんなときにジョンは『イン・ヒズ・オウン・ライト』の莫大な印税を手にしたんですから、**自分でヒットさせなくても作品が稼いでくれるディランのスタイルを羨ましく思ったんじゃないでしょうか。**しかもディランの歌詞は、ケルアックやギンズバーグの詩と並ぶほどの評価を受け、「社会的」「文学的」と認められていたんですから、〈アイム・ア・ルーザー〉なんて曲を書いちゃうジョンの気持ちもわかります。

ロンドンでブイブイ言わせていたポールにしても、ファンに追いかけられたり、パパラッチに狙われたりという嫌な面も経験していたでしょうから、テレビでちょっと成功した弟ぐらいが本当は身の丈に合っていると思っていたかもしれません。

けれど、65年までのビートルズにはリヴァプールを振り返っている時間はなかったはずです。ギンズバーグやバロウズとの直接の交流が始まっても、ジョンもポールもまだビートルズの「ビート」の意味を、再び考えることはなかったと思うんです。

ところが、インディカのオープンが見えてきた66年初頭、ブライアン・エプスタインがマイクに唄うことを勧めたのがきっかけとなって、スキャッフォルドがEMIと契約するんです。マゴーフの詩人としての活動もありましたから、レコーディング・グループとしての……という覚え書き付きの契約だったようですが、いわゆる「裏ビートルズ」の歴史はここから本格的になりました。

詩人による「マージー・ビート」

スキャッフォルドは66年5月にジョージ・マーティンにプロデュースを任せたデビュー・シングル〈2デイズ・マンデイ〉、12月にセカンド・シングル〈グッド・バッド・ナイトマン〉をリリースするんですが、この2枚は鳴かず飛ばずに終わります。ところが67年になると、ロジャー・マゴーフ、エイドリアン・ヘンリ、ブライアン・パットンの詩人としての活動が「もうひとつのマージー・ビート」として注目を集めるんです。詩と写真で彼らの活動をドキュメントした『ザ・リヴァプール・シーン』という本が発売されたのがきっかけでした。

表紙にビートルズの写真、裏表紙にはアレン・ギンズバーグの賛辞が入ったこの本がどのくらい話題になったのかはわかりませんが、67年3月5日にBBCテレビの『ルック・オブ・ザ・ウィーク』で放映された彼らのドキュメントを観たCBSレコーズのハル・シェイパーがライヴ・アルバムを企画したことで、詩による「マージー・ビート」はさらに知られるようになります。マゴーフとヘンリのポエトリー・リーディングを、アンディ・ロバーツがギターでサポートしたパフォーマンスが収録されたアルバム『ジ・インクレディブル・ニュー・リヴァプール・シーン』[J9]はアメリカでも発売され、マゴーフ、ヘンリ、パットンは「リヴァプールの三大詩人」と呼ばれるようになりました。

67年には、3人の作品を集めた『ザ・マージー・サウンド』というオムニバスの詩集がペンギン・ブックスに入るんですが、このペイパーバックは版を重ねて現在も生きていて、累計で50万部も売れています。

そこに目をつけたのが、DJのジョン・ピール[22]です。ヘンリとロバーツにポエトリー・ロック・バンドの結成を勧めたピールは、かつてのマージー・サイド・アーツ・フェスティヴァルにザ・ロードランナーズというバンドを率いて出ていたマイク・ハートや、詩人でサックス奏者のマイク・エヴァンズ、当時はジャズ・バンドにいたパーシー・ジョーンズとブライアン・ドッドソンのリズム・セクションという布陣となったグループを「ザ・リヴァプール・シーン」と呼ぶことにし

【J9】『ジ・インクレディブル・ニュー・リヴァプール・シーン』1967年

【22】1967年からBBCラジオのDJとなり、気鋭のアーティストがスタジオ・ライヴを行う『ピール・セッション』が話題を呼ぶ。その審美眼で、ジャンルを超えた数々のミュージシャンをサポートし続けた。2004年に65歳で没

て、68年のファースト・アルバム『アメイジング・アドベンチャーズ・オブ・リヴァプール・シーン』をプロデュースします。

マゴーフが詩人として脚光を浴びたことがどのくらい影響したかはわからないんですが、67年11月にリリースされたスキャッフォルドの3枚目のシングル〈サンク・U・ヴェリー・マッチ〉は全英4位のヒットになりました。詩人のマゴーフ、シンガーのマイクに、コメディアンのジョン・ゴーマンというおかしなトリオは、それぞれの立場を越境して3人で唄ったり、コントを演じたりもする。それが受けて、BBCに進出することにもなるんです。そしてスキャッフォルドは、68年8月リリースのシングル〈リリー・ザ・ピンク〉を全英ナンバー・ワンにしました。けれど、事情通のロック・ファンのあいだで話題になっていたのは5月に発売されたジョン・ゴーマン抜きのアルバム『マゴーフ&マッギア』[J10]だったんです。これは『ザ・リヴァプール・シーン』で注目されたマゴーフの詩と、唄い始めたことでポールの弟という立場が注目されるようになったマイクのポップ・ソングで構成されたアルバムで、録音は67年の夏から秋にかけて行われました。ビートルズの『マジカル・ミステリー・ツアー』の合間を縫って協力したポールは、ジミ・ヘンドリクス・エクスペリエンスの3人や、グレアム・ナッシュ、デイヴ・メイスン、ジョン・メイオール、スペンサー・デイヴィスらを呼んで、マイクの曲を盛り上げたんですね。それぞれ契約がありますから発売当時は参加ミュージシャンが積極的に公表されることはありませんでしたが、『マゴーフ&

【J10】
『マゴーフ&マッギア』1968年5月

マッギア』はのちに「幻のスーパー・セッション・アルバム」として高値を呼ぶことになります。

インディカに出入りするようになってから、ジョンはさらに変わっていきました。66年8月29日のキャンドルスティック・パーク公演をもってビートルズがライヴ活動を停止すると、ジョンは9月5日からリチャード・レスター監督の『ジョン・レノンの僕の戦争（How I Won The War）』に出演するために、撮影が行われていたドイツはハノーバー郊外のツェレという町に飛びます。そして翌日には役づくりのために髪を短く切り、丸い眼鏡をかけ始めました。

その後スペインでの撮影を終えてロンドンに戻ったジョンは、11月9日にインディカ・ギャラリーを訪ね、翌日から行われるヨーコ・オノの個展『アンフィニッシュド・ペインティング・アンド・オブジェクツ』を観ます。これがヨーコとの出会いだったわけですが、**メッセージ性の高い詩的なコンセプトから作品を具現化していく彼女に刺激を受けたジョンは**、文学やアートにさらにのめり込んでいくんですね。

ジョンがマゴーフら「マージー・ビート詩人」の作品に触れたのは、おそらくこのころでしょう。スキャッフォルドのレコード・デビューが66年5月、ビートルズの写真を表紙に入れた『ザ・リヴァプール・シーン』の発売は67年1月だったようですから、散文画集2冊をベストセラーにしていたジョンがリヴァプールの詩人を気にしないわけはありません。マゴーフの詩はアメリカのビート作家の作品よりもユーモアがあって童話的なんですが、ケルトの詩の伝統を感じさせつつ現代的な言葉のノリを活かすという点ではジョンの書くものと通じています。

新しい「精神性」を求めて

レコーディングが再開された66年11月24日からビートルズはジョンが持ってきた〈ストロベリー・フィールズ・フォーエヴァー〉に取り組むんですが、ポールはそれを「リヴァプールをテーマにしたシングル」というコンセプトに発展させるために〈ペニー・レイン〉を書いてくる。まさに阿吽の呼吸ですね。

問題はこの時点で、「なぜリヴァプールだったか」ということ。多くのビートルズ研究家は、「レコーディング・グループとしてのみ存在することになった〝後期〟の始まりに、仕切り直しの意味をこめて〝故郷〟というテーマを持ってきた」と思っているようですが、**66年暮れには、誰もここからがビートルズの後期だなんて思っていなかった**でしょうし、初めて与えられた長い休暇を、単純に休暇として楽しんだのはリンゴぐらいだった。ジョンは映画の撮影、ポールは映画『ザ・ファミリー・ウェイ』のサウンドトラックの作曲、ジョージはインドへシタール修行……と、それぞれの活動が始まったことは、やるべきことがなかったリンゴを落ち込ませます。音楽的にはサイケ真っ只中のこの時期に、誰も郷愁をもって振り返ることがなかったリヴァプールがテーマになったのは、ジョンが「ストロベリー・フィールド」という詩的な名前を思い出したからにすぎないんじゃないでしょうか。実際〈ストロベリー・フィールズ・フォーエヴァー〉の歌詞にはリヴァプールの風景はまったく出てきません。〈ペニー・レイン〉で受けたポールが、その歌詞で故郷の通りを具体的に書いてしまっただけなんですね。

けれども、ジョンの想いがリヴァプールの「ストロベリー・フィールド」にいたったことは重要です。「マージー・ビート」を詩人の方に持っていかれたことと、詩から始まるヨーコのコンセプトを、ジョンは気にしていたに違いないからです。

私はクウォリーメンのロッド・デイヴィスにインタヴューしたときに、ロジャー・マゴーフやエイドリアン・ヘンリはどういう存在なのかと訊いてみました。実はそれまで私は、ロジャー・マッゴー、マイク・マクギアと日本的に発音していたんですが、デイヴィスが「それじゃ英国人には通じないよ」と、マゴーフ、マッギアという「アイリッシュ系ならではの名前」の発音を教えてくれたんです。

彼が言うには、「マイクはポールの弟でポップ・ソングを唄ったりテレビに出たりする人、という印象だが、マゴーフやヘンリは大学で詩を教えたりする文学者で、ビートルズより上の世代」ということでした。

調べてみると、ヘンリは32年4月10日生まれ、マゴーフは37年11月9日生まれ。46年生まれのブライアン・パットンは、ふたりの弟子という感じです。ヘンリは２０００年12月20日に68歳で亡くなっていますが、マゴーフとパットンは学校で教えたり、朗読会を行ったりという活動をいまも続けています。

ロッド・デイヴィスに、「なんでロジャー・マゴーフのことなんか訊くの？」と言われたんで、私は、「ジョンの歌詞が変わったのはボブ・ディランの影響」と片付けられてしまうと、**アイリッシュ〜ケルト的な部分もあるジョンの詩的表現の説明がつかない**、いきなりルイス・キャロルやジェイムズ・ジョイスではなく、もっと身近な存在からの影響もあったからだと思う、と言うと、デイヴィスは「ヘンリはどうかわからないが、マゴーフにはビートルズと接点もあったし、確かにジョンのアイリッシュ的な表現はマゴーフの詩に通じるところがある」と、私の推測を裏付けてくれました。

「だって、それがなければ『サージェント・ペパーズ〜』に向かうレコーディングが〈ストロベリー・フィールズ〜〉から始まるっていうのもちょっとおかしいし、『イエロー・サブマリン』のアニメのスクリプトづくりにマゴーフが参加しているのも見逃せませんからね」と私が言うと、「え？　マゴーフって『イエロー・サブマリン』に協力したんだ。知らなかったけど、それはあんがい重要かもしれないね」と感心してくれたんです。

『サージェント・ペパーズ〜』にコンセプチュアルな要素を加えたのがポールだったことは、皆さんご存じだと思います。そして音楽的にも、以後はポールがリーダーシップを取っていきます。けれど、**ビートルズ後期のジョンこそ、ディランと並んで「ロックンロールではないロック」をつくった人**だと私は思うんです。

では、ここで言う「ロック」とは何かと言えば、根底にある「精神性」でしょう。ポールやジョージにそれがないとは言いませんが、67年以降のジョンの歌詞からは「詩」か「メッセージ」か「ユーモア」か「私小説」か、というような狙いが窺える。大きな括りとして「詩的」「文学的」であろうとしてきたディランと、その対極にある「ポップ」を追求したようなジョンの言語表現こそ、「ロックの精神性」の両輪だと私は思うんです。

ブライアン・エプスタインが亡くなったあと、[23]ポールの陣頭指揮で『マジカル・ミステリー・ツアー』の撮影が始まります。子供のころバスでリヴァプールからブラックプールに向かう「ミステリー・ツアー」に参加した思い出と、当時流行っていた「ハプニング」を結びつけるのがポールのアイディアだったわけですが、あのバスのシーンで重要な役回りの「ブラッド・ヴェッセルさん」は詩人のアイヴァー・カトラーだし、ジョンが喜んだのはユーモアの要素として加えたボンゾ・ドッグ・バンドの演奏シーンでした。

スキャッフォルド、リヴァプール・シーン、ボンゾ・ドッグ・バンドがここで揃って、ビートルズが裏側に隠したものを表現していくことになる。そして69年にはモンティ・パイソンがそこに加わるんですが、78年にザ・ラトルズのテレビ映画『オール・ユー・ニード・イズ・キャッシュ』が放映されるまでは、誰も英国コメディやリヴァプール詩人とビートルズの関係を語りませんでした。モン

【23】エプスタインが亡くなったのは1967年8月27日。32歳の若さだった

ティ・パイソンのエリック・アイドルによるアイディアと、ボンゾ・ドッグ・バンドのニール・イネスによる音楽で、ビートルズをラトルズに置き換えたパロディの傑作『オール・ユー・ニード・イズ・キャッシュ』が誕生するわけですが、そこにはちゃんとロジャー・マゴーフも出ています。ジョージ・ハリスンはエリック・アイドルやニール・イネスとの親交から『オール・ユー・ニード・イズ・キャッシュ』に出演し、79年にモンティ・パイソン映画に出資したのを機に映画会社「ハンド・メイド・フィルムズ」を興しました。それはジョンやポールとは違うやり方での英国文化への加担だったと思うし、80年代の映画界でジョージがはたした「インディペンデント」という立場も[24]、別の形で「ロックの精神性」を表したものだったと言えるでしょう。

ヘンリ、マゴーフ、パットンは「リヴァー・バーズ（Liver Birds）」とも呼ばれていたんですが、ここで重要なのはリヴァプールが「リヴァー」と短縮されていることではなくて、**鳥の「バード」には「詩人」という意味がある**ことなんです。これは11世紀ごろから「詩の学校」が存在したというアイルランド特有の、伝統的な言い方なんですけど、どうやらケルト神話に出てくる「鳥人」が人々を導く神のような存在だったことに由来しているらしい。それを踏まえて、**ジョンの歌詞の「鳥」を「詩人」に置き換えてみると、〈アンド・ユア・バード・キャン・シング〉や〈フリー・アズ・ア・バード〉は、まったく違うものに思えてきます。**「衝動」をダイレクトに詩や小説や音楽にしたところに、ビート・ジェネレイショ

【24】
ジョージは、テリー・ギリアムが監督した81年の『バンデットQ』を皮切りに、86年『上海サプライズ』、87年『ウィズネイルと僕』、89年『トラック29』などの映画で制作総指揮を務めた

ンやロックンロール・ジェネレイションの「精神性」が見えることは先に述べました。けれども、60年代に入ると「衝動」だけでは長続きしなくなるんです。メディアの発達で情報が伝播するスピードがどんどん上がっていったからでしょう。ディランやビートルズはレコード・デビューから2〜3年で、それを思い知らされたに違いありません。アッと言う間に消費されることを経験した彼らは、65年にそうならない「方法」を考え始めます。ディランがエレキ・ギターに持ち替え、ビートルズがライヴ演奏を考えないレコーディングに切り替えた**65年こそ、旧世代とは違う精神性を持つ「ロック」が生まれた瞬間**でした。

『ロックへの道』収録曲リスト

1. ボニー・ケイト〜ジェニーズ・チキン／マイクル・コールマン
2. セイル・アウェイ、レイディーズ／アンクル・デイヴ・メイコン
3. イッツ・タイト・ライク・ザットno.2／タンパ・レッド・ホウカム・ジャグ・バンド
4. マイ・ダディ・ロックス・ミー／トリクシー・スミス
5. デトロイト・ロックス／モンタナ・テイラー
6. シェイク・ザット・ジェリー・ロール／ジュニー・コブ
7. ロック・アンド・ロール／ハリー・リーサー楽団
8. フェイヴァリット・ポルカ／フーピー・ジョン・ウィルファート
9. スウィング・アウト・リズム／ロニー・ジョンスン
10. ファシネイティング・リズム／ソル・ホオピイ
11. ロッキン・ローリン・ママ／バディ・ジョーンズ
12. エイト・ビートで弾いとくれ／アンドリュース・シスターズ
13. ロック・ダニエル／シスター・ロゼッタ・サープとラッキー・ミリンダー楽団
14. ハンプのブギウギ／ライオネル・ハンプトン
15. ギター・ブギ／レス・ポール
16. ブルー・ライト・ブギ／ルイ・ジョーダン
17. マイ・カインド・オブ・ロッキン／ルネ・ホール・トリオ
18. ロック・アンド・ロール／ドールズ・ディキンズ
19. ウィアー・ゴナ・ロック／セシル・ギャント
20. ゼア・エイント・ルーム・ヒア・トゥ・ブギ／ジョーイ・トマス
21. ロッキング・ダディ／ハウリン・ウルフ
22. ハウリン・トムキャット／ハーモニカ・フランク
23. ロック・アイランド・ライン／ザ・ウィーヴァーズ
24. ハウンド・ドッグ／ビッグ・ママ・ソーントン
25. リトル・リチャード・ブギ／リトル・リチャード
26. シェイク・イット／ジョニー・オーティス楽団
27. ロック・アラウンド・ザ・クロック／ウォリー・マーサー
28. ロック・アラウンド・ザ・クロック／ビル・ヘイリーと彼のコメッツ

年表2

ロックンロールの胎動からビートルズのデビューまで

US アメリカの動き	年	UK and others イギリスと他国の動き
●J.C.コブ&ヒズ・クラインズ・オブ・コーン〈シェイク・ザット・ジェリー・ロール〉	1928	●1920年代後半から、アメリカのビッグバンド・ジャズの影響を受けた「ダンスバンド」が登場し、人気を博す。この流れが第二次世界大戦後まで続いた。ジャック・ヒルトン、ビリー・コットン、レイ・ノーブルらのビッグバンドが著名。そうしたバンドとの演奏、録音により、アル・ボウリーやエルシー・カーライルなどのヴォーカリストが人気を集める
●モンタナ・テイラー〈デトロイト・ロックス〉	1929	
●デューク・エリントン〈ロッキン・イン・リズム〉	1931	
●ボズウェル・シスターズが映画『トランスアトランティック・メリー・ゴー・ラウンド』の挿入歌〈ロック・アンド・ロール〉を録音	1934	
●バディ・ジョーンズ〈ロッキン・ローリン・ママ〉	1939	
アメリカのダンス・ミュージックの変化が始まる ●ブルースにジャズの要素を加えたブギウギ ●より黒人的なノリのジャンプからリズム&ブルースへ	1940	
●シスター・ロゼッタ・サープ〈ロック・ダニエル〉 ●ライオネル・ハンプトン〈ハンクのブギウギ〉	1944	
●レス・ポール〈ギター・ブギ〉 ●アーメット・アーティガンがアトランティック・レコード設立（10月）	1947	

1949

●ドールズ・ディケンズ〈ロック・アンド・ロール〉

1950's前半

●ジュークボックス・オペレイターの登場により、アメリカ各地でインディー・レーベルが盛んに
　ニューヨーク:サヴォイ、アトランティック
　シカゴ:チェス、キング、ピーコック
　西海岸:モダン、アラディン、スペシャルティ
　メンフィス:サン

●シリル・デイヴィスとボブ・ワトスンがソーホーのパブ「ラウンドハウス」で、定期ギグ「ロンドン・スキッフル・センター」をスタート
●ピアニストとして契約していたノリー・パラマーがEMIコロンビアのプロデューサーとなる
●ケン・コリヤーがニューオリンズを訪問、スキッフルを体験してくる
●マリー・クァントがキングス・ロードに最初のブティックをオープン

1952

●ジョニー・レイ&ザ・フォー・ラッズの〈クライ〉がR&Bチャートで1位に
●フランキー・レイン、ガイ・ミッチェル、ジョージア・ギブス、ケイ・スターら、白人の"絶叫歌手"続出
●B.B.キング〈スリー・オクロック・ブルース〉がR&Bチャート1位(2月)
●クリーヴランド WJW局のDJ、アラン・フリードが「ザ・ムーンドッグ・ロックンロール・ハウス・パーティ」をスタート(3月)
●史上初のロックンロール・ショウ「ザ・ムーンドッグ・コロネイション」をクリーヴランド・アリーナで開催(3月21日)
●R&Bチャートでエルモア・ジェイムズ〈ダスト・マイ・ブルーム〉が最高9位(5月)、ファッツ・ドミノの〈ゴーイン・ホーム〉が1位(6月)
●R&Bグループのバイオで構成された『リズム・アンド・ブルース・スクラップブック』出版 (5月)

●音楽紙「ニュー・ミュージカル・エクスプレス(NME)」が、イギリス初のレコード・セールス・チャートを12位まで掲載(11月14日)

US		UK and others
●フィラデルフィア・ローカルでテレビ番組『アメリカン・バンドスタンド』放送開始（6月23日） ●ロイド・プライスの〈ローディ・ミス・クローディ〉がR&Bチャート1位に7週間留まる		
●ハンク・ウィリアムズ他界（1月1日） ●ジェリー・リーバー / マイク・ストーラー、黒人歌手ビッグ・ママ・ソーントンに〈ハウンド・ドッグ〉を提供し、初プロデュース（4月28日付から7週連続1位） ●エルヴィス・プレスリー、初めての給料で母親に歌をプレゼントしようと、サン・レコード（メンフィス・レコーディング・サーヴィス）で〈マイ・ハピネス〉と〈ザッツ・ホェン・ユア・ハートエイクス・ビギン〉を録音 ●スパニエルズの〈ベイビー、イッツ・ユー〉最高10位（9月	**1953**	●本国アメリカと同様、ペリー・コモの〈ドント・レット・ザ・スターズ・イン・ユア・アイズ〉がチャート1位に（2月） ●テッド・ヒース・オーケストラとオスカー・ラビン・バンドが、ビル・ヘイリー&ヒズ・コメッツのデビュー曲〈クレイジー・マン・クレイジー〉をカヴァーして発売
●エルヴィスがサン・レコードを再訪、〈カジュアル・ラヴ・アフェア〉と〈アイル・ネヴァー・スタンド・イン・ユア・ウェイ〉を録音。サム・フィリップスの目に留まる（1月4日） ●マディ・ウォーターズ〈アイム・ユア・フーチー・クーチー・マン〉R&Bチャートで最高3位のヒットに（3月） ●ジョー・ターナー〈シェイク・ラトル・アンド・ロール〉がR&Bチャートで3週連続 1位となり、ロックンロールに火がつく（6月） ●ビル・ヘイリー&ヒズ・コメッツ〈ロック・アラウンド・ザ・クロック〉リリース（6月12日）、当初は売れず ●エルヴィス、サンからのデビュー・シングル〈ザッツ・オールライト〉をリリースし、ライヴ活動もスタート	**1954**	●クリス・バーバー・ジャズ・バンドの10インチ・アルバム『ニューオリンズ・ジョイ』リリース（11月）

1955

●アラン・フリード、ニューヨークで初のロックンロール・パーティ開催（1月14日）
●ボ・ディドリー〈ボ・ディドリー〉、ファッツ・ドミノ〈エイント・ザット・ア・シェイム〉が相次いでR&Bチャート1位に（6月）
●映画『暴力教室』のテーマ曲となった〈ロック・アラウンド・ザ・クロック〉が全米1位（7月）
●「エルヴィス・プレスリー・ジャンボリー」と題された全米ツアーがテキサスでスタート、同州ラボックではバディ・ホリーが前座を務めた（10月）
●リーバー&ストーラーが独立プロデューサーとしてアトランティック・レコードのアトコ・レーベルと契約（11月）、翌年からロビンズ～コースターズを手掛ける

●スキッフルに飽きたシリル・デイヴィスとアレクシス・コーナー、ラウンドハウスでのギグを「ブルース・アンド・バレルハウス・クラブ」に改名、ブルースの追求を開始（2月ごろ）
●ジョージ・マーティン、EMIパーロフォンのチーフとなる（5月）
●クリス・バーバー・ジャズ・バンド『ニューオリンズ・ジョイ』から、ロニー・ドネガンが唄う〈ロック・アイランド・ライン〉をシングル・カット（11月）

1956

●エルヴィスのRCA移籍第1弾〈ハートブレイク・ホテル〉発売（1月27日）。翌日にはCBSが全米で放映するTV番組『ステージ・ショウ』に初出演、3月までに6回出演したこの番組で、スーパースターとなる

●ビル・ヘイリー&ヒズ・コメッツ〈ロック・アラウンド・ザ・クロック〉、全英1位に（1月7日）
●ロニー・ドネガン〈ロック・アイランド・ライン〉が全英6位に、スキッフル・ブーム始まる（2月）
●エルヴィスの英国デビュー盤〈ハートブレイク・ホテル〉リリース、全英3位に（3月）
●チャック・ベリーの英国デビュー盤〈ノー・マネー・ダウン〉リリース（5月）
●ロニー・ドネガン〈ロスト・ジョン〉が全英2位（6月）
●ピーター・セラーズ、スパイク・ミリガン、ハリー・セイコムのグーンズ、パロディ・ソング〈ブラッドノックス・ロックンロール〉をヒットさせる（7月）
●ロンドン初のロック・クラブ「スタジオ51」オープン（8月）
●ヴァイパーズ・スキッフル・グループがソーホーの「ブレッドバスケット」でデビュー（9月）、「トゥー・アイズ・コーヒー・バー」のレギュラーとなり、ジョージ・マーティンのプロデュースで12月にレコード・デビュー

	US		UK and others
			(このバンドの58年の布陣は、のちにシャドウズとなるハンク・マーヴィン、ブルース・ウェルチ、ジェット・ハリスら) ●英国初のロックンロール・バンド、トニー・クロムビー&ザ・ロケッツがシェフィールドで活動開始(9月)
1957	●ABCテレビで「アラン・フリード・ショウ」開始(4月4日) ●エルヴィス、〈監獄ロック〉の録音でリーバー&ストーラーと初顔合わせ(4月30日) ●エヴァリー・ブラザーズが〈バイ・バイ・ラヴ〉でデビュー、全米2位に ●リーバー&ストーラーがRCAと契約、エルヴィスとの仕事を本格化(9月20日) ●アラン・フリードの映画『ミスター・ロックンロール』プレミア公開(9月24日)		●リヴァプールに「キャヴァーン」オープン、トミー・スティールの〈シンギング・ザ・ブルース〉が全英1位に(1月) ●〈ロック・アラウンド・ザ・クロック〉が英国初のミリオン・ヒット、ビル・ヘイリー&ヒズ・コメッツの全英25公演ツアーがスタート(2月) ●BBCでジャック・グッドのテレビ・ショウ『6.5スペシャル』放送開始(2月16日)、6月には映画も製作される ●春、ジョン・レノンが音楽活動開始 ●ジョン・レノンのクウォリーメン、ウールトンのセイント・ピーターズ教区教会のバザーで演奏(7月6日) ●エルヴィスの〈オール・シュック・アップ〉全英1位、ポール・マッカートニー、クウォリーメンに加入(7月) ●クウォリーメン、キャヴァーンで初ステージ(8月7日、ポールは不参加) ●8月31日からポール・アンカ〈ダイアナ〉が8週連続全英1位 ●ジョニー・ダンカン&ザ・ブルーグラス・ボーイズの〈ラスト・トレイン・トゥ・サン・フェルナンド〉が9月から5週連続全英3位(スキッフル・ナンバー最後のトップ10ヒットとなる) ●クリケッツ〈ザットル・ビー・ザ・デイ〉が3週連続全英1位、バディ・ホリーの人気に火がつく(11月) ●暮れ、英国でも〈バナナ・ボート〉のヒットで知られていたハリー・ベラフォンテが〈メリーズ・ボーイ・チャイルド〉を大ヒットさせる

1958

●マーティ・ロビンズ〈ザ・ストーリー・オブ・マイ・ライフ〉が全米1位（バート・バカラックの初ヒット曲）
●リンク・レイ〈ランブル〉（3月19日）
●エルヴィス・プレスリー入隊（3月24日）
●チャック・ベリー〈スウィート・リトル・シックスティーン〉とリトル・リチャード〈グッド・ゴリー・ミス・モーリー〉が相次いで大ヒット（2～3月）
●チャック・ベリー〈ジョニー・B・グッド〉がR&Bチャート2位、ポップ・チャート8位のヒットに（5月）
●コースターズの〈ヤキティ・ヤック〉がR&Bチャート1位（6月23日）、やがてポップ・チャートでも1位のヒットに
●アラン・フリードの『ビッグ・ビート』がテレビ放送開始（7月1日）、平日夕方の帯番組で、第1回のゲストはチャック・ベリー
●全米チャートにキングストン・トリオ〈トム・ドゥーリー〉が入り、フォーク・ブーム起こる（9月）
●ジャック・グッドの新しいテレビ・ショウ『オー・ボーイ!』スタート（6月15日）
●エヴァリー・ブラザーズの〈オール・アイ・ハフ・トゥ・ドゥ・イズ・ドリーム〉が全英1位（6月28日から9週連続）
●クリフ・リチャードのデビュー・シングル〈スクールボーイ・クラッシュ／ムーヴ・イット〉発売、AB面を入れ替えた再プレス盤が10月に大ヒット（8月29日）

1959

●ベリー・ゴーディがタムラ・レコーズを設立（1月）
●飛行機事故でバディ・ホリー、ビッグ・ポッパー、リッチー・ヴァレンスが他界（2月3日）
●第1回グラミー賞の開催（5月4日）
●ロードアイランド州ニューポートで第1回「ニューポート・フォーク・フェスティヴァル」開催（7月11日）
●アラン・フリード、WABC局を解雇されるシアトルで結成されたヴァーサトーンズ、ザ・ヴェンチャーズと改名（1月）
●エヴァリー・ブラザーズ、ワーナーと10年で100万ドルの契約を交わす（2月17日）
●エルヴィスが除隊（3月5日）し、フランク・シナトラのテレビ・ショウの収録に参加（26日）
●ヴィンス・テイラー&ザ・プレイボーイズ〈ブラン・ニュー・キャデラック〉をリリース。直後にギタリストのトニー・シェリダンが脱退（3月）
●BBC『ジュークボックス・ジュリー』放映開始（4月4日）
●『オー・ボーイ!』最終回（5月30日）
●ラリー・パーンズ主催のパッケージ・ショウが各地をまわる（6月、出演はマーティ・ワイルド、ヴィンス・イーガー、ダフィ・パワー、ディッキー・プライド、ビリー・フューリーら）
●クリフ・リチャード〈リヴィング・ドール〉が8月8日から3週連続1位、50万枚を売るヒットに
●リヴァプールのイースト・ダービーに「カスバ・クラブ」オープン（8月）

US		UK and others
		●ジャック・グッドの新しいテレビ・ショウ『ボーイ・ミーツ・ガールズ』スタート（9月12日） ●マーティ・ワイルドの映画『ジェットストリーム』公開（9月13日） ●クリフ・リチャード〈トラヴェリン・ライト〉が10月17日から7週連続1位 ●トミー・スティール主演の映画『トミー・ザ・トレアドール』公開（11月18日） ●クリフ主演の映画『エスプレッソ・ボンゴ』公開（11月27日）
●アラン・フリード、ペイオラ疑惑で失脚（5月20日） ●シレルズ〈ウィル・ユー・ラヴ・ミー・トゥモロウ〉が12月から翌年にかけてヒット（ジェリー・ゴフィン&キャロル・キングの初ヒットでもある） ●ミラクルズ〈ショップ・アラウンド〉が12月12日から8週連続でR&Bチャート1位に、ポップ・チャートでも2位まで上昇	**1960**	●クウォリーメンからシルヴァー・ビートルズへ ●英国ツアー中のエディ・コクランとジーン・ヴィンセントが交通事故に遭い、コクランは他界（4月17日） ●エヴァリー・ブラザーズ初の英国ツアー、クリケッツがバックを務める（4月） ●ジャック・グッドのテレビ・ショウ『ワム!』スタート（4月23日） ●レコーディング・エンジニアだったジョー・ミークが英国初のインディペンデント・レーベル「トライアンフ」を発足（5月） ●トニー・シェリダン、ハンブルクへ渡る（6月） ●シルヴァー・ビートルズとジェリー&ザ・ペースメイカーズがランカシャーのグロブナー・ボールルームで初共演（6月6日） ●ジョニー・キッド&ザ・パイレーツの〈シェイキン・オール・オーヴァー〉が7月16日から4週連続3位 ●ビートルズへ改名し初のハンブルク公演（8月17日から） ●シャドウズの〈アパッチ〉が8月20日から8週連続1位 ●ロリー・ストーム&ザ・ハリケーンズが、デリー&ザ・シニアズ（6月）、ビートルズに続いて、ハンブルクに渡る（10月） ●ボブ・ウーラーが「キャヴァーン」のDJに（12月）

		●ジェリー＆ザ・ペースメイカーズが12月から4ヶ月のハンブルク公演をスタート
●ボブ・ディラン、ニューヨークに現れる（1月） ●フィル・スペクターとレスター・シルが「フィレス・レコード」を設立（5月） ●リー・ドーシー〈ヤー・ヤー〉がポップ・チャート7位に、11月にはR&Bチャートで1位 ●ビーチ・ボーイズ、地元のインディー・レーベルからデビュー・シングル〈サーフィン〉をリリース（12月）	**1961**	●ビートルズとしては初めてキャヴァーンのランチ・タイム・セッションに登場（2月9日） ●ビートルズ2度目のハンブルク（4月〜7月） ●ビル・ハリー『マージー・ビート』を創刊（7月） ●ブライアン・エプスタイン、キャヴァーンでビートルズを観る（11月11日、翌62年1月に正式にマネージメント契約）
●ピーター・ポール＆マリー、ワーナーと契約（1月29日） ●『ボブ・ディラン』リリース（3月19日） ●ビーチ・ボーイズ、キャピトルと契約、〈サーフィン・サファリ〉〈サーフィンUSA〉などヒットを連発（4月） ●フォー・シーズンズ〈シェリー〉が大ヒット（8月） ●ブッカーT.＆ザ・MG'S〈グリーン・オニオン〉がヒット（9月）	**1962**	ビートルズの動き ●デッカ・オーディション（1月1日） ●西ドイツでトニー・シェリダン＆ビート・ブラザーズのシングル〈マイ・ボニー〉発売（1月5日） ●パーロフォンのレコーディング・テスト（6月6日） ●ピート・ベストを解雇（8月15日） ●リンゴ、正式メンバーとなる（8月18日） ●英国でのデビュー・シングル〈ラヴ・ミー・ドゥ〉発売（10月5日）

03. Pop ‘n’ Soul

第3章

黒人たちのポップス、白人たちのソウル

たった1年で起こった急激な成長

前回は、ロックンロールという音楽が意外に長い時間をかけて形になっていったこと、アメリカでのブームは、まだもやもやしていたものを「ロックンロール」と名付けたアラン・フリードから始まった、という話から、「ロックンロール」を「ロック」に移行させたビートルズの、あまり語られていない「精神性」に言及しました。

なぜなら、レコード・デビューから4年足らずでサイケデリック・ロックに踏み込んだ『リヴォルヴァー』に到達してしまったというのは、音楽的な成長を追っていくだけでは説明がつかないからです。ステージで演奏することを考えなくなっていった、とか、レコーディングの技術が進化していった、という「ビートルズがやりたかったことをあと押ししてくれた状況や環境」もあった。それは見逃せません。けれど、ジョンとポールがずっと〈抱きしめたい〉のような曲を書いていたら、わざわざ弦やホーンを入れなくてもいいでしょう。また、せいぜいジョージ・マーティンのピアノが入るぐらいのアレンジなら、レコーダーのチャンネルを増やすことを考えなくてもよかったはずです。

では、なぜそうなっていったのかと言えば、「作品が要求していた」んです。〈イエスタデイ〉なんて、ポールは最初、弦を入れることには反対したぐらいですから、「作者の意向」ではない場合もある。ルーイソンの『レコーディング・セッションズ』で確認しながら『アンソロジー』に収録された未完成テイクを聴いていくと、『リヴォルヴァー』までは全員が一丸となって「ビートルズ」を前進させようとしているのがよくわかる。もちろん失敗して録り直しになったテイクもありますが、演奏がうまくいったからOKかと言えばそんなこともなくて、彼らはすぐに別のアプローチを試してみるんですね。

前回コメディの話をしましたから、コントに置き換えてみますが、誰かが書いてきた台本にそってみんなで演じながら、そのコントがより面白くなるように肉づけしていくわけです。曲をアレンジしていくというのは、まさに演出なんですけど、ビートルズのそれは４人編成のギター・バンドの常識を超えて、どんどん過剰になっていきました。とくに、『ヘルプ！』[J1]〜『ラバー・ソウル』[J2]〜『リヴォルヴァー』という発展は異常です。**その間たった1年ですから、**[1]**アレンジとか曲づくりといった音楽的レベルではない「発想の変化」を探らないと見えてこない部分がある。**

同じ時期に「新しい表現」に踏み込んでいったボブ・ディランと比較してみると、両者が対極にいるのがわかります。

ディランの場合、曲はシンプルだし、ビートルズほどサウンドを追求したわけではないですから、65年の劇的な変化も、かつては「アコギからエレキに持ち替えて、フォークからロックに移行した」と片づけられていました。けれども、91

【1】リリースは『ヘルプ！』が65年8月、『ラバー・ソウル』が65年12月、『リヴォルヴァー』が66年8月

【J1】『ヘルプ！』

【J2】『ラバー・ソウル』

年に始まった『ブートレッグ・シリーズ』で未発表音源が出るようになると、スタジオ・レコーディングも一発録りであることが多いディランの方が、テイクを重ねながら曲を変化させていく度合いが高いことが知られるようになった。そして、ディランはそのときの「心情」や、曲に対する「明確なヴィション」を隠すように、当たり障りのないテイクを発表してきたことが明らかになったんです。

いちばんの例外は、最大のヒット曲である〈ライク・ア・ローリング・ストーン〉でしょう。『ザ・カッティング・エッジ1965―1966（ザ・ブートレッグ・シリーズ第12集）』【J3】では、最初はワルツだった〈ライク・ア・ローリング・ストーン〉が、よく知られた最終形になるまでの過程が、1枚のCDすべてを使ってドキュメントされていますが、誰の耳にも最終形がいちばん良いと思わせるこの曲は、ディランの歴史の中ではむしろ珍しい。

65年3月のアルバム『ブリンギング・イット・オール・バック・ホーム』【J4】でフォーク・ロックに移行したディランですが、65年5月の英国ツアーまではアコギの弾き語りでライヴをやっていました。記録フィルム『ドント・ルック・バック』として残されたこのツアーをビートルズはロンドンで観て、ディランとの親交を深めます。全米では6位止まりだった『ブリンギング・イット・オール・バック・ホーム』は、全英では1位。当時の英国のバンド・ブームを考えれば納得ですが、ディランは自信を深めたはずで、それが〈ライク・ア・ローリング・ストーン〉の、レコーディングの粘りに繋がったんじゃないかと私は思うんです。

【J3】『ザ・カッティング・エッジ1965-1966（ザ・ブートレッグ・シリーズ第12集）』2015年11月

【J4】『ブリンギング・イット・オール・バック・ホーム』1965年3月

けれども、ビートルズは逆だった。ジョン、ポール、ジョージは、ギター一本でも凄いディランに衝撃を受けたんですね。**その影響は『ラバー・ソウル』の一方の特徴である「フォーク・ロック」として表れています。**

65年7月25日、「ニューポート・フォーク・フェスティヴァル」のメイン・ステージにエレキを持って登場したディランは、ポール・バターフィールド・ブルース・バンドをバックに爆音で演奏して、フォーク・ファンからブーイングを浴びます。けれども、その5日前に発売された〈ライク・ア・ローリング・ストーン〉はディラン初のシングル・ヒットとなり、全米2位まで上がりました。そして9月には『追憶のハイウェイ61』が出るんですが、ビートルズは〈ライク・ア・ローリング・ストーン〉が全米を席巻している最中に北米ツアーを行っているんです。

映画『ヘルプ!』の公開に合わせたツアーは、8月15日にニューヨークのシェイ・スタジアムで始まり、トロント、ジョージア、テキサス、イリノイ、ミネソタ、オレゴン、サン・ディエゴ、ロサンゼンスのハウリッド・ボウル2日連続公演と続き、31日のサンフランシスコ、カウ・パレスで千秋楽となりました。15日のシェイ・スタジアムが雨だった場合は翌日に振り替えられることになっていたんですが、おかげでビートルズはニューヨークで2日間ディランと過ごします。22日のミネソタ、ミネアポリスのポートランド・メモリアル・コロシアムは昼夜の2公演、その間にビーチ・ボーイズのマイク・ラヴとカール・ウィルソンがやって来ました。この日は客席にアレン・ギンズバーグがいたんで、ジョンはステージから挨拶。ギンズバーグはのちにこのライヴの模様を「ポートランド・コロシアム」という詩にしています。[2] ビバリー・ヒルズでオフだった24日には、ザ・バーズのメンバーやピーター・フォンダがやって来てＬＳＤでトリップ。31日のカウ・パレスでは楽屋を訪ねてきたジョニー・キャッシュ、ジョーン・バエズと、ジョージの伴奏で〈グリーン・スリーヴス〉を唄った、という記録もあります。

このツアーでビートルズは、マリファナとＬＳＤに染まったと言っていいでしょう。バロウズとギンズバーグの『麻薬書簡』と同じようなことを、十数年後にアメリカのミュージシャンと繰り広げるのは「ビート」としては当たり前だったはずです。おかげで『ラバー・ソウル』のジャケットは歪むことになるんですが、ディランやバーズやビーチ・ボーイズと違っていたのは、ビートルズにはドラッグの力を借りても「ロックンロールの次の扉」をこじ開けなければならないという使命感があったことだと思うんです。

ビートルズがアメリカで成功したのをきっかけに「ブリティッシュ・インヴェイジョン」が始まり、英国バンドは次々にアメリカを体験するわけですが、**実はみんな、行ってみるまでアメリカの音楽界の現実を知らなかった**。ローリング・ストーンズが初めてチェス・スタジオを訪れたとき、マディ・ウォーターズが壁を塗りに来ていたという有名なエピソードがありますが、64〜65年までには、50年代のブルースマンやロックンローラーのほとんどがアメリカでは忘れられていたんです。やがて、英国バンドが若い世代にその名を知らしめたことによって復

【2】日本語では「ギンズバーグ詩集 増補改訂版」諏訪優訳、思潮社（1991年）で読める

活を遂げる50年代組も出てきますけど、[3][J5]この段階で突きつけられた「リアルな歴史」に英国バンドは愕然としたことでしょう。**ブルースやロックンロールが商業音楽としては「終わっている」という現実**は、アメリカで人気が出た英国バンドにとっては最も怖ろしいことだったはずです。

前述のとおり、ヒット曲はないのに、書いた曲が他人にカヴァーされることで大作家とみなされるディランを目の当たりにしたビートルズは、「アルバムを作品として売る」ことを考え始めます。一方、レコーディングもライヴ録音に等しいディランは、「ステージが最新の作品」であることを表明していくんです。

66年5月の英国ツアーで、まだホークスと名乗っていたザ・バンドと、「ライヴが命のロック」を形にしたディランは、7月29日にバイク事故を起こして前線から消えます。

ビートルズは『リヴォルヴァー』で、「アルバムに焼きつけるロック」を完成させたものの、8月の北米ツアーを最後にライヴを諦めるわけですね。

双方とも自滅のような格好になりましたが、ロックンロールとは別物の「ロック」が形になり始めてからたった1年で最初の沸点に達したことは、後続のミュージシャンに希望を与えたと思います。**すぐさまロックのサブ・ジャンル化が起こった**[4]のがその証拠でしょう。けれど、そういう認識の下にロックの「1965年起源説」が語られるようになるのは、20世紀の終わりが見えてきたころでした。

【3】【J5】
70年代前半、チェスが一連の「ロンドン・セッション」盤をリリース。ハウリン・ウルフを皮切りに(写真)、マディ・ウォーターズ、チャック・ベリー、ボ・ディドリーの作品が続いた。オリジネイターが若いロック・ミュージシャンと共演したことで、一般リスナーの間でも認知度を高めるきっかけになった。同時期にはB.B.キング『イン・ロンドン』(ABC)、ジェリー・リー・ルイス『ザ・セッション』(マーキュリー)もある

【4】
『ラバー・ソウル』~『リヴォルヴァー』に刺激を受けた米英のミュージシャンは、サイケ、ハード、プログレッシヴなどに細分化しつつ、新たな芸術表現を模索。一方フォークやカントリーなどからルーツを遡る流れも生まれた。そのいずれにも、ビートルズは直接的/関節的に繋がっている。詳しくは5章を参照

50年代のロックンロール・ブームを振り返る

ここで時計の針を戻して、55年から59年に世界的となったロックンロールのブームを振り返っておきましょう。

流行というのは怖ろしいもので、昇り調子のときの拡散のスピードはとんでもないんです。で、大衆はそれに簡単に乗っかってしまう。けれど波が引き始めると、収束はそれこそアッと言う間。ブームはあっさり去ってしまいます。この20年ぐらいのことで言えば、インターネットに携帯電話の進化が加わって世の中は大きく変わりました。情報の拡散のスピードはとんでもなく速くなり、ヴァーチャルな空間では世界中がまるで「お隣りさん」みたいですが、50年代後半の米英ではテレビが現在のネットと同じような働きをして大衆を驚かせていた。日本ではテレビの普及がアメリカより5年から8年ぐらい遅れましたから、ロックンロール時代の情報はほとんどがあと追いです。エルヴィス・プレスリーの人気が全米で爆発したのは56年、彼こそがテレビ時代の最初のスーパースターと言えるわけですが、**日本人はエルヴィスの凄さをリアルタイムでは体験していません。**

エルヴィスは1月10日にRCAで初レコーディングするんですが、この日に録った3曲の中からメジャー・デビュー・シングルのA面に選ばれたのが〈ハートブレイク・ホテル〉でした。リリースは1月27日。2月25日付の全米チャートに初ランク・インし、4月末から8週連続で1位を記録しました。けれども、そのころにはもう、エルヴィスはテレビのニュー・スターになっていたんです。

1月28日から3月にかけて6回出演したCBSのバラエティ番組『ステージ・ショウ』で全米に知られることになったエルヴィスは、4月3日に公開番組『ミルトン・バール・ショウ』に出演します。チケットを求めたのは2万5千人、放送を観たのは推定4千万人といわれていますから異常事態と言えるでしょう。6月5日にはこの番組に2回目の出演をするんですが、「腰の動きが卑猥だ、と苦情の電話が殺到した」という伝説はこの日にできました。それを受けて、7月1日の『スティーヴ・アレン・ショウ』にスーツの正装で登場したエルヴィスは、コントまで演じてお茶の間の反感を減らそうとしますが、このときも55パーセントという視聴率が話題になります。極めつけは9月9日の『エド・サリヴァン・ショウ』初出演。視聴率は82・5パーセントという驚異的に数字に達しました。サリヴァンは当初、エルヴィスを認めていなかったそうですが、『スティーヴ・アレン・ショウ』の高視聴率に刺激されて、半年間で3回の出演を契約します。そして10月、2回目の出演の際にお披露目した〈**ラヴ・ミー・テンダー**〉**は予約だけでミリオン・セラー**に達しました。

エルヴィスのこの活躍以前は、ロックンローラーのほとんどがローカル・スターだったり、R&Bチャートが主戦場だったりしたんですが、次々と全米チャートに躍り出るようになります。カール・パーキンスの〈ブルー・スウェード・シューズ〉、ジェリー・リー・ルイスの〈ホール・ロッタ・シェイキン・ゴーイン・オン〉と〈火の玉ロック〉、ジーン・ヴィンセントの〈ビー・バップ・ア・ルーラ〉と〈ロック・ラヴィン〉、エディ・コクランの〈シッティン・イン・ザ・バルコニー〉、バディ・ホリーの〈ザットル・ビー・ザ・デイ〉と〈ペギー・スー〉、バディ・ノックスの〈パーティ・ドール〉などが、56年から57年にかけて全米トップ20ヒットになったロックンロール・ナンバーです。黒人勢はまだR&Bチャートの常連という感じでしたが、チャック・ベリーやリトル・リチャードの曲は全米チャートでも健闘し、彼らは**白人層からも支持される**ようになりました。

けれども、「健全」な大人は反発します。エルヴィスは「野蛮」「下品」と叩かれ、青少年を非行に走らせる存在と見なされました。テキサス州知事が一切のロックンロール・コンサートの中止を発表したり、ミシガン州ではエルヴィスと同じ髪型にした高校生が退学になるという事件も起こります。それでも少年たちは、ロックンロール・ファッションに身を包み、反体制的で、より自由な、新しいライフ・スタイルに走っていきます。

エルヴィスという新時代のスーパースターが生まれたことがロックンロールを目立たせましたが、アメリカ音楽界の主流をつくっていたのは相変わらずの顔ぶれだった。チャートの常連といえば、フランク・シナトラ、ペリー・コモ、トニー・ベネット、ディーン・マーティン、ナット・キング・コールといった旧来の人たち。この時代の新しいスターは、56年の〈バナナ・ボート〉でカリプソを

【J6】
『カリプソ』1956年

大ブームにしたハリー・ベラフォンテでした。彼のアルバム『カリプソ』[J6]は31週に渡って全米チャート1位に居座ったんですから、**カリプソ・ブームはロックンロールの比ではなかった**ということでしょう。当時の「大人」のトレンドは、カリプソからラテン音楽全般に視野を広げていくことだったんですね。

そしてそれは、ビートルズの初期まで続く。彼らが〈ベサメ・ムーチョ〉や〈ティル・ゼア・ウォズ・ユー〉をカヴァーしたのは、ハンブルクでのハコバン経験に由来する、ダンス・バンドとしての幅の見せ方なんです。こういうラテン系の曲を入れないと、クラブの客がマンボのステップで踊る曲がなくなっちゃいますから、仕事を取るためには必要なレパートリーだった。62年1月1日のデッカ・オーディションで〈ベサメ・ムーチョ〉を演奏したのも、単なるロックンロール・バンドではない「幅」を見せるためだったはずだし、ジョージ・マーティンもしばらくは彼らのラテン趣味を「変化球」として使います。

前に佐藤良明先生らと東大でビートルズ講義[5]をしたときに、佐藤先生が「64年ごろまではポップスにおける重要な変化球として存在していたラテンのマナーが、ビートルズのアメリカ制覇あたりから急速に消えてしまった。それは彼らの功罪かもしれない」とおっしゃっていたんですが、鋭い指摘ですね。

65年から66年にかけてニューヨークのクラブではブーガルー[6]がブームになり、それはやがてサルサに発展していくんですが、ラテン系のメンバーがいない白人のポップ・バンドが〈ベサメ・ムーチョ〉みたいな曲を演ることは、ビートルズ

【5】2006年12月、東京大学駒場キャンパスで行われた日本ポピュラー音楽学会のシンポジウムに著者が登壇、ビートルズについての講義を行った

【6】60年代ニューヨークのラテン・コミュニティから生まれたダンス音楽。ロックンロールやR&Bにカリブ～ラテン系のリズムを融合させた

以後は確かになくなります。

ということは、**初期のビートルズは「旧世代」のセンスも持っていた**、と言えるはずです。『ア・ハード・デイズ・ナイト』以降もパーカッションの使い方やリズムのニュアンスにラテン趣味が残ったりはするんですが、フォーク・ロックやサイケが出てきたことで、ロック・バンドとラテンは遠くなってしまう。のちのサンタナなどはラテン・ジャズとロックや、サルサとロックを融合させた新しい形ですから、ビートルズが〈ベサメ・ムーチョ〉を演るのとは意味がまったく違います。

話をロックンロールに戻しましょう。

移民によってつくられた新しい音楽

50年代後半にポップ・ミュージックをめぐる状況が大きく変わったのは、塩化ヴィニール製で45回転のシングル盤が、78回転のSP盤に代わる商品となったことも大きかった。シェラック製のSPは重いうえに割れやすいですから、49年にヴィクターが初めて発売した塩化ヴィニール製のシングル盤は歓迎されました。コロンビアはその前年に12インチLPを出していますが、LPの主流はしばらくSPと同じサイズの10インチだった。もちろんアメリカがいちばん進んでいましたが、塩化ヴィニールの7インチ・シングル、12インチLPが、**SPや10インチ**

LPに取って代わるのはロックンロール時代です。英国では58年ごろまで、日本では60年代前半まで10インチLPが製造されていたんですが、アメリカのR&Bのレコードは50年代前半に、もう7インチの塩化ヴィニール盤が主流になっていましたから、ロックンロールのレコードもごく初期の英国盤にSPや10インチLPが存在する以外は、塩化ヴィニールの7、12インチです。

アメリカの業界誌『バイヤーズ・ガイド』はレコード、テープの総売上の統計を取っていたんですが、55年から59年にかけては毎年11~36パーセントの伸びが記録されている。カンパニー・スリーヴに入っているだけの7インチは安価ですから、子供や黒人の低所得者層にも買いやすくなったことは容易に想像できますよね。さきほども述べたように、ロックンロールやR&Bのレコードはヒット・チャートの上ではそれほど売れていないことになっているですが、ローカル・レーベルやインディー・レーベルが多かったから全米ヒットにはなっていないだけで、「勢力」としてはものすごかったと思います。

戦前から続くアメリカの大手レコード会社といえば、RCAヴィクター、コロンビア、デッカですが、いずれもニューヨークが拠点だったためか、西海岸では戦後すぐにインディペンデント・レーベルが盛んになります。東海岸のレーベルには、42年にベス・ハーマンが興したアポロと、ハーマン・ラビンスキーが興したサヴォイがありましたが、両社とも軌道に乗るのはR&Bのレコードがヒットするようになった40年代末のことです。そのころまでにインディーの中核となっていたのは、43年にシド・ネイザンがシンシナティで興したキング、レナードとフィルのチェス兄弟が47年シカゴで始めたアリストクラット〜50年のチェス、47年にアーメット・アーティガンとハーブ・エイブラハムソンが興したアトランティックと、ジェリー・ブレインによって設立されたジュビリーなど。西海岸では、エディ&レオ・メスナーのアラディン、ビハリ兄弟のモダン/RPM、アート・ループのスペシャルティ、ルー・チャドのインペリアルといったレーベルが同じ時期に誕生しています。

インディー・レーベルのムーヴメントが全米規模になっていくのは50年代に入ってからですが、ドン・ロビーがテキサス州ヒューストンで49年に興したピーコックは、黒人がオーナーという点で画期的でした。メンフィスのサム・フィリップスがスタジオをつくったのは50年ごろですが、彼は当初モダンやチェスに音源を売っていた。彼が自分のレーベル、サンを始めたのは52年のことです。

50年代前半のアメリカには、それこそ無数のインディペンデント・レーベルがありましたが、ロックンロールの時代までに資本を持ったレーベルが売れるミュージシャンを獲得して勢力を拡大するという動きも起こり、当初はシカゴのインディー・レーベルだったマーキュリーや、西海岸のインディーだったキャピトルは、メジャー・レーベルと肩を並べるまでになっていくんです。

エルヴィス・プレスリー、カール・パーキンス、ジェリー・リー・ルイス、ジョニー・キャシュらがいたサン、マディ・ウォーターズ、チャック・ベリー、ボ・ディドリー、ハウリン・ウルフらがいたチェス、ロイド・プライスやリトル・リチャードらがいたスペシャルティ、ニューオリンズのデイヴ・バーソロミューをプロデューサーとして雇ったことからファッツ・ドミノを獲得するインペリアル。この辺りがR&Bからロックンロールへの橋渡しをしたレーベルとして歴史に残っているはご存じだと思いますが、インディー・レーベルのオーナーといえば、**大半がイタリア系やユダヤ系の移民**でした。アメリカで一旗あげるために、レコードという新しい商売に手を出した人たちだったわけですね。

R&Bのソングライター・チームとしてスタートし、ロックンロールの時代もリードしたジェリー・リーバー&マイク・ストーラーも、ユダヤ系の移民です。メリーランド州ボルチモアで生まれたリーバーと、ニューヨーク州ロング・アイランド出身のストーラーは、50年にロサンゼルスで出会い、黒人のR&Bをこよなく愛していることから意気投合、すぐにふたりで作曲を始め、この年にはジミー・ウィザースプーンに〈リアル・アグリー・ウーマン〉を提供しています。52年にはチャールズ・ブラウンが録音した〈ハード・タイムス〉が、53年にはビッグ・ママ・ソーントンが唄った〈ハウンド・ドッグ〉がヒットして、師匠であるレスター・シルと興したスパーク・レコーズでザ・ロビンズを手掛けるんですが、スパークがアトランティックに買われ、ロビンズがコースターズと改名したのを機に、リーバー&ストーラーもアトランティックと作家／プロデューサー契約。「他社で仕事をしてもいい」という条件つきで、**史上初の独立プロデューサー**となったんです。

〈チャーリー・ブラウン〉〈サーチン〉〈ヤキティ・ヤック〉の連続ヒットでコースターズを成功させたリーバー&ストーラーは、ベン・E・キングの〈スタンド・バイ・ミー〉や、ドリフターズの〈オン・ブロードウェイ〉でもアトランティックに貢献するんですが、56年にエルヴィス・プレスリーの作曲／プロデュースをするようになったことが、後世に与えた影響は絶大です。

直接の弟子と言っていいフィル・スペクターはもちろん、ジェリー・ゴフィン&キャロル・キングやシンシア・ウェイル&バリー・マンらブリル・ビルディングの作家チーム、そしてレノン／マッカートニーも、リーバー&ストーラーから**「黒人じゃなくてもR&Bやロックンロールはつくれる」**と教わったはずだし、**「人種的／音楽的な越境が新しい音楽を生んでいく」**と確信したんじゃないかと思います。まさに移民の感覚ですね。

ロックンロール時代のもうひとつの動きとして見逃せないのが、58年に本格化するホワイト・ドゥーワップの台頭でしょう。

それ以前にも、ドゥーワップを聴かせる白人コーラス・グループはありました。クルー・カッツ、ダイアモンズ、コーデッツといった連中です。けれども彼らは、ギリシャ系移民によるフォー・コインズや、ウエスタン・ケンタッキー・カレッジ出身のヒル・トッパーズといった50年代中期の人気コーラス・グループの流れに、ドゥーワップの要素を入れただけで、黒人的なビートやグルーヴには欠けている印象なんです。

大きな分岐点となったのは、58年に〈アイ・ワンダー・ホワイ〉を全米22位のヒットにしたディオン&ベルモンツです。ニューヨークはブロンクス出身のイタリア系白人シンガーであるディオンが、子供のころから大ファンだったというハンク・ウィリアムズの音楽と、地元のストリートで黒人たちが唄っているドゥーワップをミックスさせた「ブロンクス・ブルース」をつくろうと、仲間たちを集めて結成したグループですが、彼らはホワイト・ドゥーワップの代表格として快進撃を続けることになります。

ディオンと同じ39年生まれのジョニー・マエストロも重要な存在。ニューヨークのブルックリンで生まれ育ったこのイタリア系白人シンガーは、56年にクレスツに加入するんですが、[7] 58年秋にリリースした〈シックスティーン・キャンドルズ〉が全米2位のヒットになっています。クレスツのこのヒットと前後するように、ニューヨーク、ニュージャージー、フィラデルフィアといった東海岸一帯から、イタリア系、ポーランド系、プエルトリコ系、スペイン系の**移民によるホワイト・ドゥーワップ・グループ**が相次いで登場してきます。58年に〈リトル・スター〉を全米1位にしたエレガンツ、59年には、〈ハッシャバイ〉のミスティックス、〈ジャスト・トゥ・ビー・ウィズ・ユー〉のパッションズ、〈シンス・アイ・ドント・ハヴ・ユー〉のスカイライナーズが続きました。

58年といえば、東海岸出身のイタリア系白人シンガーであるニール・セダカ、

【7】ジョニー・マエストロが加入したクレスツは黒人3人によるR&Bグループだった。マエストロのスウィング感あるリードヴォーカルとドゥーワップが融合している

ボビー・ダーリン、コニー・フランシスが初の全米ヒットを出した年ですから、ロックンロールがブームになって**3年で「人種の壁が完全に崩れた」**と言えるかもしれません。

一方西海岸では、イーストLAのラテン系移民の居住区からチカーノ（メキシコ系）・ロックの始祖となるリッチー・ヴァレンスが登場します。41年に貧しいメキシコ系労働者の家に生まれたヴァレンスは、58年に17歳でデビューして、〈カモン・レッツ・ゴー〉〈ドナ〉〈ラ・バンバ〉を立て続けにヒットさせました。すぐに後継者が現れなかったため、チカーノ・ロックはホワイト・ドゥーワップほどのブームにはなりませんでしたが、イーストLAのチカーノ・ロックは伝統となり、その遺伝子はのちのサンタナやエル・チカーノ、ロス・ロボスらに受け継がれます。

59年2月3日、悲劇が起こりました[8]。バディ・ホリー、リッチー・ヴァレンスと、58年に〈シャンティリー・レース〉のヒットを放ったザ・ビッグ・ボッパーを乗せて、アイオア州メイスン・シティからミネソタ州ムーアヘッドに向けて飛んだチャーター機が墜落、搭乗者全員が死亡してしまったんです。クリケッツらバック・バンドの連中や、このパッケージ・ツアーに同行していたディオン&ベルモンツはバス移動だったため無事でした。極端に寒い夜だったため、ホリーやヴァレンスは早く次の公演地に移動しようとセスナ機をチャーターしたらしいんですが、そこにお金を使うのが嫌だったディオンたちは通常のバス移動で我慢し

【8】
この事故が当時のティーンエイジャーに与えた衝撃は計り知れない。たとえば、シンガー・ソングライターのドン・マクリーンは、長大かつロック史的オマージュに満ちた71年のヒット曲〈アメリカン・パイ〉で、《音楽が死んだ日》の例として冒頭からこの悲劇に触れている

たらしいんですね。

ディオン&ベルモンツやリッチー・ヴァレンスの人気が58年に爆発したのは、この年の3月にエルヴィスが普通に徴兵されたのを機に、ロックンロールが過渡期に突入したからでもありました。5月にはジェリー・リー・ルイスが当時まだ13歳だった従姉妹のマイラと結婚していることが明るみに出て、彼のレコードは全米で放送禁止になります。そして、リトル・リチャードも伝道生活に入るために引退してしまうんです。

さらに59年暮れには、チャック・ベリーがセントルイスで経営していた「クラブ・スタンダード」でクローク係として働いていた14歳の少女が、私はベリーの性の対象としてニューメキシコから連れてこられた、と警察に告発する事件が起こります。全米の批難を浴びたベリーは2年を費やした法廷闘争に負けて、62年から2年間、インディアナ州の連邦刑務所に収監されることになった。64年に出所したときには**家族も店も失っていたベリーは、英国でカムバックする**んです。[9]

ロックンロールについたケチは、その後も止まりませんでした。ミスター・ロックンロールことアラン・フリードが、58年から次々と事件に巻き込まれていったからです。

彼が手掛けたテレビ番組のスポンサーが煙草会社だったため、フリードは青少年に喫煙を勧めている、と糾弾されたのが皮切りでした。その後ボストンで開催したロックンロール・イヴェントでは、客電をつけて観客を監視しようとした警

【9】
ベリーの収監中、まずはビーチボーイズが彼の曲をカヴァーしてヒットを飛ばす。さらに出所からしばらくするとビートルズが全米でブレイク、ブリティッシュ・インヴェイジョン勢の多くはベリーの曲をカヴァーした。彼はすかさず英国ツアーを行ったほか、若いロック・ファンを当て込んだ『セントルイス・トゥ・リヴァプール』などの作品を64、5年に続けてリリースした

察と揉め、町で起こった暴動も彼の扇動によるものだと告発されたんです。いわれのないこととして裁判を起こしたフリードですが、WINS局から何のサポートもないことに怒った彼は、ロックンロール人気を全米に拡散したこの局を離れてしまいました。59年11月、フリードはWABCが要求してきた「私は過去いかなるレコード会社からも金品をもらったことはありません」という宣誓書への署名を拒否したため、同局から解雇されます。その2日後には、WNEWテレビがフリードが制作したヴィデオのオンエアを中止します。そして60年5月20日、フリードは特定のレコードのオンエアを番組で繰り返す見返りとして6つのレコード会社から計3万650ドルの賄賂を受け取っていたとして、ほかの6人の被告とも起訴されます。「ペイオラ疑惑」として歴史に残るこの事件でフリードは失脚、「ロックンロール時代」は約5年で幕を閉じることになるんです。

60年3月5日に兵役を終えたエルヴィスは、26日にマイアミのフォンテインブルー・ホテルで録画されたフランク・シナトラのテレビ・ショウでカムバックします。「キング・オブ・ショウ・ビジネス」を目指していることが明らかになった**エルヴィスは、もはやロックンローラーではありませんでした。**

ビートルズが「ソウル」を掴むまで

アメリカで「ロックンロールの時代」が終わった1960年には、英国でもそれを実感させる事件が起こりました。

ラリー・パーンズによって招聘され、英国ツアーを行っていたエディ・コクランとジーン・ヴィンセント、コクランの婚約者シャロン・シーリーが乗ったタクシーが、街灯に衝突して大破するという事故を起こし、まだ21歳だったコクランは、翌日、搬送先の病院で亡くなってしまうんです。4月17日、バースでのことでした。

シルヴァー・ビートルズと名乗るようになったジョン、ポール、ジョージとステュアート・サトクリフが、ビリー・フューリーの北部ツアー用のバック・バンドのオーディションを受けたのは、その翌月、5月10日のことです。このオーディションには落ちたものの、彼らはラリー・パーンズからジョニー・ジェントルのツアーをサポートする仕事をもらいます。スコットランドを9日間でまわり、7公演をこなすこのツアーは、5月21日に始まりました。トミー・ムーアという妻子持ちのドラマーを頼んでの仕事だったんですが、23日に会場に向かう車を運転していたジョニー・ジェントルが事故を起こしてしまう。同乗していたムーアは頭を打って、歯を何本か折るという怪我をしたんですが、その夜も無理矢理ステージに立たされました。嫌気がさしたムーアはその後ビートルズの誘いには乗らなくなるんですが、そこに当時のマネージャーだったアラン・ウィリアムズが、「ハンブルクの長期公演という仕事があるから、すぐにドラマーを見つけて行ってくれ」と言ってくる。ジョンたちはピート・ベストを口説いてオーディションを受けさせ、その4日後の8月16日にはもうハンブルクに向けて旅立ちました。

これが「ビートルズ誕生の瞬間」ですが、**とてもポップ・ミュージックの歴史を変えるバンドの始まりとは思えません**よね。「演奏して金がもらえるなら何だろうと食いついていく田舎の不良」というのが、当時の彼らの実態だったはずです。まだ18歳のポール、17歳のジョージ、音楽はそんなに本気でやっていなかったステュとは違って、20歳になろうかというジョンは焦っていたと思います。バンドが金にならなければ就職を真剣に考えなければいけなかったわけですから、どんな音楽をつくっていくかなんて、まったく考えていなかったでしょう。実際ジョンは、この時期には曲を書いていません。ポールのように悠長ではなかったんですね。「金になるバンドにする」というのがジョンの目標だった。

ところが、目標にしていたアメリカのロックンロールがどんどん終わっていく。ハンブルクでは、ただひたすらクラブの客に受ける曲を演奏することになりましたが、**どんな音楽も同じように眺め、冷静にその構造を分析するようになった**ことが、のちのレノン／マッカートニーの曲づくりを決めたと思います。クラブでオリジナル曲なんか演っても受けませんから、ジョンは無駄なことはしなかったんでしょう。けれど、一日7回のステージをこなすために全員で唄うようになったことや、踊りたい客をさまざまなリズムに乗せることが、バンドの地力を高めた。世間のトレンドなんてまったく関係ない「辺境」で、**人知れず過去のポップ・ミュージックを復習した2年間があったから**こそ、オリジナル曲を書くようになったレノン／マッカートニーは「化けた」んだと思うんです。
62年6月6日のレコーディング・テストでパーロフォン／EMIとの契約を決めたビートルズは、9月4日に最初のセッションが行われたデビュー・シングルのレコーディングまでに、ドラマーをリンゴ・スターに代えて、バンドの演奏力の強化をはかります。これはジョージ・マーティンやブライアン・エプスタインの指示ではなく、自発的なことだった。ジョン、ポール、ジョージはピート・ベストのドラムに不満を持っていたんでしょう。

9月4日に録音された〈ラヴ・ミー・ドゥ〉が、一度は10月5日発売のシングルになりながらも、9月11日のテイクに差し替えられたことは1章でも触れました。おかげでリンゴが、最初は下手クソだったかのような印象を持たれるんですが、ピート・ベストでも問題はないと思っていたマーティンは、このドラム・サウンド自体にはさしたる意見がなかった。彼はそんなことよりも「曲」だったんです。

この年1月1日のデッカ・オーディションを収録した出所があやしいアルバム『ザ・コンプリート・シルヴァー・ビートルズ』などと、クリスマス前後に録音されたとされるハンブルクでのライヴ盤『ライヴ・アット・スター・クラブ1962』【J7】などを聴き比べると、リンゴのドラムがビートルズのバンド力を格段に高めたのがよくわかります。バンド経験者ならずとも、ドラマーをリンゴに代えたかったジョンたちの気持ちがわかるはずですが、そこに対するマーティンの

【J7】
『ライヴ・アット・スター・クラブ1962』2000年

反応は思いのほか薄かったんですね。ジョンとポールは「そんなに曲なのか」と愕然としたことでしょう。

セカンド・シングルになる〈プリーズ・プリーズ・ミー〉と〈アスク・ミー・ホワイ〉のレコーディングが行われたのは11月28日と30日ですが、ビートルズが化けたのは、9月の〈ラヴ・ミー・ドゥ〉から、セカンド・シングルのセッションを挟んで、ファースト・アルバム『プリーズ・プリーズ・ミー』に入れる既発曲以外の10曲を一日で録音した63年2月11日までの、およそ5ヶ月のあいだだった。レコーディングに対応できるように、演奏の細部を猛練習した成果が、最後のハンブルク公演に現れているわけです。

『プリーズ・プリーズ・ミー』に収録されたカヴァー曲が、デッカ・オーディションのときとは大きく変わっていることも注目すべきポイント。デッカでやったコースターズの〈スリー・クール・キャッツ〉や〈サーチン〉、バディ・ホリーの〈クライング、ウェイティング、ホーピング〉といった50年代のヒット曲はやらずに、アーサー・アレキサンダーの〈アンナ〉、シレルズの〈ベイビー・イッツ・ユー〉、アイズリー・ブラザーズの〈ツイスト・アンド・シャウト〉、クッキーズの〈チェインズ〉といった黒人グループの62年のヒット曲が取り上げられているのが『プリーズ・プリーズ・ミー』の特徴だからです。さらに、リンゴが唄う〈ボーイズ〉もシレルズのカヴァーで、これは60年の曲。ブロードウェイの戯曲のために60年に書かれた〈テイスト・オブ・ハニー〉もレニー・ウェルチによる歌入りヴァージョンが生まれたのは62年です。レニー・ウェルチはジャズやスタンダードは唄う人ですが、やはり黒人。驚くべきことにカヴァーは6曲とも黒人グループ／シンガーの最新曲なわけです。そこに、当時のビートルズの意識が表れていると言っていいでしょう。

『プリーズ・プリーズ・ミー』のサウンドの質感やヴォーカル・ハーモニーは、エヴァリー・ブラザーズが58年に発表したファースト・アルバム[J8]にそっくりなんですが、「でも、違う」と思わせる新しさがある。その最大の特徴は、「最新の黒人音楽の要素が加味されている」ということです。では、**最新の黒人音楽とは何かと言えば、もはやR&Bではなく、「ソウル・ミュージック」ということになるでしょう。**

黒人音楽とはいっても、〈ベイビー・イッツ・ユー〉はバート・バカラック／ハル・デイヴィッド／バーニー・ウィリアムズの作、〈チェインズ〉はジェリー・ゴフィン／キャロル・キングの作、〈ツイスト・アンド・シャウト〉はバート・バーンズの作、〈テイスト・オブ・ハニー〉はジャズ系の作曲家ボビー・スコットの作。この人たちは白人です。〈アンナ〉はアーサー・アレキサンダーの自作曲ですから、この人がニューオリンズ出身のR&Bシンガーだということは知っていたと思うんですが、〈ボーイズ〉をつくったルーサー・ディクソンとウェス・ファレルとなると、**ビートルズは黒人かどうかも知らなかった**じゃないかと思うんです。

レノン／マッカートニーの目標は、コースターズにもエルヴィスにも曲を書け

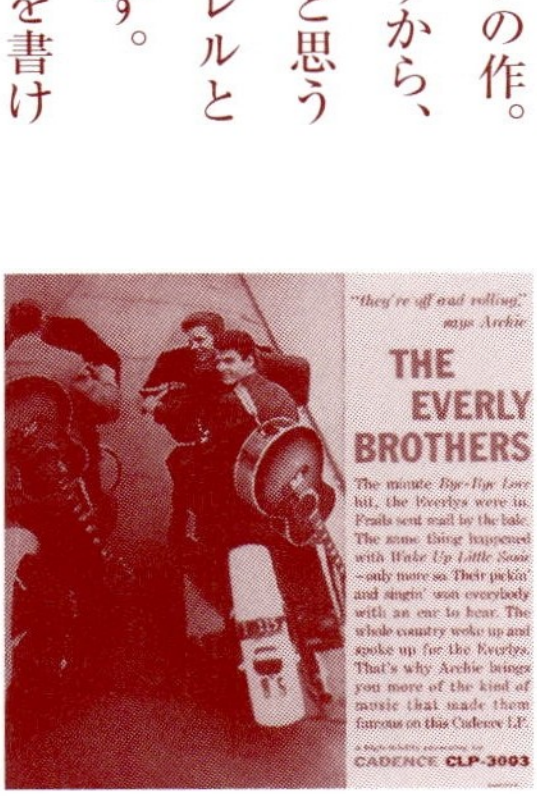

【J8】
『ジ・エヴァリー・ブラザーズ』1958年

たリーバー／ストーラーのようなソングライター・チームになることだったはずですが、ロックンロールの時代が終わると、バカラック／デイヴィッドやゴフィン／キングといったブリル・ビルディング系の職業作家が黒人グループにも曲を提供する時代が始まりました。ロックンロール以後の感覚を持った若手の職業作家によって築かれたポップスの黄金時代に、**R&Bのマナーには収まりきらないことから「ソウル」と呼ばれるようになった黒人音楽**が併走するようになって、アメリカの音楽は新たな地平に踏み込んだんです。

ジョージ・マーティンはそれを「とにかく曲だ」と受け取ったから、ビートルズに〈ハウ・ドゥ・ユー・ドゥ・イット〉をやらせようとしたんでしょうが、ビートルズは誰が唄ってもヒットするであろうその曲を拒否します。ソングライターとパフォーマーが一体となってつくられた音楽じゃないと意味がないと思ったからでしょう。

レノン／マッカートニーが目覚めたのは間違いなく62年9月4日です。〈ハウ・ドゥ・ユー・ドゥ・イット〉にNOを突きつけた瞬間に、彼らはマーティンに作曲の面での「イズム」を提示しなければいけなくなった。けれどもジョンとポールはひたすら曲づくりに励んだわけではなくて、最新のアメリカ音楽からビートルズが求めるサウンドを探し、そこから**逆算するように曲を書いた**んです。

62年秋から63年初頭にかけての学習で、ビートルズは「ソウル」を知ります。無自覚だった時期の〈ラヴ・ミー・ドゥ〉と〈P.S.アイ・ラヴ・ユー〉、過渡期の〈プリーズ・プリーズ・ミー〉と〈アスク・ミー・ホワイ〉が入っていることで『プリーズ・プリーズ・ミー』に表れた「ソウル」は曇りましたが、63年2月11日のレコーディングが本家アイズリー・ブラザーズを凌駕する〈ツイスト・アンド・シャウト〉で終わったとき、ジョンは内心、「世界制覇も夢じゃない」と思ったに違いありません。

タムラ／モータウンの登場

では「ソウル・ミュージック」は、いつ生まれたのか。「R&B」とはどう違うのか。これはアメリカのポピュラー音楽にとって、非常に大きな問題だと思います。けれど一般的には、ベリー・ゴーディが興したタムラ／モータウンが、白人受けするポップなナンバーで全米チャートを賑わすようになった60〜61年ごろからの、**「R&B色の薄い黒人音楽」を、「なんとなくソウルと呼ぶようになっていった」という認識しかない**でしょう。

ベリー・ゴーディ・ジュニアがミシガン州デトロイトの黒人中流家庭に生まれたのは、1929年11月28日です。8人兄弟の7番目だった彼は、少年のころから一攫千金の夢があったようで、高校を中退してプロボクサーになりました。50年に陸軍に徴兵されて韓国に赴任、53年に除隊するとすぐにテルマ・コールマンと結婚するんですが、ミュージシャンとして活動したり、ジャズ専門のレコード店「ザ・3D・レコード・マート」を経営したりするんですが、負債を抱えて店を潰してしまったので、ソングライターでプロデューサー、という立場を目指すようになるんですね。まぁ、いちばん金をかけずに大金を得られる方法を考えてのことだったはずです。

57年、ゴーディはナイト・クラブで知り合ったジャッキー・ウィルソンに、姉グウェンとビリー・デイヴィスの共作曲〈リアル・ペティート〉を提供して、彼をプロデュースします。するとこれが各地でヒットしたんで、ゴーディは自分の曲もウィルソンに提供するようになるんです。そのうちの1曲〈ロンリー・ティアドロップス〉が58年暮れに大ヒットしたんですが、当時はまだ、既存のレコード会社に音源を供給する「原盤制作者」でしかなかったんで、思ったほど儲からない。ゴーディはすでに、スモーキー・ロビンソン率いるザ・マタドールズ——のちのミラクルズですね——と仕事を始めていました。親友となっていたスモーキーに背中を押されたゴーディは、家族に借りた800ドルで59年1月にタムラ・レコーズを起ち上げます。

とは言っても、この段階でもデトロイトのローカル・レーベルでしかなかったんですが、第1弾としてリリースしたマーヴ・ジョンソンの〈カム・トゥ・ミー〉がユナイテッド・アーティスツの目に止まり、全国発売になりました。ゴーディは次にレイバー（Rayber）というレーベルを起ち上げてウェイド・ジョーンズのシングルを出します。そして、第3弾として制作したミラクルズの〈バッド・

ガール〉は、最初はモータウン・レーベルで、全国版はチェスから。バレット・ストロングの〈マネー〉は、最初はタムラで、ヒットした全国版は姉のレーベル「アンナ」から、という格好でした。

きっと町のお菓子屋さんが、商品ごとに組むデパートを替える、みたいな感覚だったんでしょう。最初のレーベル「タムラ」も、ゴーディは自分のヒット曲だった映画の挿入歌から取った「タミー」にしようとしていたんですが、先にタミーを商標登録していた会社があったんで、仕方なくタムラに変えたといいます。お姉さんのアンナが「レコードって儲かりそうね」と参入してきたのが目に見えるようなのもおかしいですが、それもどうかと思ったのか、ゴーディは60年4月14日に、タムラとモータウンを合体させた新会社「モータウン・レコード・コーポレイション」を興します。ちなみにモータウンというのは、自動車産業で栄えたデトロイトが「モーター・タウン」とか「モーター・シティ」と呼ばれたことに由来していて、のちの「MCファイヴ」[10]は〝モーター・シティの5人〟という意味なんですね。

60年暮れにヒットし始めたミラクルズの〈ショップ・アラウンド〉が、61年1月にはビルボードの全米チャートで2位、キャッシュボックス[11]では1位となりました。ゴーディが目標にしていた「白人に売れる黒人音楽」は、この年、マーヴェレッツの〈プリーズ・ミスター・ポストマン〉でのR&Bチャート／全米チャート1位で完遂されるんですが、この辺りがまさに「ソウル・ミュージック

【10】
1964年に結成されたパンクとガレージロックの元祖と呼ばれるバンド。ギタリストのフレッド・ソニック・スミスはのちにパティ・スミスと結婚する

【11】
1942年から96年まで続いた音楽情報誌。ビルボードと並び売上チャートで知られたが、ジャンルごとに集計していたのが特徴

の始まり」でしょう。**R&Bというレールの上を走ってきた黒人音楽をソウルに切り替えたジャンクションは〈プリーズ・ミスター・ポストマン〉だった**、と言っても過言ではないと私は思います。

ビートルズはモータウンの影響を受けて……という話はよく聞きますが、『ウィズ・ザ・ビートルズ』では確かに〈プリーズ・ミスター・ポストマン〉、ミラクルズの〈ユー・リアリー・ゴッタ・ホールド・オン・ミー〉、バレット・ストロングの〈マネー〉……と、カヴァー6曲中3曲がモータウン・ナンバーです。マイナーなガール・グループ、ザ・ドネイズの唯一のシングルだった〈デヴィル・イン・ハー・ハート〉は、デトロイトのローカル・レーベル「コレクトーン(Correc-Tone)」から62年にリリースされたのがオリジナル盤ですから、この時期はモータウンをきっかけにノーザン・ソウル[12]に目が向いていたことは間違いないと思います。

それはともかく、**61年から71年の間にトップ10入りをはたしたモータウンのナンバーは、何と110曲**。モータウン・レーベルには、ダイアナ・ロスを擁するスプリームス、フォー・トップス、ジャクソン5などが、タムラには、スモーキー・ロビンソン&ザ・ミラクルズ、マーヴィン・ゲイ、スティーヴィー・ワンダーらが、そして第3のレーベル「ゴーディ」には、テンプテイションズ、コンツアズ、マーサ&ザ・ヴァンデラズらが、「V・I・P・」には、ヴェルヴェレッツ、スピナーズ、クリス・クラークらが、「ソウル」には、ジュニア・ウォーカー&ジ・

【12】
モータウンのように米国北部に本拠地を置いたレーベルとミュージシャンのソウルを指す。いっぽうスタックスやフェイムなどの南部勢はサザン・ソウルと呼ばれる。本稿と意味は異なるが、イギリス北部の若者たちが好んだソウルを指してノーザン・ソウルと呼ぶこともある

オール・スターズ、ジミー・ラフィン、グラディス・ナイト&ザ・ヒップスらがいて、ジャズの「ワークショップ・ジャズ」、カントリーの「メル・オー・デイ」、ロック・バンド用の「レア・アース」といったレーベルも持っていた70年代半ばまでが、モータウンの黄金時代でした。

けれども、50年代のR&Bとは明らかに異なる「ソウル・ミュージックの音楽的個性」は、必ずしもベリー・ゴーディらモータウンの作家／プロデューサーがつくったものではないんです。ロックンロールがブームになったころに、「それまでのR&Bとは違うマナーの黒人音楽が出てきていた」と指摘するのは鈴木啓志さんです。

ソウル・ミュージックの形成

私が最も信頼し、この講座に最適の資料として使っているのが、ミュージック・マガジンから1999年に出た、年表を軸にした大判のムック『ロックの世紀』です。[13] 残念ながら2巻が出たところで打ち切りになってしまったんで、1952年から70年までなんですが、ロックを中心としたポップ・ミュージックの歴史を語った本の中では世界最高のものと言っていいでしょう。そこで黒人音楽を担当しているのが、この分野の第一人者である鈴木啓志さんです。

1年ごとの年表のあとに各分野の担当者による読み応えのある評論が載ってい

【13】
ミュージック・マガジン社が20世紀の終わりに合わせて1999年と2000年に刊行。『Vol.1』で52〜62年までを、『Vol.2』では63〜70年までを扱った

るんですが、鈴木さんが独自の視点でロックンロールを分析した57年の項と、「R&Bのポップ化とソウル・ミュージックの芽生え」を語った58年の項、「〝規格外〟R&Bヒットと〝ソウルの自覚〟」と題された59年の項は、我が国の音楽評論のひとつの到達点とも言える傑作だと思います。

かなり長くなりますが、ここを理解するのとしないのとでは展開が変わってしまうので、しばらく読んでみます。まず、ロックンロールの誕生を掘り下げた57年の項。

《ロックンロールの誕生にはさまざまな要素がからみ合っているので、これだというものをひとつだけは取り出せない。（中略）それは戦前までたどれるという考え方もあるし、ジミー・プレストンの「ロック・ザ・ジョイント」（49年）、ジャッキー・ブレンストンの「ロケット88」（51年）、クロウズの「ジー」（53年）、コーズの〈シュ・ブーン〉（54年）を最初のロックンロールと認定する人々がそれぞれいる。（中略）だが、（中略）ぼくはブギ・ウギからロックンロール・リズムへの明らかな変革がひとつのポイントだという考え方を以前から持っている。（中略）そのブギ・ビートの変革に大きく寄与したのが、ニューヨークとニューオーリンズの音楽だったとぼくは考える。

50年代初め、ニューヨークとニューオーリンズの音楽シーンは密接に結びついていて、アトランティックのジョー・ターナーとレイ・チャールズは、その両方の都市で交互に録音を行なっていた。それを続けて聞くと、両都市の音楽シーンがお互いに影響し合っていることがよくわかる。そのキー・パースンが、ターナーのアレンジャーでライターでもあったジェシ・ストーンと、ピアニストのハリー・ヴァン・ウォールズである。ハリーはニューヨークのピアニストだったが、ニューオーリンズR&Bの影響を強く受けていた。

54年2月、ターナーにジェシ作（ライター名はチャールズ・カルホウン）の「シェイク・ラトル・アンド・ロール」などの曲を持って、ニューヨークのスタジオに立った。ピアノはハリー。ここで行なわれたブギ・ビートの変革とは何か。それは、エイト・ビートの2拍目以下、偶数拍のどれかひとつ、あるいはすべての音を上げ、軽い感じを出すことである。ハリーのピアノとベースがこれを実践している。これによって、ブギよりずっと浮き上がったビートになるわけだ。ロックンロール・ビートという新しいビートが生まれたと考えていいだろう。

この「シェイク・ラトル・アンド・ロール」は54年4月にすかさずビル・ヘイリーにカヴァーされ、さらに彼は「ロック・アラウンド・ザ・クロック」を同時に録音、そのロックンロール・ビートを前面に押し出していくことになる。それがすぐにニューオーリンズに飛び火し、変革が始まるのは、ニューヨークとニューオーリンズの関係を考えれば不思議ではなかったろう。

そのビートはメンフィスにも伝わってプレスリーらのロカビリーとなり、シカゴに伝わってチャック・ベリーのロックンロールにもなる、というのがぼくの描く見取り図だ》

以上は57年の項で書かれていますが、〈ロック・アラウンド・ザ・クロック〉以前の話。エルヴィスの人気が爆発し、チャック・ベリーがロックンロールのスタイルを決めていった56~57年はR&Bも元気だったが、58年になるとポップ化が進行し、《R&Bの堕落としか受け止められなかったものだ》と鈴木さんは述べています。そして、57年の項で触れた《リズムにおける変革が重要》を再確認しつつ、ロックンロールの形成には《白人音楽、特にカントリーの要素を見逃すことはできない》と指摘しています。

《それでも、ロカビリーや初期のロックンロールはブルースのコード進行を主に使い、そのギター奏法やサウンドにおいてもブルース/R&Bに多くを負っていた。(中略)だが、黒人にとってみれば、ロックンロールは新しいビートを持つ新種のダンス音楽にすぎないという面もあった。黒人たちはロックンロールのリズムで一度は試してみるが、それが自分たちの音楽に必ずしもフィットするものではないことに気がつき始める。ロックンールを長期にわたってプレイする黒人が極めて限られているのも、そのためだ。ところが、白人のティーネイジャーを中心とする人たちは、ロックンロールが自己を表現する上で限りない可能性を持つものであることに気づき始める。(中略)ここにおいてロックンロールは、白人の若者が自己表現する、またとない手段となった。(中略)58年にロックンロールのポップ化がいっそう進み、ロッカ・バラードなるスタイルが生まれたのも、ロックンロールが白人の最もポピュラーなスタイルであるバラードと結びつくという必然的帰結であったことに気がつく。（中略）だが、ロックンロールを白人の手に引き渡すことによって、黒人の間でも新しい音楽が芽生えつつあった。ずばりソウル・ミュージックがそれである。58年は、それが目に見える形で現れてきた年だった。56年から盛んに試みられていたサム・クックの世俗音楽の録音は57年になってようやく実を結び、この58年にはさらに大きな波となっていく。

クライド・マクファターの後を受けてドミノズのリード・シンガーに収まっていたジャッキー・ウィルスンも、（中略）この年には「ロンリー・ティアドロップス」の大ヒットで、後のモータウン・サウンドの創始者ともいえるエネルギッシュなパフォーマンスを見せ始めていた。

ヴォーカル・グループでは、ドゥーワップからひとつ抜けた〝ソウル〟グループ、インプレッションズがデビューしていた。

さらに、デトロイトではベリー・ゴーディ・ジュニアが後のタムラ／モータウンの足固めをし、メンフィスではジム・ステュアートがスタックスの前身サテライト・レーベルを興していた。それもこれもすべて、今から思えば、ソウルに向かって黒人たちが動き始めていたことだとわかるだろう。もっとも、サム・クックにしてもジャッキー・ウィルスンにしても、スタイルとしてはまだまだロッカ・バラード的な手法を借りていた。その点においては、彼らはことさらロックンロールに反旗を翻しているようには思えない。ロックンロールに対する黒人側からの改革、つまりリズムにおける変革は、もう少し後でやってくる。そして、その時こそ、すべてがソウル・ミュージックに向けて動き出した時だといっていい》で、59年です。R＆Bともロックンロールとも違う、新しい黒人音楽が自覚され始める。その息吹を鈴木さんはこう書いています。

《この59年は、58年に比べれば〝面白い〟R＆Bヒットが随分出た年である。ニューヨークのボビー・ロビンスンが制作したウィルバート・ハリスンの〈カンサス・シティ〉とバスター・ブラウンの〈ファニー・メイ〉は、彼のレーベルの中で最も売れたレコードとなったが、それはブルースの流れにもロックンロールの流れにも位置づけ難い個性的な作品だった。つまり、2曲とも明らかにブルースをベースとしながらも、シカゴ・ブルース～モダン・ブルース、ジャンプ・ブルース～R＆Bといった大枠でとらえられないスタイルである。いや、こうした〝規格外〟の曲は他にいくらでもあるが、これが大ヒットしたところに、この時代の面白さを感じる。ロックンロールの聴衆は、ブルースそのものの魅力にはまだ気がついていなかったかもしれないが、こうした曲の向こう側にあるものを既に読み取っていたのかもしれない》

ここは重要です。我々はフォスターの時代まで遡って、商業的なポップ・ミュージックがどう形成されていったかを研究することができるわけですが、**そういう感覚自体、ビートルズやボブ・ディランが「ロック」を文化として認めさせてからのもの**だからです。

50年代の末期に、「ロックンロールのルーツ」を考えていたリスナーなんて、ほとんどいなかった。フォーク・ミュージックを聴く白人のインテリ層や、ジャズこそアメリカが生んだ新しい音楽だと思っていた裕福な黒人層を別として「一般的な認識」を考えれば、**流行音楽はあくまで流行音楽でしかなかったん**です。だから、ブルースなんてR&B以前の音楽が、当時の「いま」と繋がっているなんて、思っていなかったでしょう。鈴木さんもこの59年の項で指摘されていますが、58年のニューポート・ジャズ・フェスティヴァルにマヘリア・ジャクソンが出演したのを機に、インテリ層のあいだでブルース熱が高まったのは間違いありません。けれど、58年にエレクトリック・セットで行われたマディ・ウォーターズの英国ツアーが不評だったことが物語るように、求められていたのはアコースティックなフォーク・ブルースやカントリー・ブルースだったんです。59年には史上初のブルース研究本として名高いサミュエル・チャーターズの『カントリー・ブルース』がアメリカで出版されますが、ロックンロールから遡っていく視線は見られないし、エレクトリック・ブルースへの評価はとても低い。でも、そんなことはおかまいなしに、「ソウル」は育っていくんです。鈴木さんの論考に戻りましょう。

《ソウルの芽は着実に伸び続けていた。ベン・E・キングを擁する新生ドリフターズがインプレッションズに続けとばかりにレコーディングを開始しているし、フィエスタズ、ファルコンズといった〝ソウル〟グループも順調にヒットを出した。彼らはゴスペルからの影響という点で共通しているが、さらに重要なのは、ドゥーワップ特有のコーラス・スタイルを避け、ソウル・コーラスといわれたスタイルを先取りしている点である。特にデトロイトのファルコンズは、リードにジョー・スタブスという非凡なシンガーを擁していた他、たくさんの才能ある人材を生んだグループとして有名だ。この頃にはサー・マック・ライス、エディ・フロイドが所属していたし、少し後にはウィルソン・ピケットも参加するという、まさにスーパー・グループだった。

それ以上に、その後の黒人音楽を決定づける出来事が起きた。（中略）数人のアーティストによる意欲的な試み、それが黒人音楽におけるリズムの革新として実を結ぶことになる。（中略）

まず、58年11月11日に録音されたのがハンク・バラード&ザ・ミッドナイターズの「ザ・ツイスト」である。翌59年2月18日にはレイ・チャールズが自らのライヴ・パフォーマンスから着想した「ホワッド・アイ・セイ」を、さらに7月29日にはオハイオ出身のアイズリー・ブラザーズが「シャウト」を録音する。その年の末にはウェスト・コーストでオリンピックスというグループが「（ベイビー・）ハリー・ガリー」という曲を録音、これを新興のアーヴィというレーベルから出した。1年あまりの間にその後のR&Bシーンを決定づけるようなリズム・ナンバー（ダンス・ナンバー）が4曲も生まれているのだ。

まず最初に挙げるべきはレイ・チャールズだろう。レイこそソウル・ミュージックの創始者のひとりとして、しばしば音楽書に登場するからだ。確かに、R&Bにゴスペルを持ち込んだ先駆者としての功績は輝かしい。だが、彼がいちばん影響を受けたのはシンガーがチャールズ・ブラウンとナット・キング・コールであることからもわかる通り、レイの50年代の作品、つまりアトランティック時代の作品は、たいていがブルースを基礎としていた。バラードにしても、ブルース・バラード的な感覚が強い。そんな中にあって「ホワッド・アイ・セイ」は、斬新な感覚のリズム・ナンバーだった。このリズム・パターンこそ、ロックンロールのリズムとは違う、ソウル・ミュージックに多用されることになるものだといっていい。実は、このリズム・パターンはレイ自身が55年のナンバー・ワン・ヒット「アイヴ・ガット・ア・ウーマン」で使っていたが、この曲自体がゴスペルの改作といわれるのだから、そのアイディアがどこから流れてきたかがわかるだろう。

ゴスペルとの関係というなら、「ザ・ツイスト」と「シャウト」はもっとはっきりしている。この2曲は、ゴスペル・ソングの歌詞だけを変えて、そのままR&Bにしたような曲だったからだ。(中略)

最後の「ハリー・ガリー」に関しては、いささか事情が違っている。歌っているオリンピックスはコースターズの影響を受けたウェスト・コーストのグループだったが、彼らはそのノヴェルティな感覚を推し進め、黒人臭さを前面に出していった。コースターズは、ラテン・ビートを多く取り入れるなど、ウェスト・コーストに多いメキシコ移民に配慮していたが、オリンピックスはもっぱら黒人相手。だからこそ、メジャーになれなかったのだが。オリンピックスは徹底的にダンス・ナンバーにこだわり、その後のダンス・スタイルをタイトルに冠した曲をたいてい歌っている。〝スロップ〟〝シミー〟〝ツイスト〟〝ストンプ〟〝チャチャチャ〟〝バウンス〟〝ブーガルー〟〝ダック〟といった具合だ。その最初のダンスが〝ハリー・ガリー〟だったのである。こうして彼らは60年代のソウル・ミュージックの一面をダンスによって演出する。

ロックンロールからソウル・ダンスへ。その改革は彼らによって意識的に進められ、確実に輪を広げていった。59年がいかに黒人音楽にとって重要な年であったかが、これらからもわかるだろう》

その〝重要な年〟にベリー・ゴーディはタムラ・レコーズを興したわけですが、先鋭的な存在だったファルコンズがデトロイトのグループというのも見逃せません。

アトランティックとモータウン

60年代のモータウンは、ソウル・ミュージックのひとつの形をつくりました。アメリカ北部、デトロイトのモータウンを中心とする黒人音楽は、やがて「ノーザン・ソウル」と呼ばれるようになるわけですが、それは、南部にはすでに黒人音楽の大きな流れがあったからでしょう。アーメット・アーティガン率いるアトランティックです。モータウンが登場するころまでには、黒人音楽だけにはとどまらない総合レーベルになっていたアトランティックが、60年代に「サザン・ソウルの牙城」になっていったのは、スタックス、ヴォルトという南部のインディー・レーベルを買収して、**モータウンに対抗する「南部路線」を意図的につくっていった**からです。

いや、歴史的なことを言えば逆ですね。もともとのゴーディの目標は、アトランティックのようなレーベルをつくることだったはずですから。ところが**ゴーディは、アトランティックより先に「ソウル」に特化した**んです。アトランティックは50年代に、レイ・チャールズやドリフターズ、コースターズを成功させていましたが、ジャズも一方の柱だったし、ロックンロールとR&Bとも呼べないボビー・ダーリンのような白人シンガーもいれば、ラテンのレコードも出していました。

1923年7月31日にイスタンブールのトルコ人家庭に生まれたアーメット・アーティガンは、10歳のときにロンドンでデューク・エリントンとキャブ・キャロウェイの演奏を聴いたのをきっかけに黒人音楽に興味を持つようになり、外交官だった父親の駐米大使就任に伴ってニューヨークに移り住みました。

5歳年上の兄ネスヒと競ってSPレコードを買うようになると、コレクションはあっと言う間に5000枚になったといいます。けれど44年に父が急死、母と長女はトルコに帰ってしまうんです。アメリカに残る道を選んだ兄弟は、一度をコレクションを手放して生活を安定させます。LAに移住したネスヒは、やがてカリフォルニア大学で教鞭をとるようになりました。

一方アーメットは、ナショナル・レコーズで働いていた友人ハーブ・エイブラムスンを誘って、47年10月にアトランティック・レコーズを興します。当初はハーブが社長、アーメットは副社長で、オフィスはニューヨークの安ホテルの一室。家賃は月65ドルだったそうです。

ふたりはベルトーン[14]やアペックス[15]といったスタジオや、ニューヨークのラジオ局をまわって、レコーディングする素材を探しました。47年11月から12月にかけて、事務所にしていたホテルで65曲を録音したハーブとアーメットは、その中からジョニー・モリスやタイニー・グライムスなどのSPをリリースしたんですが、ジャズとR&Bの中間と言っていい**「ジャンプ」というか「ロッキン・ジャズ」というかの音楽性は早過ぎたのか、全然受けず、**初ヒットが出たのは49年でした。

そのきっかけは、ニューオリンズのDJがかけたある曲が評判になっている、という情報だったそうです。それをリリースできないものかと考えたアーメットは音源を探したんですが、レーベルは消滅し、マスターも保管されていないことが判明する。じゃあミュージシャンに訊いてみよう、とクラブをまわると、ブラウニー・マギーから「なんだ、それを吹き込んだのは弟だよ」と教えられ、すぐさまスティック・マギーの〈ドリンキン・ワイン・スポ・ディー・オ・ディー〉

【14】
50〜60年代にマイルス・デイヴィスやセロニアス・モンクなどジャズのレコーディングにも使われたマンハッタンのスタジオ。60年代にはレーベルとしてドゥーワップ系の作品を制作

【15】
マンハッタン57丁目にあった録音スタジオ。1952年、アーメットとハーブはそこで働いていたエンジニアのトム・ダウドと出会う

が録音されたんです。49年2月にリリースされたこのレコードはR&Bチャート3位まで上がり、40万枚を売り上げるヒットになりました。

勢いに乗ったアトランティックは、専属の黒人ソングライター／プロデューサーのジェシ・ストーンの貢献もあって、ルース・ブラウン、クローヴァーズ、カーディナルズ、ジョー・ターナーらを擁する一大R&Bレーベルになっていくんです。49年10月には早くも南部視察を敢行し、プロフェッサー・ロングヘアの〈マルディ・グラ・イン・ニューオリンズ〉を初レコーディングするという歴史的な発見をものにしているんですから、先見の明がすごい。驚きます。

52年、レイ・チャールズと契約したアトランティックは、マンハッタン西56丁目のレストランの2階にオフィスを移し、当初からレコーディング・エンジニアを務めていた**トム・ダウド**[16]**の設計で、夜はここをレコーディング・スタジオとして稼働させる**ようになりました。ジョン・コルトレーンやオーネット・コールマンも、この事務所スタジオで録ってたんです。

53年1月、兵役のために会社を離れざるをえなくなったハーブに代わるパートナーとして、『ビルボード』の記者で、「リズム&ブルース」の名付け親として知られていたジェリー・ウェクスラーを迎えたアーメットは、トム・ダウドと専属契約を交わし、この三者で会社を大きくする体制をつくっていきます。55年には兵役を終えて復帰したハーブのために、新レーベル「アトコ」を設立するんですが、疎外感にさいなまれたハーブは57年に辞任してしまう。アーメットは55年に

【16】1925年生まれ、アトランティック・レコードの録音エンジニア／プロデューサー。物理学に通じた先進的な技術力と、マルチプレーヤーとしての音楽的素養を背景に、50〜60年代アトランティック・サウンドを確立。60年代に世界に先駆けて8トラック録音を開始した。ダウド制作によるジャズ、R&B、ロックの名盤は枚挙にいとまがない

ＬＡから兄ネスヒを呼び寄せてジャズ部門を任せ、ジミー・ジュフリー、シェリー・マン、ＭＪＱ、クリス・コナー、チャールズ・ミンガス、オーネット・コールマンらを次々に獲得していく。アトランティックはジャズ・レーベルとしても大手になっていくんですね。

また58年、アトコからはレーベル初の白人シンガー、ボビー・ダーリンがデビューし、ヒットを連発するようになります。ボビー・ダーリン、日本では評価が低いですが、ソングライターとしても役者としても活躍した才人で、73年の最後のアルバムはモータウンから出ています。白人とはいっても、こういう人に目をつけるのがアトランティックらしい。

Ｒ＆Ｂ部門では、レイ・チャールズに続いてコースターズとドリフターズを輩出するわけですが、リーバー／ストーラーという白人プロデューサー・チームによるポップなＲ＆Ｂで、白人と黒人のあいだにあった音楽的趣向の差異を取り除いた功績は大きい。それこそ歴史的です。ベリー・ゴーディは明らかに、リーバー／ストーラーとコースターズの関係を参考に、モータウンのサウンドをつくっていったんだと思います。

60年代に入ると、アーメットは白人音楽のメイン・ストリームへの興味を広げていくんですが、ジェリー・ウェクスラーの方は61年に配給契約を交わしたメンフィスのスタックス・レコーズをサザン・ソウルの本拠地として育てていきました。カーラ・トーマス61年の〈ジー・ウィズ〉、ブッカー・Ｔ＆ザＭＧズ62年の〈グリーン・オニオン〉などのヒットで下地を築いたアトランティックのソウル路線は、サム&デイヴ、オーティス・レディング、エディ・フロイド、ジョニー・テイラーらスタックス勢に、アトランティックのドン・コヴェイ、ジョー・テックス、パーシー・スレッジ、ウィルソン・ピケット、そしてアリサ・フランクリンが加わったことで、63年には北のモータウンに対抗する南の一大勢力になるんです。

アーメット・アーティガンは67年10月、アトコ、スタックスと姉妹レーベル「ヴォルト」の配給権も含めた**アトランティックの全権利をワーナー・セヴン・アーツに売却**し、ワーナー傘下のレーベルとなります。それは資金繰りのためでした。ピーター・ポール&マリーやソニー&シェールで築いたポップ路線にバッファロー・スプリングフィールドが加わり、クリームやヴァニラ・ファッジによってロック路線が始まった時期です。60年代末~70年代初めには、そこに、イエス、レッド・ツェッペリン、ローリング・ストーンズといった直接契約の英国勢が加わり、アトランティックは巨大なロック/ソウル/ジャズ・レーベルとなるわけですね。

レコード会社はひとりでもつくれるんですが、大きくしていこうと思ったら一枚岩ではダメです。インディー・レーベルとしてスタートしたアトランティックが20年でアメリカを代表するレコード会社となったのは、ジェリー・ウェクスラー、トム・ダウド、アリフ・マーディン……と、**スタッフ・プロデューサーの**

役者が揃っていったのが最大のポイントでしょう。モータウンが大きくなっていったのは、ベリー・ゴーディが「そこ」をちゃんと見ていたからだと思います。

たとえばゴーディは、レコード業界での受けを考慮して白人のバーニー・エイルズを営業担当の副社長に任命しています。その一方で、徹底した帳簿管理を親族に任せ、**RIAA[17]にも売上を報告しなかった**というんです。おかげで70年代末までモータウンはRIAA認定のゴールド・ディスクを獲得できなかったんですが、ゴーディが欲しかったのは「勲章」ではなく、「お金」だったんでしょう。ヒットを出すため、新人を育成するため、という名目ならゴーディは制作費をケチらなかったそうですが、プロデューサー・チームやシンガーは会社に出してもらった通常の制作費以上のコストをヒット作の印税から差し引かれることになっていたらしく、バック・ミュージシャンのギャラも安かったといいます。そのぶん多くの仕事をまわしていたから、のちに「ファンク・ブラザーズ」と呼ばれるようになるハウス・バンドが生まれる。それも**モータウンの音づくりが一定の水準に保たれた**要因ですね。

　ファンク・ブラザーズの主要メンバーは、デトロイト出身で59年にはロイド・プライスのバンドにいたキーボードのアール・ヴァン・ダイク、ジャッキー・ウィルソンのバンドを経てミラクルズのバックを務めていたベースのジェイムズ・ジェマーソン、62年にモータウンのセッション・ドラマーになったベニー・ベンジャミンらです。この人たちが〝中核〟となった63年ごろ、ファンク・ブラザーズの

【17】
アメリカ・レコード協会の略称。レコードのカッティングと再生時のEQカーブの統一規格「RIAAカーブ」でもおなじみ。ゴールドディスクの認定も行っている

サウンドが決定されたと言っていいはずですが、設立当初からのバック陣であるピアノのジョー・ハンター、ギタリストのエディ・ウィリスとジョー・メッシーナ、60年代に入ってから加わり、〈マイ・ガール〉の印象的なギター・リフを弾いたロバート・ホワイトや、ベンジャミンとドラムを分け合ったリチャード・〝ピストル〟・アレンなどもファンク・ブラザーズの構成員です。つまりファンク・ブラザーズとは、ある時期のモータウンのスタジオ・ミュージシャンの総称なんです。けれど60年代には個人にスポットが当たるような扱いを受けていなかったため、彼らの仕事にはいまだに不透明な部分も多く、誰がどのパートを演奏したかについての詳しい資料は存在しません。

ファンク・ブラザーズの演奏は私も大好きなんですが、モータウンのいちばんの特徴は**ポップスとしても聴ける「曲」**でしょう。

作曲家としてのゴーディは、ミラクルズの〈ショップ・アラウンド〉（60年10月／全米2位）、テンプテイションズの初ヒット〈ドリーム・カム・トゥルー〉（62年3月／R&Bチャート22位）、コントゥアーズの〈ドゥ・ユー・ラヴ・ミー〉（62年6月／全米1位）などを書いていますが、信頼の置けるソングライター、スモーキー・ロビンソンがヒットを連発するようになると、経営者として采配を振ることに賭けていくようになりました。

そのスモーキーは、〈ユーヴ・リアリー・ゴッタ・ホールド・オン・ミー〉（62年）、〈ウー・ベイビー・ベイビー〉〈トラックス・オブ・マイ・ティアーズ〉（ともに65年）といったミラクルズの名曲のほかにも、メリー・ウェルズの〈ザ・ワン・フー・リアリー・ラヴズ・ユー〉〈ユー・ビート・ミー・トゥ・ザ・パンチ〉〈マイ・ガイ〉、テンプテイションズの〈マイ・ガール〉〈シンス・アイ・ロスト・マイ・ベイビー〉といったキラー・チューンをモータウンに残しています。

けれども、60年代モータウンを代表するソングライター・チームといえば、エディ・ホランド、ラモント・ドジャー、ブライアン・ホランドによる「ホランド／ドジャー／ホランド」でしょう。モータウン初の全米ナンバー・ワン・ソングであるマーヴェレッツの〈プリーズ・ミスター・ポストマン〉の作者のひとりだったエディは、その後パートナーに恵まれなかったんですが、コンビを組んで曲をつくっていた何人かの中からラモントが残り、エディの兄ブライアンが合流、63年2月にリリースされたマーサ&ザ・ヴァンデラズ〈カム・アンド・ゲット・ジーズ・メモリーズ〉をR&Bチャート6位、全米ポップ・チャート29位にして勢いに乗ると、同じくヴァンデラズの〈ヒート・ウェイヴ〉（63年、R&B1位／全米4位）、〈ジミー・マック〉（67年、R&B1位／全米10位）、スプリームスの〈ホェア・ディド・アワー・ラヴ・ゴー〉〈ベイビー・ラヴ〉〈カム・シー・アバウト・ミー〉〈ストップ・イン・ザ・ネーム・オブ・ラヴ〉、ザ・フォー・トップスの〈ベイビー・アイ・ニード・ユア・ラヴィング〉〈アイ・キャント・ヘルプ・マイセルフ〉〈リーチ・アウト・アイル・ビー・ゼア〉、マーヴィン・ゲイの〈キャント・アイ・ゲット・ア・ウィットネス〉といった「60年代のモータウン」を決めたナンバーを書き、ミラクルズにまで〈ミッキーズ・モンキー〉を提供しています。けれども、68年にゴーディとのあいだに訴訟問題が起こって、ホランド／ドジャー／ホランドはモータウンを離れることになる。その後、彼らはホット・ワックスやインヴィクタスといったレーベルを設立。ノーザン・ソウルの牙城を別のレーベルで守り続けることになりました。

彼らが抜けた穴を埋めたのは、テンプテイションズ68年の〈クラウド・ナイン〉で才能を開花させたノーマン・ホィットフィールドや、レイ・チャールズ66年のヒット〈レッツ・ゴー・ゲット・ストーンド〉で知られるようになったニューヨークの夫婦チーム、ニック・アシュフォード&ヴァレリー・シンプソン、ムーングロウズ出身でゴーディの妹グエンの夫ハーヴィ・フークアでした。また、エドウィン・スターの〈25マイルズ〉や、ジュニア・ウォーカー&ジ・オール・スターズの〈ホワット・ダズ・イット・テイク〉で60年代末にメロウ路線を確立したジョニー・ブリストルも忘れてはいけないでしょう。

ゴーディが、とにかく曲、キャッチーでポップな曲を重んじたのは、**モータウンを北のブリル・ビルディングにしたかった**からではないかと思います。楽曲の権利を持つというのは、音楽産業の中で最も固い商売ですからね。ロックンロール・ブームのあと、ブリル・ビルディングに登場した若い作家たちが、アメリカン・ポップスの黄金時代をつくっていました。ゴーディが狙ったのはR&Bチャートではなくて、ブリル・ビルディング産の曲が並ぶ全米チャートだったんです。

ブリル・ビルディングの功績

ここで振り返っておきたいのが、いわゆる「ティン・パン・アリー」、ニューヨークの音楽出版業界の歴史です。

始まりは1880〜90年代。ニューヨークに音楽出版業者・販売業者が集中したことで、**商業音楽の「システム」が形成された時代**にまで遡ります。

それは1903年のこと、『ニューヨーク・ヘラルド・トリビューン』紙の記者として活躍し、自ら曲も書いていたモンロー・ローゼンフェルドが、名ソングライターとして知られたハリー・フォン・ティルツァーの経営する出版社を取材した際に、年がら年中音楽が鳴っている横丁を「ティン・パン・アリー」と称しました。ロックンロール以前の音楽出版社には、ピアノの弾き語りで曲を聴かせてくれる「ソング・プラガー」が常駐し、曲を買いに来る人に対応していたんですね。だから、横丁からはいつも鍋の底を叩くような音が〝ドンジャカ〟聞こえていたんです。

ラジオさえまだなかった時代、音楽を広める手段は楽譜でしたから、商業音楽というのは楽譜の出版から始まった。それ以前は生演奏だけです。芸ごと好きのちょっとした土地持ちが劇場をつくると、そこにミンストレル・ショウの一座がやって来る。そんなシンプルな形で原始的に商業音楽が成立していったわけですが、そこで演奏された曲が人気になって、**自分も演奏したい、歌詞を覚えたい、という人が出てくれば、一座の座長や劇場の主は楽譜を売ることを考えますよね。**それで音楽出版が始まった。

私は中学、高校と、ブラバンでクラリネットを吹いていたんですが、中学のときに先輩と、音楽出版社に譜面を買いに行ったことがありました。ブラバンの譜面というのは、指揮者用のフル・スコア以外はパート譜になっているんで、フル・スコアから自分のパートを書き起こすか、大きい楽器屋や出版社に行って自分のパートの譜面だけを買うしか、方法がなかったんですね。当時はコピー機さえなかったですから、先輩がフル・スコアから書き起こした譜面を写させてもらうか、バンドの陣容に応じたパート譜をまとめて買うかしかなかった。ところが学校側のフォローがないブラスバンド部だと、楽譜が後輩に受け継がれていないんです。たとえば、先輩の代にはクラリネットがひとりかふたりしかいなかったりすると、「クラリネット・3」のパート譜は残っていなかったりする。管楽器は同じ楽器が2本、3本いないとハーモニーがつくれませんから、オーケストラのヴァイオリンと同じ役目をするクラリネットなんかはたいてい3パートに分かれているんです。学校のブラバンというのは、式典やスポーツの応援が主な出番で、マーチとかを演奏するわけですから、自分のパートだけを一枚の譜面にした「ピース」がないと困るんですね。なので、ウチのブラバンは7~8人で連れ立って、管弦楽専門の音楽出版社に買いに行った。どこの学校でもそうではないと思います。

ウチはとても優秀な先輩がいて、この人の仕切りで何でも自分たちでやってたんです。

小さな音楽出版社の普通のオフィスに、中学生がぞろぞろやって来て「パート譜を売ってください」と言っている。対応してくれたのはおばちゃんの編集者でした。編集部の壁面と倉庫は上から下まで棚になっていて、そこに曲ごとのピースが入っているんですが、「この曲のトランペット・2をください」とか「クラリネット・3をください」と言って出してもらうんで、7～8曲分のピースを出してもらうのに小1時間かかりました。

ニューヨークのティン・パン・アリーとは、そういう音楽出版社が軒を並べている横丁なんです。

ティン・パン・アリー初期の作家には、アイルランドからやって来てミュージカルの大物になったヴィクター・ハーバート、チェコスロヴァキアから来たルドルフ・フリムル、ハンガリー移民のシグムント・ロンバーグ、ロシア移民のアーヴィング・バーリン、ニューヨーク生まれのジェローム・カーンらがいました。第一次世界大戦が始まった1914年にはヴィクター・ハーバートの提唱でASCAP（アメリカ作曲家・著作家・出版者協会）が設立されます。アーヴィング・バーリン、ジェローム・カーン、ジョージ・ガーシュウィンらはソング・プラガーとしてASCAPに貢献しながら、作曲家として頭角を現していったんですね。20年10月、ピッツバーグに世界初のラジオ局「KDKA」が誕生します。25年にはナッシュヴィルのWSM局が、翌年『グランド・オール・オープリー』と改名するカントリー&ウエスタンのライヴ番組の放送を開始し、ルイ・アームストロング、デューク・エリントンのジャズや、ジミー・ロジャースのカントリーが人気となっていきました。ちなみに禁酒法は20年1月から33年末まで。アル・カポネの時代です。

27年10月にはアル・ジョルソン主演の初トーキー映画『ジャズ・シンガー』が公開され、大ヒットする。30年にはキューバのドン・アスピアス楽団がニューヨークで〈南京豆売り〉を流行させ、ルンバがブームになります。キューバからの移民のザビア・クガートの楽団や、マリオ・バウサ、マチートらが人気者になるんですね。

35年にはベニー・グッドマンによるビッグ・バンド・ジャズが脚光を浴び、第二次世界大戦直後まで「スウィング・ジャズ」のブームが続きました。大戦中、アメリカ政府はこの戦争に対して中立だった中南米諸国と友好関係を強めたため、ラテン音楽にも注目が集まります。同じころ、モダン・ジャズの母体となる「ビ・バップ」がディジー・ガレスピーやチャーリー・パーカーらによって形成され、42年にはトミー・ドーシー楽団からフランク・シナトラが独立しました。

戦後、フォーク・ミュージックとリズム&ブルースが発展、55年に**ロックンロールがブームになると、音楽出版の在り方が大きく変わり、**タイムズ・スクウェアの1619ブロードウェイに建つブリル・ビルディング——ここは32年に服地業者のモーリス・ブリルが建てたビルなんですが――に、新しい音楽出版社が軒を連ねるようになるんです。

ジェリー・リーバー／マイク・ストーラー、ドク・ポーマス／モート・シューマンがいた「ヒル＆レインジ・ソングス」、ジェフ・バリー／エリー・グリニッチの「トリオ・ミュージック」などがそれです。けれど、一般的にブリル・ビルディングの中心と考えられるのは筋向かいの１６５０ブロードウェイに入った「アルドン・ミュージック」であり、「ブリル・ビルディング」という呼称は、マンハッタンのミッドタウン・ウエストに集中した、アメリカン・ポップ黄金時代の音楽出版社を差す場合がほとんどです。

「アルドン・ミュージック」は、ボビー・ダーリンのマネージャーだったドン・カーシュナーと、スリー・サンズのギタリストだったアル・ネヴィンズが１９５８年に設立した音楽出版社です。キャロル・キング／ジェリー・ゴフィン、ニール・セダカ／ハワード・グリーンフィールド、バリー・マン／シンシア・ウェイルらがここに在籍しました。ドン・カーシュナーはやがて「コロンビア・ピクチャーズ」にアルドンを売却、そこが「スクリーン・ジェムズ」と合体したことで、同社はアメリカ音楽出版界の最大手となります。

全盛期のアルドンには、のちにＥＭＩの重役になるチャールズ・コッペルマンや、スクリーン・ジェムズで西海岸を担当するルー・アドラー――ジャン＆ディーンは彼が発掘した――など層の厚いスタッフが在籍。出版界の台風の目でした。

「ヒル&レインジ・ソングス」はオーストリア移民のジーンとジュリアンのアバーバック兄弟が1945年に設立し、ボブ・ウィリス、アーネスト・タブ、ビル・モンロー、ハンク・スノウらカントリー・スターのヒット曲を扱って成功しました。さらなる飛躍のきっかけはスノウのマネージャーであるトム・パーカー大佐によってもたらされます。エルヴィス・プレスリーとの出会いです。リーバー／ストーラー、ポーマス／シューマンら、ヒル&レインジ所属作家の曲を録音する契約をエルヴィスと結び、ヒットを量産しました。

コースターズをマネージメントしていたレスター・シルが、フィル・スペクターと出会ったことで始まったのが「フィレス・レコーズ」で、シルはのちに「スクリーン・ジェムズ」や、モータウンの出版社「ジョベット・ミュージック」の社長を歴任します。彼の奥さんの連れ子であるチャック・ケイは、フィレスのセールス・マネージャーからアルドンを経て、A&Mの出版ではロジャー・ニコルズやポール・ウィリアムズと契約、のちにはデイヴィッド・ゲフィンの「ゲフィン・レコーズ」の参謀となって、ジョン・レノンの〈スターティング・オーヴァー〉などの出版権を獲得しています。また、シルの最初の実子ジョエル・シルは、映画『イージー・ライダー』[J9]のサウンドトラックにロック系の既発曲を集めた人。サントラの常識を覆した男としても知られました。

音楽出版は元手がかからないし、楽曲の登録と管理という事務仕事をこなしてくれるスタッフがいれば、プロデューサーやミュージシャンが自分の会社を持つ

【J9】
『イージー・ライダー　オリジナル・サウンドトラック』1969年

こともできます。だから、音楽出版社はたくさんあるんですけど、ブリル・ビルディングのような例はほかにありません。その後もニューヨークの音楽出版は続きますが、そこでつくられた曲が次々と全米チャートを駆け上がる、なんてことは黄金時代のブリル・ビルディングにしかなかった。ロックンロールのブームが去った59年から、ビートルズに「最新」を持っていかれる64年初頭まで、アメリカン・ポップスをリードしていたのはブリル・ビルディングの作家たちです。

ほぼ同時代にベリー・ゴーディの成功が始まったのは、その動きをいち早く察知して、モータウンを「黒人版ブリル・ビルディング」にしようとしたからでしょうが、**レノン／マッカートニーにとってはリーバー／ストーラーもホランド／ドジャー／ホランドも「全米ヒット」という点では同じ**だった。ロンドンから見ていたってニューヨークやデトロイトで何が起こっているかなんてわからなかったはずですから、英国勢は誤解もたくさんしていました。それも英国音楽の面白さですけど、たとえばデイヴ・クラーク・ファイヴなんかと比べると、ビートルズの「ソウル」はとても特徴的で、曲づくりの段階から入っているという気がしてきます。次回はその辺りから話を始めましょう。

白人音楽／黒人音楽の混合とアメリカ社会

あ、ひとつ重要なことを忘れてました。

ここまで、ロックンロール以後アメリカのポップ・ミュージックがどう進化したか、を体系的に語ってきたつもりなんですが、50年代末から60年代初頭にかけての最大の変化は、**白人音楽と黒人音楽の境目がどんどん曖昧になっていった、**ということでしょう。

ブリル・ビルディングのアメリカン・ポップスは非常に「白い」印象ですが、オーティス・ブラックウェル[18]なんて黒人作家もいたし、そこはニューヨークのこと、ユダヤ系、イタリア系の音楽関係者がものすごく多い。ホワイト・ドゥーワップがイタリア系移民によってつくられた話をしましたけど、ヨーロッパからの移民が持ち込んだ白人の音楽と、アメリカで培われた黒人の音楽文化が合体したのが「ロックンロール」だったと言っても過言ではないんです。いや、そういう文化交流はミンストレル・ショウの時代からあったわけですが、初めてフィフティ／フィフティ、イーヴンな形になったのが「ロックンロールの時代」だったんだと思います。

白人の音楽を「ヒルビリー」、黒人の音楽を「レイス・ミュージック」と分けて語っていたのがロックンロール以前のアメリカ音楽でしたが、もはや白人・黒人では分けられなくなったんですね。R&Bはレイス・ミュージックのいちジャンルだったんで、**アラン・フリードは白黒混合の意味を持たせた「ロックンロール」という言葉を考案した。**そうしなければラジオの番組が成立しなかったからです。歴史的に見ればそれは発明なんですけど、最初は白人のラジオ局で黒人音

【18】
黒人シンガー・ソングライターの草分けであり、作曲家としてエルヴィス・プレスリー〈冷たくしないで〉〈恋にしびれて〉、ジェリー・リー・ルイス〈火の玉ロック〉などの古典を生む

楽をかけるための方便だった。私が若いころに読んだ歴史本には大抵、「アメリカ音楽は白人のヒルビリーと黒人のレイス・ミュージックに大別されていたが、ロックンロールがその垣根を取り払った」と書いてあって、そこから20世紀のポップ・ミュージックが語り始められたものですが、差別や金の問題が絡んでネガティヴな印象になるのを避けるためか、ドロドロした部分は行間に隠されていた。そこを読み取って、「なるほどこういうことだったのか」とリアルに実態を掴めたのは30年も経ってからですが、それは私が原盤制作や印税契約、コンサートの制作といった音楽業界のさまざまに、実作者として向き合ってきた経験があったからで、音楽を聴いているだけではわからなかったことが大半です。

ヒルビリーvsレイス・ミュージックという図式は、ポール・オリヴァーの『ブルースの歴史』[19]などから始まったことでしょうが、これは小編成のストリング・バンドに限った分類で、ヒルビリーというのはカントリーやブルーグラスなんです。まぁ、デキシーランド・ジャズの一部は入るとしても、モダン・ジャズは別だし、映画やミュージカルから生まれたヒット曲をヒルビリーとは言わないでしょう。ガーシュインとかが入ってないんですよ。ポップ・ミュージックは単なる大衆音楽ではなく、「商業化された」という前の句がついてこそのものですから、ティン・パン・アリーの作家たちが映画やミュージカルのためにつくったイージー・リスニングが、「アメリカの商業音楽の基盤としてあった」ということも見逃してはいけません。

【19】
著者のオリヴァーはイギリスの建築史学者でブルース研究家。原著は69年の『The Story of the Blues』で、翻訳版が78年に晶文社より刊行。ブルース研究の基本書となっている

ところが50年代に入って、7インチ・シングルとジューク・ボックスで黒人のR&Bが広まるようになった。基盤が動き始めちゃったんですね。エルヴィスの人気が全米規模になる以前の5年ぐらいは、黒人のR&Bとインディペンデント・レーベルの時代で、そこではもう、ヒルビリーvsレイス・ミュージックなんて図式はなくなっていたんです。白人と黒人とでは電車やバスの車両が違っていた時代に、音楽はすでに自由で平等だった。いや、実際には差別の高い壁はまだあったはずですから、「自由と平等を目指した」と言った方がいいかもしれませんね。それはともかく、**白人か黒人か移民かなんて、制作者にとってはどうでもよかったんですよ、**なんたって「商業音楽」ですから。**売れればいい、儲かればいいんです。**

いま我々は20世紀の音楽を並列に聴くことができますが、そのおかげで見失うこともある。**フランク・シナトラやナット・キング・コールが王道だった時代に、ロックンロールが出てきた**ことを考えてみてください。ロックンロールは我々の世代におけるパンクみたいなもので、当時の大人たちにはガチャガチャうるさいだけの音楽だった。でも、ビートルズ以後のロックを王道として聴いていた70年代っ子には、50年代のロックンロールなんてオールディーズですよ。パンクが出てきて時代がぐるっとまわったときに、ようやく初期のエルヴィスや、エディ・コクランのカッコよさがわかったというのが我々の世代です。いまの若い子の方が、50年代のロックンロールにはダイレクトに行けるかもしれませんね、ブライアン・セッツァーみたいな人から、そのルーツであるエディ・コクラン辺りに直接飛んで行くことができるわけですから。

自分が好きなタイプの音楽をまっすぐ辿っていくには、いまはとても便利な時代なんですが、そのぶん「時代という横軸」には弱くなっている。若い世代は、自分がまったく体験していない時代や、親が生まれる前の時代の音楽を聴いていたりするわけですから、まぁ仕方ないところもあるんですが、問題なのはメディアまでそうなっていることでしょう。

たとえば、「ビートルズの来日から50年」なんてことが話題になると、新聞や雑誌の記者もそれだけをググって、単に50年前の騒動を伝える記事にしちゃう。そのときボブ・ディランは……とか、ストーンズは……ってことまでは語らなくていいとしても、「東京オリンピックの2年後の日本ではヴェンチャーズのエレキ・インストが盛んで、ビートルズの来日をきっかけにグループサウンズのブームが起こった」というぐらいのドメスティックな横軸は語ってほしいですよね。次の検索項目になりえるキーワードが記事の中にないから、なんだって「はぁそうですか」で終わっちゃって、知識が貯まっていかないんです。新聞記者とか、ほんとバカだと思いますよ。

あ、すみません、日頃の不満が爆発して熱くなりました（笑）。話を戻します。

もうひとつ見逃せないのは、50年代後半から60年代初頭に、黒人差別の問題をアメリカ社会に考えさせる事件がたて続けに起こったことです。

56年2月6日、アラバマ州タスカルーサの州立大学評議会が、125年の同校の歴史で初めての黒人女子学生だったオーザリン・ルーシーに登校停止を言い渡しました。大学側から入学を拒否された彼女は法廷闘争に勝って2月3日に登校したんですが、4日には白人男子学生1000人が黒人の入学に反対するデモを起こし、暴徒と化した一部の学生がルーシーの乗った車を襲撃、窓ガラスをすべて叩き割る事件が起こったため、州立大学評議会は「混乱収拾」を理由に彼女の入学を再び拒んだわけです。

57年9月23日には、アーカンソー州リトル・ロックのセントラル高校で同じような事件が起こりました。この日に入学した9人の黒人生徒を拒否した2000人の白人生徒が登校しなかったんですが、これが街をあげての騒ぎに発展して、黒人の入学を拒もうとする群集と守ろうとする群集の衝突は死者まで出す事件になったんです。

それらは54年に、白人と黒人の共学を禁止する南部諸州の法律に、アメリカ連邦最高裁判所が違憲判決を下したことへの反動で、南部では毎年9月の新学期になると各地で衝突が起こっていました。

リトル・ロックの事件は、新学期当日の9月4日に、フォーバス州知事が黒人の登校を拒否する側に加担して州兵に高校を包囲させたことに端を発していたんです。連邦地方裁判所は3回にわたって州知事に黒人の登校を認めるように勧告、知事がこの命令に従うと表明したため9人の黒人生徒は登校したんですが、反対派の気持ちは収まらなかったんですね。黒人運動の指導者がアイゼンハワー大統領に保護を訴えたため、問題は全米規模になり、大統領は24日、ウィルソン国防長官に、「アーカンソーの州兵を連邦軍隊に編入する」という行政命令を出したんです。その夜、アイゼンハワーはホワイトハウスから歴史に残る激しい演説を放送、25日には350人の空挺部隊が見守る中で、黒人生徒の登校が叶ったんですが、こういう歴史を突きつけられると、**黒人のチャック・ベリーがハイ・スクールのロックンロール・パーティを歌ったことの意味が、その歌詞ほど単純ではないことがわかってきますよね。**

60年2月1日には、ノース・カロライナ州はグリーンズボロのレストランで事件が起こります。公民権運動の高まりに刺激された4人の黒人学生が白人用カウンターに〝あえて〟座り、注文したものが出てくるまで待ってやろうと、閉店までそこを動かなかった。そして翌日は公民権運動の活動家らも加わって80人以上が次々と同じことをしたんですが、この「シット・イン」デモはわずか2ヶ月で11州48都市に広がり、ニューヨークでは白人までこれに加わるようになったんです。黒人は飲食店のカウンターに座ってはいけない、というのは南部に根強いルールだったんですが、非暴力のシット・イン運動はキング牧師のSCLC（南部キリスト教指導者会議）など有力な黒人団体の支持も得て、ブラック・パワーの最初の爆発に繋がっていきました。

ジャズ・ミュージシャンの中には、チャーリー・パーカーのように早くから闘う姿勢を見せていた人がいたんですが、55年にパーカーが34歳という若さで早逝したのを機に、マックス・ローチ、チャーリー・ミンガス、ソニー・ロリンズらがチャーリー・パーカーの意志を引き継いで、黒人運動に積極的になっていったんです。シット・インには穏健派のデューク・エリントン、カウント・ベイシー、アート・ブレイキーらが支持を表明したこともあって、ジャズ界全体の流れになりました。そしてこの年、歴史的な作品も生まれます。黒人虐待の歴史を組曲にしたマックス・ローチの『ウィ・インシスト!』【20】【J10】とリトル・ロックの事件を題材にした〈フォーバス知事の寓話〉を含むチャーリー・ミンガスの『ミンガス・プレゼンツ・ミンガス』です。『ウィ・インシスト!』はジャケットがまさにシット・インの様子ですから、当時インパクトは強烈だったでしょう。

公民権運動といえば、ピート・シーガーらフォーク勢、近年ではすっかり初期のボブ・ディランということになっちゃってますが、**シーガーが赤狩りと闘っていた時代に、ジャズ・ミュージシャンは「平等」を訴えていた**んです。クラブで演奏して稼ぐ日銭が主な収入だった当時のジャズ・ミュージシャンは、そういう仕事をもってくるエージェントやクラブのマネージャーに、「黒人だから」という理由で差別されていた。具体的に言えば、同じ仕事をしても白人ミュージシャンよりギャラの取り分が少なかったりしたんです。つまりはあいだに入った人間に抜かれていたわけですが、それでも仕事があった方がいい。チャーリー・パーカーよりも前の人たちはそういう状況を受け容れてたんですけど、パーカーは「こ

【20】【J10】
『ウィ・インシスト!』(写真)と『ミンガス・プレゼンツ・ミンガス』は、ジャズ評論家のナット・ヘントフが監修を務めるキャンディドからリリースされた。発売は後者が61年ではあるものの、録音は2作とも60年に行われている

れはおかしいだろ?」と悪しき習慣を指摘したんです。

南部の黒人差別、シット・イン運動にジャズ・ミュージシャンが反応したのは、黒人問題が社会的になれば、彼らが目のあたりにしていた差別も緩和されると考えたからでしょう。切実な問題だったんですね。

そういう意味でも、レコードを吹き込んでギャラがもらえる、レコードを発売することで名前が全国に知られる時代がやってきたことは大きかった。名前の知れたピアノ・トリオに新進気鋭のサックス奏者、というような組み合わせのアルバムをつくれば、両方に興味がある人が買う。そうするにはソロまわしが増えて曲が長くなるけれど、LPの登場で長尺の演奏が可能になった。50年代にモダン・ジャズが黄金時代を迎えたのは、レコード業界の技術革新や、アメリカ社会における黒人の人権問題という背景があってのことです。

近年は、そういうところを見ないで、ただ音楽を礼賛してしまう傾向が強くなっていますが、ミュージシャンを神格化しても、得になることなんてひとつもありません。**歴史を踏まえてこそ、背景を知ってこそ、その時代の「主役」の才や「脇役」の価値、それぞれがはたした役割が見えてくる**んです。

第1章－第3章のための参考CDガイド

『Greatest Hits』
The Clancy Brothers
(Vanguard)

『Ballads Blues & a Spiritual』
Dave Van Ronk
(Smithsonian Folkways)

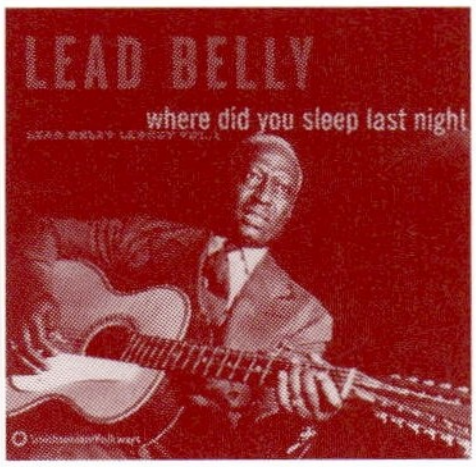

『Where Did You Sleep Last Night:Leadbelly Legacy Vol.1』
Leadbelly
(Smithsonian Folkways)

『50 Years: Where Do You Come From Where Do You Go』
New Lost City Ramblers
(Smithsonian Folkways)

『Pete Seeger's Greatest Hits』
Pete Seeger
(Sony／CBS)

アメリカーナ
Americana

『Sings the Irving Berlin Song Book』
Ella Fitzgerald
(Polygram)

『金髪のジェニー～フォスターの夜会』
ジャン・デガエターニ、レスリー・グイン他
(ワーナー／ノンサッチ)

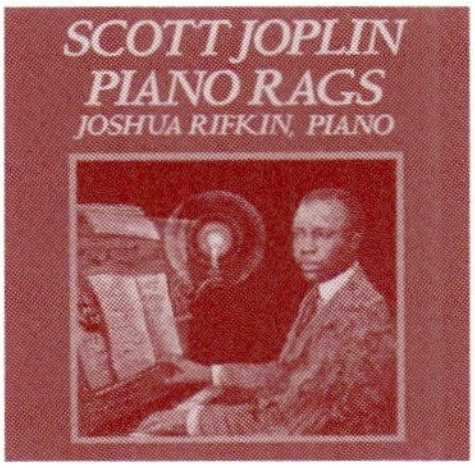

『ジ・エンターテイナー～ジョプリン:ピアノ・ラグ集』
ジョシュア・リフキン
(ワーナー／ノンサッチ)

アメリカン・フォーク
American Folk

『The Best of The Carter Family』
The Carter Family
(Universal)

『The Anthology』
Ewan MacColl
(Not Now Music)

『Alan Lomax:Popular Songbook』
V.A.
(Rounder)

『Rock Island Line - The Singles Anthology 1955-1967』
Lonnie Donegan
(Castle)

『ダスト・ボウル・バラッズ』
ウディ・ガスリー
(ソニー／RCAヴィクター)

『Folk Roots, New Routes』
Shirley Collins & Davy Graham

『ザ・ラフ・ガイド・トゥ・ジミー・ロジャーズ』
ジミー・ロジャーズ
(サンビーニャ)

『民衆の声 トピック・レコードの70年』
V.A.
(ライス)※7CD BOX

『ウディ・ガスリーとジミー・ロジャーズを歌う』
ランブリン・ジャック・エリオット
(ライス／フォークウェイズ)

カントリーブルース
Country Blues

『Harlem Street Singer』
Blind Gary Davis
(Prestige／OBC)

ブリティッシュ・フォーク／スキッフル
British Folk/Skiffle

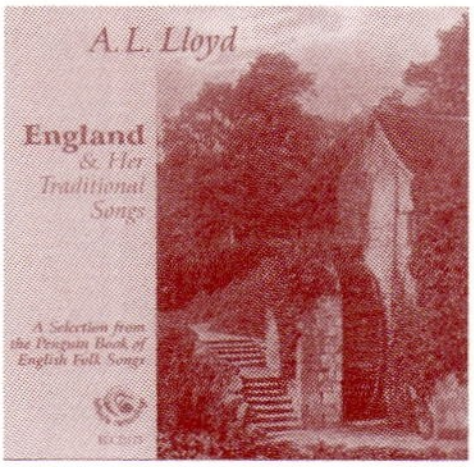

『England & Her Traditional Songs』
A.L. Lloyd

『The Johnny Otis Story Vol.1 1945-1957』
Johnny Otis
(ACE)

『伝説のデルタ・ブルース・セッション1930』
サン・ハウス&チャーリー・パットン
(Pヴァイン)

『Very Best of Little Richard』
Little Richard
(Specialty)

『ザ・ベスト・オブ・ブラインド・ウィリー・マクテル』
ブラインド・ウィリー・マクテル
(Pヴァイン)

『Sun Records 60th Anniversary』
V.A.
(Curb/Sun)

『ザ・ベスト・オブ・ブラインド・ブレイク』
ブラインド・ブレイク
(Pヴァイン)

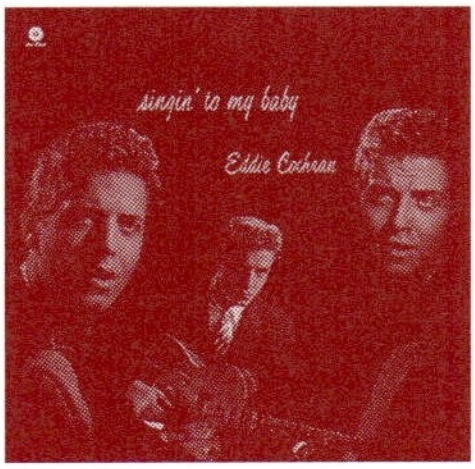

『シンギン・トゥ・マイ・ベイビー』
エディ・コクラン
(ユニバーサル/リバティ)

『ザ・ベスト・オブ・ブラインド・レモン・ジェファスン』
ブラインド・レモン・ジェファスン
(Pヴァイン)

『ジーン・ヴィンセント・ベスト』
ジーン・ヴィンセント
(ユニバーサル/キャピトル)

ロックンロール
Rock'n'Roll

『The Chirping Crickets』
Buddy Holly & The Crickets
(Universal)

R&B・ソウル
R&B・Soul

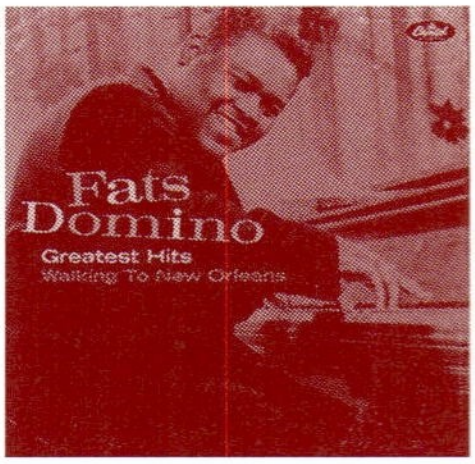

『Greatest Hits Walking To New Orleans』
Fats Domino
(Capitol)

『プリーズ・ミスター・ポストマン』
マーヴェレッツ
(ユニバーサル／タムラ)

『ヒート・ウェイヴ』
マーサ&ザ・ヴァンデラズ
(ユニバーサル／ゴーディ)

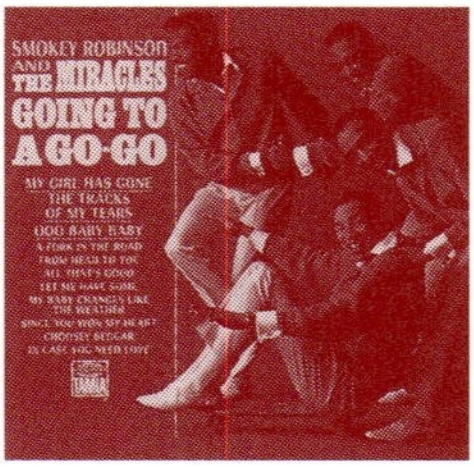

『ゴーイング・トゥ・ア・ゴーゴー』
スモーキー・ロビンソン&ザ・ミラクルズ
(ユニバーサル／タムラ)

『ハレルヤ・アイ・ラヴ・ハー・ソー』
レイ・チャールズ
(ワーナー／アトランティック)

『アフター・スクール・セッション』
チャック・ベリー
(ユニバーサル／チェス)

ポップス
Pops

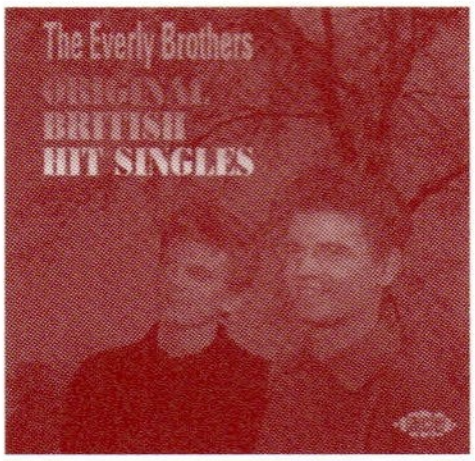

『Original British Hit Singles』
The Everly Brothers
(Ace)

『Greatest Hits』
Dion & The Belmonts
(Repertoire)

『Glitter And Gold: Words And Music By Barry Mann And Cynthia Weil』
V.A.
(Ace)

『ゴフィン&キング・ソング・コレクション1961-1967』
V.A.
(MSI／Ace)

04. Analyze The Beatles

第4章

ビートルズの凄みを解析する

「血脈」と「時代の気分」

第35代アメリカ合衆国大統領だったジョン・F・ケネディが、ダラスで凶弾に倒れたのは63年11月22日のことです。

アイルランド系アメリカ人初、カソリック教徒初、20世紀生まれ初の大統領[1]が誕生したのは61年1月25日。共和党のリチャード・ニクソンを僅差で破って民主党のケネディ政権が始まったとき、彼は43歳8ヶ月でした。セオドア・ルーズベルトの42歳という前例はありましたが、ルーズベルトは副大統領からの昇格でしたから、選挙を勝ち抜いた大統領としては最年少だったんですね。アメリカのために闘った政治家たちのエピソードを彼なりにまとめた『勇気ある人々(Profiles in Courage)』でピューリッツァ賞を獲った若きアイリッシュ・アメリカンは、人種差別のない、自由で豊かな「ニュー・フロンティア」を掲げていましたから、**ケルト系移民はもちろん、黒人にも人気があった。**

選挙戦中の60年10月には、ジョージア州アトランタで逮捕されたマーティン・ルーサー・キングを釈放すべく、弟ロバートとジョージア州知事に取引させて、キング牧師を救いました。また大統領権限でできることの実践として、連邦政府内にアフリカン・アメリカンの数を増やしたんです。司法省では黒人の連邦検事を10人から70人に、連邦判事はゼロから5人にしているんですから、「公民権運

【1】
ケネディは1917年生まれ。その前任のアイゼンハワーが19世紀末(1890年)の生まれだったことを考えると、ケネディの「若さ」と「新しさ」がわかる

動の時代」にふさわしい大統領だったと言えるでしょう。62年にミシシッピ大学で、ジェイムズ・メレディスという黒人学生の入学拒否を発端とした暴動が起こったときは、すぐに軍隊を出して鎮圧させました。私の記憶にあるのは暗殺の瞬間のショッキングな映像からですが、「正義の味方」みたいな印象だったんではないですかね、当時の日本でも。

しかしアイゼンハワー政権の末期に、CIAと当時の副大統領リチャード・ニクソンの主導で計画されたキューバ侵攻を、結果的に失敗させてしまったのは賛否が分かれるところでした。CIAはカストロ政権の転覆を狙って亡命キューバ人部隊1400人を訓練していたんですが、キューバ南部のピッグス湾に上陸させたこの部隊が20万人のカストロ軍に撃破されたのは新政権誕生の3ヶ月後、61年4月17日のことです。ケネディは4月4日の会議で戦争必至のキューバ対策を知って愕然とし、アメリカの正規軍がキューバ侵攻に直接関わることを禁じたんですが、そのせいで亡命キューバ人部隊は見殺しにされた格好になった。ケネディは記者会見で「責任は私にある」と言ったものの、CIAの杜撰な計画を調べ上げ、ダレス長官とチャールズ・カベル副長官を更迭しました。そして後任のCIA長官にジョン・マコーンを任命するんですが、以後ケネディはCIAも軍も信用しなくなり、三者の関係は冷えていきます。偵察機で空中からキューバを監視するのだけは続けたケネディは、ソ連が核ミサイルをキューバに持ち込んでいることを発見。これがアメリカから世界に知られたんで、ソ連の対米姿勢は強くなり、冷戦を悪化させました。

一方、カストロ打倒を掲げていたラテン・アメリカ諸国からは「生ぬるい平和主義」と批判されたんですから、たまったものじゃありません。ディランが〈激しい雨が降る〉や〈第三次世界大戦のブルース〉で予言した未来を回避し、〈戦争の親玉〉を更迭したことは、政府の黒幕を敵にまわすことになったはずです。

そんな大統領が、テレビ中継が入ったパレードの最中に撃たれたんですから、アメリカ国民の多くは、政府を裏で動かしている不気味な存在を感じたでしょうね。アイリッシュ系の人や黒人は落胆もしたでしょう。

アメリカ社会において、最も根強い地域のコミュニティは教会です。カソリック教会に通うアイリッシュ系の人や、バプティスト教会に集う黒人にとって、ケネディはヒーローだったはずですが、暗殺によって、「政治のトップは無理だったかもなぁ」という気分がおそらく蔓延していたと思うんです。

そこにビートルズが現れた。キャピトルからの最初のシングル〈抱きしめたい〉のリリースは63年12月26日。欧米ではクリスマスが日本の正月みたいなものですから、64年最初の新譜という感じで出た。このシングルは発売から3週間で100万枚売れて、2月1日付の全米チャートで1位になりました。その6日後、2月7日にビートルズは初めてアメリカに上陸、9日放送の『エド・サリヴァン・ショウ』に初出演します。視聴率70パーセント、およそ7300万人が観るという現象を起こして、ビートルズは一夜にしてスーパースターになった。〈抱きし

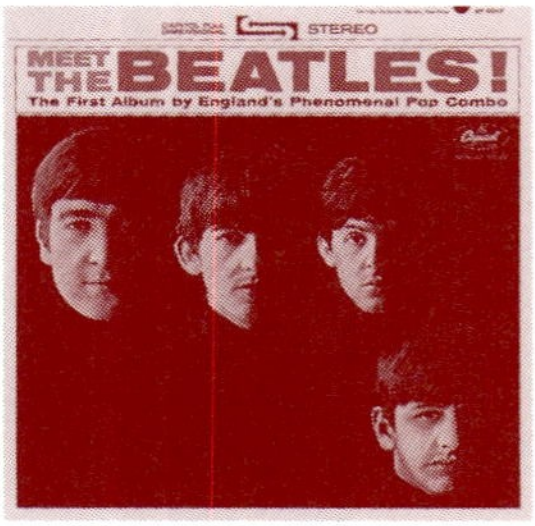

【J-1】『ミート・ザ・ビートルズ』1964年1月

めたい〉は結局7週連続1位、それに代わったのが〈シー・ラヴズ・ユー〉で、3月には全米シングル・チャートの1位から5位までを独占するという前代未聞の記録を打ち立てる。この辺は有名な話ですね。

そこにはタイアップも、策略らしい策略もなかった。**彼らは音楽性とキャラクターで勝負してアメリカを席巻した**んです。それは間違いありません。

けれども、〈抱きしめたい〉が売れ始めて素性が語られるようになった「リヴァプールの4人組」が「ジョン・F・ケネディ空港」に降り立ったときに、アイリッシュ・アメリカンの胸にこみあげてきた想いが、ビートルズに味方する気分になっていった。大衆の心理って、そんなものだと思うんですよ。

ご存じのように、キャピトルでのファースト・アルバム『ミート・ザ・ビートルズ』[J-1]のジャケットは、英国盤の『ウィズ・ザ・ビートルズ』[J-2]をもとにしたものです。その**『ウィズ・ザ・ビートルズ』はケネディが凶弾に倒れた日、つまり63年11月22日に英国で発売**されました。もちろん偶然です。アメリカのビートルズ・ファンは『ウィズ・ザ・ビートルズ』なんて知らなかったでしょうし、もし知っていたとしても、英国での発売日まではチェックしていなかったでしょう。

けれども、ジョン・F・ケネディに代わるアイリッシュ・アメリカンのヒーローには、「意外とポップ・バンドなんていいんじゃない？」という気分はアッと言う間に拡がり、黒人たちもそこに同調したと思う。

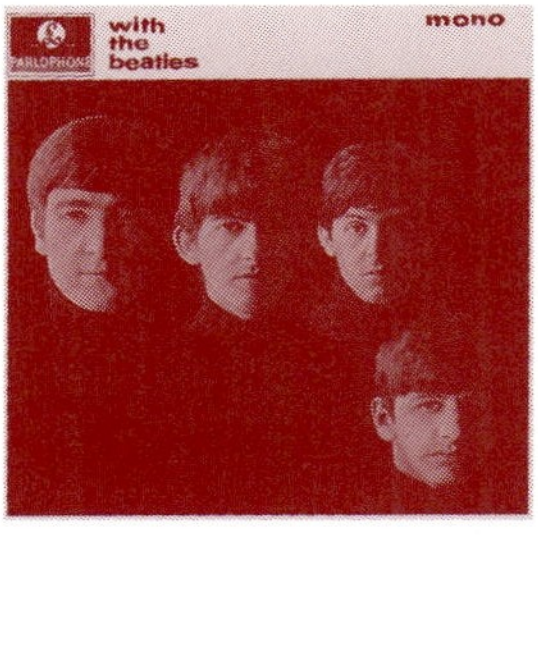

【J2】『ウィズ・ザ・ビートルズ』1963年11月

【J3】『時代は変わる』1964年1月

徹底的なプロテスト・ソング集になったディランの『時代は変る』[J3]は、63年8月6日、7日、12日、10月23日、24日、31日の、6回のセッションで録音されました。**ケネディの暗殺にショックを受けたディラン**は、翌日スージー・ロトロ、その姉カーラと、続報を待ってテレビを観ていたそうです。すると単独狙撃犯とされたリー・ハーヴェイ・オズワルドの連行をカメラが捉えた同時中継が始まり、今度はオズワルドが撃たれてしまう。スージーは「2日続けて殺人がテレビ中継されたことに3人は言葉を失った」と回想していますが、ディランは何も語っていません。けれども、64年1月13日に『時代は変る』が発売されると、もう直接的なプロテスト・ソングは書かなくなります。ビートルズ上陸に全米が沸いているときに、しかめっ面してしょっぱい歌を唄っているなんて……と思ったかどうかはわかりませんが、4ヶ月後の6月9日に、たった一日で録音された『アナザー・サイド・オブ・ボブ・ディラン』[J4]は、弾き語りアルバムながらフォーク・ロックの方を向いています。[2]ビートルズもそうですが、ものすごい変わり身の速さですよね。ディランとビートルズは「極み」と言えますが、60年代はみんなが時代を駆け抜けていった。ロックやフォークだけじゃなくて、ジャズもものすごいスピードで変わっていたし、映画やアートやファッションだって革新につぐ革新、まさに日進月歩だった。アポロ計画を推進したのはケネディですが、それも宇宙への夢がどうのっていうより「時代の気分」だったんじゃないでしょうか。

一方では、ケネディ家やビートルズはアイリッシュ、ディランやジョーン・バ

【J4】
『アナザー・サイド・オブ・ボブ・ディラン』1964年6月

【2】
率直な心象風景や恋愛について歌ったもの、シュールな内容のものなど、ロック寄りとも言える歌詞を持つ曲で構成されていた

【J5】
『血の轍』1975年1月

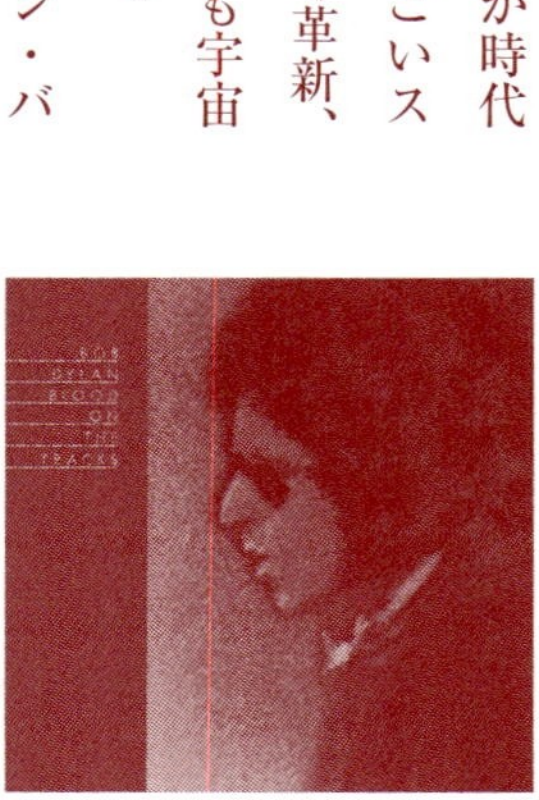

エズやニューヨークのフォーク勢は主にユダヤ系、ホワイト・ドゥーワップの連中はイタリア移民……と「民族」が語られ、黒人はいまより圧倒的に黒かった。血脈は明白だったから誰もルーツなんて言わなかったのに、あらゆるミクスチュアが驚異的なスピードで進んだのは7～8年で、70年代前半にはもう「ロックのルーツを遡る」なんて傾向が出てくるんです。ディランの『血の轍』[J5]は75年1月、ジョン・レノンの『ロックンロール』[3][J6]は75年2月のリリースというのも面白いですよね。「リーダー」の感覚は時代の先を行っていたわけです。

ザ・ビートルズという「記名性」の秘密

そして、63年、64年のビートルズです。

ご存知のように英国でビートルズの人気が爆発したのは63年。1月11日にリリースされたセカンド・シングル〈プリーズ・プリーズ・ミー〉がチャートのトップに立ったのは2月22日で、1位は2週。3月22日に発売されたファースト・アルバム『プリーズ・プリーズ・ミー』も初動はそれほどでもなかった。記録を見ると、4月11日に出た3枚目のシングル〈フロム・ミー・トゥ・ユー〉から売れ方が変わってくるんです。発売の翌週に6位まで上がった〈フロム・ミー・トゥ・ユー〉は、2週目でトップに立ち、その座を5週に渡ってキープするんですが、それよりも、トップ10に12週間、トップ30に16週間も居座ったところが注目すべ

【3】
『ロックンロール』には同一マスターをもとにした『ルーツ』というアルバムが存在し、発売にわずかに先立ってマイナー・レーベル「アダムⅧ」からリリースされた（どちらも1975年2月）。これはチャック・ベリー楽曲の著作権を持つ同レーベル運営会社とジョン（ノーザン・ソングス）との間で起こった訴訟問題から生まれた鬼子的作品であり、さらにいくつかの裁判を経て、最終的に『ルーツ』は回収。そこに収録された〈エンジェル・ベイビー〉と〈ビー・マイ・ベイビー〉は『メンローヴ・アヴェニュー』で聴ける

【J6】
『ロックンロール』1975年2月

きポイントでしょう。

アルバム『プリーズ・プリーズ・ミー』は〈フロム・ミー・トゥ・ユー〉がヒットしている最中にチャートを上がり、5月7日についにトップに立ちます。そして11月22日に発売になる『ウィズ・ザ・ビートルズ』にその座を明け渡すまで実に29週も1位に居座り、**年末までに50万枚を売り上げる**わけです。

英国でもビートルズはテレビを使って人気を爆発させました。モップ・トップ・ヘアの4人が髪を振り乱しながら〈プリーズ・プリーズ・ミー〉を唄う姿をテレビで観た英国民の反応は、「何じゃこりゃ?」という感じだったと思います。我々はもう、当たり前として聴いちゃってますから、〈プリーズ・プリーズ・ミー〉がいかに革新的な曲だったかを見失ってるんですよ。ぜひ62年までのクリフ・リチャードのヒット曲と聴き比べることをオススメしておきますが、[4]〈プリーズ・プリーズ・ミー〉の〝詰まり具合〟は異常です。イントロからエンディングまで、**ヴォーカルのないところまで全部唄えるようにアレンジされてる**から、息つくヒマもない。ギターの短いフレーズやドラムのフィルまで、鳴っている音が全部必要不可欠、すぐに歌メロと同等の感覚で憶えられる。最初から最後まで休みなくパンチを繰り出してくるようなロックンロール・チューンは、〈プリーズ・プリーズ・ミー〉以前にはなかったと言ってもいいかもしれません。

メイン・ヴォーカリスト+バック・バンドではなく、「常に全員でバンド」という在り方で押していくのが「新しい」と目論んだジョージ・マーティンが、「そ

【4】たとえばUKチャートで1位を獲得した62年の〈ヤング・ワン〉とビートルズの楽曲を比べると、その違いは歴然としている。なお、当時クリフのバック・バンドはシャドウズが務めた

れが具現化されている」と認めた最初の曲が〈プリーズ・プリーズ・ミー〉だったというのはよく知られていますが、どこがそうなっているのかと言えば、曲の最初から最後まで、「1音も逃さずに口ずさめる」ということなんです。

この曲、Eで始まるAメロの唄いだし、**Last night I said these words to my girl**のあとにすぐ、G→A→Bという平行移動のカウンター・パンチがついてるのもパンキッシュだし、続く**I know you never even try girl**であっさりAメロを終えてEでブレイク、♪ミミ・（オクターブ上の）ミミ・シシとリフを入れて《**Come on**（**Come On**）》の追っかけコーラスに行くという展開はまさに電光石火です。追っかけコーラスのところでドラムがドンガラガッシャーンと主張の強いフィルを入れるのもポイントですね。

たとえば音楽好き親父が集まるロック・バーなんかで**Last night I said these words to my girl**と唄い出したら、隣で呑んでる知らないオッサンでも、きっと♪ジャジャジャジャジャジャンとG→A→Bのリフを口ずさんでくれるでしょう。それはつまり、短いタームでコール&レスポンスしているヴォーカルとインスト・パートで「曲が成立している」からで、初期のビートルズの代表曲はメイン・ヴォーカルをひとりで口ずさんでもあんまり面白くない。四人四様のキャラが立っていたという音楽以前の要素はもちろん見逃せませんが、「応援する方もグループで立ち向かわないと口で再現することもできない」というのは、最初の大きなマジックだったんじゃないでしょうか。

けれども〈プリーズ・プリーズ・ミー〉の段階では、それが〝虚仮威《こけおどし》〟っぽいところもある。冷静に見れば、ドゥーワップのヴォーカルのコール&レスポンスに、ロックンロール・ナンバーに見られる強烈なリックを加えればああいうアレンジになる、という分析もできそうですからね。

ところが〈フロム・ミー・トゥ・ユー〉になると、アレンジの問題ではなく、曲自体の展開が「あれ?」と思わせる。♪ズンズンチャカ、ズンズンチャカという強烈なビートで押していくロックンロール・チューンかと思いきや、3~4小節目の **Just call on me and I'll send it along** でコードは **Fm→Am** と一瞬マイナー調に変化し、すぐにC→G→Cに戻る。こういうマイナー・コードの使い方はカントリー系のロックンロール、たとえばエヴァリー・ブラザーズなんかには多々ありますけど、サビの **I got arms that long to hold you** からのくだりで、コードが **Gm→C→F→D7→D7→G→Gaug** と変化していくのはロックンロールの流儀とは言えません。その部分のメロディの美しさも含めて、〈フロム・ミー・トゥ・ユー〉はビートルズの音楽的な実力を証明する最初の曲になったはずです。この曲のチャート・アクションと、それに導かれる格好でのアルバム『プリーズ・プリーズ・ミー』の首位獲得~独走は、ビートルズの才能が英国で認められていった証しと言ってもいい。だいたい『プリーズ・プリーズ・ミー』には、いま聴きたい〈フロム・ミー・トゥ・ユー〉が入っていないんですから[5]、29週連続1位は異常な売れ行きだった。

【5】イギリスで〈フロム・ミー・トゥ・ユー〉がアルバムに収録されるのは1966年の『オールディーズ』となる

そして「ビートルマニア」が社会現象として語られるようになった8月に、4枚目のシングル〈シー・ラヴズ・ユー〉が出るわけですが、これはもっと強力で、つくりが意識的でした。もしかしたら偶然の発明かもしれなかった〈プリーズ・プリーズ・ミー〉と〈フロム・ミー・トゥ・ユー〉を自己分析し、**インパクトのある要素の合体を試みている**のが〈シー・ラヴズ・ユー〉であるとも言えそうです。77年に出たウイングスの〈マル・オブ・キンタイア（夢の旅人）〉に抜かれるまで14年も英国におけるシングル盤の最多売上記録を保持したんですから、英国民にとっては歴史的なナンバーでしょう。「ビートルマニア」を象徴する曲と言ってもいい。

She loves you, yeah, yeah, yeahとサビで始まるのに騙されますが、これはAメロと呼ぶべきYou think you've lost your love…の部分からつくられた、とも推測できます。キイはGで、AメロのコードはG→Em→Bm→D7。これが2回きて、ミドル・エイト、つまりBメロのShe says she loves you…に移行するんですが、入口でドラムが〈プリーズ・プリーズ・ミー〉のCome on（Come on）のところのように♪ドンガラガッシャーンとうるさくやって、コードが2小節ずつG→Emと展開するのに、そのあとがCm。〈フロム・ミー・トゥ・ユー〉の3〜4小節目のマイナー展開が踏襲されているんですね。

Aメロのメロディ自体は大したものではないんですが、ジョンとポールがふたりで唄いだして、各行の後半にジョージが加わって3人になるのがすでにビートルズっぽい。誰がメインなのか掴みかねるハーモニーにすることで、単純なメロディを単純には聴かせないんですが、曲の展開の中では最もおとなしいところに、まず仕掛けをつくっているんですね。そこにハデなドラムのBがきて記名性が高まったと思ったら、すぐにマイナー展開。AABの16小節の中に3つも〝ビートルズ印〟がある。それだけでもけっこう凄いのにBメロの最後に♪フゥーという裏声コーラスを入れて、〝ビートルズ〟の判子は4つになるんです。

　そしてサビの**She loves you, yeah, yeah, yeah**ですが、ここは**Em**→**A7**→Cと行って曲のルートであるGで完結する展開。**Em**が効いて、昇っていく感じになっていますね。ハモリと相俟って〝ビートルズ印〟は強力です。

　けれども、AABCという普通の展開だとトリッキーには聞こえないんですね。AのアタマのコードはルートのGですから、サビが**Em**→**A7**→Cと行ってもGで完結するんで、〝帰るところ〟が見えちゃってる。おそらく、それじゃあ面白くないっていうんで**Em**から始まるサビで曲が始まるようにしたと思うんです。

　ライヴを聴くとよくわかりますが、ワン、トゥーのカウントのあと、リンゴのドラムが♪タラッタッドンドンと2拍のフィルを叩く。その最後のドン、つまり4拍目のウラから**She**が出るわけですけど、本来はカウントの3、4拍目にあたるところで、♪タラッタッドン**She**と曲が始まっている。一般的な音楽の概念では、これは〝引っかけて出る〟と表現される形で、ベートーヴェンの『運命』の始まりの♪ジャジャジャジャーンのアタマの3つの音とか、それを意識したのであろう〈監獄ロック〉のイントロの♪ジャーンジャーンの最初のように、カウントの小節のオシリに位置しているんですね。でも、『運命』や〈監獄ロック〉のパターンを踏襲するとすれば、カウントを4つ聴いて、そのウラのSheから〝引っかけて出る〟のが普通。さらにその前にドラムのフィルを置くことで、〝引っかけ〟は二重になり、Sheと唄い出す前のブレスが見えるようにしているからスリリングなんです。

♪タラッタッドン **She loves you, yeah, yeah, yeah** までたった9拍なのに、9拍目のウラから10拍目にかけて♪ン、ダッダッという引っかけるリックを入れて、2つ目の **She loves you, yeah, yeah, yeah** は、1つ目とは違う感じに聴かせる。で、3つ目は **She loves you, yeah, yeah, yeah, yeah** ーーと、違うパターンが来ます。サビの8小節の中に **Yeah** が10回っていうのも凄いですが、半端じゃないのはスピード感と記名性。このアタマ・サビはマーヴェレッツの〈プリーズ・ミスター・ポストマン〉を意識してのことだったと思うんですが、ビートルズの手にかかるとまったく別のものに生まれ変わる。初期のビートルズがカヴァーしていた曲に、彼らの音楽的ルーツが表れている、という人も多いですが、BBCで演った曲はともかく、ちゃんとレコーディングした曲は、オリジネイター以上のスピード感と記名性がありますよね。だから、あえて〈プリーズ・ミスター・ポストマン〉をカヴァーしてみせたりしたんでしょう。「オレたちが演るとこうなるぜ」というところに〝バンドとしてのオリジナリティ〟を匂わせたわけです。いま振り返れば、そこで〝進化の過程〟を見せていたということにもなる。偶然かもしれませんけどね。マーヴェレッツの〈プリーズ・ミスター・ポストマン〉、ビートルズの〈プリーズ・ミスター・ポストマン〉、そして〈シー・ラヴズ・ユー〉という順番で聴くと〝進化の過程〟は明白ですが、バンドが求めていた〝洗練〟がカヴァー曲で具現化されると、レノン／マッカートニーはそれを**オリジナル曲に横滑りさせていた**。

いや、もちろんそれもあとづけの見方です。けれど、「過密なスケジュールの中で無我夢中でやっていた」なんて説明では、もはや誰も納得しないでしょう。

人は忙しくなればなるほど、無我夢中ではいられなくなる。忙しくなればなるほど、意識は冷めていくものです。スタッフに起こされ、顔も洗わぬうちに車に乗せられて、テレビの収録だ、取材だ、コンサートだと連れまわされてアッという間に一日が終わる。それをこなすためには、自分の気持ちなんか捨てて「無我」になるしかないんですが、目の前にある現実から意識はどんどん遠くなりますよね。「夢の中にある」という意味では「夢中」に違いありませんけど、「無我夢中」から最も遠いところで、当時のビートルズは意識的に「次の夢」を考えていたと思うんです。次はこうなったらいいな〜という願望ではなくて、頭の中にわきあがってきたことを「最短で作品化する」ということ。そして「その策を練る」ことに、彼らは夢中だったと言っていいかもしれない。

とにかく時間がないわけですから、最小の行動が最大の効果となって表れるような策がベスト。音楽づくりで言えば、「やってみる」というのがいちばん早いんです。

だから、カッコいいと思う曲をカヴァーして、そこに「俺たちならこうする」というアレンジを加える。それは「俺たちの流儀」を明文化することにもなったから、次のシングル曲やアルバムのリード曲に「新しい発見や自覚を投入する」という方法ができていった、ということです。

63年のビートルズ、『プリーズ・プリーズ・ミー』と『ウィズ・ザ・ビートルズ』に顕著なのは、「いま」という感覚です。だからアメリカの最新曲をカヴァーし、そこに「ビートルズの流儀」を加えていった。そうすることが、オリジナルの新曲につながっていったからでしょう。アイズリー・ブラザーズの〈ツイスト・アンド・シャウト〉や、ミラクルズの〈ユー・リアリー・ゴッタ・ホールド・オン・ミー〉は当時のソウルの最新曲でしたが、いまオリジナル・ヴァージョンを聴けば何ともモッサリした感じで、ビートルズ・ヴァージョンの方が圧倒的にいい。オリジナルはスピード感に欠けてるな、なんて思っちゃいますよね。

オリジナル・ヴァージョンにはない要素を、ビートルズはみごとに加えている。おそろしいことに、彼らのカヴァー・ヴァージョンはほとんどがそうで、**じっくり聴くと凄みさえ感じます**。それができたのは、オリジナル・ヴァージョンを「批評すること」からその曲への取り組みが始まり、自分たちのヴァージョンに同じマイナス・ポイントが表れないような策を取ったからでしょう。もちろん「批評」

なんて言い方はあとづけですが、結果的に「批評性が新しい方策を生む」ということは、ある段階でわかっていた。そこには「意識的だったと思うんです。「お〜、いい曲だな〜」「じゃあ、やってみるか」となっても、「テンポはもう少し速い方がいい」「ビートはもっと激しい方がいい」と、どんどん変えていった。**カヴァー曲に「ビートルズらしさ」を滑り込ませることで、彼らは「イズム」を自覚し**、今度はそれをオリジナル曲に活用したんです。

音楽をつくっていれば少なからずあることですが、63年のビートルズの「批評の厳しさ」と「スピード感へのこだわり」は尋常ではありません。その学習能力の高さには、ジョージ・マーティンも舌を巻いたことでしょう。

〈抱きしめたい〉という到達点

ビートルズの「イズム」がひとつの到達点に至ったことを示したのが、〈抱きしめたい〉だった、と私は思います。あと追い世代の多くは、ビートルズを認識する以前にこの曲をどこかで耳にしていて、「あぁ、これってビートルズだったんだ」という感じで〈抱きしめたい〉に出会ったはずです。それはこの曲に限ったことではなくて、もはやビートルズ・ナンバーのすべてがそうなっている。有線放送のビートルズ・チャンネルがいつできたのかは知りませんが、ずっとビートルズが流れている飲食店が増えたのは有線の多チャンネル化以降のことです。

80年代末か90年代アタマからでしょう。おかげでビートルズ・ナンバーは、物心がつかない子供や、意識的に音楽を聴かない層にも刷り込まれるようになった。〝ポピュラリティ〟とはそういうことなのかもしれませんが、単体で聴くと意味が半減してしまう『ホワイト・アルバム』[J7]の〝部分〟まで一曲として有線で流れてしまうのを聴くと、何とも言えない気持ちになる。アンディ・ウォーホルがキャンベル・スープの缶を並べた作品で、コピーされたものが大量消費される時代の〝芸術の立場〟を示唆した意味を、いまさらながらに考えさせられます。

話が逸れたついでに言っておくと、**赤盤・青盤が発売される以前には、よくラジオでビートルズの特番があった。**「ビートルズ対ストーンズ、リクエスト大会」なんて番組もあったし、野球が雨で中止になったときにビートルズ特集に切り替わったりもしたものです。中学生だった私はそういう番組を必死で聴いて、友だちと競い合うようにリクエストもしました。2時間番組なら〈ノー・リプライ〉、3時間特番のときは〈イッツ・オール・トゥ・マッチ〉、リクエスト大会なら〈レヴォリューション9〉……と尺に合わせて趣向を変え、「ラジオでかかったらドキッとするような曲」ばかりを我々はリクエストしたんです。そうしないと名前を読まれたときに恥ずかしい。〈イエスタデイ〉や〈ヘイ・ジュード〉をリクエストするなんて、ビートルズを全然わかってない証拠だと思ってましたから、我々は一般層にはあまり馴染みのない曲に票を投じていた。それこそが〝ビートルズのイズム〟だと、中1、中2でも気づいていたんだと思います。ビートルズ

【J7】
『ザ・ビートルズ(ホワイト・アルバム)』
1968年11月

関係の本を読みあさってましたからね。

話を戻します。

私がビートルズを聴き始めたころでも〈抱きしめたい〉の評価や意味は、リリースされた当時とはだいぶ変わっていました。64年の春にラジオで〈抱きしめたい〉を初めて聴いたリアルタイム世代の〝衝撃〟は想像できましたが、後期の曲まで刷り込まれていた我々の世代には、〈抱きしめたい〉はオールディーズにしか聴こえなかった。

けれども、64年春に〈抱きしめたい〉に衝撃を受けた人たちは、ビートルズの〝新しさ〟を分析できるほどの情報を持っていなかったから、あと追い世代を納得させられるような発言はほとんど残してくれていないんです。リアルタイム世代の多くは、「何だかわからないけど凄いと思った」と言う。衝撃とは、まさにそういうものかもしれませんが、「エルヴィス・プレスリーはこうだったけどビートルズはこう」とか、「クリフ・リチャードとシャドウズとはここが違った」ぐらいのことを言えないと、「衝撃の度合いがわからないじゃないか」と、あと追い世代としては不満に思うわけです。

64年にビートルズを音楽的に評価した識者は、クラシックの評論家や、映画やミュージカルのレヴュワーです。ポップ・ミュージックを論ずる人がいなかったわけではないですが、そういう音楽は評論の対象ではなかったですから、リポーターとしてしか見られていなかった。そのせいで、クラシックの評論家によるメロディやハーモニーの分析がビートルズに対する〝お墨付き〟になってしまったんですが、**そういう人たちはビートルズのリズムにはまったく着目していない**。**いちばん凄いところに気づいていない**んです。

〈抱きしめたい〉もイントロからリズムはトリッキーです。カウントの3拍目のウラから♪ジャジャジャジャーンと出て、それを2回。3回目も同じように出るんですが、♪ジャジャジャジャーンジャジャジャ、ジャジャジャジャジャ、ジャジャジャジャ、**Oh yeah, I'll...**と歌に入ります。3拍目のウラからイントロが出て4小節目の3拍目のアタマから歌というだけでリズムがひっくり返るような感じなのに、歌に入るとすぐ♪（ウン）パ、パッ、パ、パッという手拍子が追いかけてくる。歌の3行目、**Then I'll tell you something**でようやく曲のリズムに慣れてくると、次の**I want to hold your hand**で歌はファルセットまで駆け上がるわ、ドラムのフィルは♪ダカダッ、ドコドッ、ダカダッ、ドコドコ……と暴れるわで、曲としてはまったく落ち着かない。大サビの**And when I touch you I feel happy...**のところで曲調がメロウになるものの、それは6小節しか続かず、**I can't hide**のうるさい3連発を経てAメロに戻るんです。

いま**And when I touch you I feel happy...**を大サビと言いましたけど、この曲のサビってどこなんでしょう？　オシリが駆け上がる**I want to hold your hand**〜だけをBメロとすると、そのあとの**I want to hold your hand**2つがサビということになり、**And when I touch you I feel happy...**は大サビということになる。

ＡＡＢＣ、ＡＡＢＣに、大サビのＤがくっついたという形式だとすると、Ｂは２小節しかないことになります。まぁ、曲の形式に決まりはないですから、この曲はおそらく、どこがサビということもない感じで、「こうなったからこれで決定」だったと思うんですが、とにかく展開が早くて、聴いている方も息つくヒマがない。**パンクやヘヴィメタルはいくらテンポが速くても、これほどリズムのアクセントの位置が変わりませんから、**ビートルズほど〝場面〟が変わる感じはありませんよね。

〈プリーズ・プリーズ・ミー〉〈フロム・ミー・トゥ・ユー〉〈シー・ラヴズ・ユー〉と来て、さらに〈抱きしめたい〉という順番には、偶然性や無自覚の面白さを分析して、それを偶然ではなく自覚的に演奏できるようにしていくバンド力の高さが見えます。４人の演奏に、サウンド的な拡がりを加えるようなアイディアや、ピアノの演奏という面ではジョージ・マーティンの功績も見逃せませんが、マーティンがプロデュースしたほかのバンドには、ビートルズのようなリズム解釈はまったく見られません。それは80年代に手掛けたＵＦＯやチープ・トリックを含めてでも、です。〈プリーズ・プリーズ・ミー〉のテンポを上げさせたのはマーティンですが、彼が言えたのは速い・遅いだけで、〈フロム・ミー・トゥ・ユー〉以降どんどん複雑になっていったビートルズのリズムに、彼はほとんど口をはさめなくなっていったと思います。

ビートルズの演奏が飛躍的にうまくなるのは『ウィズ・ザ・ビートルズ』から

です。リズムのアレンジが複合的に、多彩になるのもここからで、ドラムの録音も変わってくる。シングルの4曲以外の10曲を2月11日に一気に録音した『プリーズ・プリーズ・ミー』とは違って、『ウィズ・ザ・ビートルズ』のセッションは、7月18日、30日、8月21日（ビートルズ抜きでのモノ・ミックス）9月11日、12日、30日（ジョージ・マーティンによるキーボードのダビング）、10月3日、17日に行われた。シングル用の〈抱きしめたい〉と〈ディス・ボーイ〉に、アルバム用の残り1曲〈ユー・リアリー・ゴッタ・ホールド・オン・ミー〉を録った10月17日のセッションからは4トラック録音となり、ダビングは楽になるんですが、『ウィズ・ザ・ビートルズ』～〈抱きしめたい〉の段階では、まだ4トラックの効果は表れていません。そのあと、ビートルズ抜きで3日も編集作業があり、『ウィズ・ザ・ビートルズ』は11月22日、〈抱きしめたい〉は29日に英国で発売されました。いずれにしても、**『プリーズ・プリーズ・ミー』のおよそ6倍の時間が『ウィズ・ザ・ビートルズ』に費やされた**ことに、注目しない手はないでしょう。

レコーディングにおけるギミックの限界

当時の録音でそれだけ時間をかけるということは、テイクを重ねていることを意味します。やり直しすることが多いギター・ソロやヴォーカルは最初から別録りですから、リズム・トラックを何テイクも録って〝ベスト〟を吟味するようになった、というのが『ウィズ・ザ・ビートルズ』における変化なんです。ビートルズのレコーディングというと、〈ノルウェイの森〉にシタールを導入した、〈イエスタデイ〉にストリング・クァルテットを入れた、といった『ヘルプ！』以後の**〝プラス・アルファ〟ばかりが語られてきましたが、それは表層的なこと**で、バンドとしての成長を物語る要素とは言えません。

ただ、レコードをよりよい作品にしようとして、ライヴでの再現は不可能な〝プラス・アルファ〟を採用していったことが、それまでの常識を覆す〝録音術〟を導き出すことになったのは確かで、ビートルズのレコーディング革命がロックを〝アート〟の域にまで高めたことは間違いない事実です。『ヘルプ！』～『ラバー・ソウル』と加速していった〝プラス・アルファ〟は、『リヴォルヴァー』～『サージェント・ペパーズ』で完全にバンドの演奏からは離れたものになり、ビートルズは映画を演出するように一枚のアルバムをつくった。ジャケットのデザインまで自ら監督して、単なる音楽作品には終わらせないトータリティをアルバムに持たせたんです。

その価値はいまも揺らぎません。発売から50年が経っても『リヴォルヴァー』と『サージェント・ペパーズ』は色褪せません。個人の好き嫌いを無視して言えば、『リヴォルヴァー』はロック史上最高のアルバムであり、『サージェント・ペパーズ』は20世紀のポップ・カルチャーの金字塔なんです。それは、オリンピックのフィギュア・スケートやシンクロナイズド・スウィミングの審査員のような厳格な採点によったときのことで、世界中の批評家はもう少し〝人間味が出ているロック〟を好むようになっているはずです。そしてそういった傾向は、今世紀に入ってから一般層にも拡がってきている。『ラバー・ソウル』や『ホワイト・アルバム』に対する理解の深まりは、その証拠じゃないでしょうか。

87年に、『サージェント・ペパーズ』の発売から20年を記念して同作をめぐるドキュメンタリー・ヴィデオや本が制作されたこともあって、〝サージェント・エラ〟に属する英国のロック・アルバムが再評価されました（270ページの表2を参照）。それまではサイケデリック・ロックやスウィンギン・ロンドンの〝時代を象徴する作品〟として語られていたものの中から、『リヴォルヴァー』と『サージェント・ペパーズ』の影響を抜きには語れないアルバムが選ばれ、ビートルズがつくった英国型のサイケデリック・ロックが改めて検証されたんです。

ローリング・ストーンズの『サタニック・マジェスティーズ』、ザ・フーの『セル・アウト』、キンクスの『ヴィレッジ・グリーン・プリザヴェイション・ソサエティ』や『アーサー』、ホリーズの『エヴォリューション』と『バタフライ』、トラフィックのファースト・アルバム、ピンク・フロイドの『夜明けの口笛吹き』、ステイタス・クォの『ピクチャレスク・マッチスティック・コレクション』、ムーヴのファースト・アルバム、アイドル・レースのセカンド・アルバム、ブロッサム・トゥズの『ウィー・アー・エヴァー・ソー・クリーン』、ファイアーの『ザ・

マジック・シューメイカー』、トゥモロウの唯一のアルバム、プリティ・シングスの『S.F.ソロウ』といった辺りが〝サージェント・エラ〟に属します。それらのオリジナル盤が高騰したこともあって、日本ではほとんど知られていなかったブロッサム・トゥズやファイアーも注目されるようになったんですが、90年代に入ってそのほとんどがCD化されると、多くの英国ロック・ファンは、「**『リヴォルヴァー』や『サージェント』に匹敵するアルバムはやっぱりなかった**」という厳しい評価に至るんです。もちろんそれらのオリジナル盤はいまではもっと高値になっているし、好きな人のあいだでは人気なんですが、多くのバンドがスタジオで音をいじくりまわすのを1~2枚で止め、69年にムーヴメントが収束していることからも、レコーディングに頼った演出の〝限界〟を我々は知ることになったわけです。当のビートルズだって『マジカル・ミステリー・ツアー』ではスタジオでの加工や編集を減らす方向に行ってますから、それで何枚もアルバムをつくれるような手法ではなかった、ということなんですよ。

〝人力〟の凄みを知る

意識的なロック・ファンが〝サージェント・エラ〟のアルバムの検証を終えたころ、ビートルズの『ライヴ!!アット・ザ・BBC』が出ます。公式レコーディングよりも生演奏に近いスタジオ・ライヴは、ヴォーカル&インストルメンタル・

バンドとしてのビートルズの実力を、再認識させることになりました。とくに、公式レコーディングではみごとに混ざりあっていたドゥーワップやソウルから得た〝黒っぽさ〟と、フィル・スペクターやブリル・ビルディング系のアメリカン・ポップスに呼応した〝洗練〟が、カヴァー曲から別々に味わえることが、〝ビートルズを形成する要素〟を解説するような格好になっていたのが面白くて、ラジオでこんなビートルズを聴けていた当時の英国のファンを羨ましく思うばかりでした。

そして翌年、95年11月に〝ザ・ビートルズ・アンソロジー〟が始まった。映像、書籍と、2枚組CD3セット分の未発表テイクは、かなり上級者向けの内容ですから、私はあまり褒めないようにしていたんですが、完成版とはアレンジの違う別テイクや初期ヴァージョンの数々は、さまざまなアイディアを試してみたすえに〝ベスト〟を導き出していたビートルズのレコーディングをドキュメントしています。自分で演奏したことのない人たちは、「聴き慣れたビートルズ・ナンバーとは違うのがこんなにある」ことに驚いていましたが、バンド経験のある人たちは、「ビートルズも特別なやり方をしていたわけではなかった」と、むしろ親近感を抱いた。誰かが書いてきた譜面に合わせて演奏するんじゃなくて、**コードや歌詞も決定ではないところから、演奏してみて決めていく**のがバンドだからです。そういう意味では、初期のビートルズは実にバンドらしいバンドで、ジョージ・マーティンはそれを見守っている。〝世界のビートルズ〟になったからといって、ヒット・ソング・ファクトリーになるでもなく、ジョークを飛ばしながら音楽づくりを楽しんでいる。

　私はクラウス・フォアマンに会ったときに、マンフレッド・マンのメンバーと[6]して活躍した時代をどう思っているか、と訊いてみたんですが、クラウスは苦々しい顔をして、「オレはあのバンドは好きじゃなかった。ヒットは出していたけど、売れそうな曲をつくって、わかりやすいアレンジにして、売れそうなタイミングで出すことばかりを考えているバンドだったから、ベーシストって立場でそこにいると、ちっとも面白くないんだ。オレはハンブルク時代からビートルズのそばにいたから、バンドっていうのはみんなビートルズみたいなものだと思ってた。ところがそうじゃない。レコードを出すようになったり、ヒット曲が出たりすると、売れないことが不安になるんだな。それでおかしなことになる。どうやったら売れるかわかるなら、みんなそうするだろ？　狙って売れることもあるから一概には言えないけど、売れるか売れないかなんて十中八九は〝時の運〟だよ。自分が楽しくない想いをしてつくったものが売れても、ちっとも嬉しくない。マンフレッド・マンがオレに教えてくれたのはそういうことだけだ」と答えました。

　クラウスが言うには、ビートルズとストーンズはどんなに売れても、作品をつくることに関しては「あくまで自分たち主導だった」そうです。「現場にはブライアン・エプスタインやジョージ・マーティン、ストーンズだったらアンドルー・オールダムがいたはずだけど、連中のことはまったく憶えてない。メンバーとし

【6】ドイツからイギリスに渡ったフォアマンは、ジャック・ブルースに代わってマンフレッド・マンに加入し、1966年から69年までプレイした。彼は同時期にホリーズとムーディー・ブルースからも加入を打診されていたという

かやりとりしてなかったんだろうね。『リヴォルヴァー』のジャケットだって、ジョンがオレのアパートまでやってきて、〝これまでになかったようなものにしてくれ〟って言っただけだった。だからオレは、〝いずれにしてもコラージュにしたいから4人がバラバラに写っている写真を集めてくれ〟って頼んだんだ。それだけに。彼らは何だって、そうやって自分たちでつくっていた。だからいろいろなことを知っていたし、知りたいという欲も半端じゃなかった」

凄い証言ですよね。こういう仕事をさせてもらっていちばんありがたいのは、現場にいた人しか知らない真実を、本人から直接聞けることがある、ということです。

私がクラウスに会ったのは、アンソロジーのプロジェクトが終わった97年ごろだったと思います。クラウスに改めて〝バンドとしてのビートルズの重さ〟を教わったように感じた私は、それまでとは違う耳で『BBC』や『アンソロジー』を聴くようになりました。

そうすると、**ビートルズの〝人力の凄み〟がわかってくる**。誰かの一言からリズム・アレンジが変わっても、ポールとリンゴはすぐに対応します。ただ合わせるんじゃなくて、ヴォーカルの弾みに対してベストなリズムのポイントを演奏で示してくる。ヴォーカルの弾み感というのは歌詞や声の抜けによっても変わってきますから、一曲の中でも均一ではないんですが、ベースやドラムがそこにいちいち合わせてしまうと曲のリズムは一定ではなくなってしまう。だから小編成のバンドでは、全員のリズムがピタッと合っていることの方がむしろ稀で、微妙なズレがグルーヴになっていたりするんです。

たとえば打ち込みのユーロ・ビートなんかには、いま私が言っているようなグルーヴはありません。♪ドッ、ドッ、ドッ、ドッと鳴り続ける４つ打ちのバス・ドラムに、人間的なリズムの揺れがないシンセを絡めることによって機械的なビートが生まれます。それを際限なく繰り返すことによって、人はトランス状態に陥る。グルーヴに対する逆説が新しい音楽を生んだような側面はユーロ・ビートの面白さですが、手で弾いたフレーズをループにしているパフューム（＝中田ヤスタカ）なんかとは似て非なるものです。テクノ・ポップは人力の部分を残していますから、ユーロ・ビートのようにＤＪ任せにはできない。クラフトワークやＹＭＯがライヴをやり続けているのは、人力のグルーヴが40年前とは違ってきているからでしょう。そこに〝バンド〟の秘密がある。整合感の中にどんなズレを含んでいるかが〝バンドの個性〟で、**そのズレをいつもグルーヴにできるのが〝優れたバンド〟**なんです。

そういう意識で63年のビートルズを聴いてみてください。〈ラヴ・ミー・ドゥ〉からおよそ一年で〈抱きしめたい〉にたどり着いた学習能力の高さには舌を巻きます。**たった4人でどんな曲も〝ザ・ビートルズ〟にしてしまえるようになったリズムへの適応性**は、どんなバンドよりも優れています。技術的にはもっと上手いバンドもいたはずですが、ビートルズは何でもできる。特徴的なヴォーカル＆

ハーモニーが乗っかる前の4人の演奏に、すでにゴッゴッした味がある。

なぜそうなったのかと言えば、4人とも〝おかまいなし〟だったからでしょう。議論好きなアイルランド人の血なのかもしれませんが、それぞれの主張が強い。リンゴなんかでもおとなしくドラムを叩いているだけではないし、元来バンドの中でどの楽器を担当しているかという〝パート〟の意識がビートルズには希薄です。最初はジョンもポールもジョージもギター／ヴォーカルで、リード・ヴォーカルもギター・ソロも分け合っていたぐらいですから、我々が想い描くバンドとは成り立ちが違うのかもしれません。

ケルトの〝民族性〟と、ビートルズの〝バンド力〟

私は3年ほど前に、ダブリンの老舗パブで地元のバンドの演奏を観たんですが、3人ぐらいでヴォーカルを分け合って、イーグルスの曲やドン・マクリーンの〈アメリカン・パイ〉から、トラディショナル・ナンバーまで、それこそどんな曲でも自分たち流にこなしてしまう姿に、〝ビートルズと同じ血〟を感じたものです。それは日本に〝アイリッシュ・ミュージック〟を演奏しにやってくるそのスジのプロとは違う〝ミュージシャンとしての在り方〟なんですが、音楽で人とコミットしようとする姿勢が先にあって、一緒に演奏する人の人種や音楽のスタイルを選ばないのが彼らの流儀だと考えると、アメリカに移民として渡った人たちが、ブルースやマウンテン・ミュージックの中で〝ケルトの伝統〟を主張したのが容易に想像できて、私は大きな感動を味わいました。

私はさっき〝おかまいなし〟と言いましたが、もう少し丁寧に言うと〝よけいな決まりを設けない〟ということです。みんなでガチャガチャ手持ちの楽器を鳴らしながら唄っていたクウォリーメンをアメリカ型のロックンロール・バンドにするとき、**ジョンは自分がエルヴィスになることを望まなかった**。ロックンロールにはない〝みんなでガチャガチャ〟の方を選んだんです。19かハタチのジョン・レノンがどこまでケルト民族の歴史を知っていたのかはわかりませんが、タイタニック号をつくったホワイト・スター社で船員として働いていた父フレッドや、バンジョーを弾いて唄った母ジュリアから教わったシー・シャンティ〈船乗りに伝わるトラディショナル曲〉のリズムが、のちに〈悲しみはぶっとばせ〉や〈ワーキング・クラス・ヒーロー〉、〈ザ・ラック・オブ・ジ・アイリッシュ〉になり、ケルト移民の行き着く先であったニューヨークを愛したことを考えると、**アメリカ音楽の中にあるケルト性にジョンは早くから気づいていたんじゃないかと思えてくる**んです。

ヨーロッパ最古の民族のひとつでありながら、20世紀半ばにアイルランド共和国をつくるまで国を持たなかったケルト人。そのデラシネ的な意識を継承している自覚があったから、彼はビートルズに、既存の音楽ジャンルの色をつけなかったんじゃないでしょうか。私がダブリンのパブで観たような、何でもござれのバンドなら、どんな曲をやろうが誰が唄おうが〝おかまいなし〟ですから、その場その場で生きる術を選択していけばいい。ジョンにはそういう刹那的なところがあったから、ものすごい勢いで〝いま〟を駆け抜けようとしたんじゃないかと思うんです。

その性急さを63年のビートルズは、チャック・ベリーやリトル・リチャードよりもスピードが速くて複雑なリズムで表現し、それがどっちへ転んでも演奏できるようなテクニックを身につけていったということでしょう。

そういう意味では〈抱きしめたい〉のリズム・アレンジは究極なんですが、『ウィズ・ザ・ビートルズ』にはそれ一辺倒ではない、さまざまリズムが散らしてあります。『プリーズ・プリーズ・ミー』がアルバム・チャートの首位を走り続けるあいだに制作されたのが『ウィズ・ザ・ビートルズ』ですから、そこまでアルバムを聴いてもらえるなら……とビートルズもジョージ・マーティンらスタッフも懸命になったと思います。

シングル曲も既発曲もなし、レノン／マッカートニーの7曲に、ジョージ・ハリスンの初オリジナル曲、カヴァー6曲という『ウィズ・ザ・ビートルズ』は〝アルバムでロックを聴く時代〟の黎明だったと言ってもいいでしょう。オリジナル曲の完成度も、カヴァー曲の解釈も、演奏も、サウンドも、スキがなくまとまっています。リズムにはどっしりとした重さも出てきているし、アコースティック・ナンバーやソウルフルなコーラスも変化球以上と言える。こんなアルバムを、アメリカ上陸前に完成させていたんですから、いったん火がついたら世界制覇も夢じゃない。誰もがそう思い始めた矢先に、ついにキャピトルが動くわけです。

けれどもビートルズの凄みは、アメリカ上陸の10日ほど前、64年1月29日に、パリのEMIパテ・マルコーニ・スタジオで、この年最初の新曲〈キャント・バイ・ミー・ラヴ〉をわずか4テイク、1時間ほどで仕上げてしまうようなところにあった。2月7日、ついにJFK空港に降り立ったビートルズは、『エド・サリヴァン・ショウ』の驚異的な視聴率を話題にしながらアメリカを席巻し、一気に〝世界のアイドル〟へと駆け上がるわけですが、2月22日に帰国すると翌日はテレビ出演があり、25日には『ア・ハード・デイズ・ナイト』【J8】のセッションを始めています。

この日、ジョンの〈ユー・キャント・ドゥ・ザット〉と〈恋する二人〉、ポールの〈アンド・アイ・ラヴ・ハー〉に取り組んだビートルズは、さっそく仕上がった〈ユー・キャント・ドゥ・ザット〉のモノ・ミックスを翌日つくり、3月16日にアメリカ、20日に英国で、〈キャント・バイ・ミー・ラヴ／ユー・キャント・ドゥ・ザット〉のシングルをリリースします。初の主演映画のサントラ盤という意味もあるニュー・アルバムを、全曲レノン／マッカートニー作品でかためようというアイディアがどの段階で出たのかは定かではありませんが、64年最初のシングルは強力でした。

サビからいきなり唄い出す〈キャント・バイ・ミー・ラヴ〉はポールらしい明

【J8】
『ア・ハード・デイズ・ナイト』1964年7月

快なロック・ナンバーですが、**I'll buy you a diamond ring…** からのブルース進行を2拍4拍でハードに刻むリズム・ギターと、そのあいだをぬっていくベースのコンビネーションには、ブッカーT&ザ・MGズのようなグルーヴがあり、すでにブルース・ロック的な匂いもあります。マイナー進行のサビでアコギがジャンジャカ鳴っているんで騙されますが、ブルースの部分は〈シーズ・ア・ウーマン〉のプロト・タイプと言ってもいい。ジョージのギター・ソロにデュエイン・エディみたいなニュアンスがあるのもミソで、最新の音楽のカッコいいところの合体は、63年よりも進化している感じがします。

ジョンの〈ユー・キャント・ドゥ・ザット〉はAメロがブルースですが、**Because I've told you before, Oh…** というフックがビートルズらしい。その2回目から **Everybody's green…** というマイナー展開に入っていくところと、その結びの **You talking that way, They'd lough in my face** の **Am→Bm** には何とも言えない色気があります。この曲のイントロのアルペジオはフォーク・ロックやサイケデリック・ロックでは定番となるものだし、ルーズなグルーヴも時代の先を行っている。もう、**ロックンロールでもR&Bでもない"ロック"に突入している**のが『ア・ハード・デイズ・ナイト』のセッションで生まれた曲たちの特徴でしょう。

けれども、4チャンネル録音に慣れてきたことと、映画のシーンを考慮してさらに多角的になった曲づくりが、EMIスタジオの限界を超えたアレンジを要求することになり、録音に無理が出てしまったのが『ア・ハード・デイズ・ナイト』

です。不協和音のファンファーレで始まる〈ア・ハード・デイズ・ナイト〉では、微妙なラテン風味として加えたボンゴの聞こえ方がイマイチだったりして、それを入れた意味が充分には伝わってきません。また、メロディとコード進行が抜群の〈恋におちたら〉は、アレンジに工夫がなかったせいで、ポールのヴォーカルがいい〈アンド・アイ・ラヴ・ハー〉と印象がかぶってしまいました。

もちろん『ア・ハード・デイズ・ナイト』は素晴らしいアルバムです。前期の最高傑作にあげるファンの気持ちもわかります。でも、『ウィズ・ザ・ビートルズ』にあった〝やみくもなバンド力〟は明らかに減退していないでしょうか? 一般に傑作と言われる作品と熱心なファンに愛される作品が異なることは、ロックではとても多い。それはおそらく〝聴いているポイント〟が違うからなんじゃないかと思うんです。この章で私が言ってきた**〝バンドとしての凄み〟や〝バンド力〟がわかると、音楽の聴こえ方が変わってくる**はずです。そういう意味でも、「ビートルズは最高の教科書だ」と私は思っています。

ブリティッシュ・インヴェイジョンの実態

ビートルズがアメリカで成功したのをきっかけに〝ブリティッシュ・インヴェイジョン〟が起こります。英国のビート・バンドが大挙してアメリカに上陸し、〝第2のビートルズ〟を目指したわけですね。

別表は64年に全米チャートを上がった英国バンドの曲ですが、アニマルズの〈朝日のあたる家〉、マンフレッド・マンの〈ドゥ・ワ・ディディ・ディディ〉の1位をはじめ、トップ10ヒットが10曲もある。英国産の音楽はアメリカでは売れないという悪しき伝統があって、ビートルズ以前に全米ヒットになった英国音楽は片手で足りる程度しかありませんでした。だから、〝ブリティッシュ・インヴェイジョン〟は大事件だったんです（269ページの表1を参照）。

英国では国民的なスターだったクリフ・リチャードがアメリカでは全然売れなかった[7]、というのもキャピトルがビートルズに二の足を踏んだ要因なんですが、**アメリカではアニマルズやマンフレッド・マンが簡単にクリフを飛び越え**ちゃった。それは英国の音楽界でも、事件として受け取られました。

ビートルズの英国ツアーやのちの日本公演でも明らかですが、この時代の基本はパッケージ・ショウ、つまり前座ありきだったんです。現在のように、ひとつのバンドがワンマンで2時間も演奏するようなことは稀でしたから、アメリカのプロモーターは途端に英国バンドをたくさん欲しがった。それは66年いっぱいぐらいまで続きましたから、**64年初夏からのおよそ2年半、アメリカの音楽界は英国バンドの大攻勢を受ける**。その間に全米ヒットを放ったバンドは15かそこらですが、ライヴのサーキットには英国バンドがひしめいていたんですね。

ゴールデン・カップスのエディ藩さんは、66年にアメリカを旅したときに、ディズニーランドのアトラクション・ステージで、偶然ジェフ・ベック在籍時の

【7】
60年代前半、ビルボード・ホット100チャートに入ったクリフの曲は63年の〈ラッキー・リップス〉（最高62位）と64年の〈淋しいだけじゃない〉（最高92位）。順位を見ても米国で苦戦を強いられたことがわかる

ヤードバーズを観たそうです。当時はそのぐらいのバンドでも、営業仕事をしてたってことでしょう。それがヤードバーズだと気づいたエディさんはステージの前まで行って、ジェフ・ベックが小さな箱を踏んで音を歪ませているのを確認し、同じものを探しまわったそうです。それがファズだったんですね。66年に、十代で単身アメリカに渡れたのはエディさんが横浜中華街のお金持ちの子だったからですが、そのときに、本物のブルースを聴こうとシカゴまで出掛けて、黒人しかいないような路地にある怪しげなクラブに入れてもらったというんですから、音楽への興味は半端じゃなかったはずです。ファズを持って帰国するとすぐ、エディさんはゴールデン・カップスに加入、翌年デビューして〝日本のトップ・ギタリスト〟のひとりに数えられるようになる。デビュー前のアメリカ体験を聞くとそれも納得です。

英国のビート・バンドがアメリカのライヴ・サーキットで食べていた一例として、ピート・ベストの話もあります。ビートルズの初代ドラマーだったピートは62年8月に、その座をリンゴに奪われます。リヴァプールでは人気があったピートは、リー・カーティス・オールスターズに加入し、同バンドを『マージー・ビート』の人気投票の2位に押し上げたり、それまでの人脈を利用してハンブルク公演を決めたりという貢献をするんですが、テレビ出演のチャンスがめぐってきたときに、マネージャーのジョー・フラナリーがリーだけにスポットがあたるようにしたことからバンドは分裂してしまうんですね。

ピートはすでにソングライター・チームを組んでいたトニー・ワディントンとウェイン・ビッカートンに参加を持ちかけて、ピート・ベスト・オールスターズとして音楽活動を再開。その中心メンバーが残ったピート・ベスト・フォーで、64年6月にデッカからデビューしています。ところが見向きもされなかった。前年の8月に結婚したピートは、母モナの家の1階、つまりかつてのカスバ・クラブの上に住んだんですが、売れないバンドマンの未来に絶望して、ある夜ガス自殺をはかってしまうんです。未遂に終わったものの、モナとバンド仲間はピートの気持ちを重く受け止め、サックス2本が入った新バンド、ピート・ベスト・コンボを始めさせる。すると、どこで聞きつけたのか、アメリカのミスター・マエストロというインディ・レーベルが、アルバム制作と6ヶ月に及ぶ北米ツアーの話を持ってくるんです。バンドのフロントマンとしてピートを支えていたワディントンとビッカーマンはのちにソングライター／プロデューサー・チームとなり、ルーベッツの〈シュガー・ベイビー・ラヴ〉を全英1位にしたり、沢田研二の英国録音アルバム『愛の逃亡者』をつくったりした人たちですから、**ピートのバンドも悪くない**んですよ。おかげで65年にピート・ベスト・コンボはアメリカのライヴ・サーキットで成功したんですが、それは〝元ビートルズの……〟を最大限に利用した地方巡業だったようで、**ロック史にはまったく記録されていません。**

英国に戻ったピートはまた〝ただの人〟でしたから、あっさり引退してしまうんですけど、広いアメリカでは何らかの売りがあればライヴで食べていけるんですね。

70年代前半にちょっと活躍したストレッチという渋い英国バンドがあるんですが、彼らはフリートウッド・マックと同じエージェントにいたために、ピーター・グリーンが抜けたあとのマックに入ってきた北米ツアーを〝新メンバーのフリートウッド・マック〟としてこなすハメになった。それなりの金をもらってアメリカに行ける、という気持ちと、レコード契約を取ってきた事務所への恩だったのか、ストレッチはアメリカでフリートウッド・マックになりすますんです。でも、それをやってしまったがために、アメリカでストレッチの顔をさらすことができなくなり、ロンドン・ベースのローカル・バンドを脱することができなかった[8]。

それもおそらく、ブリティッシュ・インヴェイジョンの時代に築かれた英米のエージェント間でのやりとりが尾を引いていたんじゃないかと思うんですが、バッドフィンガーのジョーイ・モーランドに会ったときに、彼はもっと酷い話をしてくれました。

80年代後半のある日、ジョーイが単なる家族旅行か何かでアメリカの田舎町に出掛けたときに、町のパブにバッドフィンガーが出ていたというんです。完全な贋物ですね。そのときに彼は、「全米ヒットがあってもメンバーの顔を知られていないようなバンドはダメなんだよ」と苦笑していましたが、そんな話も実は60年代からあったんじゃないでしょうか。RCサクセションの歌に♪子ども騙しのモンキービジネス〜っていうのがありますけど、60年代の英国ビート・バンドは、

【8】
法廷にまで持ち込まれた偽マック騒動とはうらはらに、本来のストレッチは、実力派ミュージシャンで結成されたファンキー・ロックバンド。1975年のデビュー作に収められた〈ホワイ・ディド・ユー・ドゥ・イット〉が本国やオランダ、イスラエルでシングル・ヒット。メンバーのエルマー・ガントリーは68年に「エルマー・ガントリーズ・ヴェルヴエット・オペラ」でデビューしている。270ページの表2参照

ちょっと大人の悪いヤツらに食い物にされていた、という面が確かにあります。業界の裏話とかを調べていくと、ビートルズやストーンズが、やがて自分たちの会社ですべてをセルフ・マネージメントしようとした気持ちも、よくわかる。プロモーターやエージェントは契約書に記載された金額は払ってくれますが、往々にして経費についてはかなりグレーな書き方がしてあるもので、気持ちよく打ち上げをやったと思ったら、あとでその請求書がバンド側にまわってくるなんてことも少なくないんです。ザ・フーはステージで壊した楽器の代金をギャラから引かれていた、とか、フェイシズはロールスロイスのチャーター代や楽屋でのハデな飲み食いをメンバーで負担することになった、とか、70年代に入っても金銭面の報われない話はバンドにつきまといます。

私は15年ほど前にジェファーソン・エアプレインのグレイス・スリックに電話インタヴューしたことがあるんですが、オルタモントの事件に決着がついたころ、ミック・ジャガーがエアプレインのメンバーが共同生活していたサンフランシスコのアパートに来たことがあって、「今度ローリング・ストーンズ・レコードを立ちあげる」というミックは、ビジネスの話しかしなかったそうです。当時はまだヒッピー的な発想やコミューンのような生活形態を好んでいたグレイスは、ミックの話を絵空事のようにしか感じなかったというんですが、やがてエアプレインがスターシップになり、彼らのレーベル〝グラント〟がRCAと再契約するときに、スポンサーには〝ビジネスとしての実績しか見られない〟のを痛感して、

「ヒットしそうな曲を出版社に買いに行くようになった」と言っていました。

グレイスは、「ミックは私たちの世代でいちばん最初にロックをビジネスにすることを考えて、実行したミュージシャンだと思う」とも言っていた。思えば、ジョンとポールが「ぼくらは曲で儲けてる。きみたちももっとオリジナル曲を書くといいよ」とミックとキースに勧めたのに対して、ミックは数年後、「ストーンズがアンドルー・オールダムに貰っている金を考えると、ビートルズの収入は低すぎないか?」とジョンとポールに進言し、これがアップル構想になっていく。グリン・ジョンズをポールに紹介したのも、アレン・クラインをジョンに紹介したのもミックですから、「ストーンズはビートルズの失敗を肝に銘じて生き延びた」とも言えるんじゃないかと思います。

英国の業界人の動き

ニューヨーク、ロサンゼルスに、カントリーのナッシュヴィルや、ブルースのシカゴ、ソウルのデトロイトやメンフィスという拠点があるアメリカは、ローカル・シーンや地方のインディー・レーベルも無視できない国です。それはR&Bやロックンロールの成立のところでも話しましたが、アメリカは国土が広いうえに多民族国家ですから、〝局地的な動き〟が起こりやすい。ビートルズ以後はロックンロールの形態には囚われないビート・バンドが各地に誕生しますから、ディランがエレキに持ち替えなくても、ビートルズがレコーディング・グループとして進化しなくても、遅かれ早かれ〝ロックの時代〟は来たと思います。

これは〝精神〟の話ですが、「ロックとは何なのか」と言えば、猿まわしの猿になっていたミュージシャンが、『猿の惑星』の猿のように〝人間を脅かす存在〟になることを意味しているんだと思うんです。『猿の惑星』の猿はアメリカ社会における黒人だ、と言う人もいますが、60年代は、それまでアメリカでは〝人間〟と認められていなかった黒人や学生が〝脅威〟になった時代で、**だからジョン・F・ケネディとビートルズを繋げて考えることも必要**なんです。

ところが、6千万人の国民の70パーセントが労働者階級の意識を持っている英国社会にはアメリカほどの差別はなかったですから、〝意識の変化〟はストレートに音に表れた、と言えるのかもしれません。ニュー・ウェイヴ以後、マンチェスターが第二の拠点になっていきますが、それ以前は英国の音楽界の中心はあくまでロンドンだった。マージー・ビートと言ったって、リヴァプールやマンチェスターのローカルなシーンから英国全土に発信していたことなんてほとんどなくて、ロンドンを経由しないかぎりは認められていないも同然だったんです。ロンドンという狭いエリアで英国の音楽業界は形成されていましたから、**業界人もバンドも顔見知りで、ゆえにトレンドが伝播するスピードが早かった**。もともとそうだったところに、ビートルズとブライアン・エプスタイン及びNEMSエンタープライズという〝猿の軍団〟が現れ、音楽の力で時代を変えてしまったわけですから、猿まわしにとっても猿にとっても、「どういう音楽をつくるか」「どういう売れ方をしていくか」が重要になっていくんです。ビートルズの登場で、ヒット曲やキャラクターを〝芸〟にした商売は古臭いものになってしまったんでしょうね。

すでにスタンダードになっている〝ポップス〟と〝ロックンロール〟に対して、最新なのが〝ポップ〟と〝ロック〟という考え方は、たぶん65年に、英国の音楽界で芽生えたんだと思います。先述しましたが、キャンベル・スープの缶を並べたウォーホルのポップ・アートは、アメリカでは大量消費時代における芸術を示唆したものと受け取られましたが、ロンドンでは画面の中にほとんど同じ缶が並んでいる姿の集合感の方がリアルに〝時代〟を表していると感じられたんじゃないか、と私は思うんです。どれだけ並べても複数を示す〝s〟がつかないトレンド感を〝ポップ〟と呼ぶ意識が先にあって、ならばロックンロールの枠には収まらないビートルズの『ヘルプ!』や『ラバー・ソウル』はロックだ、という考え方ですね。

そういう意味でも、ディランが65年に〝フォーク・ロック〟に移行したのは大きいんですが、それは次章の課題として、ビート・バンド全盛時代の英国音楽シーンを牽引した猿まわしと猿の関係を語っておきましょう（271ページの表3を参照）。

ブライアン・エプスタインという人は、音楽プロデューサーでも、プロモーターでもない〝マネージャー〟でしたから、ロンドンの音楽業界ではシロウト同然だった。ジェリー&ザ・ペースメイカーズやビリー・J・クレイマー&ザ・タコタズらをビートルズに続く〝二匹目のドジョウ〟にしようと目論んだことにジョージ・マーティンが乗らなければ、NEMSはビートルズの事務所に終わっていたと思います。きっかけになったのは、マーティンがビートルズに用意した〈ハウ・ドゥ・ユー・ドゥ・イット〉をジェリー&ザ・ペースメイカーズが素直に受け容れたことだったはずですが、ビートルズはそうそう言うこと聞きませんから、マーティンとしては、オレに従う連中なら面倒見るよ、って感じだったんでしょう。彼がのちのちまで関わったのはシラ・ブラックぐらいですから、それ以外はあくまでビートルズとエプスタインありきだったと思う。ジェリー&ザ・ペースメイカーズを中心とする映画のサントラ盤『フェリー・クロス・ザ・マージー』[J9]と、ザ・フォーモストの唯一のアルバムは、マーティンがプロデュースしたマージー・ビートの傑作だと思いますが、**NEMSにいたミュージシャンの多くは残念ながら〝ロックの時代〟には対応できなかった。**

ビートルズにあまり必要とされなくなったエプスタインは、65年4月にロンドンの伝統的な劇場「サヴィル・シアター」を借り受けて、そこをロックとソウルのコンサート・ホールにします。おそらくマージー・ビートが下火になってきたことを実感していたんでしょうね。[9]売れなくなってきたバンドの面倒を見ているよりも、一夜かぎりのライヴで収支がはっきりする劇場経営の方が精神的な負担

【J9】『フェリー・クロス・ザ・マージー』1965年

【9】ビートルズの音楽が進化していく65、6年を境に、ビートバンドの音楽は瞬く間に陳腐化。各バンドは急速な音楽性の変化を迫られ、シーンは活力を失っていった

は少ないですから、彼はNEMSをマネージメント・オフィスではない方向に切り替えていこうとしていたんです。

同じころ、ジョージ・マーティンがEMIを辞めて、プロデューサーとエンジニアを派遣する会社AIR（アソシエイテッド・インディペンデント・レコーディング）を興しました。やがては独立スタジオを持とうともしていたAIRはエプスタインを大いに刺激したはずだし、[10] EMIのプロデューサーではなくなったマーティンはビートルズのプロデュースをEMIから依頼される形になったわけです。それは、それまでのようにマーティンがNEMSのバンドの受け皿になってくれないことも意味していましたから、66年になると、エプスタインはNEMSの方向転換にいよいよ着手し始めるんですね。

そこに現れたのが、ロバート・スティグウッドでした。スティグウッドはNEMSの仕事をしていたこともあるオーストラリア育ちのマネージャーで、66年にはクリームとビー・ジーズを手掛けていました。スティグウッドはNEMSから金を出してもらう代わりに、NEMSのマネージメント部門を自分の会社RSO（ロバート・スティグウッド・オーガニゼイション）に移す提案をしていたんですが、ビートルズはこれに反対して、やがてアップルに発展する自分たちの会社「ザ・ビートルズ・リミテッド」をつくってしまうんですね。これによってNEMSとビートルズの関係は、EMIとのAIRような、ビートルズがNEMSにマネージメント業務を委託する形になるんです。『サージェント・ペパーズ』は

【10】
AIRを起して独立したマーティンは、1970年に念願の自社スタジオを開設する。ロンドンの商業の中心地オックスフォード・サーカスという抜群の立地も手伝い、数々の名盤と優秀なエンジニアを世に送り出した。同スタジオはビルの賃貸契約満了にともない92年に閉鎖、ハンプステッドにAIRリンドハーストを建設した。1979年にはリゾートスタジオの先駆け、AIRモントセラトを開業（ハリケーン被害により89年に閉鎖）

その形態での最初のアルバムだったんですが、**ツアーをやらなくなったビートルズからNEMSが取れる金は知れています**。この変化はエプスタインを精神的に追い詰めていき、67年8月に彼は謎の死を遂げるんですが、のちに出た資料を紐解いていけば、それは自殺に近い死だったことが想像できる。ビートルズ側にそういう気持ちはなかったと思いますが、エプスタインは愛するボーイズに裏切られたと思っていたはずです。

一方スティグウッドはクリームとビー・ジーズをあてて成功し、クリーム解散後はエリック・クラプトンをマネージメントすることになります。73年にRSOをポリドール傘下のレコード会社に発展させたスティグウッドは、のちに映画制作に乗り出し、ビー・ジーズの曲を使った『サタデー・ナイト・フィーバー』と、オリヴィア・ニュートン・ジョン主演の『グリース』を大ヒットさせます。ビートルズをマネージメントするのが夢だったスティグウッドは、ビー・ジーズとピーター・フランプトンの主演で『サージェント・ペパーズ・ロンリー・ハーツ・クラブ・バンド』を映画化するんですが、その辺りからクラプトンとの関係が悪化し始め、80年代に入るとふたりは決裂してしまうんです。

RSOはマネージャー／プロデューサーの野望で成功したいい例ではありますが、それが過ぎるとミュージシャンからは信用されなくなる。音楽業界はどこまでが経費かが不明瞭ですから、売れたミュージシャンは自分の稼いだ金をマネージャーやプロデューサーがどう使っているか、疑うようになるんですね。そういう意味では、作詞・作曲の印税や、レコードの原盤権を金にする権利ビジネスの方が、悪徳なやり方をしても悪く言われない。

ビートルズに音楽出版社「ノーザン・ソングス」をつくらせた張本人であるディック・ジェイムズは、ビートルズがアップルでシロウト・ビジネスを展開しながら解散へと向かっているのを察知した途端、筆頭株主であるのをいいことに、同社をATVに売ってしまいました。それをやがてマイケル・ジャクソンが手に入れることになるんですが、ジェイムズはもともとの自分の会社DJM（ディック・ジェイムズ・ミュージック）をそれより先にレコード・レーベルに発展させていて、ノーザン・ソングスを売った金をエルトン・ジョンにつぎ込みます。ビートルズがジェイムズをどう思っていたかは定かではありませんが、ジョンとエルトン、ポールとマイケルの関係を見れば、ミュージシャンが権利ビジネスをどう捉えているかがわかります。

ローリング・ストーンズやマリアンヌ・フェイスフルを売り、66年に興したイミディエイト・レコーズでスモール・フェイシズやハンブル・パイを手掛けたアンドルー・オールダムも、ストーンズのマネージャーになる直前の一時期、NEMSの仕事をしていました。オールダムはミニ・スカートを世界に広めたファッション・ブランド「マリー・クワント」で広報の仕事をしていたのが認められてNEMSで働くようになるんですが、すぐにレコード業界のシステムをおぼえて独立し、ストーンズをビートルズの対抗馬に仕立てあげるんです。ロンドンのモッズのひとりだった彼は、都会的なセンスでミュージシャンのキャラクターづけをするのが上手いプロデューサーでしたが、その一方で権利ビジネスにも長けていたために、表舞台から消えても60年代の遺産で生き延びました。

ビートルズ以前から独立プロデューサーとして活躍し、先鋭的な音づくりで〝英国のフィル・スペクター〟と呼ばれていたのがジョー・ミークです。彼は61年にジョン・レイトンの〈霧の中のジョニー〉を全英1位にし、62年にはセッション・ミュージシャンを集めたインスト・バンド、ザ・トルネイドーズに人工衛星テルスターの打ち上げをヒントにつくった〈テルスター〉を録音させます。オルガンと、シンセの元祖のような楽器クラヴィオリンを使ったこの曲は英米で1位となり、ビートルズ以前のバンドでアメリカで最も成功した例になります。ミークはその後、マイク・ベリーやザ・ハニーカムズを成功させるんですが、67年2月3日に早逝。[11] 2008年には伝記映画『テルスター』が公開されました。

また、若き日のリッチー・ブラックモアがトルネイドーズのセッションに参加していたのは有名で、同バンドでベースを弾いていたハインツ・バートがシンガーとして独立したときのバック・バンドや、そこから派生したジ・アウトローズでもリッチーはプレイしています。ミークがフィル・スペクターと比較されるのは、自分の曲をセッション・バンドに演奏させたり、お抱えミュージシャンをさまざまなプロジェクトで使ったり、変わったミキシングをしたりしたからで、その仕事ぶりは本当に面白いと思います。

【11】〈テルスター〉の盗作疑惑による裁判に神経をすり減らしたミークは、奇行が目立つようになる。1967年2月3日(ミークが敬愛するバディ・ホリーの命日)、彼はスタジオが入っているアパートの女性大家をショットガンで射殺すると、その銃で自らも命を絶つ

ビート・バンド時代に入ってすぐに頭角を表したのが、ロシア系英国人のプロデューサー、ジョルジオ・ゴメルスキーです。クラプトン時代からベック前期のヤードバーズや、ブライアン・オーガー&ザ・トリニティで知られる人ですが、のちにマーマレイド・レコーズを興して、やがて10ｃｃになっていくケヴィン・ゴドリーやロル・クレームに早くから実験的なレコーディングをさせたりしていました。ジェフ・ベックにシタールを弾かせたのも、ビートルズより先と言われていますから、あんがい先鋭的なセンスを持っていたんじゃないでしょうか。

サーチャーズを売ったティト・バーンズ、キンクスを売ったシェル・タルミー、トロッグスを売ったラリー・ペイジなんかは、旧世代の猿まわし的なプロデューサーだったと思うんですが、50年代に南アフリカで歌手として活躍した経験があったミッキー・モストは、その国際感覚でブリティッシュ・インヴェイジョンに沸くアメリカを、早くから手中に収めました。

アニマルズ、ドノヴァン、ハーマンズ・ハーミッツ、後期ヤードバーズを手掛けたモストは、アメリカでヒットが出た途端、各アーティストとアメリカのレコード会社の直接契約を決め、英国ではシングル、アメリカではアルバムに力を入れたリリースをしていきます。アニマルズもドノヴァンもヤードバーズも英国未発売のアルバムが多いのはそのせいなんですが、英国で出ていないアルバムはアメリカからの輸入盤が売れますから、困ることはなかったんですね。モストは69年にＲＡＫレコーズをスタートさせ、儲けた金でスタジオを建てます。[12] ＲＡＫ

【12】
モストは1974年からモービル・スタジオ（トラック）を運用していたが、76年にRAKスタジオを開業。プロデューサー個人が自前の制作体制を敷けたことからも、彼がいかに「売れていた」かがわかる。なお、03年のモスト他界後も、スタジオは稼働し続けている

ではアレクシス・コーナーやクリス・スペディングを手掛け、グラム・ロック期以降はスージー・クアトロやマッド、スモーキーなんかを売るんですが、70年代のプロデュース作の方がロンドン・ローカルの匂いが強いのが面白いところです。それは、アメリカ相手の商売に疲れたからかもしれませんね。

アルゼンチンのブエノスアイレスで生まれた英国人プロデューサー、デニー・コーデルは、ムーディー・ブルースやムーヴ、プロコル・ハルムを売り、ジョー・コッカーのマッド・ドッグス&イングリッシュメンをきっかけにリオン・ラッセルとシェルター・レコーズを興した人です。〝ロックの時代〟をさらに先に進め、ルーツ指向の答えをスワンプ・ロックに求めて、英米の国境を越えたレーベルまでつくってしまったんですから、レコード・プロデューサーとしては70年代的ですよね。NEMSにいたムーディー・ブルースがコーデルのところに行って成功したのも、時代の変わり目を物語っていたと思うんですが、60年代中盤までにシーンの中央に躍り出たマネージャーやプロデューサーを語っただけで約15年の動向が見えてしまうんですから、英国の音楽業界は狭いということでしょう。

あぁ、いま思い出しましたが、ミュージシャン／プロデューサーとしては、デイヴ・クラーク・ファイヴの原盤制作を最初から自分で行ない、ヒットが出た途端、アメリカのレコード会社との直接契約に切り替えたデイヴ・クラークも優秀です。

なにせ狭い世界ですから、音楽的なトレンドもビジネスとしての成功もすぐに知れ渡り、その影響は数ヶ月で出てくる。英国のシーンのそのスピード感こそが、ポップスではない〝ポップ〟を、ロックンロールではない〝ロック〟を、より具体的な形にしたんじゃないでしょうか。

表1 ブリティッシュ・インヴェイジョンの実態 ～ 1964年の米国チャートから
※ビルボード・ホット100の最高順位とその月（週は割愛）

ジ・アニマルズ			
	9月	朝日のあたる家	1位
	11月	アイム・クライング	19位
ザ・デイヴ・クラーク・ファイヴ			
	4月	グラッド・オール・オーヴァー	6位
	5月	ビッツ・アンド・ピーシズ	4位
	6月	ドゥー・ユー・ラヴ・ミー	11位
		アイ・ニュウ・イット・オール・ザ・タイム	53位
	7月	キャント・ユー・シー・ザット・シーズ・マイン	4位
	9月	ビコーズ	3位
11月		エヴリバディ・ノウズ	15位
ジェリー&ザ・ペースメイカーズ			
	7月	太陽は涙が嫌い	4位
		アイム・ザ・ワン	82位
	9月	ハウ・ドゥ・ユー・ドゥ・イット	9位
	11月	アイ・ライク・イット	17位
ザ・ハニーカムズ			
	11月	ハヴ・アイ・ザ・ライト	5位
ザ・キンクス			
	11月	ユー・リアリー・ガット・ミー	7位
マンフレッド・マン			
	10月	ドゥ・ワ・ディディ・ディディ	1位
ローリング・ストーンズ			
	7月	ノット・フェイド・アウェイ	48位
	8月	テル・ミー	24位
	9月	イッツ・オール・オーヴァー・ナウ	26位
	12月	タイム・イズ・オン・マイ・サイド	6位
スウィンギング・ブルー・ジーンズ			
	4月	ヒッピー・ヒッピー・シェイク	24位
	6月	グッド・ゴリー・ミス・モリー	43位
	8月	ユー・アー・ノー・グッド	97位
ザ・ゾンビーズ			
	12月	シーズ・ノット・ゼア	2位

表2 「サージェント・ペパーズ・エラ」の英国ロック・アルバム

1967	
6月	『エヴォリューション』ホリーズ
7月	『リトル・ゲームス』ヤードバーズ
	『ザ・ファイヴ・サウザンド・スピリッツ・オア・ザ・レイヤーズ・オブ・ジ・オニオン』インクレディブル・ストリング・バンド
	『スキップ・ビファティ』スキップ・ビファティ
8月	『夜明けの口笛吹き』ピンク・フロイド
10月	『ウィ・アー・エヴァー・ソー・クリーン』ブロッサム・トゥズ
11月	『バタフライ』ホリーズ
12月	『スーパーナチュラル・フェアリー・テールズ』アート
	『アクシス：ボールド・アズ・ラヴ』ザ・ジミ・ヘンドリクス・エクスペリエンス
	『サタニック・マジェスティーズ』ローリング・ストーンズ
	『ミスター・ファンタジー』トラフィック
	『セル・アウト』ザ・フー
発売月不詳	『プトゥーフ!』ザ・デヴィアンツ
1968	
2月	『トゥモロウ』トゥモロウ
3月	『ザ・ムーヴ』ザ・ムーヴ
4月	『オデッセイ・アンド・オラクル』ゾンビーズ
5月	『オグデンズ・ナット・ゴーン・フレイク』スモール・フェイシズ
7月	『ジュライ』ジュライ
9月	『ピクチャレスク・マッチスティッケイブル・メッセージ』ステイタス・クォ
10月	『ハーディー・ガーディー・マン』ドノヴァン
	『バースデイ・パーティ』アイドル・レース
	『S.F.ソロウ』プリティ・シングス
	『神秘の覇者』ティラノザウルス・レックス
発売月不詳	『エルマー・ガントリーズ・ヴェルヴエット・オペラ』エルマー・ガントリーズ・ヴェルヴエット・オペラ
1969	
1月	『クーバス』クーバス
発売月不詳	『ラヴ・アンド・ポエトリー』アンドウェラズ・ドリーム
	『ザ・フール』ザ・フール
	『フォレスト』フォレスト
	『マイティ・ベイビー』マイティ・ベイビー
1970	
12月	『シンク・ピンク』トゥィンク
発売月不詳	『マジック・シューメイカー』ファイアー（1月録音）

表3 ブリティッシュ・ビート時代のプロデューサーとその仕事

ブライアン・エプスタイン［NEMS エンタープライズ］

ザ・ビートルズ
ビリー・J・クレイマー&ザ・ダコタス
シラ・ブラック
ザ・フォーモスト
ジェリー&ザ・ペースメイカーズ
クーバス
ザ・ムーディー・ブルース
ザ・サークル
サウンズ・インコーポレイテッド
トミー・クイックリー&ザ・リモ・フォー
ジ・アンダーテイカーズ

ディック・ジェイムズ［DJM 〜のちにレーベル化］

エルトン・ジョン（68年〜）

アンドルー・オールダム

［インパクト・サウンド・カンパニー］
マリアンヌ・フェイスフル
ザ・ローリング・ストーンズ
［イミディエイト・レコーズ（66年〜）］
クリス・ファーロウ
ハンブル・パイ
ナイス
スモール・フェイシズ

ロバート・スティグウッド［RSO］

ビー・ジーズ
クリーム
トゥモロウ（オリビア・ニュートン＝ジョン在籍）

ジョー・ミーク

ジョン・レイトン
ハインツ
ザ・ハニーカムズ
マイク・ベリー
ザ・トルネイドーズ

ティト・バーンズ

ザ・サーチャーズ

ブリティッシュ・ビート時代のプロデューサーとその仕事 〈表3〉

ジョルジオ・ゴメルスキー［のちにマーマレイド・レーベル］

ブライアン・オーガー&ザ・トリニティ
ゲイリー・ファー&ザ・Tボーンズ
ヤードバーズ

シェル・タルミー

ザ・キンクス（初期）
ザ・フー（初期）

ラリー・ペイジ［カスナー・ミュージック〜のちにPage1レーベル］

ザ・トロッグス

ミッキー・モスト［のちにRAKレーベル］

ジ・アニマルズ
ドノヴァン
ハーマンズ・ハーミッツ
ジェフ・ベック
ヤードバーズ（ベック期後半〜）

デニー・コーデル［のちにシェルター・レーベル］

ジョー・コッカー
ザ・ムーディー・ブルース
ザ・ムーヴ
プロコル・ハルム

年表3
1964年までのビートルズ

1960

5月10日 ラリー・パーンズのオーディション
20日、23日、25〜28日
ジョニー・ジェントルの北部ツアー。初めて「ザ・シルヴァー・ビートルズ」を名乗る

8月12日 ピート・ベスト加入
17日〜12月31日
初のハンブルク公演

1961

2月9日 「ザ・ビートルズ」として初のキャヴァーン・クラブ出演

4月1日〜6月30日
2度目のハンブルク公演

6月22〜24日
トニー・シェリダンのレコーディング

11月9日 ブライアン・エプスタイン、キャヴァーンに現れる

1962

1月1日 デッカ・オーディション（演奏曲目と作者は下記）
〈スリー・クール・キャッツ〉リーバー＝ストーラー
〈クライング、ウェイティング、ホーピング〉ホリー
〈シーク・オブ・アラビー〉スミス／スナイダー／ウィーラー
〈テイク・グッド・ケア・オブ・マイ・ベイビー〉ゴフィン＝キング
〈サーチン〉リーバー＝ストーラー
〈トゥ・ノウ・ヒム・イズ・トゥ・ラヴ・ヒム〉スペクター
〈シュア・トゥ・フォール〉パーキンス／カントレル／クラウンチ
〈セプテンバー・イン・ザ・レイン〉ウォーレン／ドゥービン
〈ベサメ・ムーチョ〉ベラスケス／スカイラー
〈ティル・ゼア・ウォズ・ユー〉ウィルソン
〈マネー〉ゴーディ／ブラッドフォード
〈メンフィス〉ベリー
〈ハロー・リトル・ガール〉レノン＝マッカートニー

	〈ライク・ドリマーズ・ドゥ〉レノン＝マッカートニー 〈ラヴ・オブ・ザ・ラヴド〉レノン＝マッカートニー
5日	ドイツで録音された「トニー・シェリダン&ザ・ビートルズ」名義のシングル 〈マイ・ボニー／セインツ〉が英国で発売される
24日	エプスタイン、正式にマネージャーとなる
2月8日	オックスフォード・ストリートのHMVショップに営業部長のボブ・ホーストを訪ねたエプスタイン、デッカ・オーディションの3曲をダイレクト・カット盤にすることを勧められる。その作業中に、ビートルズのオリジナル曲に興味を持ったジム・フォイが、階上に入っているEMI傘下の音楽出版社アードモア&ビーチウッドのシド・コールマンを呼んでくる。
13日	エプスタイン、ジョージ・マーティンと初会見。 アードモア&ビーチウッドと出版契約交渉に入る
4月10日	ステュアート・サトクリフ死亡
13日〜5月31日	3度目のハンブルク公演
5月1日	「トニー・シェリダン&噂のビート・ブラザーズ」名義のシングル〈マイ・ボニー／セインツ〉が、日本のポリドールから発売になる
6月6日	EMIレコーディング・テスト 〈ベサメ・ムーチョ〉〈ラヴ・ミー・ドゥ〉 〈P.S. アイ・ラヴ・ユー〉〈アスク・ミー・ホワイ〉
8月18日	リンゴ・スター加入
23日	ジョン、シンシア・パウエルと結婚
9月4日	ファースト・シングル用レコーディング #1 ミッチ・マレー作〈ハウ・ドゥ・ユー・ドゥ・イット〉〈ラヴ・ミー・ドゥ〉〈P.S. アイ・ラヴ・ユー〉 〈アスク・ミー・ホワイ〉
11日	ファースト・シングル用レコーディング #2 ロン・リチャーズ prod. 〈P.S. アイ・ラヴ・ユー〉アンディ・ホワイトperc、リンゴはマラカス 〈ラヴ・ミー・ドゥ〉アンディ・ホワイトds　リンゴはタンバリン 〈プリーズ・プリーズ・ミー〉スローVer.
10月5日	シングル〈ラヴ・ミー・ドゥ／P.S. アイ・ラヴ・ユー〉英国で発売
11月26日	セカンド・シングル用レコーディング 〈プリーズ・プリーズ・ミー〉リメイクVer.　〈アスク・ミー・ホワイ〉
12月18〜31日	4度目のハンブルク公演（クリスマスごろの非公式録音がのちに『Live! at The Star-Club, Germany 1962』となった）

1963

1月11日　シングル〈プリーズ・プリーズ・ミー／アスク・ミー・ホワイ〉英国で発売

2月2〜3日　初の国内ツアー
11日　ファースト・アルバム用のレコーディング
〈ゼアズ・ア・プレイス〉〈アイ・ソー・ハー・スタンディング・ゼア〉〈ア・テイスト・オブ・ハニー〉
〈ドゥ・ユー・ウォント・トゥ・ノウ・ア・シークレット〉〈ゼアズ・ア・プレイス〉Take 11〜13
〈アイ・ソー・ハー・スタンディング・ゼア〉Take 10〜12
〈ミザリー〉〈ホールド・ミー・タイト〉(ボツ→『ウィズ・ザ・ビートルズ』へ)
〈アンナ〉〈ボーイズ〉〈チェインズ〉〈ベイビー・イッツ・ユー〉〈ツイスト・アンド・シャウト〉
2月20日　ジョージ・マーティンによるオーヴァーダビング
〈ミザリー〉のピアノ、〈ベイビー・イッツ・ユー〉のチェレスタ
22日　ディック・ジェイムズ・ミュージック(DJM)と、NEMSエンタープライズの合弁会社「ノーザン・ソングス」が設立され、ビートルズのオリジナル曲の出版管理を行うことになる。
25日　アメリカでのデビュー・シングル〈プリーズ・プリーズ・ミー／アスク・ミー・ホワイ〉がマイナー・レーベルのヴィー・ジェイから発売になる

3月5日、13日〈フロム・ミー・トゥ・ユー〉〈サンキュー・ガール〉録音
22日　アルバム『プリーズ・プリーズ・ミー』英国で発売

4月10日　ジュリアン・レノン誕生
11日　シングル〈フロム・ミー・トゥ・ユー／サンキュー・ガール〉英国で発売

5月5日　アメリカでのセカンド・シングル〈フロム・ミー・トゥ・ユー／サンキュー・ガール〉がヴィー・ジェイから発売になる

7月1日　〈シー・ラヴズ・ユー〉〈アイル・ゲット・ユー〉録音
18日　セカンド・アルバム用のレコーディング #1
〈ユー・リアリー・ゴッタ・ホールド・オン・ミー〉(ミラクルズ)〈マネー〉(バレット・ストロング)
〈デヴィル・イン・ハー・ハート〉(ドネイズ)〈ティル・ゼア・ウォズ・ユー〉(ミュージカル『The Music Man』より)
22日　アメリカでのデビュー・アルバム『イントロデューシング・ザ・ビートルズ』をヴィー・ジェイが発売
30日　セカンド・アルバム用のレコーディング #2
〈プリーズ・ミスター・ポストマン〉(マーヴェレッツ)〈イット・ウォント・ビー・ロング〉
〈ティル・ゼア・ウォズ・ユー〉リテイク〈ロールオーヴァー・ベートーヴェン〉(チャック・ベリー)
〈オール・マイ・ラヴィング〉

8月23日　シングル〈シー・ラヴズ・ユー／アイル・ゲット・ユー〉英国で発売

9月11日 セカンド・アルバム用のレコーディング #3
〈アイ・ウォナ・ビー・ユア・マン〉〈リトル・チャイルド〉〈オール・アイヴ・ガット・トゥ・ドゥ〉
〈ノット・ア・セカンド・タイム〉〈ドント・バザー・ミー〉

12日 セカンド・アルバム用のレコーディング #4
〈ホールド・ミー・タイト〉〈ドント・バザー・ミー〉〈リトル・チャイルド〉〈アイ・ウォナ・ビー・ユア・マン〉全てリテイク

15日 アメリカでのサード・シングル〈シー・ラヴズ・ユー／アイル・ゲット・ユー〉がマイナー・レーベルのスワンから発売になる

10月3日 セカンド・アルバム用のレコーディング #5
〈アイ・ウォナ・ビー・ユア・マン〉リテイク〈リトル・チャイルド〉オーヴァーダブ

17日 4トラック・デッキ導入初日
クリスマス・レコード用のおしゃべり 、〈ユー・リアリー・ゴッタ・ホールド・オン・ミー〉
〈抱きしめたい〉〈ディス・ボーイ〉

31日 エド・サリヴァン、ヒースロー空港でスウェーデンから帰ってきたビートルズに遭遇。ヨーロッパでの人気を知って、すぐに出演交渉に入る

11月22日 アルバム『ウィズ・ザ・ビートルズ』英国で発売

29日 〈抱きしめたい／ディス・ボーイ〉英国で発売

12月26日 アメリカでシングル〈抱きしめたい／ディス・ボーイ〉発売

1964

1月20日 アメリカでアルバム『ミート・ザ・ビートルズ』発売

29日 パリのEMIパテ・マルコーニ・スタジオで〈キャント・バイ・ミー・ラヴ〉と、〈シー・ラヴズ・ユー〉〈抱きしめたい〉のドイツ語版を録音

2月1日 〈抱きしめたい〉、アメリカでナンバー・ワンに

5日 日本でのデビュー・シングル〈抱きしめたい／こいつ〉発売

7日 アメリカに初上陸

9日 『エド・サリヴァン・ショウ』初出演（3週連続出演の1回目）

22日 帰国

25日 アルバム『ハード・デイズ・ナイト』の録音開始

3月2日 映画『ハード・デイズ・ナイト』クランク・イン

5日 日本盤シングル〈プリーズ・プリーズ・ミー／アスク・ミー・ホワイ〉発売

20日 シングル〈キャント・バイ・ミー・ラヴ／ユー・キャント・ドゥ・ザット〉英国で発売

4月4日 〈ビルボード〉シングル・チャートのトップ5を独占

5日 日本盤シングル〈シー・ラヴズ・ユー／アイル・ゲット・ユー〉〈キャント・バイ・ミー・ラヴ／ユー・キャント・ドゥ・ ザット〉〈フロム・ミー・トゥ・ユー／アイ・ソー・ハー・スタンディング・ゼア〉同時発売

10日　アメリカでアルバム『ザ・ビートルズ No.2』発売
15日　日本での初アルバム『ビートルズ!』発売

5月5日　日本盤シングル〈ツイスト・アンド・シャウト／ロール・オーヴァー・ベートーヴェン〉〈ドゥ・ユー・ウォント・トゥ・ノウ・ア・シークレット／サンキュー・ガール〉〈オール・マイ・ラヴィング／ラヴ・ミー・ドゥ〉同時発売

6月5日　日本盤アルバム『ビートルズ No.2』発売
日本盤シングル〈プリーズ・ミスター・ポストマン／マネー〉発売
19日　ドイツで録音されたトニー・シェリダンがメインのアルバムが『ザ・ビートルズ・ファースト・アルバム』として日本でも発売になる
26日　『ア・ハード・デイズ・ナイト』のサントラ盤、米・ユナイテッド・アーティスツからリリース

7月8日　映画『ア・ハード・デイズ・ナイト』、ロンドンで初上映
10日　アルバム『ア・ハード・デイズ・ナイト』英国で発売
シングル〈ア・ハード・デイズ・ナイト／シングス・ウィ・セッド・トゥデイ〉英・米で発売
20日　アメリカでアルバム『サムシング・ニュー』発売

8月1日　映画『ハード・デイズ・ナイト(ビートルズがやって来る ヤァ!ヤァ!ヤァ!)』、日本で公開
5日　日本盤シングル〈ビートルズがやって来る ヤァ!ヤァ!ヤァ!／今日の誓い〉発売
12日　映画『ハード・デイズ・ナイト』、全米で公開
18日　25日間に及ぶ北米ツアー、スタート
28日　ニューヨークでボブ・ディランと初会見

9月5日　日本盤アルバム『ビートルズがやって来る ヤァ!ヤァ!ヤァ!』発売。
日本盤シングル〈恋する二人／ぼくが泣く〉発売

10月5日　日本盤シングル〈アンド・アイ・ラヴ・ハー／恋におちたら〉発売

11月5日　日本盤シングル〈マッチ・ボックス／スロー・ダウン〉発売
23日　アメリカでアルバム『ザ・ビートルズ・ストーリー』発売
27日　シングル〈アイ・フィール・ファイン／シーズ・ア・ウーマン〉英国で発売

12月4日　アルバム『ザ・ビートルズ・フォー・セール』英国で発売
15日　アメリカでアルバム『ザ・ビートルズ '65』発売

年表4
英米ロック爛熟の5年間 1965-1970

BOB DYLAN and US ボブ・ディランと米国勢の動き		THE BEATLES and UK ビートルズと英国勢の動き
	1965	
	●2月 ビートルズの広報担当だったデレク・テイラーがカリフォルニアに渡り、プレスティッジ興行社の広報顧問となる（アップルに連れ戻される68年4月まで）。彼が、ザ・バーズ、ビーチ・ボーイズ、ザ・ドアーズ、バッファロー・スプリングフィールド、フランク・ザッパ、キャプテン・ビーフハートなどの広報を担当したことで、米英のミュージシャン交流が盛んになる	
●2月〜3月 ボブ・ディラン『ブロンド・オン・ブロンド』のセッションで初のナッシュヴィル・レコーディング	**1966**	●4月〜6月 ビートルズ『リヴォルヴァー』録音
●5月10日〜27日 ボブ・ディラン／ザ・バンドの英国ツアー（このときのワールド・ツアーは65年9月24日にテキサスでスタート） ●16日 ボブ・ディラン『ブロンド・オン・ブロンド』発売。ビーチ・ボーイズ『ペット・サウンズ』発売		●7月22日 『ジョン・メイオール&ザ・ブルースブレイカーズ・ウィズ・エリック・クラプトン』英国発売
●7月29日 ボブ・ディラン、バイク事故で死にかける		●8月5日 『リヴォルヴァー』発売 ●12日〜29日 ビートルズ最後の北米ツアー

●11月24日～
『サージェント・ペパーズ・ロンリーハーツ・クラブ・バンド』セッション

1967

●2月
ニッティ・グリッティー・ダート・バンド、ファースト・アルバムをリリース

●4月～10月
ボブ・ディラン／ザ・バンド「ベースメント・テープス・セッション」第1～3期

●6月16～18日
デレク・テイラーらがオーガナイズした「モンタレー・インターナショナル・ポップ・フェスティヴァル」開催

●9月
キャプテン・ビーフハート『セイフ・アズ・ア・ミルク』発売

●11月
ボブ・ディラン『ジョン・ウェズリー・ハーディング』録音
27日　『ジョン・ウェズリー・ハーディング』発売

●2月17日
〈ストロベリー・フィールズ・フォーエヴァー／ペニー・レイン〉英国で発売

●6月1日
『サージェント・ペパーズ・ロンリーハーツ・クラブ・バンド』発売
●25日
ビートルズ、世界同時中継衛星テレビ『アワー・ワールド』に出演

●7月7日
〈愛こそはすべて〉発売

●8月27日
ブライアン・エプスタイン死去

●9月～11月
映画『マジカル・ミステリー・ツアー』撮影

●11月24日
〈ハロー・グッドバイ／アイム・ザ・ウォルラス〉発売

●12月8日
ローリング・ストーンズ『サタニック・マジェスティーズ』発売

BOB DYLAN and US

●1月～2月
ボブ・ディラン／ザ・バンド「ベースメント・テープス・セッション」第4期

●1月20日
ボブ・ディラン「ウディ・ガスリー追悼コンサート」に出演

●2月
ザ・バーズにグラム・パーソンズ加入、3月からナッシュヴィルで『ロデオの恋人』録音

●4月頃
ボブ・ディランのデモ・アルバム出回る

●7月
ビッグ・ブラザー&ホールディング・カンパニー『チープ・スリル』発売。ザ・バーズからグラム・パーソンズ脱退。アル・クーパー、マイク・ブルームフィールド、スティヴン・スティルスの『スーパー・セッション』発売
●1日
ザ・バンド『ミュージック・フロム・ビッグ・ピンク』発売
●5日
CCR、ファースト・アルバムを発売

THE BEATLES and UK

●26日
映画『マジカル・ミステリー・ツアー』初放映

1968

●2月～3月
ビートルズ、ドノヴァンらインド詣

●2月24日
『フリートウッド・マック』発売

●3月15日
ビートルズ〈レディ・マドンナ〉発売

●3月～6月
ローリング・ストーンズ『ベガーズ・バンケット』録音

●5月
ビートルズ、アップルを設立。ローリング・ストーンズ〈ジャンピン・ジャック・フラッシュ〉発売

●8月
ローリング・ストーンズ〈ストリート・ファイティング・マン〉発売
●23日
フリートウッド・マック『ミスター・ワンダフル』発売
●30日
ビートルズ〈ヘイ・ジュード〉発売

●8月30日
ザ・バーズ『ロデオの恋人』発売

●9月26〜28日
アル・クーパー、マイク・ブルームフィールドらが、フィルモア・ウエストでライヴ録音(『フィルモアの奇蹟』)

●12月
エヴァリー・ブラザーズ『ルーツ』発売。グラム・パーソンズ、クリス・ヒルマンらとフライング・ブリトウ・ブラザーズを結成
●3日
エルヴィス・プレスリーのTVスペシャル『エルヴィス』放映

●10月
トラフィック2枚目のアルバム『トラフィック』発売

●11月22日
『ザ・ビートルズ』発売
●26日
クリーム、ロイヤル・アルバート・ホールで解散コンサート

●12月6日
ローリング・ストーンズ『ベガーズ・バンケット』発売
●10、11日
ローリング・ストーンズ『ロックンロール・サーカス』撮影

1969

●2月
フライング・ブリトウ・ブラザーズ『黄金の城』発売

●3月19日
ポコ『ピッキン・アップ・ザ・ピーシズ』発売

●4月
ミーターズの〈シシー・ストラット〉がR&Bチャート4位。ロジャー・ホーキンスとジミー・ジョンソンらがフェイム・スタジオから独立、「マッスル・ショールズ・サウンド・スタジオ」を開設
●9日
ボブ・ディラン『ナッシュヴィル・スカイライン』発売

●5月
『エルヴィス・イン・メンフィス』発売

●1月2日〜31日
ビートルズ「ゲット・バック・セッション」

●1月17日
『レッド・ツェッペリン』発売

●2月〜7月
ローリング・ストーンズ『レット・イット・ブリード』録音

●3月末
デイヴ・メイスン、渡米

●4月11日
ビートルズ〈ゲット・バック〉発売

●5月30日
ビートルズ〈ジョンとヨーコのバラッド〉発売

BOB DYLAN and US

●6月
CSN『クロスビー、スティルス&ナッシュ』発売

●7月〜8月
ブラインド・フェイス、ディレイニー&ボニーと北米ツアー

●8月15〜17日
ウッドストック・フェスティヴァル開催

●9月13日
プラスティック・オノ・バンド、トロントで初ステージ

●11月
オールマン・ブラザーズ・バンド、ファースト・アルバム発売

●12月6日
ローリング・ストーンズをヘッドライナーとするオルタモント・スピードウェイのフェスで殺人事件

THE BEATLES and UK

●6月8日
ブライアン・ジョーンズがローリング・ストーンズ脱退、7月3日に水死体となって発見される

●7月
ローリング・ストーンズ〈ホンキー・トンク・ウィメン〉発売。『ザ・オリジナル・ディレイニー&ボニー』発売。フェアポート・コンヴェンションがトラッドへと踏み込んだ通算3枚目『アンハーフブリッキング』を発表。トラフィックもトラッド路線の『ジョン・バーレイコーン・マスト・ダイ』を発表
●4日
プラスティック・オノ・バンドの初シングル〈ギヴ・ピース・ア・チャンス〉発売
●5日
ストーンズ、ハイド・パークでブライアン追悼コンサート
●7日
ブラインド・フェイス、ハイド・パークでフリー・コンサート

●8月
『ブラインド・フェイス』発売
●29〜31日
ワイト島フェス　ディラン／ザ・バンド出演

●9月19日
フリートウッド・マック『ゼン・プレイ・オン』発売

●26日
ビートルズ『アビイ・ロード』発売

●12月1日〜12日
ディレイニー&ボニー・アンド・フレンズの英国〜デンマーク・ツアー
●5日
ローリング・ストーンズ『レット・イット・ブリード』発売
●12日
プラスティック・オノ・バンド『平和の祈りをこめて〜ライヴ・ピース・イン・トロント1969』発売

1970

●2月
サイモン&ガーファンクル解散

●3月
ディレイニー&ボニー『オン・ツアー・ウィズ・エリック・クラプトン』発売。CSN&Y『デジャ・ヴ』発売
●23日
リオン・ラッセル『リオン・ラッセル』発売
●27、28日
ジョー・コッカーの『マッド・ドッグス&イングリッシュメン』、フィルモア・イーストでライヴ録音(6月発売)

●4月1日
映画『ウッドストック』アメリカで公開

●6月
グレイトフル・デッド『ワーキングマンズ・デッド』発売

●3月6日
ビートルズ〈レット・イット・ビー〉発売

●4月10日
ビートルズ、事実上解散

●5月8日
『レット・イット・ビー』発売
●20日
映画『レット・イット・ビー』ロンドンでプレミア上映

●6月
デイヴ・メイスン『アローン・トゥゲザー』、エリック・クラプトンの『ソロ』発売

●7月
スティーヴ・ミラー・バンドのナッシュヴィル録音のアルバム『ナンバー5』をリリース

BOB DYLAN and US

●8日
ボブ・ディラン『セルフ・ポートレイト』発売

●10月21日
ボブ・ディラン『ニュー・モーニング』発売

THE BEATLES and UK

●9月
ローリング・ストーンズ『ゲット・ヤー・ヤ・ヤズ・アウト』発売

●11月
デレク&ザ・ドミノズ『レイラ』発売

●30日
ジョージ・ハリスン『オール・シングス・マスト・パス』発売

年表5
サンフランシスコ3大サイケ・バンド、60年代の動向

1963

グレイトフル・デッド［GD］の母体となったマザー・マクリーズ・アップタウン・ジャグ・チャンピオンズが結成され、約1年活動する。メンバーは、GDとなるジェリー・ガルシア、ボブ・ウィア、ロン・“ピッグペン”・マッカーナンと、ピーター・アルビン（やがてビッグ・ブラザー＆ザ・ホールディング・カンパニー［BBHC］を結成）、デヴィッド・ネルソン（BBHCを経てニュー・ライダース・オブ・ザ・パープル・セイジ［NRPS］）、ジョン・ドウソン（のちにNPRS）の6人だった。

1964

●春
ビートルズやローリング・ストーンズに触発されたガルシア、ウィアー、ピッグペンがエレクトリック・バンド、ワーロックスの結成に向けて動き出す。

●夏
ディノ・ヴァレンテ、ジョン・シポリナ、デヴィッド・フライバーグ、ジム・マレイ、ケイシー・ソノバンらによるグループがサンフランシスコで活動開始。メンバーを入れ替えながらクイックシルヴァー・メッセンジャー・サーヴィス［QMS］となるまでには、スキップ・スペンスがいたこともあった。

1965

●春
ポップ・シンガーとして62年にシングルをリリースしていたマーティ・ベイリンと、フォーク・シンガーとしてコーヒーハウスなどに出ていたポール・カントナーがサンフランシスコで出会い、のちにジェファーソン・エアプレイン［JA］となるグループが結成される。

●5月
ワーロックスの初ギグが、メンロー・パークのピザ・パーラーで開かれる。このあと11月ごろに同名のグループがあることを知り、グレイトフル・デッドと改名。

●8月13日
マーティ・ベイリンが手に入れた店「クラブ・マトリクス」のこけら落としで、JA初ステージ。このときの布陣は、ベイリン（vo）、カントナー（vo／g）、ヨーマ・カウコネン（g／vo）、ジャック・キャサディ（b）、アレックス・スペンス（ds）、シグニー・トリー・アンダーソン（vo）。グループ名は、カウコネンがジャニス・ジョプリンとブルースをやっていたころ、仲間のスティーヴ・タルボットが、ブラインド・トーマス・ジェファーソンという盲目のブルースマンにあやかって、そのバンドに付けたものの流用だった。美的才能があったベイリンは、ステージで演奏するバンドの背景にスライドを投影したり、色のついた油を挟んだプラスティック板に照明を当てるサイケな空間演出を

試み、いわゆる「ライト・ショウ」の元祖となった。また、ライヴを告知するポスターにも凝って、それをアート作品として観賞できるようにしたり、クルマのバンパー用のステッカー"Jefferson Airplane Loves You"を観客に配ったりした。

●12月
そういった活動がすぐに目に止まり、JAは65年12月にRCAビクターと5年契約を交わす。サンフランシスコのバンドとしては初のメジャー契約が全米の注目を集めたため、柳の下の2匹目のドジョウを狙うメジャー・カンパニーによって、シスコ・バンドの争奪戦が繰り広げられる。一方、GDはケン・キージーのアシッド・テストのハウス・バンドとしてギャラをもらって演奏するようになった。

1966

●1月21日〜23日
GD、ロングショアマンズ・ホールで開かれたケン・キージー主催の「トリップ・フェスティヴァル」で演奏。このフェスの2日前にキージーが逮捕されたため、逆に宣伝となり、数千人が集まることになった。これを契機にヘイト・アシュベリーは"ヒッピーのメッカ"として世界に知られるようになり、ビル・グレアムはフィルモア・オーディトリアム創設に向けて動き出した。

●2月
JAのデビュー・シングル〈イッツ・ノー・シークレット／ランニン・ラウンド・ジス・ワールド〉リリース。

●7月
JAのファースト・アルバム『テイクス・オフ』リリース。しかし、リリース前にアンダーソンが出産のため、スペンスがモビー・グレープ結成のために脱退。ドラマーはスペンサー・ドライデンに交代。

●9月16日、17日
GD、アヴァロン・ボールルームに出演。このときのポスターにマウス&ケリーが描く"スカル&ロージィズ"が初登場。以後、トレドマークとなる。

●10月16日
ロングショアマンズ・ホールで開かれたコンサートでグレイト・ソサエティと共演したJAは、同バンドで〈あなただけを〉と〈ホワイト・ラビット〉を唄う女性シンガー、グレイス・スリックを気に入り、曲も含めてグループに迎えた。

1967

●1月14日
JA、GD、QMS、サンフランシスコで開かれたヒッピー・イヴェント「ヒューマン・ビー・イン」の第1回に出演。以後、彼らはこういったフリー・イヴェント／コンサートの常連となる。

●2月
JA、4枚目のシングル〈あなただけを〉、セカンド・アルバム『シュールリアリスティック・ピロー』発売。〈あなただけを〉は3月から4月にかけて大ヒット（全米5位）、アルバムは全米3位に達する。

●3月17日
GDのファースト・アルバム『ザ・グレイトフル・デッド』リリース。全米73位。

●6月
JA、5枚目のシングル〈ホワイト・ラビット〉発売（全米8位）。

●6月16日～18日
モンタレー・ポップ・フェスティヴァルが開催される。出演者は下記の通り。
●16日夜:アソシエイション、ルー・ロウルズ、ジョニー・リヴァース、エリック・バードン&ジ・アニマルズ、サイモン&ガーファンクルら
●17日昼:キャンド・ヒート、BBHC、カントリー・ジョー&ザ・フィッシュ、アル・クーパー、ザ・バターフィールド・ブルース・バンド、QMS、スティーヴ・ミラー・ブルース・バンド、エレクトリック・フラッグ
●17日夜:モビー・グレープ、ヒュー・マセケラ、ザ・バーズ、ザ・バターフィールド・ブルース・バンド（2度目）、ローラ・ニーロ、JA、ブッカー・T&ザ・MGズ、オーティス・レディング
●18日昼:ラヴィ・シャンカール
●18日夜:ブルース・プロジェクト、BBHC（2度目）、アソシエイション（2度目）、サイラス・ファーヤー、バッファロー・スプリングフィールド、ザ・フー、GD、ジミ・ヘンドリクス・エクスペリエンス、スコット・マッケンジー、ママス&パパスら

●12月
JAのサード・アルバム『アフター・ベイジング・アット・バクスターズ』リリース。全米17位。

1968

●初頭
JA、GDの両者でカルーセル・ボールルームの経営に乗り出したが、半年しか続かず、引き継いだビル・グレアムによって「フィルモア・ウエスト」となる。

●5月
QMSのファースト・アルバム『クイックシルヴァー・メッセンジャー・サーヴィス』発売。全米63位。

●6月18日
GD、セカンド・アルバム『太陽の讃歌』リリース。全米87位。

●9月
JAの4枚目のアルバム『創造の極致』リリース。全米6位。

1969

●2月
JAの5枚目のアルバム、ライヴ盤『フィルモアのジェファーソン・エアプレイン』リリース。 全米17位／全英38位。

●3月
QMSのセカンド・アルバム『ハッピー・トレイルズ』リリース。全米27位。

●6月
GD、サード・アルバム『アオクソモクソア』発売。全米73位。

●8月15日～17日　ウッドストック・フェスティヴァルが開催される。出演者は下記の通り。
●15日:リッチー・ヘイヴンズ、スウィートウォーター、バート・ソマー、ラヴィ・シャンカール、ティム・ハーディン、アーロ・ガスリー、ジョーン・バエズら
●16日:ザ・クイル、カントリー・ジョー・マクドナルド、ジョン・セバスチャン、サンタナ、キーフ・ハートリー・バンド、インクレディブル・ストリング・バンド、キャンド・ヒート、マウンテン、GD、クリーデンス・クリアウォーター・リヴァイヴァル、ジャニス・ジョプリン、スライ&ザ・ファミリー・ストーン、ザ・フー、JAら
●18日:ジョー・コッカー・ウィズ・グリース・バンド、カントリー・ジョー&ザ・フィッシュ、テン・イヤーズ・アフター、ザ・バンド、ブラッド・スウェット&ティアーズ、ジョニー・ウィンター&エドガー・ウィンター、クロスビー・スティルス&ナッシュ、ポール・バターフィールド・ブルース・バンド、シャ・ナ・ナ、ジミ・ヘンドリクスら

●11月
JAの6枚目のアルバム『ヴォランティアーズ』リリース。 全米13位／全英34位。GDの4枚目のアルバム『ライヴ／デッド』発売。全米64位。

●12月6日
ローリング・ストーンズが主催したオルタモント・スピードウェイでのフリー・コンサートに、JA、サンタナ、フライング・ブリトー・ブラザーズ、クロスビー・スティルス&ナッシュが出演。しかし、観客の黒人青年が警備担当のヘルズ・エンジェルスに殺害される事件が起こり、以後しばらくは大フェスが開かれなくなった。

●12月
QMSのサード・アルバム『シェイディ・グローヴ』リリース。全米25位まで上がる。

年表6
サブジャンル化が進んだ英国のアルバムリリースとチャートの動き

※月内の順番はアーティスト名五十音順

1969

1月 フェアポート・コンヴェンション『**ホワット・ウィ・ディド・オン・ホリデイズ**』(英--位/米--位)
レッド・ツェッペリン『**レッド・ツェッペリンI**』(英6位/米10位)
4月 ムーディー・ブルース『**夢幻**』(英1位/米20位)
5月 ティラノザウルス・レックス『**ユニコーン**』(英12位/米--位)
ザ・フー『**トミー**』(英2位/米4位)
ファミリー『**エンタテインメント**』(英6位/米--位)
プロコル・ハルム『**ソルティ・ドッグ**』(英27位/米32位)
6月 エルトン・ジョン『**エンプティ・スカイ**』(英--位/米--位)
ハンブル・パイ『**アズ・セイフ・アズ・イエスタデイ**』(英32位/米--位)
7月 イエス『**イエス・ファースト・アルバム**』(英--位/米--位)
ジェスロ・タル『**スタンド・アップ**』(英1位/米20位)
ピンク・フロイド『**モア**』(英9位/米--位)
フェアポート・コンヴェンション『**アンハーフブリッキング**』(英12位/米--位)
8月 ブラインド・フェイス『**スーパー・ジャイアンツ**』(英1位/米1位)
9月 ビートルズ『**アビイ・ロード**』(英1位/米1位)
フリートウッド・マック『**ゼン・プレイ・オン**』(英6位/米--位)
10月 キング・クリムゾン『**クリムゾン・キングの宮殿**』(英5位/米28位)
キンクス『**アーサー、もしくは大英帝国の衰退ならびに滅亡**』(英--位/米--位)
フリー『**フリー**』(英22位/米--位)
レッド・ツェッペリン『**レッド・ツェッペリンII**』(英1位/米1位)
11月 エマーソン、レイク&パーマー『**エマーソン、レイク&パーマー**』(英4位/米14位)
デヴィッド・ボウイ『**スペース・オディティ**』(英--位/米--位)
ピンク・フロイド『**ウマグマ**』(英5位/米74位)
ムーディー・ブルース『**子供たちの子供たちの子供たちへ**』(英2位/米14位)
12月 ハンブル・パイ『**タウン・アンド・カントリー**』(英--位/米--位)
フェアポート・コンヴェンション『**リージ・アンド・リーフ**』(英17位/米--位)
プラスティック・オノ・バンド『**ライヴ・ピース・イン・トロント1969**』(英--位/米10位)
ローリング・ストーンズ『**レット・イット・ブリード**』(英1位/米3位)

1970

1月 ファミリー『**ア・ソング・フォー・ミー**』(英4位/米--位)
2月 ブラック・サバス『**黒い安息日**』(英8位/米23位)
ロッド・スチュワート『**ロッド・スチュワート・アルバム**』(英--位/米--位)
3月 フェイセズ『**ファースト・ステップ**』(英45位/米--位)
ポール・マッカートニー『**マッカートニー**』(英2位/米1位)
4月 エルトン・ジョン『**僕の歌は君の歌**』英11位/米4位)
ジェスロ・タル『**ベネフィット**』(英3位/米11位)
デヴィッド・ボウイ『**世界を売った男**』(英--位/米--位)※英国では71年4月発売
5月 キング・クリムゾン『**ポセイドンのめざめ**』(英4位/米31位)
ティラノザウルス・レックス『**ベアード・オブ・スターズ**』(英21位/米--位)
ビートルズ『**レット・イット・ビー**』(英1位/米1位)
ザ・フー『**ライヴ・アット・リーズ**』(英3位/米4位)
6月 イエス『**時間と言葉**』(英45位/米--位)
エリック・クラプトン『**エリック・クラプトン・ソロ**』(英17位/米13位)
デイヴ・メイソン『**アローン・トゥゲザー**』(英--位/米--位)
ディープ・パープル『**イン・ロック**』(英4位/米--位)
ハンブル・パイ『**大地と海の歌**』(英--位/米--位)
フリー『**ファイアー・アンド・ウォーター**』(英2位/米17位)
プロコル・ハルム『**ホーム**』(英49位/米32位)
7月 トラフィック『**ジョン・バーレイコーン・マスト・ダイ**』(英5位/米11位)
フェアポート・コンヴェンション『**フル・ハウス**』(英13位/米--位)
ローリング・ストーンズ『**ゲット・ヤー・ヤ・ヤズ・アウト**』(英1位/米6位)
8月 ムーディー・ブルース『**クエスチョン・オブ・バランス**』(英1位/米2位)
9月 ブラック・サバス『**パラノイド**』(英1位/米12位)
ロッド・スチュワート『**ガソリン・アレイ**』(英62位/米27位)
10月 エルトン・ジョン『**エルトン・ジョン3**』(英6位/米3位)
ピンク・フロイド『**原子心母**』(英1位/米55位)
レッド・ツェッペリン『**レッド・ツェッペリンⅢ**』(英1位/米1位)
11月 キンクス『**ローラ対パワーマン、マネーゴーラウンド組第一回戦**』(英--位/米35位)
ジョージ・ハリスン『**オール・シングス・マスト・パス**』(英1位/米1位)
スレイド『**プレイ・イット・ラウド**』(英--位/米--位)
デレク・アンド・ザ・ドミノス『**いとしのレイラ**』(英--位/米16位)
ファミリー『**エニウェイ**』(英7位/米--位)
12月 ウィッシュボーン・アッシュ『**光なき世界**』(英34位/米--位)
キング・クリムゾン『**リザード**』(英30位/米--位)

ジョン・レノン『**ジョンの魂**』(英11位 / 米6位)
T・レックス『**T・レックス**』(英13位 / 米 -- 位)
フリー『**ハイウェイ**』(英41位 / 米 -- 位)

1971

1月 エマーソン、レイク&パーマー『**タルカス**』(英1位 / 米9位)
3月 ジェスロ・タル『**アクアラング**』(英4位 / 米7位)
フェイセズ『**ロング・プレイヤー**』(英31位 / 米29位)
イエス『**イエス・サード・アルバム**』(英7位 / 米40位)
ハンブル・パイ『**ロック・オン**』(英 -- 位 / 米 -- 位)
4月 エルトン・ジョン『**ライヴ!!(17-11-70)**』(英20位 / 米11位)
ローリング・ストーンズ『**スティッキー・フィンガーズ**』(英1位 / 米1位)
5月 ポール・マッカートニー『**ラム**』(英1位 / 米2位)
6月 フェアポート・コンヴェンション『**エンジェル・ディライト**』(英8位 / 米 -- 位)
フリー『**フリー・ライヴ**』(英4位 / 米89位)
プロコル・ハルム『**ブロークン・バリケーズ**』(英42位 / 米32位)
7月 ムーディー・ブルース『**童夢**』(英1位 / 米3位)
ロッド・スチュワート『**エヴリ・ピクチャー・テルズ・ア・ストーリー**』(英1位 / 米1位)
8月 ブラック・サバス『**マスター・オブ・リアリティ**』(英5位 / 米8位)
9月 ウィッシュボーン・アッシュ『**巡礼の旅**』(英14位 / 米 -- 位)
ディープ・パープル『**ファイアボール**』(英1位 / 米32位)
T・レックス『**電気の武者**』(英1位 / 米22位)
ザ・フー『**フーズ・ネクスト**』(英1位 / 米4位)
10月 ジョン・レノン『**イマジン**』(英1位 / 米1位)
ファミリー『**フィアレス**』(英14位 / 米 -- 位)
11月 イエス『**こわれもの**』(英7位 / 米4位)
エマーソン、レイク&パーマー『**展覧会の絵**』(英3位 / 米10位)
エルトン・ジョン『**マッドマン**』(英41位 / 米8位)
キング・クリムゾン『**アイランズ**』(英30位 / 米76位)
キンクス『**マスウェル・ヒルビリーズ**』(英 -- 位 / 米100位)
ハンブル・パイ『**パフォーマンス〜ロッキン・ザ・フィルモア**』(英32位 / 米21位)
ピンク・フロイド『**おせっかい**』(英3位 / 米70位)
フェアポート・コンヴェンション 『**ババクーム・リー**』(英 -- 位 / 米 -- 位)
フェイセズ『**馬の耳に念仏**』(英2位 / 米5位)
レッド・ツェッペリン『**レッド・ツェッペリンⅣ**』(英1位 / 米2位)

12月　ウイングス『**ワイルド・ライフ**』(英8位 / 米10位)
デヴィッド・ボウイ『**ハンキー・ドリー**』(英 -- 位 / 米93位)

1972

3月　ジェスロ・タル『**ジェラルドの汚れなき世界**』(英5位 / 米1位)
スレイド『**スレイド・アライヴ**』(英2位 / 米 -- 位)
4月　ディープ・パープル『**マシン・ヘッド**』(英1位 / 米7位)
プロコル・ハルム『**プロコル・ハルム・ライヴ**』(英48位 / 米5位)
5月　エルトン・ジョン『**ホンキー・シャトー**』(英2位 / 米1位)
ウィッシュボーン・アッシュ『**百眼の巨人アーガス**』(英3位 / 米 -- 位)
ハンブル・パイ『**スモーキン**』(英28位 / 米6位)
6月　デヴィッド・ボウイ『**ジギー・スターダスト**』(英5位 / 米75位)
ピンク・フロイド『**雲の影**』(英6位 / 米46位)
フリー『**アット・ラスト**』(英9位 / 米69位)
ロキシー・ミュージック『**ロキシー・ミュージック**』(英10位 / 米 -- 位)
ローリング・ストーンズ『**メイン・ストリートのならず者**』(英1位 / 米1位)
7月　エマーソン、レイク&パーマー『**トリロジー**』(英2位 / 米5位)
T・レックス『**ザ・スライダー**』(英4位 / 米17位)
ムーディー・ブルース『**セヴンス・ソジャーン**』(英5位 / 米1位)
ロッド・スチュワート『**ネヴァー・ア・ダル・モーメント**』(英1位 / 米1位)
8月　キンクス『**この世はすべてショー・ビジネス**』(英 -- 位 / 米70位)
9月　イエス『**危機**』(英4位 / 米3位)
ジョン・レノン&ヨーコ・オノ『**サムタイム・イン・ニューヨーク・シティ**』(英11位 / 米48位)
ファミリー『**バンドスタンド**』(英15位 / 米 -- 位)
ブラック・サバス『**ブラック・サバス4**』(英8位 / 米13位)
12月　スレイド『**スレイド?**』(英1位 / 米69位)
ディープ・パープル『**ライヴ・イン・ジャパン**』(英16位 / 米6位)

05. The World without Beatles

第5章
ビートルズがいなくなった世界

「太平洋」を越えて日本へ

さて、いよいよ最終章です。

64年2月にビートルズがアメリカに上陸してから3ヶ月ぐらいのあいだに、時代は大きく動きました。〝ブリティッシュ・インヴェイジョン〟が始まり、アメリカでヒットを放った英国のビート・バンドが次々にスターになった。そして、ヴォーカル&インストルメンタル・グループが世界的にブームになる。

けれど、こういう話をすると、団塊の世代から「ちょっと待て」と言われちゃう。「ビートルズの前にエレキがブームになっていたのを忘れるな」とか、「ヴェンチャーズ[1]を抜いてもらっては困る」という話が出てくるんですね。

そうです。あと追い世代は、ロックンロールとビートルズのあいだにちょっと〝エレキ・インスト〟のブームがあった、と認識しているはずですが、**最盛期は62年から66年。アマチュアのエレキ・インスト・バンドが腕を競い合うようになるのは、ビートルズが出てきてから**なんです。それは、エレキ・ギターが〝最新の音楽をやっている証し〟になったからでしょうね。ところが日本人の男の子はビートルズのようには唄えなかった。英語はともかくとしても、初期のビートルズはヴォーカルのキーが高いですから。のちにGSのバンドはよくストーンズをカヴァーしていたし、やがてロック・バンドはクリームをコピーした。それはミッ

【1】1959年結成以来、解散することなく精力的に活動。現在、80歳を超える高齢のためリズム・ギターのドン・ウィルソンと、リード・ギターのノーキー・エドワーズはツアーから外れている。70年代からバンドに参加しているギタリストのジェリー・マギーは、ディレイニー&ボニーのバックも務めた

ク・ジャガーやジャック・ブルースは日本人でも唄えるキーだったからだと思います。

あと、60年代にはPAがなかった[2]というのも大きな理由でしょう。インスト・バンドならアンプがあればライヴができますが、そこに歌を乗せるとなったらヴォーカル・アンプが必要になってくる。そうすると、それなりの設備が整った会場じゃないとできないわけですよ。当時エレキ・バンドを結成したのはお金持ちの子ばかりですけど、ギターとアンプを買うだけだって大変ですから、マイクやヴォーカル・アンプまで揃えるのは無理だったと思います。

エレキ・インストと言えば、日本ではとにかくヴェンチャーズで、そのあとに〈太陽の彼方に〉のアストロノーツや、〈霧のカレリヤ〉のスプートニクスが続いたという印象ですが、**ヴェンチャーズの人気が爆発したのは、65年1月の二度目の来日のとき**なんです。彼らの初来日は62年なんですが、そのときはリズム・ギターのドン・ウィルソンと、リード・ギターのボブ・ボーグルのふたりで来て、リズム・セクションは日本のジャズメンだった。なんとベースはアップライトで、アンプもろくなものがなかったそうですから、バンドの本領を発揮できなかったんですね。

二度目の来日は、アストロノーツらとのパッケージ・ツアーだったんですが、ドン、ボブと、ノーキー・エドワーズ、メル・テイラーの4人でやって来た。で、モズライトのギターを真空管のアンプで鳴らして、本来の演奏ができたんです。

【2】日本人のPA体験はビートルズの来日公演が端緒となる。本格的な運用は71年の野外フェスティヴァル「箱根アフロディーテ」の音響を担当したヒビノが嚆矢であり、73年には日本初のPA専業会社「ギンガム」が加藤和彦によって設立された

〝テケテケ〟と呼ばれるトレモロ・グリスダウンを多くの日本人が目の当たりにしたのはこのときだったんじゃないでしょうか。それ以前の日本の状況をこれから話しますが、ヴェンチャーズはむしろ、エレキ・インストの決定打になったんです。

〈ダイヤモンド・ヘッド〉〈十番街の殺人〉〈キャラバン〉〈ウォーク・ドント・ラン'64〉といった彼らの代表曲が日本でヒットしたのは、2度目の来日のあと。そして65年6月23日にフジテレビ系で『勝ち抜きエレキ合戦』が始まるんです。この番組はその名の通りのエレキ・バンド・コンテストですが、セミプロ級じゃないと残れなかったですから、それなりの影響力を持ち、66年9月28日まで続きました。勘のいい方ならわかると思いますが、**ビートルズの来日が日本のバンドをエレキ・インストから卒業させることになった**わけです。で、ヴォーカル&インストルメンタル・バンド、つまりグループサウンズの時代に入っていくんですね。

じゃあ日本においてエレキ・バンドの手本になったのは誰かといえば、寺内タケシさんと加山雄三さんでしょう。寺内タケシとブルー・ジーンズはロカビリー・ブームが下火になったあとの日劇ウェスタン・カーニヴァルで人気を博し、63年5月にキングからレコード・デビューしました。10日にシングル〈ドンナ・ツイスト〉、20日にシングル〈テルスター〉と、10インチ・アルバム『スクリーン・ムード・オン・ザ・ロック』が出ていますから、一気に国内のエレキ・インスト・

バンドのトップに躍り出た感があったはずです。ちなみに、坂本九の〈スキヤキ〉がビルボードの79位に初登場したのは5月11日付。内田裕也さんはこの年の3月に東芝から〈ひとりぼっちのジョニー〉でデビューしています。

一方、加山雄三の歌手デビューは61年です。俳優・上原謙の息子として60年に鳴り物入りで映画界に入った加山さん、61年には若大将シリーズの第1作『大学の若大将』がつくられ、その挿入歌である〈夜の太陽〉でレコード・デビューも果たします。でも、キャラクターが確立されたのは64年、この年の流行リズムとして〝サーフィン〟が話題になっている最中、日刊スポーツの6月10日号に〝波乗り日本第一号　加山雄三、サーフボード作る〟という記事が出た辺りからです。加山さんはサーフィン／ホット・ロッドのレコードに写っているサーフボードを自分でつくっちゃった。で、ランチャーズとバンド活動を始めるんですね。

サーフィン／ホット・ロッドがアメリカ西海岸でブームになったのは、62年から65年ぐらいまで。日本でビーチ・ボーイズの〈サーフィン・USA〉が発売されたのは63年6月です。9月にはダニー飯田とパラダイス・キングがジャン&ディーンをカヴァーした〈サーフ・シティ〉がリリースされ、64年の流行のリズムは〝サーフィン〟ということになるんです。**当時はダンス・ホールが都会の若者の遊び場でしたから、毎年〝流行のリズム〟というのがあった。**そのステップを覚えるために若者はダンス・ホールに通い、レコードを買ったわけですから、レコード会社も〝仕掛け〟の一翼を担っていて、64年のトレンドは〝サーフィン〟ということになったんです。

64年4月には、赤坂プリンス・ホテルで「サーフィン・ダンス大会」が、新宿コマ劇場地下ではビクター・キング・渡辺プロ主催の「ザ・サーフィン」大会が開かれ、後者には1200人が集まった。6月には寺内タケシとブルー・ジーンズによる国内初のサーフ・インスト・アルバム『これぞサーフィン』と、田川譲二がアストロノーツのヒット曲を日本語詞で唄った〈太陽の彼方に〉が出ました。ブルー・ジーンズも半分を藤本好一に唄わせたアルバム『太陽の彼方に』で追いかけ、8月には橋幸男がサーフィン・リズムで唄った〈恋をするなら〉がヒット。ビクターとユナイト映画が共催した「踊れサーフィン・コンテスト」が葉山マリーナで開かれたのも8月。そして9月16日から27日にかけて後楽園アイスパレスで「世界サーフィン・パレード」という大イヴェントが開かれます。これには英国からリヴァプール・ビートルズがやってきました。リヴァプール・ファイヴが日本ではこう呼ばれたんですね。日本勢は、ブルー・ジーンズ、ジャニーズ、クール・キャッツ、東京ビートルズ、スリー・ファンキーズ、内田裕也、田川譲二らです。**サーフィンでビートルズですから、メチャクチャですね**。顔ぶれを見ただけで、内容が想像できます。

10月には内田裕也と尾藤イサオの共演アルバム『ロック、サーフィン、ホット・ロッド』や、ビクターのインスト・バンド、スペイスメンのデビュー・シングル〈ホット・ロッド・パーティー〉が出るんですが、秋に新しいトレンドとして登場したのが、ジャマイカの〝スカ〟です。ミリー・スモールの〈マイ・ボーイ・ロリポップ〉を、中尾ミエ、伊東ゆかり、梅木マリが相次いでカヴァーし、65年1月にはダンスの第一人者だった中川三郎の娘、中川ゆきが〈東京スカ娘〉をリリースします。3月にはミリー・スモールの来日公演も行われていますから、スカもこの時代に一応入ってきていたんですね。

65年1月の来日を機にブレイクしたヴェンチャーズを追いかけたのが加山さんです。6月に寺内タケシとブルー・ジーンズをバックにしたシングル〈恋は紅いバラ〉で路線を変えた加山さんは、若大将シリーズの6作目『エレキの若大将』の挿入歌である〈君といつまでも〉と、インスト曲〈ブラック・サンド・ビーチ〉を12月5日に同時発売する。〈君といつまでも〉が歌手としての最初の大ヒット曲であることはご存じの通りですが、ロック史的に見逃せないのはオリジナル曲でサーフ・インストにも踏み込んでいることです。65年1月には初アルバム『加山雄三のすべて』[J1]が東芝から出るんですが、2月にはCBSコロムビアからサーフ路線のアルバム『恋は紅いバラ』[J2]も出る。本来は東芝と契約がある人のアルバムがコロムビアから発売されたのは、映画の権利関係の問題からだったのもしれませんが、ランチャーズをバックに従えた『恋は紅いバラ』は、日本人による初のロック・アルバムと言える内容で、ギター・プレイも素晴らしい。「勝ち抜きエレキ合戦」の最盛期に出たことを考えても、加山さんが〝エレキのスター〟としてどれだけ大きな存在だったかがわかります。

【J1】『加山雄三のすべて　ザ・ランチャーズとともに』1966年

【J2】『恋は紅いバラ／加山雄三アルバム』1966年

エレキ・インストからサーフィンへ

ここまでの話は、日本がどれだけ遅れていたか、とか、結局は芸能界の動きにならないと流行しなかった、という証拠ではありますが、私は〝そこ〟を指摘したいわけではないんです。激しいタイムラグがあり、勝手な解釈がまかり通り、技術的におぼつかなかった時代の方が、〝日本オリジナル〟の色が強くて、むしろストレンジな面白さはある。若い世代が90年代以降の画一化されたサウンドよりも、60年代、70年代の歌謡曲や、未熟な時代の日本のロックを好むのもわかります。どこかはみ出している方が、〝個性〟としてはわかりやすいんでしょう。

そのせいもあって、〝エレキ・インスト〟という分野にかけては、『パルプ・フィクション』のサントラ盤でディック・デイルを知った世代の方が、アメリカでの動きを素直に掴んでいると思います。

アメリカのロックンロールに〝エレキ・インスト〟が登場するのは58年のことで、それはエルヴィスの入隊と深い関係がある。つまり、ヴォーカルの〝キング〟に代わるギターやサックスの〝ヒーロー〟をつくろうとした動きだったんです。〝トゥワンギー・ギター〟で一世を風靡したデュエイン・エディは58年から64年のあいだに27曲もの全米ヒットを放っているし、凶悪なギターが炸裂する〈ランブル〉や〈ローハイド〉をヒットさせたリンク・レイはパンクの時代にも大きな意味を持ちました。ニューメキシコ出身のファイアボーイズ、〈ゴースト・ライダーズ・イン・ザ・スカイ〉のヒットで知られるラムロッズなどがそれに続き、ジョニー&ザ・ハリケーンズや、ファッツ・ドミノとかリトル・リチャードのセッションでも知られたリー・アレンといったサックスがメインのインストもチャートに入りました。

60年代に入って南カリフォルニアで〝サーフィン・サウンド〟を標榜し始めたのがディック・デイルです。彼の全米ヒットは61年暮れに60位まで上がった〈レッツ・ゴー・トリッピン〉と、63年に98位に入った〈ザ・スキャヴェンジャー〉だけなんですが、『パルプ・フィクション』で有名になった62年の〈ミザルー〉などはローカル・ヒットして、毎週末に出演していたバルボアの「ランデヴー・ボールルーム」には千人近い観客を集めていたといいます。

そんなデイルに刺激を受けて、南カリフォルニアでは多くのサーフィン・バンドが誕生し、多くのインディー盤がつくられました。その中から全国区になったのが、62年に〈パイプライン〉を全米4位のヒットにしたシャンテイズ、63年に〈ワイプ・アウト〉を2位まであげたサファリーズ、同じく63年に〈ペネトレイションン〉を18位に食い込ませたピラミッズです。**ヴェンチャーズやアストロノーツは、サーフィン・インストの動きにいち早く呼応しただけだったんですね。**

ビーチ・ボーイズが地元のインディー・レーベル「X」からデビュー・シングル〈サーフィン〉をリリースしたのは61年11月。これが全米75位まで上がり、彼らはキャピトルとの契約を決めたんです。63年になると、それまでドゥーワップを唄っていたジャン＆ディーンがサーフィン路線に切り替えて成功し、ファンタスティック・バギーズ[3]、ブルース＆テリー[4]、スーパーストックス、リップ・コーズなどがあとに続きます。64年の日本のトレンド・リズムが〝サーフィン〟になったのは、前年のアメリカでの動きを受けてのことだったんですね。

カリフォルニアでは62～63年にサーフ・ボードがバカ売れしたそうですが、実際に波乗りをやるのは一部で、多くは〝丘サーファー〟だったようです。つまり、ファッションのアイテムとしてボードを持ったんですね。そうしたら、「カッコつけのアイテムならクルマだろ」という連中が出てきて、〝ホット・ロッド〟というジャンルが生まれた。それが〝サーフィン〟とくっつくんですね。本物のサーファーが少なかったことや、波を想わせるギターを弾くのはディック・デイルぐらいだったからか、〝サーフィン／ホット・ロッド〟とする方が都合がよかったということもあるはずです。

まぁ、ジャンルの名称なんてどうでもいいんですが、**〝エレキ・インスト〟から〝サーフィン／ホット・ロッド〟という流れ**は、ロックンロールがどう変化して〝アメリカン・ロック〟になっていったかを考えるときにとても重要です。歌もののロックンロールが下火になり、ブリル・ビルディング産のポップスやソウルがヒット・チャートを賑わす時代がやって来たわけですが、ロックンロールはインストという分野である面とても凶暴に変化して、のちのガレージ・ロックや、

【3】
ソングライター・チームを組んだP.F.スローンとスティーヴ・バリによるプロジェクト。ふたりはママス＆パパス、タートルズ、ジョニー・リヴァースらへ楽曲を提供していた

【4】
その後ビーチ・ボーイズに参加するブルース・ジョンストンと、特にバーズのプロデューサーとして知られるようになるテリー・メルチャーのデュオ。スローン＆バリの楽曲も歌う

パンク、オルタナにも通じる要素を持つようになっていった。〝エレキ・インスト〟が凶暴なのは、ヴォーカルが聴こえるようにアンプのヴォリュームを絞らなくてよかったからでしょうが、もし60年代初頭に現在と同じような音響システムがあったら、そこにヴォーカルを乗せた〝ハード・ロック〟がもっと早く生まれていたように思うんです。

そういう意味では、**全体のマーケットが大きく、さまざまな地域にローカル・シーンがあるアメリカほど、ポップ・ミュージックが育ちやすい国はなかった。**ディック・デイルみたいな唯一無二の個性が南カリフォルニアのローカル・スターでしかないんですから、恐るべし、ですよね。コロンビアとかMGMとかワーナー・ブラザーズといった映画会社と連動したレコード会社以外は、ほとんどがインディペンデント・レーベルとして始まっているということも大きかったと思うんですが、マーケットが大きいですから、ちょっと全米ヒットが続けば莫大な金が入ってくる。つまり、音楽産業には〝アメリカン・ドリーム〟があったわけです。

アトランティックのアーメット・アーティガンなんていい例ですが、レコードなんて出してみなければ当たるかどうかわからないですから、とにかくアーティストを集めて、次から次へと出していった。基本はR&Bとジャズのレーベルだったのに、ポップスやロックンロールにも乗り出し、南部のスタックス／ヴォルトと提携してサザン・ソウルの牙城にもなった。そうすると今度はソニー&

シェールやバッファロー・スプリングフィールドと契約して、英国のクリームも獲得。ところがそこで、ワーナー／セヴン・アーツに会社を売ってしまう。タマは持てば持つほど制作費や宣伝費がかかるからです。全部売れればとんでもなく儲かりますが、会社を支えているのはごく一部のミリオン・ヒッターですから、**タマを増やした分だけかかる制作費はアーティガンの悩みの種だったん**ですね。

そこで彼は、アトランティックのカラーを守ることと彼やスタッフがそれまでと同じように働けることを条件に、ワーナー／セヴン・アーツの傘下に入ってしまった。儲けよりも潤沢な制作費を取ったんですね。アーティガンが凄いのは、時代がロックの〝アルバム・アーティスト〟を求めているのをいち早く察知し、英国のイエスやレッド・ツェッペリンと最初から直接契約したこと。デッカと契約が切れたのを機にローリング・ストーンズ・レコーズを興したミック・ジャガーが、アーティガンと手を組んだのは必然的な流れだった、と言ってもいいでしょう。

60年代末までは、ＥＭＩ、デッカ、フィリップス、パイという4大メジャーがレコード業界を牛耳っていた英国とは根本的に違って、**アメリカでは最初から個人が〝音楽産業のシステム〟を考えているようなところがある**。というか、プロデューサーなりミュージシャンなりがどういう活動をしたか、とか、どうやって頭角を現していったかを見ると、その人が〝音楽産業のシステム〟にどう嵌っていこうとしていたか、が見えてくるんです。

たとえば、リー・ヘイゼルウッドという人。日本ではナンシー・シナトラとのデュオ作しかほとんど知られてませんが、DJを経て、56年にサンフォード・クラークというロックンロール・シンガーがヒットさせた〈ザ・フール〉でソングライター／プロデューサーとして頭角を現すと、すぐにデュエイン・エディのプロデューサーとなってヒットを連発し、自身の歌手デビューは63年になってから。66年にはリプリーズで、ディーン・マーティンの息子がいたディノ・デジ&ビリーやナンシー・シナトラのプロデュースを始め、グラム・パーソンズとも親交を持ちました。67年には自身のレーベルLHI（リー・ヘイゼルウッド・インダストリーズ）を興して好き勝手なレコード制作を続け、アン・マーガレットとデュオ・アルバムをつくったり、70年にはスウェーデンでソロ・アルバムを出したりしながらパリやロンドンなどを放浪。2007年に78歳で亡くなるまで、不思議な活動を続けたんです。おそらくレコード業界のシステムを知り尽くしていて、ときにはレコード会社からギャラを貰ったり、プロデュース料も印税にしたり、どこかから出資してもらったりして、やりたいようにやりながら生き延びたんでしょうが、**私はフィル・スペクターなんかよりヘイゼルウッドの方がだんぜん面白いと思います**。フォーク／カントリー寄りなのにポップなソロ・アルバムもいいし、ディノ・デジ&ビリーのちょっとガレージっぽいフォーク・ロックも捨て難い味ですからね。越境の度合いが音楽ジャンルを超えちゃってるところが凄いです。**英国にはこういう人はいません**。

スタジオ・ミュージシャンから約10年でレーベル・オーナーにまで出世したり

オン・ラッセルも、売れるものの周りにいる嗅覚は凄かった。初期の仕事ではフィル・スペクターのセッションがよく知られていますが、ヴェンチャーズの〈十番街の殺人〉のサックスや、〈朝日のあたる家〉のオルガン・ソロも彼だったそう。そこからゲイリー・ルイスのアレンジや、シンドッグズを経て、ディレイニー&ボニーとスワンプ・ロックを広め、ビートルズ、ストーンズと繫がっていくんですから、彼の歩んだ道も音楽産業の〝アメリカン・ドリーム〟だったと思います。

〝サーフィン/ホット・ロッド〟に話を戻すと、カリフォルニアのこのシーンこそ、実は**一握りのソングライターやプロデューサーがつくっていたん**です。ブライアン・ウィルソン、ブルース・ジョンストン、テリー・メルチャー、ゲイリー・アッシャーといったビーチ・ボーイズ周辺の人と、ジャン&ディーンのプロデュースを経てアルドンに入り、のちにダン・ヒル・レコードを興すルー・アドラー、そしてP.F.スローンとスティーヴ・バリのソングライター・チームなどです。ブリル・ビルディング系の制作スタイルを踏襲しながら、ディック・デイルに〝ローカル・ロックンロールの底力〟を見ていたから、ビーチ・ボーイズとジャン&ディーン以外はガレージやフォーク・ロックの要素を持つことになったのかもしれません。

ビートルズとボブ・ディランの非商業性

64年からおよそ2年の〝ブリティッシュ・インヴェイジョン〟も、アメリカのレコード会社やプロモーターが「いまなら英国のビート・バンドというだけで商売になる」と踏んだ結果だったという話は前にしました。キンクスじゃないですが、〝すべてはショウ・ビジネス〟なんですね。ロックンロールは50年代の若者の〝自由への憧れ〟や〝反体制〟をその精神性として持っていましたが、しょせんは商業音楽ですから、売れなければ見向きもされなくなる。リンク・レイの凶悪なエレキ・インストだって、ラモーンズみたいなものとして売れて、そのスタイルでやるかぎりは商売になっていたんです。

ところが**ビートルズは、一定のスタイルを商売にすることがなかった**。アメリカで人気が爆発した64年2月から、ライヴ活動をやめる66年8月まで、たった2年半、その間は揃いのスーツこそ着ていましたけど、音楽性は刻々と変わり、たった35分のステージさえヒット曲で固めることがなかった。『ハード・デイズ・ナイト』の1年後が『ヘルプ!』、2年後が『リヴォルヴァー』という展開は、商業音楽としてはありえませんよね。ファンをおいていっている。それをジョージ・マーティンやブライアン・エプスタインが止めなかったのは、ビートルズがやることは世界が受け容れたからでしょう。もうイケイケ状態。初期の頂点は間違いなく『ア・ハード・デイズ・ナイト』です。当時としてはブッ飛んだ映画が世界的なヒットになり、少女たちはスクリーンに向かって絶叫した。そんな前代未聞の現象が世界中で同時多発的に起こったんですから、大人たちもビートルズを認めないわけにはいかなかった。好き・嫌い、わかる・わからないの判断は先送りにする格好で、存在を認めたんでしょうね。ブラック・パワーやステューデント・パワーの高まりともリンクして、〝大衆の時代〟へと向かった60年代の主役は、第二次世界大戦の戦中・戦後に生まれた〝若者〟になっていった。〝大衆〟とは〝若者〟のことだった、と言っても過言ではないはずです。黒人や学生の少ない英国でビートルズが生まれたのは、ジョン・ノレンの歳から徴兵の義務がなくなったから、というのは前にも説明しました。兵隊に取られなくなった若者たちはどうしたかというと、英国では職業訓練校の要素も強い、アート・スクールに通うようになったんです。**60年代の英国は経済が安定していましたから、若者たちの目は文化に向いたんです**ね。

　私は英国のトラディショナル・フォークを唄うファミリー・グループ、ウォータソンズ[5]の長女、ノーマ・ウォータソン――マーティン・カーシー[6]の奥さんですね――にインタヴューしたことがあるんですが、「60年代は女性が解放された時代だった」と言っていたのが忘れられません。50年代の英国では、女性は夜は家にいるものと決まっていて、夕方からパブに呑みに行くのは男か、夫に連れられた奥さんだけだったそうです。その話を聞いたときに、私は「あぁそうか」と思った。スキッフルの時代に流行ったのは〝コーヒー・バー〟だし、ビートルズはキャヴァーンの〝ランチ・タイム・セッション〟でリヴァプールでの人気を爆発させた。その〝意味〟がノーマの証言でわかったんですね。

【5】
ノーマ、マイク、エレインのきょうだいに、いとこのジョンがメンバー。スキッフルからトラッドへと音楽性をシフトし、1965年にデビュー。多くの場合、無伴奏で四声のハーモニーを聞かせるのが特徴。70年代に入り、マーティー・カーシーも参加した

【6】
1965年にデビューしたトラッド・フォーク・シンガー／ギタリスト。ソロ活動の傍ら、エレクトリック・トラッドバンドのスティーライ・スパンやアルビオン・バンドにも参加。リヴァイヴァリストの中心的役割を担う。ボブ・ディランやポール・サイモンとの関わりについては本文で後述

アレクシス・コーナーとシリル・デイヴィスは、ロンドンでブルースを定着させるために、まず〝同好会〟という意味の〝クラブ〟を始めて、ホテルの広間などを借りて〝クラブ〟の活動をした。それも本格化したのは58年ごろからですから、おそらく〝真面目にアメリカ音楽を研究する会〟であることをアピールして、若者や女性を取り込もうとしたんじゃないかと思うんです。その中からローリング・ストーンズが生まれるのは、クラブが常設の小屋を指す言葉になってからですが、子供や女性でも行けるのが「マーキー・クラブ」で、ジョージ・フェイムやズート・マニーがモッドなオルガン・ジャズやR&Bを聴かせていた「フラミンゴ・クラブ」の〝R&Bナイト〟は週末の深夜、アメリカ兵や娼婦を狙った時間に行われていたそうです。

モダンを略して〝モッド〟、それを標榜する若者たちを指す〝モッズ〟がロンドンで流行り始めるのは62年ごろから。ビートルズがピエール・カルダンの細身のスーツを衣装にしたのは、イタリア製のスーツがモッズの必須アイテムになりつつあったからです。そんな時代に英国の女性ファッションをリードしたのがマリー・クワントですから、先述のように、その広報にいたアンドルー・オールダムにブライアン・エプスタインが協力を求めたのは、ビートルズのファッションを都会的にするためだったのかもしれません。

やがてマリー・クワントはミニ・スカートを考案し、ツィギーを世界的なファッション・リーダーにするわけですから、ノーマ・ウォータソンが「60年代は女性が解放された時代」と言うのも肯けます。

ビートルズはデビューから半年で英国での人気を爆発させ、63年中にヨーロッパを手中にしました。モップ・トップ・ヘアにイタリアン・スーツでオリジナル曲を演奏するヴォーカル&インストルメンタル・グループが**アメリカのポップスとは異質の新しいロックンロールで次の時代への扉をこじ開けた**わけですから、まさしく〝文化革命〟でしょう。

そんな時代の寵児が、アメリカを落として世界を制覇し、ついに全曲オリジナルのアルバムを出したんですから、『ア・ハード・デイズ・ナイト』は勝利宣言とも言えた。

ところがアメリカでは、英国盤仕様の『ア・ハード・デイズ・ナイト』は出ませんでした。ユナイテッド・アーティスツから映画のサントラ盤が出たためです。[J3] キャピトルが次々と出した編集盤がのきなみ大ヒットしましたから、英国盤のアルバムでは目立たない曲が人気になるなんてことも起こったんですが、**アメリカでビートルズが〝60年代文化のリーダー〟として認められたのは『サージェント・ペパーズ』がリリースされたときだったはず**です。『ヘルプ!』もアメリカで出たのは半分オーケストラ・トラックのサントラ盤だし、『ラバー・ソウル』も『リヴォルヴァー』もアメリカ盤は曲が少なかったり曲順が変えられたりですから、彼らがどういうつもりでアルバムをつくったか、どこを目指していたのかは、ちょっと曇ってしまったんですね。

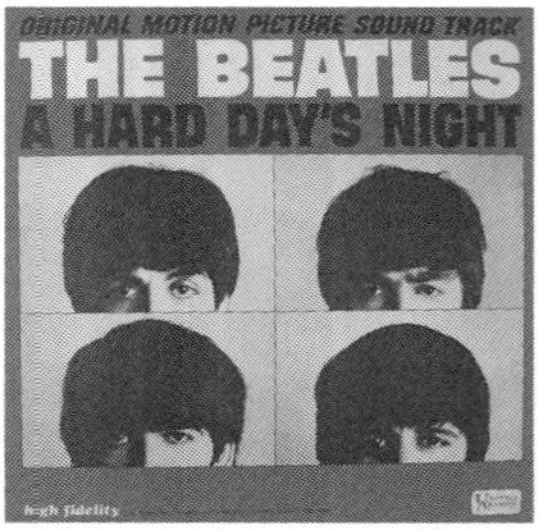

【J3】
『ア・ハード・デイズ・ナイト』の米国盤。
映画の公式サントラ盤として1964年6月に発売された

だから、英国盤の曲目、曲順、アートワークで世界統一された最初のアルバム『サージェント・ペパーズ』で、ビートルズは60年代文化の頂点に立った。歴史的な人物たちの真ん中に4人がいるジャケットも象徴的でしたけど、アルバムのコンセプト・メイカーだったポールも、デザイナーのピーター・ブレイクに〝自分たちの存在〟を見せつける意匠を依頼したわけではなかった。〝音ありき〟だったんです。私は『サージェント・ペパーズ』がビートルズの最高傑作だとは思いませんが、〝20世紀のポップ・ミュージックの到達点を示すアルバム〟を一枚あげろと言われたら、いつでも迷わず『サージェント・ペパーズ』と答えるし、〝60年代の大衆文化の象徴〟を問われても答えは同じです。それは、「アルバムを作品として聴いてほしい」というポールの願いが、レコーディング・テクニックの面でも、アートワークの面でも叶えられたからで、〝音楽を軸にした総合芸術作品〟として完成されているからです。

余談になりますが、世界的に裏ジャケに歌詞が刷られた最初のアルバムになったのは、66年の来日のときに日本盤の歌詞を見たから、という興味深い指摘をする人が私の友人にいます。元・ダディ竹千代と東京おとぼけキャッツのギタリストで、現在は奥さんと「めおと楽団ジキジキ」として寄席まわりをしている世田谷キヨシ（来栖野潔）さんです。

それまで、**欧米ではレコードに歌詞をつける習慣はなく、歌詞を知りたい人はシート・ミュージックを買っていた。**一曲ごとの譜面ですね。レコード店でシート・ミュージックも売られていたんです。

ビートルズは来日時に東芝から日本盤のレコードをプレゼントされたんですが、シングルのジャケットがきれいなことと、歌詞がついていることにビートルズは驚いた。けれど、日本で聴き取られた歌詞には間違いがたくさんあった。由々しき問題だ、ということになった。キヨシさんは当時の雑誌の記事に、日本盤のレコードがビートルズに手渡されているのを見つけて、これこそ〝『サージェント・ペパーズ』の裏ジャケに歌詞が刷られることになったきっかけではないか〟と、私にメールをくれたんですが、まさしくそう、だと私も思います。ついでに言えば、その後の最初の英国盤シングルだった〈ストロベリー・フィールズ・フォーエヴァー／ペニー・レイン〉【J4】に英国では初めてピクチャー・スリーヴが付いたのも、日本盤のシングルの影響だったんじゃないでしょうか。

ジャケはともかく、そこに歌詞を刷ってしまうというのは音楽ビジネスを根本から覆すことになった。音楽出版社は譜面を売るのも商売にしていたわけですが、自分で楽器を弾かない人にもシート・ミュージックが売れたのは正確な歌詞を知る方法がほかになかったからです。アルバムの全曲の歌詞をジャケットに刷ってしまえば、譜面の売上が激減するのは目に見えていた。ビートルズはシート・ミュージックの売上から入る印税よりも、**自分たちが書いた歌詞を正確に伝えることの方を重要視した**んです。これもまた象徴的な事件でした。〝何でも商売にするつもりはない〟と言っているようなものですからね。

【J4】
〈ストロベリー・フィールズ・フォーエヴァー／ペニー・レイン〉1967年2月

多くの音楽出版社は〝ルール違反〟としてビートルズを攻撃しましたが、ミュージシャンの多くはその姿勢を評価し、次々とアルバムに歌詞をつけるようになった。

それには同調せず、**決してレコードに歌詞をつけないのがボブ・ディラン**ですが、彼も譜面や詩集の売上なんてまったく気にしていないのがネット時代になって判った。相変わらずレコードには歌詞をつけないディランですが、bobdylan.comでは全曲の歌詞が閲覧できるからです。

ディランは注目を集めてからも、フォークのフーテナニーや、ニューポート・フォーク・フェスティヴァルのような、どう考えてもあまりギャラが出なそうなイヴェントでも唄ってましたから、その点では〝フォークの非商業性〟を体現していた。ビートルズの場合は、カツラやスーツやブーツから、食器をはじめとする日用品やおもちゃ、ポータブル・レコード・プレイヤーにいたるまで、あらゆるキャラクター商品が発売されましたが、肖像権に関してはあまく、多くのバッタものを取り締まることもなかった。

60年代にはまだ、誰もが〝権利ビジネス〟に意識的ではなかったという面もありますが、ビートルズやディランを、もっと言えば〝ロック〟を、産業として見ているファンはいなかったと思います。フランク・シナトラやエルヴィス・プレスリーのように、映画やテレビやディナー・ショウをやらないのが60年代組で、チケットも安かったですから、友だちのバンドを応援するような感覚がファンにもあった。誰も指摘していませんが、〝非商業的〟に見えたことも、ロックを〝若者の理想〟に押しあげていった大きな要因だったんじゃないかと私は思うんです。

ちょっと時代は先に行っちゃうんですが、サンフランシスコのヒッピー／フラワー・ムーヴメントを象徴することになったジェファーソン・エアプレイン、グレイトフル・デッド、クイックシルヴァー・メッセンジャー・サーヴィスの動きなんて、まさに〝商売は二の次〟で、〝コミューン的〟ですよね。詳しく触れている時間はないんで年表（285ページ年表5参照）にしましたが、前に紹介したグレイス・スリックの、「ミック・ジャガーに気づかされるまでビジネスのことは考えていないも同然だった」というエピソードが物語るように、67年の〝サマー・オブ・ラヴ〟には商業性はなかった。

車に貼る〝ジェファーソン・エアプレイン・ラヴズ・ユー〟というステッカーを大量にまいたのも彼らがブレイクするきっかけになったという証言があるし、『サージェント・ペパーズ』に触発されて、完成していたアルバムをつくり直したというのも彼らです。

グレイトフル・デッドはコンサートの録音や撮影を早くから解禁していたことで知られていますが、〝デッド・ヘッズ〟と呼ばれる彼らのファンがテープを交換することで結束を強めたのが、長い時間をかけてデッドがアメリカを代表するバンドになっていった原動力とも言ってもいい。ジェファーソンが下の句をスターシップに変えて商業的にバンドになっていったのに対して、**デッドは〝67年**

の理想〟を持ち続けましたから、シスコ・サイケの精神は彼らに集約される格好になったわけです。Tシャツやぬいぐるみといったマーチャン・ダイジングや、次々と出るライヴ・アルバムにも商売の匂いが薄いのは、デッド・ヘッズに〝ファミリーの一員〟を自覚させるコミューン的な姿勢をいまだに残しているからでしょう。

ロックの時代の精神性

「そういうものこそ〝ロックの精神性〟」と言ってしまうのも危険なことではありますが、程度や音楽の好みを超えて「その船に乗る」という意識が、ロックンロールの時代とは異質の〝ロックの時代の精神性〟の芽生えだったと思います。ロックンロールの時代の〝反体制〟や〝自由への希求〟は、「それを与えてくれる場所」に望みを託しての〝参加〟の意識に端を発していたと思うんです。人種差別に対する抗議行動や公民権運動にもつながっていった〝意識〟はジャズやフォークに関与する人たちの方が高かったはずですが、アメリカの白人の知識層はジャズやフォークに〝意味〟を求めすぎたきらいがある。ミュージシャンにそういう意識は希薄だったのに、支持者は〝左翼思想を持つ集団〟の構成員だったりしたんですね。だからジャズやフォークに、自由や平等を求める〝時代の気運〟をだぶらせることを、音楽界もメディアも好ましく思わなかったんじゃないでしょうか。

ロックンロールは音楽としては限定されたスタイルを持ちましたが、それは〝基本形〟であって、**母胎となったR&Bや、カントリー、ポップスとの境は曖昧だった**。そのうえ白黒混合ですから、ロックンロールは〝時代の気運〟を伝える標語になり、〝精神性〟を認められるまでになったんだと思うんです。

ところが長続きしなかった。エルヴィスにケチをつける気はまったくありませんけれど、〝キング〟が兵役を受け容れたことはロックンロールを「精神の王国だ」と思っていた若者たちを失望させたに違いありません。だから58年を境に、トレンドは凶暴なエレキ・インストに向かった。リンク・レイの〈ランブル〉は、アメリカでは「婦女子を犯すような音楽だ」と言われて、いくつもの局で放送禁止になったんですよ、インストなのに。それは**歌詞に表れたことばかりが〝精神性〟ではないってこと**でしょう。コンビニの前でしゃがんでいる高校生は、宿題の話をしていたって〝不穏〟なんです。リーゼントとか長髪じゃなくても、若いというだけで〝凶暴〟なんです。根っこに秘めた〝ムード〟は察知されるということでしょうね。

敗戦直後の日本の若者たちが強烈なメッセージとして受け止めたもののひとつに、坂口安吾の『堕落論』があります。《生きよ堕ちよ》《日本は負け、そして武士道は亡びたが、堕落という真実の母胎によって始めて人間が誕生したのだ》というエッセイですね。『堕落論』が発表されたのは、昭和21年4月です。焦土と化した日本に、もう戦前・戦中の倫理は通用しないと悟った安吾は、逆説的なアジテーションをもって大衆を鼓舞したんです。

これはロックンロールの時代にはなかった〝ロックの精神性〟に似ています。ロック・ナンバーには〝地獄へ堕ちろ〟みたいな曲が多いですが、それは『堕落論』的な意味を持っている、と私は思うんです。落ちるところまで落ちたら上がっていくしかないわけですから、〝怖れるな〟ということでしょう。肯定的な言い方をすれば、〝見るまえに跳べ〟ということになる。

　大江健三郎が58年に発表した『見るまえに跳べ』は、英国生まれの詩人W・H・オーデン（Wystan Hugh Auden　1907―1973）の〝Leap Before You Look〟からの引用で、ラテン語を起源とすることわざ〝Look Before You Leap（転ばぬ先の杖）〟のもじりです。大江さんは『文学界』58年1月号に発表した『飼育』で芥川賞を獲ったんですが、石原慎太郎の『太陽の季節』とタイの23歳という史上最年少受賞が話題になりました。この年、石原、江藤淳、谷川俊太郎、寺山修司、浅利慶太、永六輔、黛敏郎、福田善之らと結成した「若い日本の会」で60年安保に反対する運動を起こしたことでも注目され、〝見るまえに跳べ〟は学生運動の標語になっていきます。

　この言葉に〝ロックの精神性〟をだぶらせたのが、70年8月にリリースされた岡林信康のセカンド・アルバム『見るまえに跳べ』[J5]でした。プロデュースは早川義夫、バックははっぴいえんどというこの名作で、日本のポップ・ミュージック

【J5】
『見るまえに跳べ』1970年

はボブ・ディラン／ザ・バンド的なフォーク・ロックに初めて踏み込んだと言っていい。4ヶ月前には遠藤賢司がはっぴいえんどをバックに録音した傑作『niyago』[J6]が同じURCレコードから出ていましたが、作品の質ということではないんです。すでに〝フォークの神様〟と呼ばれていた岡林さんがロックに移行したことが、フォークとロックのあいだにあった垣根を取っ払う嚆矢となった。

ディランの〈ライク・ア・ローリング・ストーン〉がアメリカでリリースされたのは65年7月20日。ニューポート・フォーク・フェスティヴァルにエレキを持って登場したディランが歴史的なブーイングを浴びたのは25日ですから、やっぱり我が国はずいぶん遅れていた。ディランの日本でのデビュー・シングル〈ホームシック・ブルース〉はこの年6月の発売でしたから、無理もありません。65年にビートルズとディランが両輪になったからこそ『サージェント・ペパーズ』に向かっていった〝ロック〟の片輪が、当時はまったくと言っていいほど知られていなかったんですから致命的でしょう。**〝ディランは重要〟と早く気づいたフォーク系のミュージシャンの方が、先に〝ロックの精神性〟を感じさせるアルバムに至った**のは必然的な結果だったと思います。スパイダースやゴールデン・カップスがGSという枠の中で形にした〝ロック〟に、私はずっと敬意を表してきましたが、歌詞まで、精神性まで、となると70年代初頭のニュー・ロック勢には厳しい採点をせざるをえません。そういう意味では、はっぴいえんども同じです。大瀧詠一さん、細野晴臣さんのソングライターとしての力量や、松本隆さんの詞に

【J6】
『niyago』1970年

は私も多大な影響を受けていますが、69年から73年ごろまで、つまり〝ニューミュージック〟がブームになる以前の日本のフォークには、〝ロックの精神〟を満載したアルバムが多いですから、それらと比較すると、はっぴいえんどは〝音楽〟にとどまっているように聞こえてしまうんです。いや、もちろん素晴らしいですよ。音楽的なセンスに称賛されて然るべきです。けれど、ビートルズにもディランにもある〝見るまえに跳べ〟的なメッセージやアジテーションは、ほとんど感じられない。大瀧さんの音頭モノやYMOの方が、私にはよっぽどロックだと思えてしまうほど、はっぴいえんどには〝希薄〟なところがある。それが〝ニューミュージック〟を経て〝Jポップ〟になったものの正体じゃないかと私は思うんですね。ケンカ売るつもりはないんですけど。

　私は72年にベルウッド・レコードを興した三浦光紀さんと親しくしてもらっているんですが、実は彼こそが日本の音楽界に〝ニューミュージック〟というジャンルをつくった人なんです。68年にキングレコードに入社し、学芸部で落語のレコードなんかを担当していた三浦さんは、当時のフォーク・シーンに興味を持ち、URCがやっているようなことを何とかキングでできないかと考え、70年春に小室等さんと小林雄二さん[7]を編者にした教則アルバム『フォーク・ギターの世界』[J7]の制作に乗り出します。小室さんが率いていた六文銭はURCからレコードを出していましたから、その縁で三浦さんはURC人脈に入っていき、70年夏の〝第2回全日本フォーク・ジャンボリー〟をライヴ録音する。で、『フォーク・ギター

【7】
PPMフォロワーズ（1963〜64年、再結成66年）や六文銭（67〜69年在籍）で活動したギタリスト。小室等と共同名義で『フォーク・ギターの世界』を制作した小林は、その後も雑誌などでギター演奏法の監修も務める

【J7】
『フォーク・ギターの世界』1970年

の世界』は9月1日に、『自然と音楽の48時間〈70年全日本フォーク・ジャンボリー実況録音〉』は10月10日に出たんですが、フォーク・ジャンボリーを観た三浦さんはさらにのめりこんで、小室さんのソロ・アルバム『私は月には行かないだろう』[J8]と、高田渡さんのアルバム『ごあいさつ』[J9]を企画して、71年の5月、6月に続けてリリースするんです。でも、三浦さんがいちばん興味を持っていたのははっぴいえんどだった。そこで、URCから出ていたはっぴいえんどの2枚のアルバムからのシングル・カットをキングでやろうと思い立ち、小室さん、渡さん、岩井宏さん、中川五郎さんらのシングルと、はっぴいえんど関係のシングルも出していくんですね。その功績が認められて、三浦さんはキング傘下にベルウッド・レコードを設立、72年4月にリリースを開始する。六文銭、高田渡、山平和彦、西岡恭蔵、あがた森魚、大瀧詠一らの作品をリリースしていったベルウッドのラインナップに、はっぴいえんどが加わったのは73年3月。通算3枚目のアルバムとなる『HAPPY END』[J10]は事実上解散していたグループをLA録音で釣って実現したものでしたが、三浦さんは細野さんの『HOSONO HOUSE』[J11]や、キャラメル・ママがバックを務めた南正人さんの『ファースト・アルバム』で縁をつなぎ、はっぴいえんどの解散コンサートを企画したりもしました。

　そんなころに、制作進行の担当者からレコードの帯に入れるジャンル表記を、フォークにするかロックにするか、訊ねられたのだそうです。故・中村とうようさんが69年に創刊した『ニューミュージック・マガジン』にシンパシーを感じて

【J8】『私は月には行かないだろう』1971年

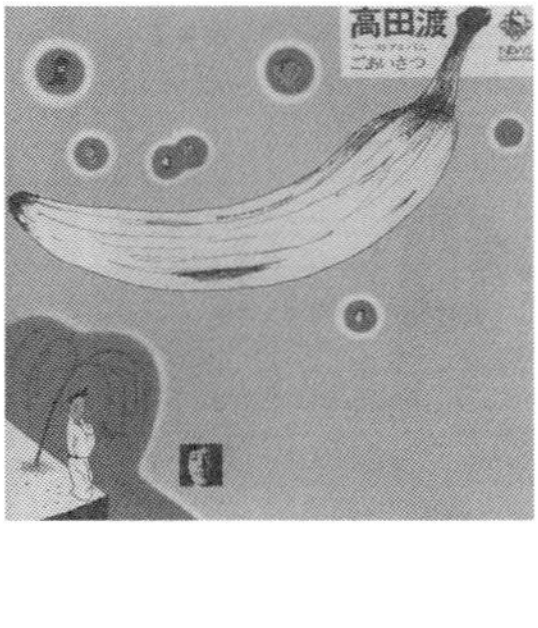

【J9】『ごあいさつ』1971年

いた三浦さんは、フォークでもロックでもない〝新しい音楽〟という意味で、ジャンル表記を〝ニューミュージック〟とすることにした。三浦さんは〝ニュー〟に音楽界の主流に対する〝アンチ＝反〟ではなく、〝非ず〟の意味をこめて、**自分たちは〝非主流〟を目指していた、**と証言してくれたことがあります。「反主流はいつか主流になっちゃうかもしれないけど、非主流なら永遠に主流にはならないよね。だから我々は非主流を目指したんですよ」と。

ところが三浦さんの意志とは別のところで〝ニューミュージック〟はひとり歩きを始め、〝新歌謡〟みたいなものになってしまった。三浦さんは「それが残念だ」とおっしゃっていました。

一方、中村とうようさんは、アメリカの音楽評論家ポール・ウィリアムズがディランのフォーク・ロックを、「これはフォークでもロックでもない〝新しい音楽〟だ」と評していたのに刺激されて、自分の雑誌を『ニューミュージック・マガジン』と命名した、と話してくれたことがあります。とうようさんが80年に誌名から〝ニュー〟を外したのは、もちろん〝ニューミュージック〟が日本のポップスのいちジャンルを示す言葉になってしまったからで、やはりそこには忸怩たる想いがあったようです。

とうようさんと三浦さんが60年代の終わりから70年代初めに〝ニューミュージック〟と呼んだのは、おそらく本書で私が〝ロックンロール〟〝ポップス〟とは差別化している〝ロック〟〝ポップ〟にほかならないでしょう。大衆性とか商

【J10】『HAPPY END』1973年

【J11】『HOSONO HOUSE』1973年

業性とか娯楽性と、人気や認知度、ビジネスとしての成功の度合いという〝結果〟を加味すると、商業芸術は全部〝売れた・売れない〟で片づけられかねません。なので私は、作品が伝える〝精神性〟に重きを置くことにした。誤解しないでいただきたいのは、私は〝ロックンロール〟や〝ポップス〟よりも〝ロック〟や〝ポップ〟が優れているとは思っていないということです。〝優劣〟を問題にしたくて言っているわけではなくて、〝質の違い〟を指摘したいだけなんです。

　たとえばチャック・ベリーは90歳まで、自分がつくったロックンロールのスタイルを守り続けた。〈ジョニー・B・グッド〉に代表される**あのスタイルを〝芸〟として、世界に売り歩いた**んですね。70年もそれで稼いで生きたんですから立派です。オーディエンスも彼に期待したのは〝あの芸〟ですから、新曲とか新作には興味がなくて、〝あの芸〟が観られるライヴこそが彼の現場となった。たまに出るライヴ盤や新作[8]は「まだ生きてるぞ」という証明であり、世界のプロモーターに「元気にやってるなら呼んでみようか」と思わせる材料になった。昔の芸人がたまに『笑点』に出て、懐かしい芸を披露するようなものだったんですね。

　私はチャック・ベリーのロックンロールが持っている幅も知っているつもりだし、それに対するリスペクトの気持ちも持っています。でも、あれは〝芸〟だと思う。ビートルズが『サージェント・ペパーズ』で世界に認めさせた〝芸術性〟とは、質が違う〝芸〟なんですね。50年代のロックンロールに芸術性がないとは思いませんが、**一定の表現が通用する範囲の安全圏で商売するのは〝芸人〟の在**

【8】1979年の『ロック・イット』を最後にスタジオ・アルバムは途絶えていたが、企画盤や散発的なライヴ盤のリリースを継続。没後、約38年ぶりの新作『チャック～ロックンロールよ、永遠に。』が2017年にリリース

り方でしょう。

65年にエレキを持つまでのディランは〝フォークの若頭〟だったし、『ヘルプ！』までのビートルズは〝弾けたアイドル〟だった。どちらも〝自作自演〟ということに大きな意味はありましたけど、チャック・ベリーだってリトル・リチャードだって自作自演でしたから、日本で言われるほど欧米では〝それ自体〟は評価されていなかったはずです。誤解を怖れずに言えば、65年の半ばまではディランもビートルズも、フォークやロックンロール、ポップスの流れに入る〝ちょっと変わった芸人〟に過ぎなかった。なぜ〝ちょっと変わった〟と思われたかと言えば、作品の〝質〟や、その〝出し方〟が、それまでの〝芸人〟とは違って、「一定の表現が通用する範囲」に甘んじることがなかったからです。

ディランはフォーク・ファンにそっぽを向かれることを覚悟でエレキを持ち、ビートルズはステージで再現することを考えずに『ラバー・ソウル』をつくった。〝見るまえに跳べ〟という意識がなければ、そういう姿勢にならなかったはずです。〝安全圏〟で〝芸〟を披露するのではなく、〝まだ見ぬ地平〟に〝新しい作品〟を投下する在り方にシフト・チェンジした。それはつまり、自ら〝芸人〟を辞めて、〝アーティスト〟になろうとした、ということでしょう。

ディランもビートルズも勝手にやっただけで、それが〝ロックの精神〟とは思っていなかったはずですが、オーディエンスの方はそこに高い〝精神性〟を感じた。**作品を野に放つアーティストと、そこから音楽以外の何かを得ようとする**

オーディエンスという〝関係〟が、ロックの時代の〝精神性〟を築いていった、と私は思っているわけです。

ビートルズとボブ・ディランの接点

さて、いよいよボブ・ディランです。

ミネソタのミネアポリスで育った彼が、友人のフレッド・アンダヒルと企てたヒッチハイクの旅で雪のニューヨークに辿り着いたのは、61年1月24日のことでした。

その夜、グリニッチ・ヴィレッジの「カフェ・ホワ?」で行われたフーテナニーに参加したボブは、29日ニュージャージーのグレイストーン病院に入院していたウディ・ガスリーを見舞い、のちにハワード・ビーチのガスリー家を訪ねています。ガスリーはフォークの前線を退いて久しく、その意志はピート・シーガーやランブリン・ジャック・エリオットに受け継がれていました。けれども〝アメリカン・フォークの始祖〟と言えばガスリーだったし、ロックンロールをやっていたボブをフォークに導いた張本人でもあった。本人の病状がどうあろうと家族に認められれば、〝最後の弟子〟と名乗ってもいいだろう、とボブは考えたんでしょう。

デイヴ・ヴァン・ロンクのアパートに居候しながら、イジー・ヤングが主宰するフォークロア・センターに出入りするようになった彼は、先輩のシンガーや左翼的な思想を持つフォークのタニマチから学んだ流儀を活用してシニカルな芸風に転じ、**ニューヨークに出てわずか10ヶ月でコロンビア・レコーズとの契約を決めます。**当時フォークの温床だったのは、フォークウェイズ、プレスティッジ、ヴァーヴといったレーベルですから、大メジャーのコロンビアがボブを採用したことは意外に思われました。同社のトップだったジョン・ハモンドは、ヴァンガードと契約してブルース・シンガーとして活躍し始めた息子、ジョン（・ポール）・ハモンド・ジュニアの進言を聞いてボブに会ったようですが、ハモンドは9月29日の『ニューヨーク・タイムズ』に載ったコンサート評で、ボブが激賞されているのを読んで、息子に「こいつは何者だ？」と訊いたみたいですね。それで会って見ると、かつてのビリー・ホリディやマイルス・デイヴィスに近いオーラを20歳のボブから感じた。ハモンドはそれが「契約の決め手になった」と語っています。契約書にサインしたのは10月26日。ミネアポリスから出てきたロバート・アレン・ジンママンが、本当に「ボブ・ディラン」になったのは、この日だったと思います。

62年3月19日に発売された初アルバム『ボブ・ディラン』は全米の注目を集めるまでには至りませんでしたが、同年4月に初披露された〈風に吹かれて〉がジル・ターナーに取り上げられ、フォーク専門誌の『シング・アウト！』と『ブロードサイド』[9]に載った楽譜で広まると、ディランの名前はその作者として知られる

【9】
どちらもフォーク・リヴァイヴァルの高まりを受けて誕生した雑誌。『シング・アウト！』は1950年の創刊から現在まで続き、『シング・アウト！』は1962年に創刊し、1988年まで続いた

ようになります。翌年、ピーター・ポール＆マリーのヴァージョンが大ヒットになったのは、マネージャーが同じアルバート・グロスマンだったからでもありますが、フォーク・シンガーの多くがディランの曲を欲しがるようになる。コーエン兄弟がデイヴ・ヴァン・ロンクの自伝をもとにこの時代のフォーク・シーンを描いた映画『インサイド・ルーウィン・デイヴィス』がディランと思しき男の登場で終わるように、63年5月27日に発売になった2作目『フリーホイーリン・ボブ・ディラン』は、フォークを一変させます。公民権運動のテーマ曲として広まった〈風に吹かれて〉に、〈戦争の親玉〉〈はげしい雨が降る〉といった社会派のナンバーが、ディランを〝プロテスト・ソングの騎士〟という立場に押し上げたからです。ファースト・アルバムには2曲しか収録されていなかったオリジナル曲が一気に増え、ソングライターとして注目されるようになったのは、コロンビアからの前払い金で西4番街にアパートが借りられたことと、**62年暮れから63年初頭にかけてロンドンに滞在し、英国のトラディショナル・ナンバーを学習してきた**ことの成果でした。

ＢＢＣが制作したドラマ『ザ・マッドハウス・オン・キャッスル・ストリート』に、若いフォーク・シンガーの役で出演するために渡英したディランは、撮影の合間を縫って何度かロンドンのフォーク・クラブに出演しました。イーワン・マッコールやペギー・シーガーといった英国フォークの大御所もディランのステージを観に来ましたが、わざとダミ声で唄うのは邪道と思ったらしく、いい顔をしなかったといいます。それに対して、マーティン・カーシー、ナイジェル・デンヴァー、ボブ・ダヴェンポート[10]といった若手は熱烈にディランを支持。彼らが唄う英国のトラディショナル・ナンバーに興味を持ったディランは、マーティン・カーシーとつるむようになったんです。帰国したディランは、カーシーに教わった〈スカーバラー・フェア〉をもとに〈北国の少女〉を、〈ロード・フランクリン〉をもとに〈ボブ・ディランの夢〉を書くなど、トラディショナル・ナンバーのメロディにオリジナルの歌詞をつけることで曲を生んでいく術を身につけていくんですね。

私はディランに英国フォークを教えた張本人であるマーティン・カーシーに、このときのディランの様子を訊いたことがあります。ステージでは歌詞を吐き出すように唄い、ワイルドなギターを弾いたディランは、オフのときに非常に物静かで、どんなことも吸収しようとしているように見えたといいます。当時のロンドンは夜遅く食事ができる店がほとんどなかったそうですが、ランプ・ステーキが食べられる店が一軒あった。カーシーがそこに連れていくと、ディランは「ランプ・ステーキって何だ?」と言ったそう。アメリカ人は肉をたくさん食べていると思っていたカーシーは意外に思って、「ステーキ、食べないの?」と訊くと、「ニューヨークではろくなものを食っていない」と言ってディランは肉をほおばり、その後は何度も「あの店に行こう」と誘ってきたそうです。

フォーク・ソングに関しても、ウディ・ガスリーが録音した曲以外は「ニュー

【10】
ダヴェンポートは1932年生まれで、60年代のフォーク・リヴァイヴァルを牽引した重要人物のひとり。デンヴァーはグラスゴー生まれのスコットランド人シンガーで、ロンドンを拠点に活動した

ヨークに出てからおぼえた」と言っていたらしく、**英国に伝わるトラディショナル・ナンバーのメロディを必死でおぼえて帰った**といいます。

『フリーホイーリン』が出たときに、カーシーやナイジェル・デンヴァーを驚かせたのは、作者のクレジットがすべて「ボブ・ディラン」となっていたことだったそうです。英国ではトラディショナル・ナンバーのメロディを借りた曲は〝Trad. arranged by〟と表記されるのが普通だったため、「ディランは英国の曲を盗んだ」と批判され、英国フォークの支持者からは嫌われたというんですね。

ところが『フリーホイーリン』は英国でも売れた。英国ロックの始まりになったスキッフルは、アメリカのフォーク・ブルースやカントリー・ブルースをもとにしたものですから、スキッフルのオリジネイターを求めてアメリカン・フォークを聴いている層もいた。そういう人たちは、英国のロックンロールはしょせんはアメリカの真似、と思っていたんでしょうね。だから、クリフ・リチャードにも、シャドウズにも、ビートルズにも靡《なび》かずに、アメリカ産の〝本物〟を聴いていた。アレクシス・コーナーやジョン・メイオールはまさにそういう人ですから、63年の段階ではビートルズをそれほど評価していません。ストーンズだって自分たちがビートルズを追いかける立場になるまでは、目標はアメリカのブルースやR＆Bだったはずで、北部のビート・バンドなんか相手にしていなかったんじゃないかと思います。

63年は確かにビートルズが英国を席巻した年ですが、みんながみんなビートルズに夢中になったわけではない。「だって、アイドルだろ?」と言った音楽通もいたんです。そういう連中は、アメリカの公民権運動を歌で引っぱるディランをヒーローと認めた。当のビートルズも『フリーホイーリン』を聴いて、「ディラン、ヤバイだろ」ということになっていたんです。

アメリカでは64年1月13日にリリースされた『時代は変る』は、プロテスト・ソングライター/シンガーとしてのディランの最後のアルバムになります。ものすごい気迫が感じられる傑作ですが、前年の『フリーホイーリン』が全米22位/全英16位まで上がったのに対して、『時代は変る』は米英ともに20位という成績に終わるんです。ピーター・ポール&マリーが〈風に吹かれて〉をヒットさせたあとと考えると伸び悩みの感があります。しかし、そりゃそうでしょう、64年1~2月といえばアメリカはビートルズですから、いくらニュー・ヒーローでも〝フォーク〟じゃ分が悪くなっていくんですね。

同年8月8日にアメリカでリリースされた『アナザー・サイド・オブ・ボブ・ディラン』は、弾き語りながらフォーク・ロックに踏み込んだアルバムです。ビートルズのアメリカ上陸で〝時代が変わった〟ことへの答えが、このアルバムに散りばめられているのは、いま聴いても面白いですね。♪イェー、イェー、イェーのビートルズに、♪ノー、ノー、ノーで返した〈悲しきベイブ〉なんていい例ですが、このアルバムは全米チャートでは41位。ところが英国では8位まで上がるという逆転現象が起こり、支持層が着実に拡がっていた英国をディランは重要視するようになる。

ビートルズとディランが初めて会ったのは、64年8月28日の深夜。ニューヨークのフォレスト・ヒルズ・テニス・スタジアムで公演を終え、ホテルに戻ったビートルズをディランが訪ねたんです。ディランは、当然彼らはマリファナをやっているだろうと踏んで持参したんですが、ビートルズは初体験だった。それもあってジョンは、「ディランに遅れをとっている」と感じるようになり、歌詞に重きを置いたフォーク・ロック調のナンバーを書くようになるわけです。

『フォー・セール』[J12]に収録された〈ノー・リプライ〉と〈アイム・ア・ルーザー〉、そして〈ベイビーズ・イン・ブラック〉は、明らかにディランを意識して書かれた曲です。〈ノー・リプライ〉を聴いたディック・ジェイムズは、ジョンの歌詞が大人の観賞にたえうるものになってきていることを褒め、ジョンは気をよくします。前にも話しましたが、ここが「ポップ・ミュージックの分岐点」でしょうから、繰り返します。アメリカ上陸から半年で『ア・ハード・デイズ・ナイト』をつくりあげ、ポップ・ミュージックの頂点に立ってしまったジョンは、ビートルズの活動がルーティン化していくことに疑問を感じていた。落ち着いて曲をつくり、進化を目指してレコーディングするヒマがなかったのは『フォー・セール』に明らかですが、そんなことよりも、自分の名義ではヒット曲もないのに〝文化的な存在〟として認められていたディランに、嫉妬していたんでしょう。

翌65年3月、ザ・バーズに取り上げられた〈ミスター・タンブリン・マン〉が

【J12】『ビートルズ・フォー・セール』1964年12月

本格的にフォーク・ロックの扉を開けようとしているときに、ディランは『ブリンギング・イット・オール・バック・ホーム』を発表します。ロック・フォーマットのバックがついたこのアルバムで、ディランはその時点では〝ポップ〟と見なされていたビートルズにはない〝ロック〟を提示して、さらにジョンの先を行くことになった。何十枚もの紙に一言ずつ書いた歌詞を曲に合わせて捨てていく〈サブタレニアン・ホームシック・ブルース〉のPVと、ビートルズの映画『ヘルプ！』が同時期に制作されたものであることを考えれば、**世界のアイドルの脇で、ディランが〝ロック〟の扉を開けた**のがわかるはずです。

プロテスト・ソングとフォーク・ロック

7月25日のニューポートではブーイングを浴びたものの、20日に発売になっていた〈ライク・ア・ローリング・ストーン〉は全米2位まで上がり、ディランはついに自身のヒット曲を持ちます。むかしはハデでいい調子だったのに、すっかり落ちぶれて帰る家もなくなったヤツに、「どんな感じだい？」と問いかける人の悪い歌を、ディランが誰に向けて歌ったのかはいまだにわかりませんが、声のオーラと繰り出される言葉は〝ロック〟と呼ぶしかないものだった。メロディがキャッチーなわけでも、歌詞に同調できるわけでもないうえに、シングル盤ではAB両面にまたがってさえもいるこの曲が、何で聴く者の気持ちをザワザワさせるのかを誰も説明できなかった。なのにみんなはまたこの曲を聴きたいと思い、大ヒットになった。それはそこに〝ロックの魔法〟があったから、と言わざるをえないでしょう。

私は前段で〝精神性〟を語りましたが、それは世間で言われている〝ロック・スピリット〟とは違うものです。ディランが〈ライク・ア・ローリング・ストーン〉で釘を刺しておきたかったのは、「ロックで通じ合った我々じゃないか」とか、「ロックで世の中を変えよう」という意識だった、と考えると、その後50年以上も彼が大衆を煙に巻き続けてきた意味が見えてきます。いや、それも仮説でしかありませんが、ディランは誰かに扇動されたり誰かを扇動したりしながらふくれあがっていく大衆の意識に、なにがしかの〝精神〟を重ねてしまうことの危険性を〈風に吹かれて〉の段階ですでに悟っていたんじゃないかと思うんです。『フリーホイーリン』と『時代は変る』でディランは多くのプロテスト・ソングを発表しましたが、〈ウィ・シャル・オーヴァー・カム〉のようなメッセージ・ソングはない。そういう意識がなかったとは言えないでしょうが、それがピート・シーガーのような〝反体制〟に向かうことは嫌っていたはずです。『フリーホイーリン』のジャケットにまで登場したスージー・ロトロと別れることになったのも、左翼思想を持っていた彼女とは考え方が違ったからでした。

ジョン・レノンはディランに会って変わりましたが、**ディランはその半年前にビートルズを知ってプロテスト・ソングから卒業していた**んです。『時代は変る』

でバラッド——つまり物語歌に取り組んだディランは、フォーク・シンガーとは思えない作家性を見せつけました。その〝視点〟を中村とうようさんは同アルバムのライナーノーツで的確に解説しています。

《「脱出＝ボブ・ディラン論」を書いたダクラス・ラミスは、この時期のディランの作品を「指でさす歌」と名づけているが、『フリーホイーリン』のアルバムで、はっきりと誰かを「指でさし」ているものといえば「戦争の親玉」だけしかない。ふつうはプロテスト・ソングと呼ばれている「風に吹かれて」や「はげしい雨が降る」なども、たとえばピート・シーガーの「ハンマーもったら」のような堂々と胸を張り、確信にみちたプロテストの歌ではない。むしろペシミズムの匂いさえ感じられる場合が珍しくない。それは、自分が安全地帯にいて他人を「指でさす」のではなく、みずから傷つき、痛みながらのプロテスト・ソングだからではないだろうか。このレコードの「ホリス・ブラウン」「しがない歩兵」「ハッティ・キャロル」などはその好例で、高飛車に他人を非難するよりも、自分も同じ人間として痛苦を覚えながらいわば人間全体を告発しているように思える。このアルバムではプロテスト・ソングの間にラヴ・ソング（いずれも別れの歌）がまじっているが、それが異質感をもっていないのは、全部が人間的な苦しみ、悲しみに貫かれているからではないだろうか。

ピート・シーガーのプロテスト・ソングと、ボブ・ディランのそれとを比較すると、やはりオールド・レフトとニュー・レフトの違いのようなものを感じずにはいられない。

『フリーホイーリン』につづく、この『時代は変る』では、ディランは一層内省的であり、ペシミスティックであるように思える。作品的にもそうだし、歌い方についてもそれがいえる。他人を「指でさす」ような歌でないからこそ、人の心に深い共感を呼び起こす――という意味での、極めて高次元のプロテスト・ソングだ、といえるかもしれない》

このライナーノーツが書かれたのは70年だと思うんですが、ダクラス・ラミスの指摘を参考にしているとはいえ、鋭いですね。ディランの本質を見抜いている。もっと言えば、ディランのプロテスト・ソングの話者は〝私〟ではないんです。いや、〝私かも、あなたかもしれない誰か〟と言った方が正確かもしれません。そういう立場を取っていた彼の前に、〝彼女はきみを愛してる〟と唄うビートルズが現れた。ディランが諦めたロックンロールを、新しいポップ・ミュージックにつくり変えながら、アイドルのふりをして、〝誰の目線?〟と訊きたくなる歌を唄うリヴァプール出身のバンドなんて、想定外だったはずです。

そんな連中が最初の『エド・サリヴァン・ショウ』で、一夜にしてアメリカを変えてしまうんですから、プロテスト・ソングなんて唄ってる場合じゃないでしょう。6月9日に一日で録音された『アナザー・サイド・オブ・ボブ・ディラン』は明らかに〝ビートルズ以後〟を見据えたものですが、**軽やかでポップな曲に、歌詞は同調していかなかった**。繰り出される言葉、言葉、言葉は、単なる語呂合わせなのか、イメージなのか、暗喩なのかもわからないものとなったのに、通底する〝精神性〟は強固になった印象があるんですから、ジョンは焦ったでしょうね。『アナザー・サイド～』がアメリカで発売されたのは8月8日ですから、28日の初遭遇のときにディランから直接手渡されたのかもしれません。

試しに『アナザー・サイド～』収録曲と、〈ノー・リプライ〉〈アイム・ア・ルーザー〉〈ベイビーズ・イン・ブラック〉あたりを聴き比べてみてください。『時代は変る』に収録されたプロテスト・ソングはビートルズには繋がりにくいですが、〈マイ・バック・ペイジズ〉〈アイ・ドント・ビリーヴ・ユー〉〈悲しきベイブ〉はジョンが書いてもおかしくないメロディです。けれどもディランは、起伏のあるポップなメロディに、否定的な要素も強い歌詞を乗せてしまう。ディランがたとえば、ポール・サイモンのようにポップな方を向いたなら、ジョンは「ビートルズのライヴァルではない」と思ったでしょうが、ディランのアナザーサイドは〝ポップ〟ではなかった。アコギの弾き語りでも〝ロック〟だったんですね。

映画『ヘルプ！』では、ジョンがギブソンのアコギを抱えている姿が強い印象を残しますが、それは相も変わらず**〝エレキ・バンド〟に見えることを、意識的に嫌ったから**だと私は思うんです。『ア・ハード・デイズ・ナイト』でもビートルズはアコギを弾いてますが、アコースティック・ナンバーで当然のようにアコギを弾いているのと、『ヘルプ！』の姿は違いますよね。アコギを持って〝フォーク・ロック化〟することで、〝ロックンロールのエレキ・バンドからの脱却〟を見せた、という気がしてならない。日本でもバーズの〈ミスター・タンブリン・マン〉はヒットしましたが、肝心のディランが聴かれていないわけですから、バーズのコーラスと12弦ギターを〝フォーク・ロックの様式〟と捉えてしまったんじゃないかと思います。ワイルド・ワンズの加瀬邦彦さんなんてまさにそうで、寺内さん・加山さんのサーフィン路線にはなかったビーチ・ボーイズと、バーズのフォーク・ロックを合わせて歌謡曲方向に転がして〈想い出の渚〉を書いた。それはそれで凄いことなんですが、もし加瀬さんが当時からディランを聴いていたら、ワイルド・ワンズはタートルズよりイカしたバンドになっていたかもしれない。それはスパイダースでも同じで、**バーズの要素はあってもディランはない**んです。グループサウンズ期のバンドはロックじゃない、なんて言うつもりはありませんけれど、〝ディランのロック〟を考える機会に恵まれなかったのは致命的だったと思います。

ディランとビートルズの〝ロック〟をめぐる攻防

65年7月26日のニューポートで、ポール・バターフィールド・ブルース・バンドを率いたディランのステージがブーイングを浴びたのは、ロック・バンドに対応した音響システムがなかったからで、ヴォーカルも聞こえないうえに音が歪んで**何をやっているかよくわからなかったことへの抗議**だったんですね。それはステージを横で観ていたピート・シーガーの、「斧で音響ケーブルを切ろうと思った」という証言からも明らかです。

けれども、伝統あるフォーク・フェスティヴァルのステージでロックを演奏したディランが、観客のブーイングを浴びて引っ込んだことは伝説になった。

アコギを持って再びステージに向かったディランが〈イッツ・オール・オーヴァー・ナウ、ベイビー・ブルー〉を唄ったのが、〝フォーク・ファンとの決別〟と受け取られたからでもありますが、バーズの〈ミスター・タンブリン・マン〉ですでにフォーク・ロックの時代は始まっていて、『ブリンギング・イット・オール・バック・ホーム』も出ていたんですから、**フォーク・ファンだってそれほど不理解ではなかった**でしょう。

〝そういうドラマ〟を欲しがったのはメディアだったはずです。1年前まで公民権運動の象徴でもあった〝フォークの旗手〟が宗旨替えしたわけですから、そんなにあっさり受け容れられては困る。〝歌で辻説法する若者〟に我々は乗ったんだぞ、ということですね。

65年4月30日からの英国ツアーを記録した『ドント・ルック・バック』[J13]は、ディラン最後の弾き語りツアーを映像に残したという意味でも貴重ですが、何かにつけて苛立ち、ときには意識的にケンカをふっかけようとするディランの真意はわかりません。中年の新聞記者を責めたて、取り巻きに怒りを爆発させ、同行していたジョーン・バエズを一度もステージに立たせないという傍若無人ぶりを見せ

【J13】
『ドント・ルック・バック』

るかと思えば、ホテルの部屋で黙々とタイプライターに向かったり、やってきたドノヴァンと歌で交歓したりして、生真面目さや人の良さも見せる。けれども緊張感の高いステージはいつも後光が差すほど崇高で、歌もギターも圧倒的。歌に何を託しているのか、歌で何を伝えたいのかはよくわからないのに、黙示録的な宗教感は伝わる、という凄みは〝音楽〟の常識を超えています。24歳の誕生日直前の若者が、一体何を悟ってこんなだったのか、誰にもわからないでしょうね。

4月30日にシェフィールドのシティ・ホールでスタートしたツアーは、5月1日のリヴァプール・オデオン・シアター、2日レスターのデ・モントフォート・ホール、5日バーミンガム・タウン・ホール、6日ニューカッスル・シティ・ホール、7日マンチェスターのフリー・トレード・ホールと続き、9日、10日のロンドン、ロイヤル・アルバート・ホールで幕となりました。9日にはビートルズとストーンズが観ています。

セット・リストは、第1部が〈時代は変る〉〈ラモーナに〉〈エデンの門〉〈イフ・ユー・ガッタ・ゴー、ゴー・ナウ〉〈イッツ・オールライト・マ〉〈ラヴ・マイナス・ゼロ／ノー・リミット〉〈ミスター・タンブリン・マン〉、第2部が〈第3次世界大戦を語るブルース〉〈くよくよするなよ〉〈神が味方〉〈シー・ビロングス・トゥ・ミー〉〈悲しきベイブ〉〈ハッティ・キャロルの寂しい死〉〈オール・アイ・リアリー・ウォント〉〈イッツ・オール・オーヴァー・ナウ、ベイビー・ブルー〉の、計15曲が基本でした。最新作である『ブリンギング・イット・オール・バック・ホーム』から、〈エデンの門〉〈イッツ・オールライト・マ〉〈ラヴ・マイナス・ゼロ／ノー・リミット〉〈ミスター・タンブリン・マン〉〈シー・ビロングス・トゥ・ミー〉〈イッツ・オール・オーヴァー・ナウ、ベイビー・ブルー〉という6曲と、アウトテイクだった〈イフ・ユー・ガッタ・ゴー、ゴー・ナウ〉が、『アナザー・サイド～』から〈トゥ・ラモーナ〉〈悲しきベイブ〉〈オール・アイ・リアリー・ウォント〉の3曲が選ばれていますから、プロテスト時代のナンバーは5曲しかない。いや、〈くよくよするなよ〉はプロテスト・ソングとは言えないでしょうから、4曲ですか。

それが〈時代は変る〉〈第3次世界大戦を語るブルース〉〈神が味方〉〈ハッティ・キャロルの寂しい死〉というのは意味深です。1曲目が〈時代は変る〉、第2部の3曲目という聴かせどころに〈神が味方〉を置いているところがディランらしい。〈神が味方〉は62年末からの英国滞在中にナイジェル・デンヴァーから教わったという〈パトリオット・ゲーム〉を下敷きに書かれた曲なんですが、もとの曲はアイリッシュ系の英国人に敬愛されるアイルランド人作家ブレンダン・ビハンの作。ビハンはＩＲＡでの活動経験を戯曲や小説にし、滞在したニューヨークでレコーディングもした人で、英国でフォーク・シンガーとして活躍した弟のドミニク・ビハンには〈リヴァプール・ルウ〉というヒット曲があります。どこまでジョン・レノンの頭の中で繋がったかわかりませんが、**ジョンが何を考えるかまで見透かしたような選曲だった**、と私は思います。

このモノクロ映画の最後で、まだ興奮さめやらぬコンサート会場をあとにしたディランは、タクシーに乗って夜の闇に消えてゆく。そのシーンがまたカッコいいんですが、何やら暗示的だし、自分でつくり出した狂騒から逃げていくようにも見えます。けれどもこの映画がアメリカで公開されたのは、67年5月17日のことです。冒頭に収録されている〈サブタレニアン・ホームシック・ブルース〉は、のちに〝PVの元祖〟と呼ばれるようになりますが、65年に単体で公開された記録は、私が調べたかぎりはありません。この曲の〝**You don't need a weatherman to know which way the wind blows**（風向きを知るのに予報官はいらない）〟という一節は、若者文化のスローガンになり、極左テロ組織「ウェザーマン」の名前の由来にもなるんですが、65年6月にディランはこの曲でやっと日本デビューを果たしたんですから、それほど影響力がある存在だということに、気づいていた日本人は当時は皆無と言えるでしょう。

『ドント・ルック・バック』は69年か70年に、東京で一度だけ業界向けの試写会があったそうですが、80年代半ばにヴィデオ化されるまで、日本では話題にもならなかった。

そこに大きな問題があります。**世の中が極彩色のサイケに向かっているときに、ようやくアメリカで公開されたこのモノクロ映画がどう受け取られたのか**を考えれば、『サージェント・ペパーズ』の〝ひとり勝ち状態〟も納得がいきますよね。そのときディランは、前年の7月29日に起こしたバイク事故以来の沈黙を続けていて、「再起不能か？」とまで噂されていたんですから……。

話を戻します。

65年8月から9月にかけて〈ライク・ア・ローリング・ストーン〉が大ヒットして、8月30日には同曲を収録した『追憶のハイウェイ61』[J14]がアメリカで発売されます。全米3位、全英4位。このアルバムで〝ディランのロック〟は認められたと言っていいでしょう。

この夏、ビートルズの映画『ヘルプ！』は公開と同時に大ヒットになり、8月の北米ツアーは前代未聞の規模になりました。そのハイライトとなったのが15日のシェイ・スタジアム公演です。この夜もディランはビートルズのホテルを訪ねていますから、『追憶のハイウェイ61』はそのときに直接手渡されたのではないかと推測できます。

当初は『エイト・アームズ・トゥ・ホールド・ユー』というタイトルで予定されていたアイドル路線の映画を『ヘルプ！』に変えられたのは、ジョンの心情を吐露した〈ヘルプ！〉という曲が強烈だったからですが、それがリンゴの役どころと合っていたために、ジョンの心情うんぬんは当時まったく語られていません。世界中の人たちが、向かうところ敵なしのビートルズに不満などあろうはずがない、と思っていたんじゃないでしょうか。

そんなときにビートルズは〈ライク・ア・ローリング・ストーン〉を聴かされた。すでに友情を感じていたディランから、かつてはチヤホヤされて羽振りもよ

【J14】『追憶のハイウェイ61』1965年8月

かったのに、落ちぶれて帰る家もなくなったヤツに〝どんな感じだい？〟と問いかける歌を、ですよ。

ビートルズは焦ったでしょうね。「コイツ、俺たちに釘を刺してるのか？」と思ったんじゃないでしょうか。

10月12日から始まった『ラバー・ソウル』のレコーディングで、ビートルズは変わります。ジョンは、「レコーディング・グループになろうと思った」という発言を残していますが、8月の北米ツアーは、ディランやバーズとマリファナを吸ったり、ピーター・フォンダとLSDを決めたりしたドラッグ三昧の日々でもありましたから、その影響も出ました。フォーク・ロックも、ソウルも、ヨーロッパのトラディショナルも、ドラッグが効いた状態で聴けば、全部サイコ・デリシャス、ということだったのかもしれません。ジャケットの〝歪み具合〟は、当時の4人が見ていた世界を象徴していると言えるでしょう。

アルバムのレコーディングに入る前には曲づくりの期間が必要、というジョンとポールの要求が通って、このときは一ヶ月あまりの創作期間が与えられたんですが、『ラバー・ソウル』にジョン、ポール、ジョージが持ってきた曲と、レコーディングにおけるさまざまなアイディアは、ブライアン・エプスタインを納得させました。ちょうどジョージ・マーティンがEMIから独立した時期でもありましたから、ブライアンはそうとうビビッていたはずですが……。

12月3日、『ラバー・ソウル』は英国でリリースされ、その日に最後となる国内ツアーが始まりました。12日のウェールズ、カーディフまで8都市18公演。昼夜2公演の日も多かったわけですね。13日にはNEMSの事務所で次の映画に向けたミーティングが行われたんですが、ブライアンが推していた「ア・タレント・フォー・ラヴィング」という脚本をビートルズは拒否し、66年の映画はなくなります。そのせいで65年12月後半から66年3月いっぱいまで、ビートルズのスケジュールから公式な活動はほとんど消えました。

『ラバー・ソウル』に手応えを感じていた4人は、66年4月6日に始まった『リヴォルヴァー』のレコーディングで、スタジオを実験室化します。おそらくエレクトリックに移行したディランと、「どうやって録音してる?」という話はしていたでしょうから、ジョンは率先して〝ディランにはできない芸当〟に向かいます。第3章でも触れた『ザ・カッティング・エッジ1965‐1966』で明らかになったように、〈ライク・ア・ローリング・ストーン〉だけでCD1枚が埋まるほど、ディランはテイクを重ねることで歌詞と曲、演奏のスタイルを推敲していっていた。つまり、レコーディングも〝ライヴ〟で、ほぼ一発録りなんですね。ジョンはそれを知って〝逆〟に向かったんじゃないでしょうか。そう思えるぐらい、『ラバー・ソウル』にはライヴでは再現不可能な瞬間が詰まっています。その辺りの説明は、もはや不要でしょう。

ディランがバイク事故を起こすのは、この年の7月29日のことです。奇しくも、ジョンの〝キリスト発言〟が問題になったのもこの日でした。

アメリカの雑誌『デイトブック』に転載されたジョンのインタヴューに、「ぼくらはいまやキリストより有名だ」という発言があったため、キリスト教原理主義者の怒りを買い、ビートルズのレコードの不買運動が起こります。南部ではレコードを燃やす集会が始まり、KKKはここぞとばかりにビートルズを攻撃しました。ブライアン・エプスタインは事態を収束させるために8月6日にアメリカに飛んでいますが、その段階ですでに30の局がビートルズを放送禁止にしていて、『リヴォルヴァー』がアメリカで発売された8月8日には南アフリカでもビートルズのレコードすべてが放送禁止になったんです。

8月11日、北米ツアーのためにシカゴに降り立ったビートルズは、〝キリスト発言〟を釈明する記者会見を開きます。ジョンは、自分の真意とは別の形で記事になってしまった、と謝罪し、問題は一応収まりましたが、北米ツアーは盛り上がりに欠けたものになります。そして8月29日、ビートルズはサンフランシスコのキャンドルスティック・パークで、永遠に〝最後の公演〟となったライヴを終えました。

一方ディランは、3月に主にナッシュヴィル録音の2枚組『ブロンド・オン・ブロンド』[J15]を完成させ、のちのザ・バンドを伴った5月の英国ツアーで70年代へとまっすぐに伸びていく〝ロック〟を完成させていました。いまではライヴ映像をマーティン・スコセッシ監督による『ノー・ディレクション・ホーム』[J16]で観ることができますが、このときのロンドン公演はデイヴィッド・ボウイやマーク・

【J15】
『ブロンド・オン・ブロンド』1966年5月

【J16】
『ノー・ディレクション・ホーム』

ボランといった次世代にも影響を与え、まさしく〝伝説〟となりました。

しかし7月29日のバイク事故をきっかけにディランはシーンから消えてしまう。翌年になるとウッドストックの〝ビッグ・ピンク〟でザ・バンドとデモ録音を始め、やがてそれはロック界初の海賊盤として市場に出回るようになるんですが、67年末に届けられた新作『ジョン・ウェズリー・ハーディング』はフォーク時代に戻ったような簡素なバックがついただけのアルバムだった。

〝サマー・オブ・ラヴ〟としてロック史に残るサイケデリック・イヤー67年は、6月1日にリリースされた『サージェント・ペパーズ』で加速し、英国ロックは以前説明した〝サージェント・ペパーズ・エラ〟に突入します。ストーンズが『サタニック・マジェスティーズ』[J17]をリリースしたのは12月8日、『ジョン・ウェズリー・ハーディング』[J18]の発売は26日ですから、ミックとキースは焦った。フォーク・ブルースやカントリーという〝アメリカ音楽のルーツ〟に向かったディランが〝先を見ている〟と感じたからでしょう。

ギター・ヒーローはブルース・ロックから

サイケの反動か、68年2月ごろから英国では、かつてなかったブルース・ブームが起こります。と言ってもその前兆は、66年7月からありました。ヤードバーズを辞めたエリック・クラプトンが参加したジョン・メイオールのアルバム『ジョ

【J17】『サタニック・マジェスティーズ』1967年12月

【J18】『ジョン・ウェズリー・ハーディング』1967年12月

ン・メイオール＆ザ・ブルースブレイカーズ・ウィズ・エリック・クラプトン』[J19]がリリースされたときです。このアルバムを紹介した『メロディ・メイカー』の大見出しが〝クラプトン・イズ・ゴッド〟だったそう。ヤードバーズ時代から〝スロウハンド〟の異名を取っていたクラプトンを〝ギター・ヒーロー〟にしたのは、全英チャート6位まで上がったこのアルバムです。英国のトップ・ギタリストと言えば、なんたってシャドウズのハンク・マーヴィンでしたが、フェンダー・ストラトキャスターのクリーンなトーンでメロディをきっちり弾くマーヴィンは、**50年代のロックンロール・ギターを英国的に完成させた人**で、アメリカのインスト・バンドのようなワイルドさはなかった。その端正なプレイは魅力ですが、ブルース・ギタリストとも言えません。

ヤードバーズ時代のクラプトンは、すでにブルー・ノート音階でブルースを弾いています。彼以前の英国には、『ファイヴ・ライヴ・ヤードバーズ』[11][J20]で聴けるようなブルースを弾くギタリストはいません。クラプトンはブルースやR&Bのサックス・ソロをギターに置き換えることで、B.B.キングのようなシカゴ・ブルース・スタイルにスピード感を加えようとしたんですね。ヤードバーズはブルース・ベースとは言ってもビート・バンドですから、その必要があった。

ところが『〜ウィズ・エリック・クラプトン』のギターは〝ハード・ロック〟に踏み込んでいる。ポップ・ソングにはないない長さのギター・ソロは、アドリブです。それを可能にしたのは〝ブルー・ノート〟というブルース音階です。け

【J19】
『ジョン・メイオール＆ザ・ブルースブレイカーズ・ウィズ・エリック・クラプトン』
1966年7月

【11】【J20】
ヤードバーズのデビュー作で、1964年3月にロンドンのマーキー・クラブで行われたライヴを収録（写真）。自作はなく、ロックンロール、R&B、ブルースのカヴァーを取り混ぜた選曲。発売は同年12月

れどもそれだけなら、アメリカのホワイト・ブルース——たとえばポール・バターフィールド・ブルース・バンドのような〝ブルース・ロック〟と、あまり違わなかったはずです。それを〝ハード・ロック〟と呼びたくなったのは、ギターの音色がブルース・バンドとは違っていたからでしょう。

『〜ウィズ・エリック・クラプトン』で、クラプトンはギブソンのレス・ポールをマーシャルのアンプで鳴らしています。**それは音響的に、リッケンバッカーやエピフォンのギターをヴォックスのアンプで鳴らしていたビートルズとはまったく違う。**♪クォ〜ンとサスティンがかかって伸びるエレキの音は革命的だったんですね。

けれどもクラプトンは、そのアルバムが発売されたころには、ジャック・ブルース、ジンジャー・ベイカーとクリームを結成していた。ブルースとベイカーはアレクシス・コーナーのところで修行して、グレアム・ボンド・オーガニゼイションでモッドなジャズ・ロックをやっていたリズム・セクションですが、〝ロック〟の範疇でもっと注目されたかったんですね。ハード・バップのジャズ・バンドが長いアドリブを売りにするように、ロックもインスト・パートで勝負していいんじゃないかと考えていたはずです。そこにブルース・ギターをハードに展開するギタリストが出てきたわけですから、ブルースとベイカーは「このトリオなら新たなフィールドに向かえる」と確信したことでしょう。

クリームのレコード・デビューは10月[12]、12月にはファースト・アルバム『フレッ

【12】クリームが66年10月にリリースした先行シングルは〈包装紙〉と〈猫とリス〉のカップリング。全英チャート34位

【J21】『フレッシュ・クリーム』1966年12月

シュ・クリーム』[J21]が出るんですが、**〝ギター〟という聴きどころが増えて〝ロックの概念〟が大きく変わった**のはこのときです。アニマルズのチャス・チャンドラーがニューヨークのクラブで見つけてきたジミ・ヘンドリクスも、同じ月に〈ヘイ・ジョー〉でデビューしたんですから、英国のロック・ファンは「うわ、時代が変わるぞ」と思ったはずです。

　ギターのリフや長いアドリブを特徴とするハード・ロックこそが〝ポップとは違うロック〟とする風潮が強まってきたところに、ジミヘンが登場したんですから、ブルース／R&B／ソウルといった黒人音楽と、ポップ／ロックのあいだにあった垣根など取っぱらわれたわけですね。ジミは67年3月の〈パープル・ヘイズ〉を全英3位のヒットにしてスーパースターとなります。ビートルズが**『サージェント・ペパーズ』と格闘しているあいだに〝ギター・ヒーローの時代〟は始まっていた**んですよ、少なくとも英国では。クリームやジミヘンの衣装を見れば、アメリカ西海岸のサイケデリック・ロックを意識していたのがよくわかるし、ただヒッピーっぽいだけではなく、そこに〝スウィンギン・ロンドン〟のオシャレ感を加えたカッコよさが英国的だったことも納得できるはずです。

　それはさておき、ブルース・ロックです。

　クラプトンがジョン・メイオールと意気投合したのは、デッカの若手プロデューサーだったマイク・ヴァーノンがふたりを引き合わせたからでした。ヴァーノンはパーダ（Purdah）という個人レーベルを興して、99枚限定の7インチ・

シングルをシリーズ化したんですが、66年8月にここからクラプトン&メイオールのシングル〈ロンリー・イヤーズ／バーナード・ジェンキンス〉をリリースします。ふたりだけでブルースをやらせたんですね。ヴァーノンはクラプトンの代わりにピーター・グリーンをブルース・ブレイカーズに入れ、グリーンの人気が高まると彼にフリートウッド・マックを結成させる。ブルース・ブレイカーズにはミック・テイラーをあてがいます。そしてフリートウッド・マックと、新たに見出したチキン・シャックを自らのレーベル「ブルー・ホライゾン」からデビューさせる。67年11月に同レーベルのリリースを開始したヴァーノンは、自分のところのバンドと、デッカでプロデュースしたサヴォイ・ブラウンを〝ブリティッシュ・ブルースの三羽がらす〟として売り出して、68年にブルース・ロック・ブームを起こすんです[13]ね。

ちょうど**ビートルズがインドに行っていて不在だったときにフリートウッド・マックの人気が爆発した**んで、ジョンはヴァーノンの仕掛けを知って怒った。いまさらシカゴ・ブルースの真似をして……という想いもあったようですが、本来は裏方の人間が音楽で何かを仕掛けるのをジョンは嫌いますから、ヴァーノンが気に入らなかったんじゃないでしょうか。ロバート・スティグウッドを毛嫌いしていたのと同じ感じだったんでしょう。で、皮肉をこめて〈ヤー・ブルース〉を書く。68年12月に撮影が行われたローリング・ストーンズの『ロックンロール・サーカス』に出演した際には、クラプトン、ストーンズのキースらとのセッショ

【13】
「ブルー・ホライゾン」はフリートウッド・マックのデビューにあたり、CBSと配給契約を結ぶ(CBSにはマイクの弟、リチャードが在籍)。だが69年にそのマックがリプリーズへ移籍、ブルー・ホライゾンは稼ぎ頭を失って72年に終焉。レーベル設立後にヴァーノン兄弟が作ったチッピング・ノートン・スタジオは、その後も活況を呈して1999年まで稼働した

ン・バンドに〝ダーティ・マック〟と名づけ、〈ヤー・ブルース〉を演奏しますが、ストーンズのこの映画がお蔵入りになってしまったので、ブルース・ロックへの揶揄と、ポールへの反感をバンド名にこめたことは、幸か不幸か知られませんでした。でもジョンは、翌年の『アビイ・ロード』にマックの〈アルバトロス〉を真似てつくったという〈サン・キング〉を残していますから、ブルース・ロック勢の動向はちゃんと押さえていたんでしょう。

ブームの実態がどうだったかはあまり大きな問題ではないですが、**ブルース・ロックが〝ギター・ヒーローの時代〟の第一波となった**ことは忘れてはいけません。『〜ウィズ・エリック・クラプトン』以降、ギタリストたちは、楽器とアンプの組み合わせでサスティンをかけることに躍起になり、ファズやワウ・ワウ・ペダルといったエフェクターを必須とするようになったからです。つまり、そこが〝ロック・ギター〟という概念の発火点なんです。

ビートルズも『リヴォルヴァー』の段階でギター・サウンドを大きく変えていますが、彼らの音楽は歌が中心だし、すでにレコーディング・グループとしての意識も高かったですから、さまざまな楽器を導入して、カラフルなサイケデリック・ロックをつくる方に向かった。『ラバー・ソウル』のセッションで唯一アウトテイクになった曲が〈12バー・ブルース〉という、ビートルズには珍しいベタなインスト・ブルースなのは、**65年の段階で彼らがブルース・ロックを気にしていた証拠**だと思います。その段階ではアメリカのホワイト・ブルースでしょうけどね。

ポールは64年に〈シーズ・ア・ウーマン〉、65年に〈ドライヴ・マイ・カー〉を書いていますから、ブルースをハード・ロック化した元祖と言ってもいいんですが、〈シーズ・ア・ウーマン〉と〈ドライヴ・マイ・カー〉を並べてみると、リズムをより黒人音楽的な、ファンキーでグルーヴィーな方向へ発展させようとしたのがわかる。それは〈ラヴ・ミー・ドゥ〉のころからそうなんですが、ビートルズはブルースのコードで曲を書いても、何か別の要素を加えてポップにしちゃうんですね。リーバー／ストーラーっぽい。〝ポップ・ソングライティングの奥義〟を追求しようとして書かれた曲が先にあるから、ビートルズは〝◯◯ロック〟にはならなかった。そこが彼らの最大の魅力であり、「限定していないこと」が普遍性の根幹でもあるんですが、**『サージェント・ペパーズ』のリリースを境に、時代は〝◯◯ロック〟を求めるようになっていく。**

〝サイケデリック・ロック〟は、まぁ彼らがつくったようなものだし、それで曲づくりが限定されてしまうこともないですから良かったんですが、〝ブルース・ロック〟や〝ハード・ロック〟はビートルズにとっては困りものです。ところがインドから戻ってきたら、ロックは新しい時代に突入していたんです。

68年、混乱のザ・ビートルズ

そう。ビートルズは68年2月の半ばから4月12日まで、およそ2ヶ月もインドのリシケシュに行っていた。マハリシ・マヘシュ・ヨギの瞑想キャンプ「ジ・アカデミー・オブ・トランセンデンタル・メディテイション」に参加するためです。ジョン、ジョージ、リンゴとその妻たち、ポールとジェーン・アッシャー、ロード・マネージャーのニール・アスピノールとマル・エヴァンズ、マジック・アレックスがビートルズの御一行。そこに、ドノヴァン、ビーチ・ボーイズのマイク・ラヴ、女優のミア・ファーロウとその妹プルーデンスらが加わっていました。マハリシのキャンプはこういう有名人のために行われていたわけではなくて、グルが海外に説法に出掛けているとき以外は「定期コース」として開催されていたようです。ドノヴァンは日程をビートルズに合わせたみたいですが、マイク・ラヴやミア・ファーロウはたまたま一緒になったらしい。

前年、ビートルズがブライアン・エプスタインの訃報を聞いたのは、ウェールズのバンゴアで開かれていたマハリシの出張講座のときでした。だから、ある種「運命的なもの」も感じていたんでしょうね。このインド行きには「独立構想を固める」という目的もあったんで、ビートルズはマハリシに別料金を払って課外授業を受けていました。瞑想講座のカリキュラムをすべてこなすには3ヶ月ぐらいかかるらしく、「だから補習を受けていた」ということになっているんですが、本当にそうでしょうか？　実態はちょっと違ったんじゃないかと私は思うんです。

ジョンとポールは、アップル設立に向けて4人の結束を固めたかった。そこに精神性を持ち込まないと、「4人が共同出資する会社」がつくれないんじゃないか、と思っていたんじゃないですかね。なぜなら、ビートルズがレコーディング・グループとして活動を続けても、多額の印税が入るのはレノン／マッカートニーであって、「共同出資」はジョージ、リンゴには分が悪い話ですからね。

ジョージはすでに〈オンリー・ア・ノーザン・ソング〉なんて曲を書いて、「金が欲しけりゃ曲を書け」的な体制に物申していたし、曲を書かないリンゴには会社にする利点がない。リンゴは「食べ物が合わない」と言って2週間ほどでロンドンに帰っちゃうんですが、さまざまなことに納得していなかったんじゃないでしょうか。

『ホワイト・アルバム』のセッションに、リンゴは初めて単独で書いた〈ドント・パス・ミー・バイ〉を持って臨みます。それは、アップルがリンゴからはいちばん遠い「音楽出版社の設立」から事業をスタートさせたことへのあてつけだったのかもしれない。

それを示すのは日付です。ジョン、ジョージらは予定を繰り上げて4月12日にロンドンに戻ったんですが、アップル・パブリシャー・リミテッドは4月16日に設立されている。リンゴがロンドンに戻ったのは3月1日、ポールがリシケシュを発ったは3月26日ですから、リンゴに「共同出資」を納得させたのはポールでしょう。それを見越して、ほかの3人が出版社設立を準備していたとしたら、いい気持ちはしませんよね。

リンゴはそれでも、意地で曲を書いてきた。ジョージはリンゴの曲づくりに協力し、ジョンは息子ジュリアンのために書いた〈グッド・ナイト〉を唄わせて、リンゴの居場所を確保しようとするんですが、ポールは違ったんです。事件は8月22日に起こった。〈バック・イン・ザ・USSR〉のセッションが始まったと思ったらリンゴがスタジオから出て来て、「辞める」と言い残して帰ってしまったんです。このときの脱退の意志は固かったようで、リンゴは地中海に行ってしまう。バカンスに出ていたピーター・セラーズを訪ねたんですね。そこでどう説得されたのかは判りませんが、リンゴは9月5日にスタジオに戻り、事件はなかったことになった。

ジョンはポールが実権を握り始めた67年の初頭に、ビートルズがそうなっていくのを予期していたんでしょうね。そして67年後半からジョンは混乱していく。ビートルズに対してやる気はないけれど、ポールにいいように牛耳られるのは癪だったんでしょう。ドラッグの影響もあってすでに不安定だった、という説もありますが、個人としても目標を失った時期だったんだと思います。

ビートルズがインドにいるあいだに〈レディ・マドンナ〉と〈ジ・インナー・ライト〉をカップリングしたシングルが出ていますが、ニューオリンズ・スタイルのピアノを徹底的に練習して〈レディ・マドンナ〉をものにしたポールと、インド音楽に宗教的な歌詞を合わせて初のシングル曲ゲットとなったジョージの〈ジ・インナー・ライト〉では、ジョンは「いないも同然」です。えげつなくシングルのA面を狙ってくるポールに対抗するのは嫌だったはずですけど、自分の気持ちがビートルズから離れていくのを簡単に認めたくなかった。いや、離れるなら離れる、戻るなら戻るでよかったのかもしれない。でも、いずれにしても、「確固たる理由」が欲しかったんじゃないでしょうか。だからジョンは、インドでジョージ以上に、マハリシの教えに精神的な支柱を求めたんだと思う。

考えてみてください。**ジョンはレコード・デビューから5年で〈アイ・アム・ザ・ウォルラス〉に辿り着いた**。この曲、実はディランの〈バラッド・オブ・ア・シン・マン〉を意識して書かれたように思うんですが、どこかをパクったわけではないし、もちろん全然違うものになりました。音楽的には不穏なムードだけが共通項ですが、その歌詞の〝Do you, Mister. Jones〟は、ジョンが自分のこととして真に受けてもおかしくないようなものです。そして最後から2番目のヴァースには〝Cow〟――牛が、最後のヴァースには〝Camel〟――ラクダが出てくる。ジョンは〝インスパイア系の人〟ですから、「お前は何者だ?」と訊ねるようなディランの歌に、「オレはセイウチだ」と答えたんじゃないでしょうか。どちらも抽象的な歌なんで断定的なことは言えませんが、ふたつの歌詞を並べて、読み比べてみてください。皆さんそれぞれにも、きっと想うところがあるはずですから。

ジョンはディランを、「そういう刺激を与えてくれるライヴァル」と見ていたと思うんですが、68年1月初めに英国で発売されたディランの『ジョン・ウェズリー・ハーディング』は、予想とはかけ離れたものだった。バイク事故以来1年半近く隠遁生活を続けていたとはいえ、「ともに先頭を走っている」と認めていたヤツの新作としては、何とも判断がつかなかったはずです。煮えたぎるポップ・ミュージックやポップ・カルチャーの世界からは遠いところで、〈見張搭からずっと〉なんて言いながら、オールド・スタイルのフォーク・ソングやマーダー・バラッドを歌うなんて、ビートルズのジョンにはできないことでした。彼はのちに、主夫生活をしている自分の立場を〈ウォッチング・ザ・ホィールズ〉（80年の『ダブル・ファンタジー』に収録）で表しますが、それは〝渦中〟にはいないと悟ったからこそ書けた歌でしょう。68年初頭のジョンは、ディランがわからなくなったんだと思う。**ビートルズはいよいよ〝自分たちの船〟で大海原に漕ぎ出そうとしていたんですから、〝見張搭〟からの目線にはなりませんよね。**

ところが、ビートルズを追いかけるあまり、不似合いなサイケ・アルバムまでつくってしまったストーンズは、『ジョン・ウェズリー・ハーディング』をきっかけに〝ルーツ回帰〟に目覚めるんです。アメリカのミュージシャンとの直接交流——とくに、グラム・パーソンズとキースが仲良くなったことから、ブルース、フォーク、カントリーの〝本場〟のエッセンスを吸収しようという気運が高まり、ストーンズはサイケ満載の『サタニック・マジェスティーズ』から1年で、ルーツ色の濃い『ベガーズ・バンケット』【J22】に辿り着く。そのオリジナル・ジャケットはトイレの落書きを撮ったものだったんで発禁を危惧して変更になりましたが、トイレの壁には〝Bob Dylan's Dream〟という文字がはっきりと見えます。そこが〝ブルース〟という核を持つストーンズと、コンビニみたいなビートルズの圧

【J22】『ベガーズ・バンケット』1968年12月

倒的な差でしょう。どっちがいいか、ということではなくてね。

インドでのビートルズはどうだったのか、という話を、私はドノヴァンから直接聞いたことがあるんですが、ギターを持っていたのはドノヴァンだけだったために、ジョン、ポール、ジョージが代わるがわるドノヴァンのバンガローにやってきて、ついでにフィンガー・ピッキングを習って帰ったというんです。ビートルズはそれまで、アルペジオをピックで弾くことはあっても指では弾いてないんですが、『ホワイト・アルバム』にはなるほどフィンガー・ピッキングが満載です。左利きのポールがどうやって弾いたかまでは訊きませんでしたが、たぶん右利き用のギターでできる範囲で、簡略化してフィンガー・ピッキングを覚えたんでしょう。だから彼の指弾きは、スリー・フィンガーじゃなくてトゥー・フィンガーなのかな、と思います。

ジョージは半音下降の曲を考えていて、「これってもとはバッハなのかな?」とAmでベースが下降していくフレーズを弾いた。ドノヴァンが「それはデイヴィ・グレアム[14]の〈アンジー〉と同じようなもので、バート・ヤンシュ[15]とかポール・サイモンもやってるよ」と説明するとジョージは熱心に聞いて、やがて〈ホワイル・マイ・ギター・ジェントリー・ウィープス〉を完成させる。ドノヴァンは**『ホワイト・アルバム』を聴いて、自分が教えたフィンガー・ピッキングがいっぱい入っているのに驚いた、**と言っていました。〈ジュリア〉なんかもそうですからね。

瞑想に関して言えば、「ジョンはいつも自分の考えをめぐらせているようだっ

【14】
フォーク・リヴァイヴァルの流れに乗って、1962年にアレクシス・コーナーとの共演トピック盤でデビュー。フォーク、ブルース、ジャズ、中東やインド音楽などのエッセンスを汲んだ独自のアコースティック・ギター奏法を確立、多くのギタリストに影響を与えた。代表曲〈アンジー〉はサイモン&ガーファンクルらにカヴァーされている。08年に死去

【15】
スコットランド人フォークシンガー/ギタリスト。1965年にソロ・デビューし、67年にジョン・レンボーンらとペンタングルを結成する。同時代のジミー・ペイジやニック・ドレイクらに多大な影響を及ぼし、80年代以降もジョニー・マー、ベス・オートン、デヴェンドラ・バンハートらが影響を公言し、共演している。11年に死去

たし、ポールは形だけだったかもしれない。ちゃんと瞑想していたのはジョージだけかなぁ」ということでした。東洋思想に興味を持っていたドノヴァンは、ケルアックの『禅ヒッピー』から、鈴木大拙の著作やタオイズムに至ったという
ジョンに感心し、そういう情報を交換しあったそうです。「当時はちょっと意識的なヤツならその手の本を読んでいたし、サンフランシスコの連中は〝本場〟らしい形で吸収していた。でも英国のミュージシャンとなるとさすがにそれほどの輩はいなかったから、ジョンの知識はさすがだと思った」と、ドノヴァンは懐かしそうに語ってくれました。

ひとりっ子のジョンはビートルズを兄弟のように思っていたと思うんですが、ポールはそこからはずれ始めていた。だからジョンはマジック・アレックスなんかをインドまで連れて行ったんでしょうね。

帰国後すぐにジョンとジョージは記者会見を開いて、「マハリシには失望した」と言った。ジョンはマハリシがミア・ファーロウの妹のプルーデンスに手を出した、として怒りを露わにしますが、ジョージは「そういう噂があった」と消極的に語りました。のちに明らかになったのは、噂を振りまいたのはマジック・アレックスだったこと、当時精神を病んでいたプルーデンスは後年までこの事件について深く知らなかったことです。やがてアレックスはジョンに取り入ってアップル・スタジオの装備を任されるんですが、実はレコーディングのことなんかまったく知らなかったのがバレて、あっさり解雇されます。マハリシはどうやら、「怪し

いヤツを簡単に信じてはいけない」とジョンに進言していたらしく、それに気づいたアレックスは矛先をマハリシに向けたんですね。やがてアップルを追われたアレックスはジョンと離婚したシンシアにしばらく面倒を見てもらっていたぐらいですから、とんだ喰わせ物です。

まあ、アレックスの化けの皮が剥がれるのは先の話ですが、バラバラになりかけていたビートルズは「会社をつくった」というのを理由に『ホワイト・アルバム』のレコーディングに臨んだわけです。まさかビートルズが〝◯◯ロック〟に向かうわけにもいきませんから、「曲を書いたメンバーが自分のセッションを仕切る」というスタイルが採用された。ソングライターとして成長してきていたジョージが、アルバムに割り当てがあることに不満を持っていたというのもソングライター主導という在り方に拍車をかけたんでしょう。現場にいたクリス・トーマスから私は直接聞きましたけど、ジョン、ポール、ジョージがアビイ・ロードの3つのスタジオで、別々に自分の曲の作業をすることもあったそうで、ジョージ・マーティンのAIRにプロデューサー見習いとして採用された彼の初仕事が、ロック史上最も〝難しい人間関係〟の『ホワイト・アルバム』だったことは、その後の彼のプロデューサー人生に「自信を与えることにもなった」と言っていました。

『ホワイト・アルバム』のレコーディングが始まったのは5月30日のことですが、ジョンとポールは新会社アップルのプロモーションのために、5月11日から5日間ニューヨークに滞在し、14日にセントラル・パーク・ウエストのアメリカーナ・ホテルで記者会見を開きます。

そこに、前年の『サージェント・ペパーズ』完成パーティーでポールが目をつけていたアメリカ人カメラマン、リンダ・イーストマンが現れる。インドから戻ってすぐジェーン・アッシャーとの婚約を解消していたポールは、記者会見のあとリンダに「部屋に電話してくれ」と言って番号を書いたメモを渡し、この夜ふたりは恋仲になるんですが、その電光石火ぶりが悔しかったのか、ジョンは19日にシンシアが留守にしていた自宅にヨーコを呼んで、『トゥー・ヴァージンズ』となる一夜を過ごすんですね。

ポールは26歳になる直前、ジョンはあと5ヶ月たらずで28歳というときですから、ヤンチャなのもわかりますが、そういう状況で『ホワイト・アルバム』のセッションが始まり、ジョンの脇にはいつもヨーコがくっついている。それは、もう〝ザ・ビートルズ〟ではありません。

いや、これがいまの……というつもりで正式なタイトルは『ザ・ビートルズ』となったわけですが、当時のファンは〝真っ白な気持ち〟にならないかぎり向き合えなかったでしょう。皮肉ですよね。リリースは68年11月22日。『ウィズ・ザ・ビートルズ』からちょうど5年でした。ジョンはポールのアイディアの真っ白なジャケットを汚したくて、1週間後に『トゥー・ヴァージンズ』[J23]を出したんじゃないかと思います。

ライヴの現場が明確にしたサブ・ジャンル化

ディラン、ストーンズ、ビートルズらは、68年にはロックのルーツを再発見しようという志向を強めました。英国ではブルース・ロック・ブームが起きていました。けれども、それはあとから物事を整理して体系化したから見えてきたことであって、英国のブルース・ロック・ブームさえ、ブームと呼んでいいものだったのかどうか、かなり怪しいんです。フリートウッド・マックやチキン・シャックはシングル・ヒットを放ち、アルバムもそれなりに売りましたが、『サージェント・ペパーズ』以降のアイドルといえば、ピンク・フロイドのシド・バレットや、トラフィックのスティーヴ・ウィンウッドだった。それにシングル・ヒットの数で言えば、ロイ・ウッドのムーヴなんかの方が全然たくさんありますからね。つまり、**オーヴァーグラウンドなシーンは、まだ〝サージェント・ペパーズ・エラ〟にあった。**

でも、『メロディ・メイカー』や『ニュー・ミュージカル・エクスプレス』といった音楽新聞は、ブルース・ロックや、もっとアンダーグラウンドな動きを記事にしていたんです。そりゃそうですよ、すでに人気を掴んだバンドを取り上げたって新聞は売れない。英国の音楽紙はまさに〝新聞〟であって、日本の『ミュージック・ライフ』のようなミーハー雑誌でも、『ニューミュージック・マガジン』

【J23】『トゥー・ヴァージンズ』1968年11月

のような論評誌でもないんです。けれども、だからこそ〝時代のトレンド〟が振り返れるんで、そこは〝使いよう〟でしょう。

『メロディ・メイカー』や『NME』が大きく取り上げたバンドやムーヴメントが必ずメジャーになったかと言えば、そんなことはない。打率にすれば3割程度じゃないでしょうか。しかし、音楽関係者はものすごく気にしていた。音楽紙の取り上げようは、これからのバンド活動、つくるレコードの指針になりますからね。

英国のブルース・ロックというのは、まさにそういうものだった。前段で「ギター・ヒーローの時代を告げた」と言いましたが、それは、「レコードでは味わえない演奏をライヴで体験する」ということに繋がる。クリームやジミヘンが、ヒット曲を混ぜてそこそこのところで納得させるビートルズのようなショウをやっても面白くないですよね。**レコードには収まりきらないような長いソロを、爆音で聴くから痺れる**わけで、レコードはライヴのための予習みたいなものになっていった。67年のモンタレー・ポップ・フェスティヴァルで、ジミヘンはギターに火をつけるというパフォーマンスを見せ、アメリカでもスターになりましたが、ああなると、曲がどうとか、演奏がどうとかじゃない。ただ「凄い」ですよね。「魂に直結した肉体表現」と言ってもいい。時代が〝ロック〟に求めたことを、モンタレーのジミヘンは体現している。

モンタレー・ポップ・フェスティヴァルが開かれたのは、67年6月16日から18

日までの3日間。企画したのはママズ&パパズのジョン・フィリップスと、彼らのプロデューサーだったルー・アドラーです。ふたりは、ブライアン・エプスタインと袂を分かったあとカリフォルニアで音楽プロモーションを専門に行う会社をやっていたデレク・テイラーに英国勢のブッキングを頼み、彼がエリック・バードン&ジ・アニマルズ、ザ・フー、ジミ・ヘンドリクス・エクスペリエンスを呼んだんです。テイラーは、ビートルズ、ストーンズ、ビーチ・ボーイズ、ママズ&パパズ、ザ・バーズ、バッファロー・スプリングフィールド、ドアーズ、フランク・ザッパらの広報宣伝を担当し、米英の音楽人交流にも貢献していたんですが、それが〝形〟となったのが、「ロック界初の……」として歴史に残るこのフェスティヴァルでした。

ジミヘンは18日の夜の部の、いちばんいい時間に登場したんですが、アメリカでは新人と見られていたこの時期としては破格の扱いで、一夜にしてスーパースターになったと言っても過言ではありません。映像が残っていますが、監督はディランの『ドント・ルック・バック』を撮ったD・A・ペネベイカー。68年12月26日に『Monterey Pop』として初公開されることになります。

〝スタジオ・レコーディングの頂点〟を極めた『サージェント・ペパーズ』の発売から半月後に、〝ライヴの時代〟の幕開けを告げるようなイヴェントが、サイケの本丸であるカリフォルニアで開かれたのも暗示的ですが、シスコの三大バンドにプロモーターとして関わっていたビル・グレアムを本気にさせたのも、モンタレー・ポップ・フェスティヴァルだったんじゃないかと思います。

グレアムはこの年初頭からサンフランシスコのギアリー・ブールヴァード1805番地に建つ古い劇場を借りて、「フィルモア・オーディトリアム」を運営していたんですが、68年3月8日にはニューヨークのマンハッタン2番街105番地に「フィルモア・イースト」をオープンします。この地域はイディッシュ語を公用語とするユダヤ人のための劇場街として古くから栄えた地域でした。ユダヤ人であるグレアムは、「その伝統をロックにも……」と思ったんでしょう。1926年に「コモドア劇場（The Commodore Theater）」としてスタートし、ローズ社所有の「ローズ・コモドア（The Loews Commodore）」、そして「ザ・ヴィレッジ・シアター」として生き延びてきた座席数2700の劇場を彼は〝ロックやソウルの小屋〟にしたんですね。

グレアムは同年、「フィルモア・オーディトリアム」を、サウス・ヴァン・ネスト・アヴェニュー10番地に1912年から立つ建物に移します。「ザ・カルーセル・ボールルーム（The Carousel Ballroom）」「エル・パティオ（El Patio）」として営業してきた劇場は、7月5日に「フィルモア・ウエスト」に生まれ変わりました。

「イースト」を71年6月27日、「ウエスト」を同年7月4日に閉館させたグレアムは、その後、全米規模のプロモーターとなり、ストーンズやディラン&ザ・バンドに関わっていくんですが、ふたつの「フィルモア」で生まれた多くのライヴ・

アルバム――代表的なのは、マイク・ブルームフィールドとアル・クーパー、ジミヘン、アリサ・フランクリン、マイルス・デイヴィス、オールマン・ブラザーズ・バンド、フランク・ザッパ辺りでしょう――は、〝ロックの質〟がビート・バンドやフォーク・ロックの時代とは大きく変わったことを告げるものになりました。

より〝ライヴ映えするパフォーマンス〟を考えれば、ブルース・ロックがあっさりハード・ロックに化けたのも合点がいくはずです。けれども、プログレッシヴ・ロックは簡単には説明できません。源流となったものがいくつもあるからです。

限定されたミュージシャンが離合集散を繰り返しながら、いまだに「プログレ」の範疇にある活動をしているのが、カンタベリーのシーンです。ジャズとロックの融合を考えていたロバート・ワイアットやヒュー・ホッパーらに、オーストラリアからやって来たデイヴィッド・アレンが加わり、64年にワイルド・フラワーズが誕生したことから独特の地域性を持つようになったカンタベリーは、ケヴィン・エアーズを加えたソフト・マシーンや、リチャード・シンクレアが率いるキャラヴァンのレコード・デビューで、68年にはすでに〝カンタベリー系〟と呼ばれる流れを形成していました。サイケからジャズ・ロックに移行したソフト・マシーンと、そこから離れてシンガー・ソングライター的な志向を強めていったケヴィン・エアーズでは大きく異なるし、フランスに渡ってゴングを結成したデイヴィッド・アレンも唯一無二の存在でした。音楽的にはいちばん〝プログレ然〟とした叙情性を持っていてわかりやすいキャラヴァンにしても、激しいメンバー・チェンジのおかげで一定のイメージに収まりにくいんですが、〝カンタベリー〟として括られれば「大きな一本の木」の枝葉と受け取れる。中世の街並みが残る、とされる英国の田舎町のローカル性で〝なんとなく〟繋がっているだけの気もするんですが、それで50年ですから、プログレの中でも大きな存在です。

ジャズ・ロックというのも、64年ごろにはすでにあったんですが、当初はマイク・ウエストブルックらジャズ系のミュージシャンがその中心にいたんで、〝英国ジャズ〟と差別化されるようになったのは、ジュリー・ドリスコールやキース・ティペットがサイケのシーンの脇で頭角を表した68年ごろからです。でも、モッズ受けするオルガンR&Bと言ってもいいブライアン・オーガーをジャズ・ロックに入れてしまうと、プログレの範疇では語れなくなる。そこが難しいですよね。

サイケデリックなライト・ショウを売りにしていたロンドンの「UFOクラブ」は、ピンク・フロイドやソフト・マシーンが名を上げた店としてロック史に残っています。実はトッテナム・コートロード31番地の地下にあったアイリッシュ・ダンスホール「ブラーニー・クラブ(Blarney Club)」を借りて、写真家/文筆家として活躍していたジョン・〝ホッピー〟・ホプキンスと、レコード・プロデューサーのジョー・ボイドが運営していた〝クラブ〟で、66年12月23日から67年7月28日までの間に31回のライヴを開催しました。途中、ホプキンスはバリー・マイルズらと〝14アワー・テクニカラー・ドリーム〟を企画。67年4月29日から30日にかけてアレクサンドラ・パレスで開催され、ジョンとヨーコが別々に参加していたことでも知られています。[16]

ブラーニー・クラブは追い出されたのか、ブライアン・エプスタインから「サヴィル・シアターでやらないか?」と誘われたみたいですが、ホッピーとボイドはそれを断り、67年8月4日から9月27日まで8回、ラウンドハウス[17]に場所を移してライヴが継続されたんです。

フロイドとソフト・マシーンのおかげで、プログレ、ライト・ショウというイメージが強いですが、**主催者のふたりは〝新しいバンド〟にこだわっていた**ようで、プロコル・ハルム、ボンゾ・ドッグ・バンド、クレイジー・ワールド・オブ・アーサー・ブラウン、インクレディブル・ストリング・バンド、ムーヴ、トゥモロウ、フェアポート・コンヴェンションらが出ています。65年以前から活動していたバンドでは、グレアム・ボンド・オーガニゼイション、プリティ・シングス、ムーディー・ブルースから独立したデニー・レインの名前もありますが、まだソーシャル・デヴィアンツを名乗っていたころに出演したことがあったミック・ファーレンによれば、「ロンドンで最初に〝アンダーグラウンド〟という発想を持ったクラブだった」ということです。どうやらその在り方が「プログレッシヴ（進歩的、革新的）」と紹介されたことが、プログレッシヴ・ロックの語源になったみたいなんで、ジャズの人が参入したジャズ・ロックや、キース・エマーソンみた

【16】
その様子は映像にも残されており、『ア・テクニカラー・ドリーム〜ロンドン・サイケデリアの幻想』としてDVD化されている

【17】
機関車の転車台があった建物を改装した劇場で、文字通りの円形デザインが特徴。現在は主にフェルサ・ブルータの公演会場として活用されている。隣の建物には同劇場に由来して名づけられたスタジオ「ラウンドハウス」があった

いにクラシックとロックの融合を考えた人は、ファーレンには「アンダーグラウンドな要素に欠けている」と映っていたようです。

ホッピーとボイドは、おそらくビル・グレアムと同じように、「ライヴの現場から新しいものが生まれる」と考えていたんだと思うんですが、69年にイエスやキング・クリムゾンが登場し、シド・バレットが抜けたピンク・フロイドが新しい方向を打ち出すと、プログレは様式的なものになっていくんですね。それが悪いとは思いませんけど、ハード・ロックのある様式がヘヴィ・メタルになったのと同じような〝精神性の欠落〟を、私はプログレに感じることがあります。ロバート・フリップはそれを悟って徹底的に個人の思惑でバンドを引っぱっているし、ピンク・フロイドやイエスのようにイメージや物語に〝バンドとしての精神性〟を滲ませていった場合は、様式にも必然が感じられるんですが……。

ベースメント・テープスの威力

ハード・ロックやプログレッシヴ・ロックがロックのサブ・ジャンルとして認められ、単体でも流れや意味を持つようになるのは69年からです。[18]「ロックはアルバムで聴くもの」という概念が定着し、それが当たり前のこととなったのは、〝サージェント・ペパーズ・エラ〟の終結を物語っていた。ビートルズが打ち立てた金字塔はロックの幅を拡げ、**シングル・ヒットがなくてもアルバムが売れる**

【18】

この年、レッド・ツェッペリン、イエス、キングクリムゾンら英国勢が米アトランティックからレコードデビューした。こうしたバンドが示した明確な音楽的方向性がサブジャンル化を促進し、ロックは70年代に向けて大きく動き出すことになる

時代がやって来た。トータリティに意味があった〝サージェント・ペパーズ・エラ〟との大きな違いは、アルバムに並べられたさまざまな曲から「作者の意志を読み取る」ことが、「ロックを味わう」とイコールになっていったことでしょう。そのおかげでロックは〝論じられる〟ようになった。メディアがつけた尾鰭をいたずらに信じてしまう大衆がアーティストのイメージを勝手に肥大化させ、〝スター〟が、〝伝説〟が、つくられていくようになるんです。69年のウッドストックに40万人もの人が集まったのは、そこで〝新しいスター〟が誕生したり、〝伝説〟が生まれたりするのを、目撃したかったからでしょうね。

アーティストとオーディエンスの関係としては、それもありだと思うし、悪いことではない。けれども、それが伝説になったとしても、長い歴史の中では〝瞬間の現象〟にすぎないんです。だからアーティストにとって、祀り上げられるのは危険です。伝説に寄りかかっていては墓穴を掘ります。なんとかそこから逃れないと、自分を見失ってしまう。

クロスロードには本当に悪魔がいて、「俺に魂を売るならお前をスターにしてやる」と言われる。道は二択。何やら騒々しいけれど遠くに街の光が見えている道と、闇がどこまでも続きそうな細い道です。70年9月18日にジミ・ヘンドリクスが、10月4日にジャニス・ジョプリンが、71年7月3日にジム・モリソンがドラッグで死んだのは、彼らが悪魔との約束を破って、人間的な道に戻ろうとしたからでしょう――と、ドラマティックに言ってみるのも〝ロック的〟ですが、ディランはそのバカバカしさに気づいていた。公民権運動のヒーローに祀り上げられ、〝フォーク〟を代表させられ、〝ロックの未来〟を背負わされそうになったときに、きっと神様に「文化のためにお前は異化してやる」と、バイク事故をプレゼントされたんでしょう。

あれがなければ、**66年8月末からディランとホークスは60公演の北米ツアーに出ていた。ちょうどビートルズ最後のツアーと入れ替わるように**、です。実現されていれば、ディランは間違いなくロックの先頭に立っただろうし、『ブロンド・オン・ブロンド』の次にふさわしいアルバムをつくったかもしれない。

ところが事故で計画は帳消しになった。ホークスは仕事にあぶれてしまった。マネージャーのアルバート・グロスマンは、やってもいないツアーのギャラをホークスに払うのが癪だったんでしょうね。そこで講じたのが、ウッドストックの自宅にこもっているディランに新曲を書かせる、という策です。グロスマンとディランの共同出資による音楽出版社「ドワーフ・ミュージック」がすでにスタートしていて、ディランの曲を求める人たちが押し寄せていましたから、グロスマンはディランにどんどん曲を書かせて、それを誰彼かまわず売ってしまおうとした。グロスマンはそれに投資するつもりでホークスに家を与えた。そして、「そこでディランの新曲を録音しろ」と命じたんです。

67年2月、傷が癒えたディランは、ウッドストックのバードクリフ・コノリーの自宅で、66年前半のツアーを記録したフィルム『イート・ザ・ドキュメント』[19]

の編集を開始しました。ロビー・ロバートソンは恋人のドミニクとすでにウッドストックに住んでいたんで、グロスマンは、リック・ダンコ、リチャード・マニュエル、ガース・ハドソンのために、ウッドストックからちょっと離れたウエスト・ソーガティーズのストール・ロードに建つ〝ビッグ・ピンク〟と呼ばれていた家を借りた。南部にツアーに出ていたリヴォン・ヘルムがそこに合流するのは11月のことです。

機材の整備が間に合わなかったからか、ディランとホークスのデモ録音は〝レッド・ルーム〟と呼ばれていたディラン邸のリヴィングで始まりました。『イート・ザ・ドキュメント』の編集に協力するのもホークスの仕事でしたから、ビッグ・ピンクでデモ録音が本格化したのは6月ごろのことです。それから68年1月ごろにかけて、断続的に録音は続き、100曲以上が録音された。リヴォン・ヘルムが戻ってからは、〝ザ・バンド〟単体としてのデモ録音が多くなり、11月後半にナッシュヴィルで『ジョン・ウェズリー・ハーディング』を録音したディランとは、路線が違っていくんですね。グロスマンがザ・バンドとキャピトルの契約を決めた時点で、ビッグ・ピンクでのデモ録音は終了となったんでしょう。

グロスマンは67年10月に新曲の一部を出版登録し、14曲を収録したアセテート盤をつくりました。その中から生まれた最初のヒット曲は、ピーター・ポール＆マリーの〈なにもないことが多すぎる（Too Much of Nothing）〉。67年11月25日付のビルボードに87位で初登場したこの曲は、12月30日付で35位まで上がります。

【19】ABCテレビが、特別番組用のドキュメント映画としてツアーを収録し、監督はD・A・ペネベイカーが務めた。『ノー・ディレクション・ホーム』に一部が流用されたほかは、現在に至るまでパッケージ化されていない

同じくグロスマンがマネージメントしていたイアン&シルヴィアも、早々と〈怒りの涙〉〈マイティ・クイン〉〈火の車〉を録音。[20] 68年1月にはマンフレッド・マンの〈マイティ・クイン〉が全英1位、4月にはジュリー・ドリスコール、ブライアン・オーガー&ザ・トリニティの〈火の車〉が全英5位となり、英国でもディランの新曲を収録した盤が業界内で聴かれていることが話題になり始めます。

68年6月23日付の『ローリング・ストーン』の表紙には〝The Missing Bob Dylan Album〟の字が躍り、記事を書いたヤン・ウェナーは「ディランのベースメント・テープはリリースされるべき」として、アセテート盤に収録された14曲を明かしています。69年になると、**最初の海賊盤と言われる『Great White Wonder』が出回り、**67年にビッグ・ピンクで行われたデモ録音が、いかに70年代ロックの試金石になったかが取り沙汰されていくんですが、ビートルズやストーンズが〝The Missing Bob Dylan Album〟を聴いていたのは間違いないでしょう。キースがグラム・パーソンズに急接近したのも、バーズの『ロデオの恋人』[J24]で、グラムが〈ゴーイング・ノーホエア〉をみごとなカントリー・ロックに仕上げたのに感服していたからだと思います。前にも述べたように、ストーンズのルーツ指向は『ジョン・ウェズリー・ハーディング』が出た時点で決まったも同然だったわけですから、ディランの新曲を瞬時に、加入したばかりのバーズのフォーマットに収めてしまったグラムが英雄視されるのは当然でしょう。ルーツ・ミュージックを〝新しいロック〟として聴かせるミュージシャンが、68年、69年

【20】
〈怒りの涙〉は『フルサークル』に、〈マイティ・クイン〉〈火の車〉は『ナッシュヴィル』に収録されている。両作とも1968年リリースで、フォーク側からアプローチした、カントリー・ロックの先駆的な作品とみなされる

【J24】
『ロデオの恋人』1968年8月

にはいちばん〝イケてるヤツ〟だった。ビートルズを追いかけて『サタニック・マジェスティーズ』まで行ったストーンズは、「瞬間〝○○ロック〟を代表しても、すぐに古くなっちゃうじゃしょうがない」という気持ちを強くしていたでしょうし、サイケのあとに来たのはよりによってブルース・ロックの波だった、ということもあったと思います。

デイヴィッド・クロスビーとマイケル・クラークが抜けたバーズに、グラム・パーソンズが加入したのは67年暮れのことです。そこにも『ジョン・ウェズリー・ハーディング』の影響があったのか、グラムはナッシュヴィル録音を強く主張し、『ロデオの恋人』となるアルバムのセッションは68年2月末に始まりました。すぐにディランの新曲から〈ゴーイング・ノーホエア〉と、〈なにも送ってこない（Nothing Was Delivered）〉が録音され、前者のシングルは4月2日にアメリカで発売されます。このテイクでロジャー・マッギンは、オリジナルの歌詞〝Pick up your money and pack up your tent（金を稼いでテントをたたんで）〟を勝手に改竄し、〝Pack up your money, pick up your tent（金をまとめてテントをかついで）〟と唄っているんですが、ディランは『グレーテスト・ヒット第2集』[J25]に収録された71年のリテイクで〝Pack up your money, pull up your tent, Mcguinn〟と名指しでやり返す。「〝金を稼ぐ〟ぐらいにビビリやがって。オレの歌詞の完璧なノリがわからないのか?」と言わんばかりですよね。そういうところがディランは面白い。

【J25】『グレイテスト・ヒッツ第2集』1971年11月

それはともかく、グラムはアルバムのレコーディングを終えたところでバーズに興味をなくし、フライング・ブリトー・ブラザーズ結成に向けて動き出すんです。7月の終わりに入っていた南アフリカ・ツアーに反対していた彼は、それを蹴る形で脱退。『ロデオの恋人』がリリースされたのはその約1ヶ月後の8月30日でした。

グラムがバーズに加わったとき、インターナショナル・サブマリン・バンド時代にLHIと結んでいた専属契約が残っていたために、その社主であるリー・ヘイゼルウッドからバーズとコロンビアは訴えられていたんです。それはマズイというんでグラムのヴォーカル曲をほかのメンバーと差し替えて減らすなどしていたために、アルバムの完成が遅れた。と思ったら、当のグラムが抜けちゃったんですから、そんなケチがついたものをコロンビアが一生懸命売るわけはない。

歴史的に痛かったのは、ゴタゴタしているあいだにザ・バンドの『ミュージック・フロム・ビッグ・ピンク』【J26】が先に出てしまったことでしょう。『ビッグ・ピンク』のリリースは7月1日ですから、その2ヶ月近く後にバーズがカントリー・ロック・アルバムを出しても、それほどのインパクトはなかった。実際『ロデオの恋人』は、80年代半ばになって再評価されるまで、バーズの熱心なファンにしか聴かれていませんでした。

正しい順番に置き換えると、『ジョン・ウェズリー・ハーディング』『ロデオの恋人』『ビッグ・ピンク』と来て、68年12月にストーンズの『ベガーズ・バンケッ

【J26】
『ミュージック・フロム・ビッグ・ピンク』
1968年7月

ト』なんです。そしてどこかにディランの〝Missing Album〟が挟まったんでしょうから、**事情を知っていた先頭集団は、秘かに始まっている〝70年代ロック〟にどうやって乗っかるかを考えるようになります**。当然でしょう。だから69年はロックにとって大きな転換期となり、◯◯ロックを標榜しないバンドは、〝深化〟をルーツに求めるようになっていったんです。

ビートルズ、ついに解散

そういう状況は、ビートルズをも焦らせました。ユナイテッド・アーティスツと交わしていた映画の契約を『イエロー・サブマリン』のアニメで逃げたものの、主演映画をもう一本撮らないといけなかったという事情もあって、ポールは「ビートルズが原点に帰るセッション」をドキュメントした映画を企画するんです。ジョンがストーンズと仲良くしているのに勘づいたポールは、ストーンズのエンジニア、グリン・ジョンズに、撮影用のスタジオでのセッションをそのままレコーディングさせる、というアイディアを出し、みんなを納得させる。そして69年1月2日にトゥイッケナム・フィルム・スタジオで〝ゲット・バック・セッション〟が始まるわけですね。

トゥイッケナムでは何とかまとめようとするポールの言動が押しつけがましかったため、ジョンとジョージの反発を買ってろくな成果をあげられず、場所をアップル・スタジオに移すことになった。1月22日に集合すると、マジック・アレックスが整備したはずだったスタジオがまったく使い物にならず[21]、ジョージ・マーティンに頼んで機材とエンジニアを調達してもらうところからの再スタートになったんです。ジョージが全員の旧友だったビリー・プレストンを、契約を理由にアップルに呼び寄せたことからセッションはようやく活性化、30日のルーフ・トップ・セッションでようやく映画らしいシーンが撮れたことで安心したのか、31日に行われた〈ザ・ロング・アンド・ワインディング・ロード〉などのオーヴァーダビングをもって、録音も終了しました。マーティンが用意した機材はEMIスタジオからの借り物だったため、それを返したアップル・スタジオはまた使い物にならなくなった。だから誰も寄りつかず、残されたテープの編集はグリン・ジョンズに任されたんです。

映画の締め切りまで1年の猶予があったため、ポールはジョンとジョージ・マーティンを説き伏せて、〝まともな新作〟を計画する。9月20日にはEMI／キャピトルとの契約更新が控えていたため、その条件を有利にする圧倒的なアルバムが必要だったんです。

ゲット・バック・セッションのあいだにジョンはアレン・クラインとマネージメント契約を結び、アップルも彼に任せようとした。ところがポールはリンダの父と兄のイーストマン弁護事務所に経理を一任しようとし、ディック・ジェイムズがノーザン・ソングスを売りに出したときも、イーストマン経由でロンドンの

【21】アレックスがアップル・スタジオへ提供できると吹聴した機材には、72トラックのアナログ・テープマシンの製作、電磁ビームの見えないついたてなど荒唐無稽なものも含まれた

投資家を集めたんです。それが気に入らなかったジョンは、投資家との会議の席で暴言を吐き、せっかくの話を御破算にする。おかげでノーザン・ソングスはATVの手に渡ってしまったという経緯があったから、ビートルズは全力で新作を完成させなければならなくなるんです。

ジョンとポールが新作について話し合ったのは、4月14日にふたりだけで〈ジョンとヨーコのバラッド〉を録音したあとだったはずで、16日のセッションを〈オールド・ブラウン・シュー〉と〈サムシング〉中心のジョージ・デイにしたのも、ゲット・バック・セッションの轍を踏まないための策だったんでしょう。ジョージ・マーティン、もしくはクリス・トーマスの監督で行われたレコーディングは、4月18日、20日、25日（ミックス）、26日、29日、30日、5月1日、2日（両日ミックス）とEMIスタジオで続き、5月5日から3日間は、オリンピック・スタジオでグリン・ジョンズに調整卓を任せて録音とミックスが進みます。1月から試していた4人の新曲をアルバムのA面に並べ、B面はメドレーが中心のサイドにしようというアイディアはこの期間に出たものだと思うんですが、アレン・クラインを推すジョン、ジョージ、リンゴと、イーストマンを推すポールに歩み寄りはなく、5月19日にはノーザン・ソングスがATVに売却されてしまう。ポールはジョンの暴言よりも、うしろについているアレン・クラインがロンドンの投資家には信用されていないことが問題として彼を排除しようとするんですが、クラインはポールとバリー・マイルズが中心になって進めていたサブ・

レーベル「ザップル」を廃止し、ピーター・アッシャーらアーティスティックなスタッフを解雇することで経営の立て直しを計るんです。

いま考えれば、明らかにポールを孤立させる作戦だったのが判りますが、ジョン、ジョージ、リンゴはクラインの行動を「思い切った構造改革」だと信じ込まされてしまうんですね。

ジョンとヨーコは二度目の「ベッド・イン」を行うために5月26日から6月2日までカナダのモントリオールに出掛けていて、1日にはプラスティック・オノ・バンドのファースト・シングルとなる〈ギヴ・ピース・ア・チャンス〉が泊まっていたクイーン・エリザベス・ホテルの部屋で録音されます。ジョージはビートルズのスケジュールがない日に、アップルが契約したビリー・プレストン、ドリス・トロイらのレコーディングをプロデュースしていて忙しく、リンゴはこの時期ピーター・セラーズとの映画『マジック・クリスチャン』のために動いていた。その隙をついてクラインはビートルズのビジネスを手中に収めてしまったんですが、クラインとポールには唯一同じ目的があった。間近に迫ったEMI／キャピトルとの再契約を最高の結果に終わらせるために「8月末にはアルバムを完成させる」ということでした。

8月25日にすべての作業を終えた『アビイ・ロード』[J-27]は素晴らしい作品になりました。解散寸前と思われていたビートルズが、いかにも売れそうで芸術性も高い、最新のサウンドのアルバムをつくり上げたんですから、9月20日の契約更新は予想以上の条件となった。『アビイ・ロード』は26日に全世界一斉発売されることになっていましたから、ＥＭＩ／キャピトルも無事に契約を交わせたのを喜んだんですが、レコード会社の人間が帰ると、ジョンは脱退を宣言します。1週間前の13日にカナダでプラスティック・オノ・バンドのデビュー・ライヴをやったジョンは、ソロ活動にシフトしていく意向を示したんですが、契約を更新した直後にビートルズが解散したとあっては詐欺も同然ですから、ジョージやリンゴもさすがに黙っていなかった。それで、少なくともつくりかけの映画とそのサントラ・アルバムに決着がつくまでは「解散」を匂わせるような発言をしない、という約束が交わされるんです。

ご存じのように、70年1月3日、4日に、ゲット・バック・セッションを『ゲット・バック』として完成させるための追加レコーディングが行われ、3月にフィル・スペクターが登場して『ゲット・バック』は『レット・イット・ビー』[J28]につくり変えられます。1月4日のレコーディングを最後にビートルズは空中分解していたんですが、アルバム『レット・イット・ビー』の発売と、映画の公開まではジョンもジョージもリンゴも約束を守るつもりでいた。ところが4月10日の『デイリー・ミラー』にポールの脱退を告げる記事が出る。それはこの日に配られたポールの初ソロ・アルバム『マッカートニー』[J29]のプレス・リリースに、脱退宣言と取れる一文が添えられていたからでした。『マッカートニー』を5月初旬にリリースしようとしていたポールは、『レット・イット・ビー』と重なる、と

【J27】『アビイ・ロード』1969年9月

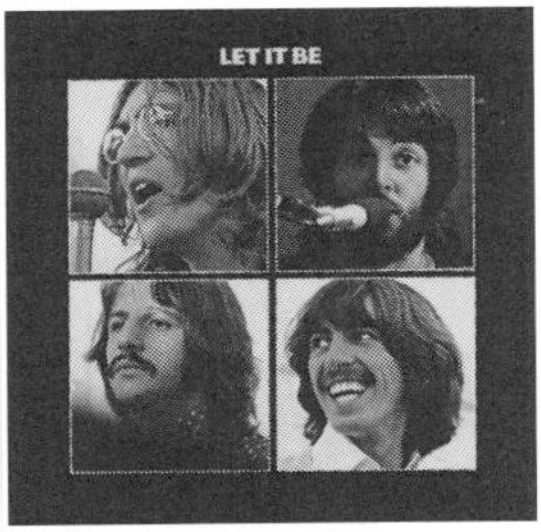

【J28】『レット・イット・ビー』1970年5月

いう理由でEMIから発売の前倒しを要求されたんです。それを呑んだかわりに、約束を破って解散を表明したわけですが、ビートルズは4人が共同出資した会社の中枢ですから、法的に解散し、アップルの人事を変えなければならなかった。そして裁判が始まり、ポールの脱退によるビートルズの解散が、彼の勝訴という形で認められるんです。

『アビイ・ロード』こそ〝70年代ロック〟への布石

まぁ人間関係やビジネス面のゴタゴタは仕方ないとしても、ビートルズがロックのルーツに迫ったアルバムをちゃんと完成させられなかったのは残念でありません。でも4人とも、ソロで落とし前をつけている。それはあとで話します。いろいろなところで何度も書いてきたんですが、あまり理解していただけていないようなので。

ビートルズ・ファンのほとんどは4人が揃って「ザ・ビートルズ」だと思ってますから、仕方ないのかもしれません。ソロになったら、ジョン、ポール、ジョージ、リンゴの作品ですから、「ビートルズとは別物」と受け取ってしまう。繋げて考えていないんですね。

それは大きな間違いです。『ホワイト・アルバム』の段階で、ポールは自分の曲のドラムをおそらく半分ぐらい叩いているし、リード・ギターも弾いている。

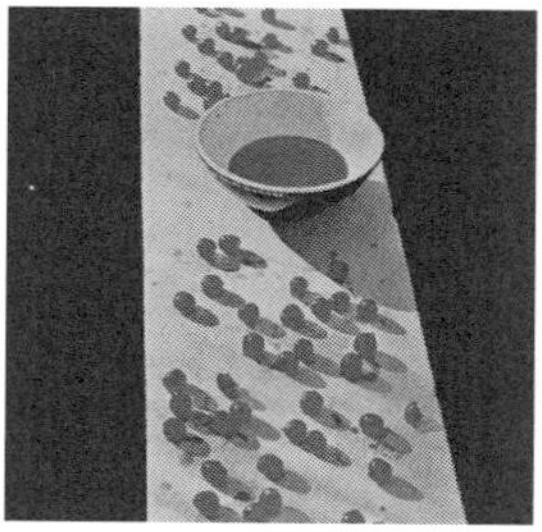

【J29】『マッカートニー』1970年4月

弾き語りに近いアコースティック・ナンバーじゃなくても、ソロ名義で出してもおかしくないような感覚でつくっているんです。

ジョンとポールがそれを許し合ったんでしょうね。ジョージはそういう体制をむしろ喜んだと思います。リンゴは不満ですよね、ポールが先にドラム入れちゃったりしてるわけだから……。で、完成した『ホワイト・アルバム』を聴いて、4人とも「これはどうなの?」と思った。「こんな曲、いつ録ったの?」とか、「オレ、参加してないしー」って曲が何曲もある〝バンドのアルバム〟ですから、さすがに考えちゃったんでしょうね、ポールでさえ。

それで、「昔に戻ろう」と言い出した。みんなで集まって〝せーの〟でやろう、と。ジョンは「だったらオーヴァーダビングはなしだ」と言った。ディラン／ザ・バンドのアセテート盤も、『ビッグ・ピンク』も当然聴いていたでしょうから、〝あれのビートルズ版〟というのが大方の目標でゲット・バック・セッションが始まった。「だから、半ば遊びにしろ〈マイティ・クイン〉や〈ザ・ウェイト〉までやってるんだ」と断定するのは性急かもしれませんが、**〝近い過去〟を参考にするのが初期ビートルズの流儀だった**ことを思い出してください。

でも、ビートルズはトゥイッケナム・フィルム・スタジオをビッグ・ピンクにはできなかった。後期ビートルズは、ワックス・ワークス——つまりオーヴァーダビングありきの、重ね塗りしていくようなレコーディングに、頼りすぎていたからです。

3人のソングライターがライヴ演奏を考えずに、何度も上から塗り直す、油絵を描くようなレコーディングで、それぞれの作品を完成させていた。『ラバー・ソウル』や『リヴォルヴァー』の段階ではバンドとしてレコーディング・アーティストを目指していたんですが、〈ストロベリー・フィールズ・フォーエヴァー〉で、ジョンが〝自分の頭の中にある絵〟を音像化すると、ポールもジョージもそれでいいと思っちゃった。そうやってできあがっていったのが、3人のソングライター／プロデューサーと、ミュージシャンのリンゴ・スターという図式です。

ジョンは基本的に、自分の曲ではポールとジョージをミュージシャンとして使っていますが、お返しに他人の曲ではミュージシャンになって、アーティストとしてのエゴを消しています。ところがポールとジョージがうまくいかなくなった。ジョージはポールのテクニックを認めてましたから、自分の曲でポールがギター・ソロまで弾くのもよしとした。〈タックスマン〉がいい例ですが、ジョージは自分の曲でも支配的ではないんです。でもポールはそれが腹立たしい。「なんで自分の曲を仕切らないの?」と思っちゃうんでしょうね。〈イッツ・オール・トゥ・マッチ〉なんか170テイクも録ってるわけですから、「つきあってらんないよ」という気持ちもわからなくはないですが、その結果ポールは、自分の曲にジョージを必要としなくなっていったんですね。

ジョージはアップルのアーティストをプロデュースするようになって、レコーディングを仕切るのが急激にうまくなるんですが、それはゲット・バック・セッションのあとです。でも、68年には『不思議の壁』をつくったり、ジャッキー・ロマックス[22]を手掛けたりしてましたから、プロデューサー的な視点は芽生えてたんでしょう。ジョージは頭の中にある音を徐々に形にしていくタイプですから、一緒にやっていたら、途中までは目標としている地点がわかりにくいかもしれない。それに対してポールはアイディアが常に明確で、自分が演奏できない楽器のソロまで決められる。〈ペニー・レイン〉のピッコロ・トランペットのソロは、ポールが唄ったフレーズをジョージ・マーティンが譜面にしたのがもとになってましたが、大方そういう風なんでしょうね。とくに子供のころから弟分みたいなジョージには平気でズケズケ言いますから、ポールのどこが気に障るのかをジョージはよく知っていた。だから、逆のやり方をした。ポールみたいに何でも仕切りたがっちゃダメだと思っていたはずです。

ジョージがビリー・プレストンを呼んできたのは、「いまのビートルズにはミュージシャンが必要だ」と思ったからでしょうが、おかげでポールは随分引いた。ルーフ・トップ・セッションがうまくいったのは、ビリーが加わったアップル・スタジオでの1週間で、ビートルズに**〝バンドらしい人間関係〟と〝ミュージシャンの勘〟が戻った**からです。

けれども、それで次も行けるとは思わなかった。ビートルズはディラン／ザ・バンドのような〝スタジオ・ライヴ〟ではレコードはつくれない、と自覚する。だから〝ワックス・ワークス〟で『アビイ・ロード』をレコーディングするんで

【22】1963年にジ・アンダーテイカーズでデビュー、キャヴァーンではビートルズとも共演。69年にアップルでソロ作を発表。72年にザ・バンドの面々が参加した『Ⅲ』を発表、74年には米国バンドのバジャーへ加入。英米をまたにかけてスワンプ〜ブルー・アイド・ソウル的な作品を残し、2013年に66歳で死去

すが、69年のビートルズが無自覚にロックのレコーディングの〝両極〟を残したのは面白いですね。フィル・スペクターの手が入って原型は見えにくくなったとはいえ、『レット・イット・ビー』として完成したアルバムには、**彼らが「スタジオ・ライヴは苦手」と思ってしまった要素が詰まっている**。我々はそれを世紀の美人女優のスッピンを見るみたいな感覚で楽しんでしまえるんですが、本人たちにとっては、プロの仕事になっていないような感じで、とても恥ずかしかったんだと思います。

じゃあディランやザ・バンドは、得意の〝スタジオ・ライヴ〟でアルバムをつくっていったかというと、そうでもない。ザ・バンドではロビー・ロバートソンとガース・ハドソンが常に〝プラス・アルファ〟を考えていましたから、オーヴァーダビングや外部ミュージシャンの起用が〝スタジオ・ライヴ感〟を減らしていきましたが、ディランはそうはいかなかったんです。

69年4月リリースの『ナッシュヴィル・スカイライン【J30】』でディランが声まで変えてみたのは、せっかくカントリーに踏み込んだというのに、いつもの唄い方だと相変わらずの〝ディラン節〟にしか聞こえなかったからではないでしょうか。『ボブ・ディラン自伝』では自らレコーディングへの苦手意識を語っていますが、総合すれば、**ようするに〝曲に対するアイディアをオーヴァーダビングに持ち越せない〟ということ**なんですね。あとから切ったり貼ったりすることで一発録りの真剣勝負感が失われると思い込んでいるのか、誰かのプレイをオーヴァーダビ

【J30】
『ナッシュヴィル・スカイライン』
1969年4月

ングするぐらいなら、そいつを呼んで〝せーの〟で録ってしまおうとする。70年6月の『セルフ・ポートレイト』[J31]にはさまざまなミュージシャンとの雑多なレコーディングが集められていますが、どこが核とも言えませんから「全部オレ」と言うしかなかったんでしょう。混沌の極みとも言えます。でも、全米4位、全英1位。「わからないから知りたい」と思わせるところがディランの強みですね。2013年には69〜71年に行った膨大なレコーディングの全貌がわかる『アナザー・セルフ・ポートレイト』が出ましたが、どこを切ってもディランなのが本当に面白い。やってみないことには自分でも何が出るのかわからないんだろうな、と思います。

ビートルズとディランほど両極に分かれはしませんが、70年代ロックには英米のレコーディングの差が現れてきます。例外はたくさんありますから、「誤解を怖れずに言えば」という前置きが絶対に必要でしょうが、アメリカのバンドは〝スタジオ・ライヴ〟で、英国のバンドは〝ワックス・ワークス〟で、レコードを仕上げていく傾向が見えるようになりました[23]。英国のバンドなのに「アメリカっぽい」と感じる場合のほとんどは、ヴォーカル／コーラスや楽器のソロ以外は〝スタジオ・ライヴ〟で録音されている。一方、アメリカの人で英国的な〝ワックス・ワークス〟をする代表はトッド・ラングレンでしょう。トッドの場合はエンジニアとしての手腕を見込まれてプロデューサーに抜擢されることも多いですから一概には言えないですけど、ワンマン・レコーディングのソロ作品はもちろ

【J31】『セルフ・ポートレイト』1970年6月

【23】米英で録音スタイルに差が生まれた理由はいくつか考えられるが、表現方法として多重録音を選ぶ以外には、演奏者の技量も関係しただろう。米国では、レッキング・クルー、フェイム・ギャングやスワンパーズ（本章で後述）、ファンクブラザーズ、ナッシュヴィル組など、各地のスタジオ・ミュージシャンが、完璧なリズムトラックを手早く提供した。一方英国では、ビートルズやローリング・ストーンズ、キンクスなどの人気バンドは、最初期を除きスタジオ・ミュージシャンを起用せず、メンバー（や友人）のみで録音に臨んだ。おのずとテイクを重ね、編集に頼る制作法が重要になったと考えられる

んだし、ユートピアでもビートルズ的な〝ワックス・ワークス〟に迫っています。『アビイ・ロード』は、ビートルズが最初から最後まで8トラックのレコーダーを使って録音した、初めてアルバムだった。『ホワイト・アルバム』のセッションの末期に、EMIスタジオはすでに8トラック・レコーダー3台を購入していたんですが、それを使いこなすにはミキシング・コンソールも変えないといけないですから、『ホワイト・アルバム』には間に合わなかったんですね。それでビートルズは8トラックを装備していたトライデント・スタジオを使ったりしていた。[24]

ゲット・バック・セッションのときはまさに移行期で、1月30日のルーフ・トップ・セッションは8トラックで録音されています。だから、ビートルズのスタジオ・レコーディングが本格的に8トラックになったのは『アビイ・ロード』から。厳密に言うと、〈ゲット・バック〉のシングルからなんです。

だから、『アビイ・ロード』は70年代以降のマルチ・トラック・レコーディングの基本になった。ベーシック・トラックを〝せーの〟で録っても、全部をそのまま使うわけではない、というのが常識になったんです。ドラムさえOKならそのテイクを使い、ほかの楽器を差し替えたり、部分を修正したりしてベーシック・トラックをつくるようになるんですね。リスナー多くは、ベーシック・トラックを〝せーの〟で録られたOKテイクだと思っているようですが、8トラックになってからは、まずドラムを決めて、ベースやギターを修正したり、録り直した

【24】
アメリカでは1967年ころにはほぼ8トラック録音が浸透し、68年には16トラックに対応する録音機器も登場していた。8トラック化が大きく出遅れていたイギリスでは、68年初頭にトライデントやアドヴィジョンが先陣を切り、EMIが対応できるようになるのは同年後半から。なおアドヴィジョンは早くも69年に16トラック化しており、EMIでは74年まで待たねばならなかった

りしたものがベーシック・トラックになるんです。ストーンズみたいに、みんなのグルーヴが揃うまで繰り返し演奏し続けるなんてバンドもいますけど、全体のノリがいいところをつまんでも、そこの部分に修正すべきところがあれば修正します。トラックがたくさんあることによって、ミックスの段階までピンポンせずにそのまま残せるようになった。そのおかげで、ときにはヴォーカルを入れてから、「唄っている音とぶつかる」という理由でベースやギターのフレーズを部分修正したりするようになったんで、70年以降のロック・レコードは演奏の平均点が高くなりました。

70年代の後半まで4トラックの機材しかないプロ・ユースのスタジオはありましたが、アメリカよりも遅れていた英国でも69年には一般的なレコードのモノーラル盤はなくなり、ステレオが常識になりましたから、8トラック録音／ステレオ・ミックスの『アビイ・ロード』が手本になり、72年ごろからは16トラック録音が常識になる。オーヴァーダビングなしではロックのレコーディングがありえなくなったことが、スタジオ技術を変えていったんですね。

ビートルズ直系のエンジニアやプロデューサーが関わったEMI系のバンドには、『アビイ・ロード』のサウンドが〝伝統〟として残ります。ノーマン・スミスが手掛けたピンク・フロイドは、『狂気』【J32】でクリス・トーマスの手を借りているし、アラン・パーソンズはパイロットやコックニー・レベルを手掛けたあとアラン・パーソンズ・プロジェクトでミュージシャンとしても成功します。アビイ・

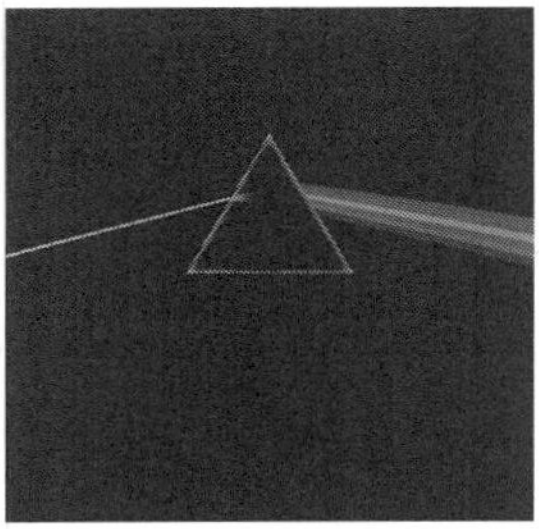

【J32】
『狂気』1973年3月

ロード・スタジオ～アップルを代表するエンジニアとして活躍したジェフ・エメリックと、ＡＩＲのプロデューサーという立場だったためにＥＭＩ以外にも〝ビートルズ流〟を持ち出すことになったクリス・トーマスの音には、70～80年代の英国サウンドの特徴が現れていますが、中音域にまとめた音にコンプレッサーをかけてラジオ受けするアタック感を出す匙加減は、『アビイ・ロード』からほとんど変わっていません。

でも、そういうことを一切知らなくても『アビイ・ロード』は面白い。４人が個人の意志を捨てて「ザ・ビートルズ」を演じる姿勢にはゆるみがないですから、どう否定的に見てもアルバムとしての完成度は認めざるをえない。クールに、〝音楽の力〟でねじ伏せてしまうんですね。

ウッドストックに40万人の若者が集まったというニュースが世界を駆けめぐった40日後に、ビートルズはロック・バンドがつくりえる〝普遍〟をアルバムとして全世界に発信した。バンドの〝アイデンティティ〟が〝演奏家集団としての技量〟とは別のところで語られるようになったのは『アビイ・ロード』以降でしょう。そしてその両方を合わせ持ったアルバムで勝負できるのが、良くも悪くも〝70年代ロックの一流〟になっていったんです。レッド・ツェッペリン、キング・クリムゾン、ピンク・フロイド、イエス、エマーソン・レイク＆パーマーといった英国勢が早々と〝70年代ロック〟を形にできたのは、バンドをビジネスにするプロフェッショナルな姿も含めて、『アビイ・ロード』を〝最高の手本〟とした

からなんじゃないでしょうか

音楽以外の文化を生めなかったウッドストック

1970年は、2月にサイモン&ガーファンクルが、4月にビートルズが解散したせいもあって、ポップ・ミュージックの転換点になりました。「60年代が終わり、70年代が始まった」わけです。

とくに日本では、この年から洋楽アルバムの売上が飛躍的に伸びたんです。サイモン&ガーファンクルの『明日に架ける橋』[J33]と、ビートルズの『レット・イット・ビー』が異常に売れて、ロングセラーになったのがきっかけと言っていいでしょう。この2枚のアルバムは、私がレコード屋に頻繁に通うようになった71年の秋になっても、田舎のレコ屋では壁にかかっていたぐらいです。いま中古盤屋で見かける数から言っても、『明日に架ける橋』は150万枚、『レット・イット・ビー』は250万枚以上、トータルで売れたんじゃないかと思います。業界誌に載っているデータは出荷枚数に由来している場合も多いんで実数は信用できませんが、『明日に架ける橋』と『レット・イット・ビー』が発売から1年で100万枚を超えたのは歴史的な事件でした。洋楽のLPが100万枚売れるなんてことは、それまでなかったんですよ。

まあ、「途中にあるものには決定的な判断を下せない」というのは日本人の悪

【J33】
『明日に架ける橋』1970年1月

しき特性でもありますから、「終わりが〝評価〟の始まりになった」のも理解できます。60年代を代表するグループだったサイモン&ガーファンクルとビートルズの解散で、「ようやくロックが語られるようになった」と言ってもいいでしょう。

けれども、そんな気分のところに追い打ちをかけるように公開された映画『ウッドストック』を、**当時の日本の音楽ファンは、ロックの社会的な立場の〝理想〟として受け取りすぎた**きらいもある。ウッドストックに関わったのは、ミュージシャンも含めてほとんどが戦後のベビーブーマー世代、日本で感化されたのも団塊の世代ですから、泥んこになってロックにひたる青春が〝自由の象徴〟に見えたのかもしれません。しかし映画をちゃんと観れば、演奏シーン以外ではかなり冷静に問題提起されていることがわかる。チケット販売のシステムも、ゾーニングや警備の問題も、ちゃんと考えられていなかった〝村祭り〟みたいなものですから、蓋を開けてみたら40万人という状況に主催者がビビって、「金を取らなきゃ自己責任」とゲートを開放した。勝手に来たのにタダで入れてもらって、水や食料まで支給されたんですから、どんなヒッピーだってマナーは考えますよね。おかげで事故なく終わった。

ミュージシャン側は「自分たちのパフォーマンスで何かが伝えられれば」と熱い演奏を繰り広げましたが、40万人の若者たちがそれを同じ意識で観ていたかと言えば、むしろ逆で、「勝手に観て、勝手に感じるということにおいては自由」というように、ロックとつきあっている。インタヴューを受けた観客たちは、

〝ロック〟と〝自由〟をそんなに簡単にくっつけて考えてはいないんです。

人種も宗教も政治的理念も関係なく、ただ〝ロック〟の名の下に40万人もの若者が集まったのは美しいことです。参加できなかったジョニ・ミッチェルが〈ウッドストック〉で歌ったように、何かを求めてやって来て、そこで何かを考えた人たちの精神は美しいんです。でも**家路につけば〝40万の個〟ですから、ムーヴメントとは言えない。人が集まったというだけでは〝カルチャー〟とは認められないんですね。**

べ平連の活動で知られた作家の小田実は、61年にヨーロッパ、アジア旅行記『何でも見てやろう』を出版し、62年にはアメリカ体験をフィクションに発展させた小説『アメリカ』を完成させるんですが、それは彼がルポライターではなく、本物の小説家だったからでしょう。何かを体験した〝個〟は自分の表現をしないかぎり、「群集のひとりとしてそこにいた」というだけに終わってしまう。初期の『朝まで生テレビ』で小田と席を並べていた野坂昭如や大島渚もそうですが、彼らは社会や世界にも、芸術活動や作品を批評するときと同じ姿勢で対峙していた。誤解を怖れずに言えば、日本に〝ジョン・レノン的〟な人がいたとすれば、彼らのような〝表現者／文化人〟だけでしょう。

スティーヴ・ジョブズなんかも60年代のヒッピー・カルチャーの申し子みたいな面がありましたけど、「果たしてヒッピーはカルチャーを生めたのか？」というところからアップルのビジネスが始まったような気もします。ヒッピーに受け継がれた〝ビートの精神〟をジョブズは信じていたと思うんですが、ヒッピーは「メッセージを発する」「場をつくる」ということだけで終わって、ウッドストックは音楽以外の文化を生めなかった。そりゃそうですよね、69年の個人は「発信できるツールを持っていなかった」んですから。

でもいまなら、そこに参加した〝40万の個〟がツイッターやフェイスブックで発信できる。ジョブズは「コンピュータこそ〝個〟と〝世界〟をつなぐツールだ」と思ったんでしょう。ジョン・レノンがキーもテンポも異なる2つのテイクをつなげることをEMIスタジオの技術陣に要求したように、ジョブズは〝理想〟を語り、「きっと実現できる」という信念をもってコンピュータの開発に臨んだんだと思います。だから、社名を〝アップル〟にした。ビートルズがアップルでやろうとしていた理想の具現化を、ジョブズはコンピュータの世界で受け継いだ。社名の引用は確信犯的だったはずです。

ジョブズがヒッピーだと言われるのは、68年から74年にかけてアメリカで発行されていたヒッピーやコミューンのための雑誌『Whole Earth Catalogue（全地球カタログ）』に影響を受けて、実際に放浪の旅を経験していたからです。作家／編集者のステュアート・ブランドによって創刊されたこの雑誌は、日本の『宝島』や『POPEYE』にも多大な影響を与えたことでも知られていますが、最終号の裏表紙を飾った《Stay Hungry, Stay Foolish》という言葉を、ジョブズが2005年にスタンフォード大学の卒業生に贈るスピーチで紹介したことから、

『Whole Earth Catalogue』には新たなハクがつきました。ステュアート・ブランドはスタンフォードの卒業生ですから、「君たちの先輩にはこんな人もいる」という意味もあったと思うんですが、ジョブズは『Whole Earth Catalogue』の〝未来は自分たちの手で〟というDIYの推奨に感化され、それこそ「何でも見てやろう」の精神でリード大学を中退、放浪の旅に出たんです。

DIY——**Do It Yourself**はパンクの精神となり、ロックに原点回帰を促します。しかし、いわゆる〝70年代ロック〟をめぐる状況はそれとは逆の方に向いて、〝産業としてのシステム〟に乗せられたものだけが莫大な金を生むということになっていくんです。

ちなみに55年2月24日生まれのジョブズがアップルを興したのは76年、法人化したのは77年1月3日のことでした。同世代のミュージシャンに、エルヴィス・コステロ（54年8月25日生まれ／77年デビュー）、クラッシュのミック・ジョーンズ（55年6月26日生まれ／77年デビュー）、ジョン・ライドン（56年1月31日生まれ／76年デビュー）がいることを考えると、**ジョブズが〝パンク世代〟に位置する**のがリアルになると思います。

シンガー・ソングライターとグラム・ロック

69年のウッドストックが事故なく終わったのは、アメリカ軍が集まった40万人を〝難民〟と認定するような判断をして、救援物資を届けるなどの協力があったからでした。

それを「体制側に屈した」と判断したミュージシャンも多かったですから、12月6日にオルタモント・スピードウェイで開かれたストーンズを中心とするフリー・コンサートは、自主性が重んじられたんでしょう。けれども警備に雇ったヘルズ・エンジェルスが観客のひとりを刺し殺すという事件が起こり、60年代的な〝ロック幻想〟は一気に翳りを帯びていくんです。ヒッピー・ムーヴメントとユース・カルチャーが重ねて考えられていたアメリカでは、〝集団の力〟よりも〝個ができること〟を実現していく若者が増え、**ウッドストック世代のニュー・ファミリー化が進みます**。

70年代に入って、ニール・ヤング、ジョニ・ミッチェル、キャロル・キング、ジェイムズ・テイラー、カーリー・サイモンや、英国のエルトン・ジョン、キャット・スティーヴンスら、シンガー・ソングライターの人気が爆発するのは、彼らが〝個〟として自分の気持ちを吐露した歌が、〝時代の気分〟に合っていたからでしょう。70年9月にリリースされたニール・ヤングの『アフター・ザ・ゴールドラッシュ』[J34]に影を落とした敗北感は、その年の暮れからアメリカでヒットし始めたエルトン・ジョンの〈ユア・ソング〉や、キャロル・キングが書いてジェイムズ・テイラーが71年夏にヒットさせた〈ユーヴ・ガッタ・フレンド〉、そしてジョニ・ミッチェルの内省が極まった『ブルー』[J35]につながっていきます。吉田拓郎72

【J34】
『アフター・ザ・ゴールドラッシュ』1970年8月

【J35】
『ブルー』1971年6月

年のアルバム『元気です。』[J36]に岡本おさみが作詞した〈祭りのあと〉という歌がありますが、〝時代の気分〟はうまく捉えていたと思います。

ニール・ヤングが72年2月にリリースした〈ハート・オブ・ゴールド（孤独の旅路）〉は、全米1位、全英10位という彼の最大のヒット曲になり、同曲を収録したアルバム『ハーヴェスト』[J37]は米英で1位になりました。ところがボブ・ディランは85年のインタヴューで、〈ハート・オブ・ゴールド〉は好きじゃない、と言っている。《私は生きたい／私は与えたい／私は黄金の心を探す炭坑夫だった／口では言えない想いのために／私は黄金の心を探し続け／そして歳をとっていく》という歌詞が、〝祭りのあと〟を静観していたディランには甘っちょろく映ったのかもしれません。ディランはこういう形で〝個〟の気持ちは語りませんからね。だから、**ディランを〝シンガー・ソングライター〟の括りの中に置くと、とても違和感がある。**

それはともかく、72年にはイーグルスが出てきて、ドゥービー・ブラザーズの人気にも火がついた。で、アメリカン・ロックの中心は西海岸になっていくんです。とくに日本では、ワーナー・パイオニアが仕掛けた〝ウエスト・コースト・サウンド〟というのがブームになって、70年代中盤には「アメリカン・ロック＝西海岸」という認識が一般的になっていました。まぁ〝サザン・ロック〟なんて括りの下に、オールマン・ブラザーズ・バンドやレーナード・スキナードの人気も高まっていきましたが、ザ・バンドがアメリカ音楽のルーツを分析する視線と

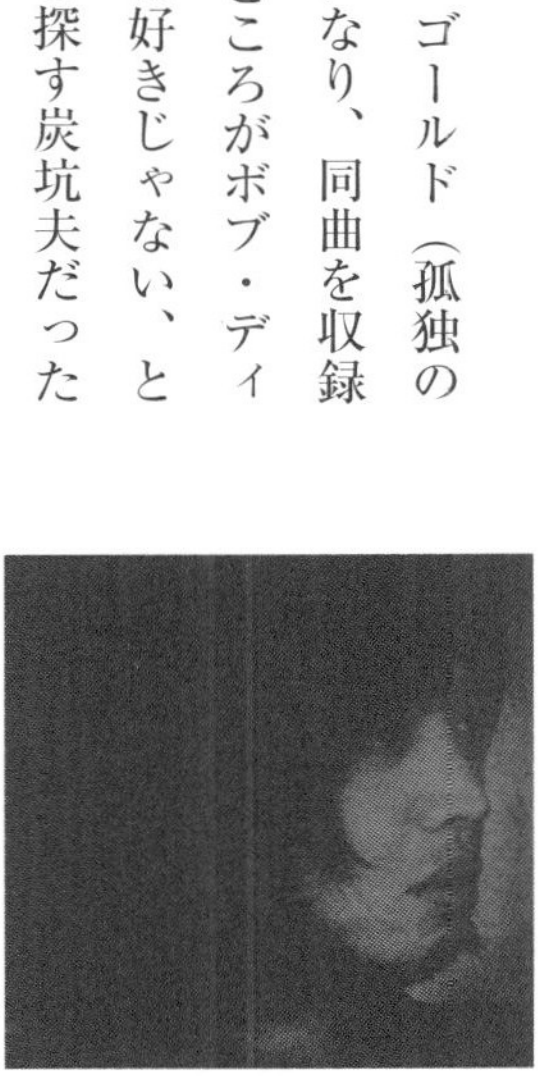

【J36】『元気です。』1972年7月

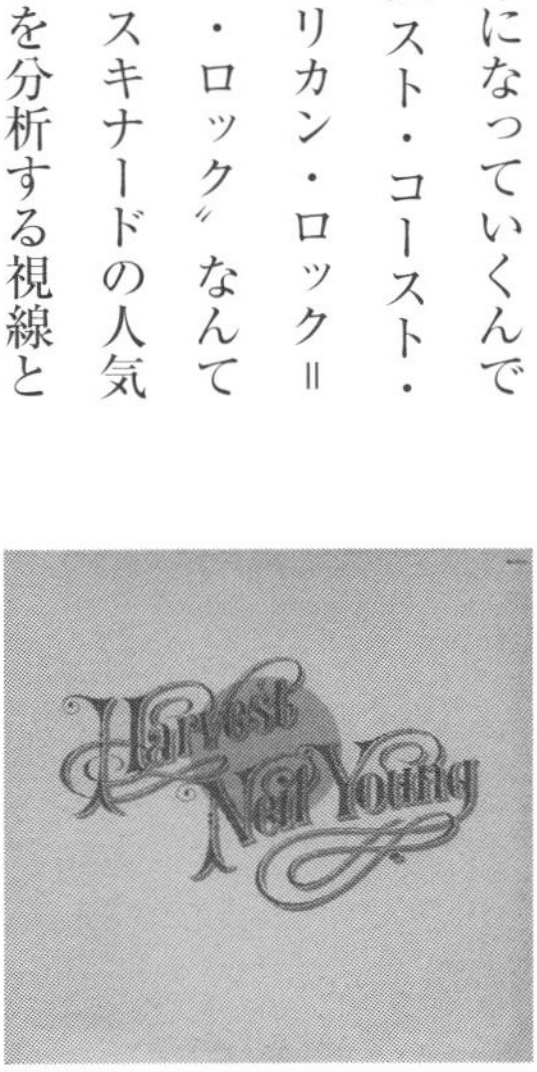

【J37】『ハーヴェスト』1972年2月

並べて考えれば、その重要性が気づかれそうなはずの動きは、一部のマニアにしか理解されていなかったんです。その話はあとでしましょう。

アメリカのヒッピー・ムーヴメントのようなものがなく、サイケが表層的な音楽表現やファッションに終わった英国では、ツェッペリンやクリムゾンのような**アルバム・アーティストへの〝業界的な反動〟がグラム・ロックに集約**されていくんです。

グラム・ロックをブームにしたのはマーク・ボランにほかなりません。65年にソロ・デビューして売れず、68年からはティラノザウルス・レックスとしてアシッド・フォークをやっていた彼が、エレキに持ち替えてTレックスを結成したのは70年初夏のこと。この年の暮れには10月にリリースした〈ライド・ア・ホワイト・スワン〉が全英2位まで上がり、Tレックスとしてのファースト・アルバムが出たんですが、快進撃が始まるのは翌71年2月のシングル〈ホット・ラヴ〉が1位になってからで、7月の〈ゲット・イット・オン〉、9月のアルバム『エレクトリック・ウォーリアー（電気の武者）』[J38]が1位、11月の〈ジープスター〉が2位、12月にアメリカで発売された〈ゲット・イット・オン〉が全米10位まで上がって、Tレックスは世界的なバンドになりました。

アメリカン・ロック勢の普段着のジーンズ姿に異議を唱えるが如く、50年代のロックンローラーが着ていたようなラメ入りのジャケットを羽織り、カーリー・ヘアに化粧までしたボランの登場は凄いインパクトでしたが、ツェッペリンのよ

【J38】『電気の武者』1971年9月

うなリフのないコード弾きのブギーに、一度聴いたら憶えてしまうキャッチーなメロディを乗せた3分のポップ・チューンは、アルバムを買えないロー・ティーンの少年少女に大人気になります。トニー・ヴィスコンティの大仰なストリングスを絡めたバンド・サウンドも、ボランのひしゃげたヴィブラートもキュッチュそのもの。50年代のロックンロールを人工着色するようにデフォルメし、近未来的な猥雑さに転化させたところが、〝芸術的なアルバム・アーティスト〟にはないジャンク・フードみたいな味でした。

その路線に、シングル・ヒットに活路を見いだそうとしていた〝60年代のリヴェンジ組〟が乗るんです。68年にデビューしながら鳴かず飛ばずにいたスウィートは71年3月にリリースされた〈ファニー・ファニー〉の13位を皮切りに、ニッキー・チン&マイク・チャップマン作／フィル・ウェインマンのプロデュースによるポップ・ナンバーを立て続けにヒットさせていったし、71年5月にリリースされた〈ゲット・ダウン・アンド・ゲット・ウィズ・イン〉の16位からチャートの常連になるスレイド、72年3月にリリースした〈ロックンロール・パート1&パート2〉を2位まで上げて、グラム・ロックの別名「グリッター・ロック」の象徴になるゲイリー・グリッターらは、60年代から業界にいながら不遇だった〝リヴェンジ組〟だった。

ミッキー・モストのRAKでスージー・クアトロやマッド、スモーキー[25]などを手掛けることにもなるソングライター・チーム、チン&チャップマンのマイク・

【25】チン&チャップマンのもと、マッドは、グラム風ロックンロール・リヴァイバル〈タイガー・フィート〉が74年に大ヒット。スモーキーは〈リヴィング・ネクスト・ドア・トゥ・アリス〉が77年にヒットしている

チャップマンは、67年にデビューしてシングル8枚とアルバム1枚を残したタンジェリン・ピールの出身。のちにアメリカに渡って、ザ・ナックの〈マイ・シャローナ〉や、ニック・ギルダーの〈ホット・チャイルド・イン・ザ・シティ〉を全米ナンバー・ワンにし、ブロンディの作家兼プロデューサーとしても活躍します。

スレイドはチャス・チャンドラーが売り出したバンドですが、その前身は唯一のアルバムに高値がついているアンブローズ・スレイド。そのまた前身はランナウェイズを売ったことでも知られるアメリカの才人キム・フォーリーのプロデュースで65年にデビューしたジ・イン・ビトウィーンズですから、かなりの苦労人です。

ゲイリー・グリッターにいたっては、ポップ・シンガー「ポール・レイヴン」としてデビューしたのは64年。彼にチャンスを与えたのは、アンドルー・オールダムの下でアレンジャーとして働き、ビートルズの〈シーズ・リーヴィング・ホーム〉の弦でも知られたマイク・リーンダーだったんです。リーンダーは旧知のポール・レイヴンのロッカーズ風のルックスに目をつけて、「ゲイリー・グリッター&ザ・グリッター・バンド」という〝兄貴と子分たち〟風のキャラクターをつくる。バンドのメンバーも含めて衣装は銀ラメのツナギで、〝兄貴〟はハーレー・ダヴィッドソンのバイクのうしろに跨ってステージに登場するんですから、いまで言えば氣志團みたいなものです。そのキャラが半ば冗談だと英国民は知っていますから、74年に入ってグラム・ロックのブームが完全に終わっても、ゲイリー・グリッターの〝グリッター・ロック〟は芸能界に残りました。

リーンダーはその後、グリッターで儲けたベル・レコードでハローを手掛けることになるんですが、ベルのアイドル路線はもうひとつの黒幕チーム、ビル・マーティン&フィル・コールターが座つき作家だったベイ・シティ・ローラーズに端を発しています。ローラーズの人気が爆発するのは74年ですが、71年6月にリリースされたデビュー・シングル〈キープ・オン・ダンシング〉のみ全英9位まで上がっています。マーティン&コールターの曲はオールディーズ風のものが多いですから、アリスタに移籍したのを機にローラーズのプロデューサーはスウィートを売ったフィル・ウェインマンに変わるんですが、マーティン&コールターは、ベルでスリック、RAKでケニーというアイドル・バンドを手掛けています。ちなみにスリックには、のちにウルトラヴォックスで有名になるミッジ・ユーアが在籍しているので、侮れません。

日本ではグラム・ロックと言えば、『ジギー・スターダスト』や『アラジン・セイン』のころのデイヴィッド・ボウイや、初期のロキシー・ミュージックがTレックスに続く存在で、アメリカのアリス・クーパーやジョブライアス、ニューヨーク・ドールズも含まれたりしますよね。でも、**シングル・マーケット狙いの業界的な動きだったというグラムの裏事情を知っている英国のメディアは、ボウイやロキシーをグラム・ロックとして扱うことには慎重**です。ボウイとミック・

ロンソンがMC5やストゥージズの「デトロイト型ハード・ロック」をグラムに持ち込んだことがパンクへの導火線となったことや、ロキシーのファースト・アルバムに収録された〈リメイク／リモデル〉がニュー・ウェイヴの時代にまで有効な表現手段を示唆したことは、グラム・ロックの功績として見逃せませんが、現地の感覚では、ベイ・シティ・ローラーズに代表されるアイドル・バンドや、ルーベッツやマッドみたいなポップ・バンドの方が、〝グラム時代のシングル・チャート〟をストレートに思い出させるんでしょう。

70年代前半の人気バンドには、シカゴ、クリーデンス・クリアウォーター・リヴァイヴァル、グランド・ファンク・レイルロード、サンタナといったアメリカ勢、ハンブル・パイ、フリー、ジェスロ・タル、フェイシズといった英国勢がいて、アリサ・フランクリン、マーヴィン・ゲイ、スティーヴィー・ワンダー、カーティス・メイフィールドらは「ニュー・ソウル」をつくっていきました。いま振り返ると、そういうアーティストが〝中堅〟と思えるほど、レッド・ツェッペリン、ピンク・フロイド、EL&P、イエス、キング・クリムゾンらはアルバムを売っていたんですから、ポップ・ミュージックの中央は層も厚く、幅も広かったんだと思います。ハード・ロックとプログレは目立っていましたが、それ一辺倒というファンはむしろ少なくて、たとえばカーペンターズの質の高さなんかは広く認識されていたんです。

ここでは〝60年代〟と〝70年代〟がどういう風につながったかを語るために、

シンガー・ソングライターとグラム・ロックの話をしましたが、それは、ディラン／ザ・バンドが66年ツアーとベースメント・テープスで試みたことや、ビートルズがゲット・バック・セッションで形にしきれなかったことの〝つづき〟ではありません。ディランやビートルズは「ロックはどこから来たのか」を探るために大衆音楽のルーツに迫り、そこから〝普遍的な複合性〟を導きだそうとしていた。それは**点から点への移行という平面的なことではなくて、ねじれたループのような立体を想像すること**だったと思うんです。

産業化していくロックの中でのディラン

ディランもビートルズの全員も69年にはまだ20代ですから、どこまで意識的だったかはわかりません。けれど、職業作家フォスターが空想で描いた南部の人たちの郷愁や、プランテイションで働く黒人奴隷が生んだブルース、また、ケルト移民がアメリカに持ち込んだトラディショナル・フォーク辺りが、ロックのルーツとしては最もプリミティヴかつミニマムであること、それ以外の音楽的進化の説明は、複合の度合いとリズムの変化でおおよそ説明がつくことを、彼らは経験を通してすでに知っていたんでしょう。

ディランは『ブロンド・オン・ブロンド』で、ビートルズは『サージェント・ペパーズ』で、それぞれの〝ロック〟を完成させてしまった。ふと気づけば、知識と技術と経験でできることはやり尽くしていたんです。デビューから4〜5年で、商業化以後１００年の大衆音楽の歴史を塗り替える新しいポップ・ミュージックをつくりあげてしまったことに、66年のディランは、67年のビートルズは、無自覚だったと思います。その後のディランが全部詰まったようなベースメント・テープスも、個々の力がわかる『ホワイト・アルバム』も凄いですが、ディランはその路線でアルバムをつくらなかったし、ビートルズはバンドであることを諦めている。それはおそらく、**自分たちが〝2周目〟に入ったことを自覚した**からこその躊躇だったと思うんです。『ジョン・ウェズリー・ハーディング』でフォーク、『ナッシュヴィル・スカイライン』でカントリーをやったディランは、最も不得手なスタジオ・レコーディングに混乱しているさまを『セルフ・ポートレイト』として発表し、原点回帰に失敗したビートルズはすでになかった〝ザ・ビートルズ〟をスタジオ・レコーディングというヴァーチャルな空間に投影するように『アビイ・ロード』をつくった。ディランの次のアルバム『ニュー・モーニング』[J39]は音楽的にはよくできているし、相変わらず売れたんですが、歌詞に冴えがないせいでディラン史の中では評価が低い。**米英でディランがよくわからない存在になったのは、実はこの時期**なんですね。

ディランは結局、新曲入りのベスト盤と、映画『ビリー・ザ・キッド』[J40]のサントラと、66〜67年の焼き直しのようなザ・バンドとのツアー及び『プラネット・ウェイヴス』[J41]で70年代前半を終えて、75年1月の『血の轍』でようやく本格的に

【J39】『ニュー・モーニング』１９７０年10月

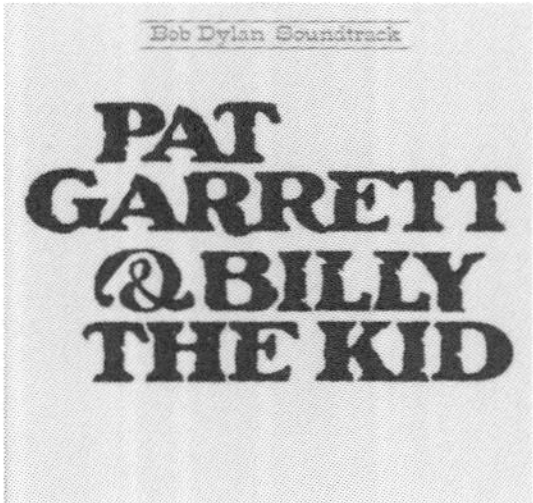

【J40】『ビリー・ザ・キッド』１９７３年7月

〝2周目〟に入った。子供のころ両親からたたき込まれたユダヤ教が自身の思考の根底にあると彼が悟ったは71年のことらしく、このころから毎年エルサレム詣をするようになったらしい。

70年代に入ってディランの活動が停滞してしまったのは、デビュー時からのマネージャーで、ドワーフ・ミュージックの共同経営者でもあったアルバート・グロスマンとの関係を解消する裁判を起こしたからでもありました。グロスマンはディランが稼いだ金の半分を取っていたんですが、それが契約書を詐称するような格好で行われていたんでディランは激怒。訴えは認められ、ディランはさまざまな権利を取り戻していくんですが、グロスマンはマネージャーとしては有能でしたから、コロンビアとの再契約に失敗するなどのトラブルも発生しました。

アウトテイク集『ディラン』[J42]をコロンビアが勝手に編む形になったのは、ディランが契約の内容をあまり理解していなかったからだと思われます。74年にビル・グレアムの仕切りで実現したザ・バンドとの北米ツアーには、「バイク事故のおかげでキャンセルされた66年のツァーを再現する」という意味もありましたが、実際には「稼ぐのが目的」だったんでしょう。いま振り返ると、このプロジェクトは計画性に欠けていたのがわかります。

ディラン／ザ・バンドが『プラネット・ウェイヴス』のためのリハーサルに入ったのは73年6月ですが、夏のあいだにグレアムが手を挙げたために、レコードの発売元が決まらないうちにツアーの日程が出てしまった。11月上旬、レコーディ

【J41】『プラネット・ウェイヴス』1974年1月

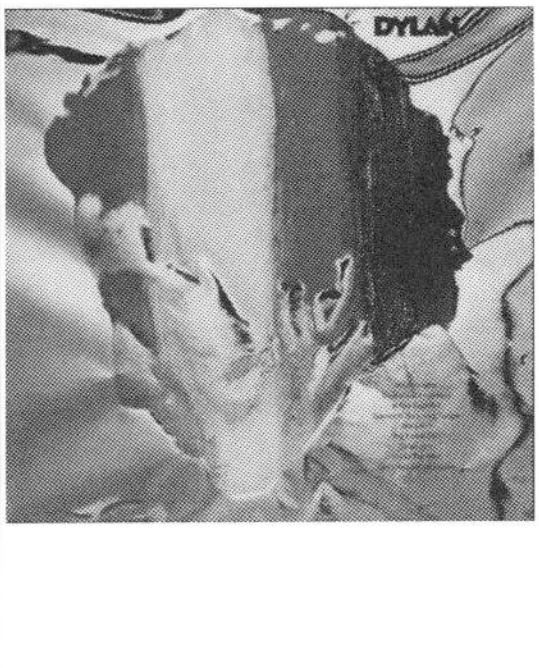

【J42】『ディラン』1973年11月

ングが行われている最中にようやくアサイラムとの契約交渉が始まるんですが、おかげでアルバムはツアー初日の75年1月3日に間に合わず、17日にようやくリリースされました。

ディランがフル・セットのライヴをやるのは66年の英国ツアー以来8年半ぶりのことでしたから、当時の評判はよく、『プラネット・ウェイヴス』はディラン初の全米1位アルバムとなります。ライヴ盤『ビフォア・ザ・フラッド（偉大なる復活）』【J43】も全米3位まで上がり、復活劇は鮮烈な印象を残すことになったんですが、『プラネット・ウェイヴス』は煮え切らないアルバムだったし、ライヴ盤もいま聴けばヴォーカルの力みが目立ちます。ディランはのちに、このツアーはイヤでイヤでしょうがなかった、と言ってますけど、なぜそういうことになってしまったのかと言えば、**当時のオーディエンスが求めるロックをやってみせようとした**からでしょう。それは彼らしくない。誰かの理解なんか求めず、魂の赴くままに進んでいくのがボブ・ディランの真骨頂だからです。

コロンビア復帰第1弾となった『血の轍』は、非常に文学性の高いアルバムになりました。カントリー・ロックともスワンプ・ロックとも違う生の弦楽器満載のサウンドは、いまで言えば〝アメリカーナ〟ということになるでしょうが、歌詞とヴォーカルが音楽のスタイルを超えている。普通のバンド編成でも、もっとフォーキーでも、この歌詞とヴォーカルなら揺るがない、と思わせる〝ディラン節〟に圧倒されます。ライヴ盤のタイトルを『ビフォア・ザ・フラッド』と決め

【J43】『偉大なる復活』1974年6月

たころにはすでに何曲か完成していて全体のアイディアもあったのかもしれませんが、『ブラッド・オン・ザ・トラックス』と韻を踏んで〝洪水〟をエルサレムにまで及ばせたんですから、思考のダイナミズムは超一流の文学者並みと言えるでしょう。〝宗教的〟と評されることが少なくないディランの歌詞ですが、ノーベル文学賞にふさわしい作品が並んでいるのはこのアルバムと97年の『タイム・アウト・オブ・マインド』【J44】だと、私は思います。

〝宗教的〟なんて言うと、神の存在に言及している、とか、それを讃えている、と捉える人もいるんですけど、**むしろディランは〝神の沈黙〟を語っている。**「黙示録」的な終末感から〝いま〟を生き抜く術を模索するような〝逆算の思考〟に、人間の英知が窺えるところが素晴らしい。だからといって難しい歌ばかり歌っているわけではなくて、〈レイ・レディ・レイ〉みたいな、女の娘をベッドに誘う歌もある。〈きみが欲しい〉と歌ったりする。欲望を否定しているわけでも、禁欲的な生活を推奨しているわけでもなくて、個々の人間が生きるための規範としているものを〝神〟と見立てて、善悪の彼岸や、欲の許容範囲を自らにも問うているようなところがすごいんです。

次のアルバムが『ディザイア（欲望）』【J45】となったのは、禅問答のような〈イディオット・ウィンド（白痴風）〉や〈タングルド・アップ・イン・ブルー（ブルーにこんがらがって）〉で達成したことを、「俗なところに返す」という意味があったのかもしれません。当時のディランは、久々にニューヨークに戻ってパンク前

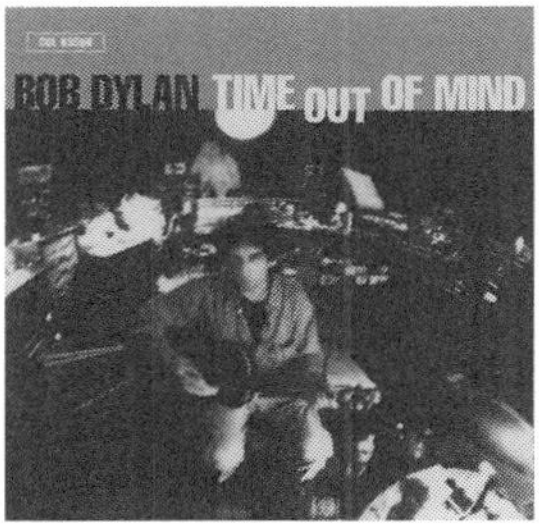

【J44】『タイム・アウト・オブ・マインド』1997年9月

【J45】『欲望』1976年1月

夜の街で遊ぶようになり、ルー・リードやパティ・スミスと親交を深めます。その上で劇作家のジャック・レヴィと多くの歌詞を共作した『欲望』は、ディラン個人のやんちゃな思考が匂うミノになりました。

『血の轍』の初回盤の裏ジャケットには作家ピーター・ハミルによるライナーが載っているんですが、その中で彼はディランの歌詞を絶賛し、《私たちが耳を傾け、その詩を一緒に考えるとき、私たちはすべての疑問を満たし、芸術というものを発展させていくのである。これは、もっとも民主的な創造の形と言えよう》と書いている。でも、それじゃあディランを〝伝道師〟と呼んだ60年代のマスコミやイッピーと変わらないですよね。ディランの〝血の轍〟は彼個人のものであり、キリスト教が規範になっているアメリカ社会の中ではむしろ異端の側にいる。彼は体制側の〝私たち〟と一緒に考えてようとはしていないし、芸術も、その民主的な創造の形も知ったこっちゃないというスタンスです。ディランはハミルのこの一文に異を唱えたわけではありませんが、やがて削除しました。

けれどもハミルが『血の轍』をそう受け取った気持ちも、私にはわからなくはないんです。70年代に入ってロックがメイン・ストリームに躍り出たのは良かったんですが、73年ごろからの加速し始めた産業化が目に余るようもなっていたからです。『血の轍』が出たとき私は高校1年だったんですが、制作にも宣伝にも金をかけた大物や、鳴り物入りの新人が当たり前のように売れていくだけで、全体としてはどんどんチャラいものになっていってる感じでした。いまなら「精神性の欠落」と指摘するでしょうね。

75年のロック・シーンで、存在として最も強烈だったのはブルース・スプリングスティーンです。コ・プロデューサーのジョン・ランドウが放った「スプリングスティーンにロックの未来を見た」というキャッチに乗って8月にアメリカで発売された『ボーン・トゥ・ラン（明日なき暴走）[J46]』は、**パンクへの導火線にもなるストリート感を満載して、**若者たちの切実な想いを代弁していました。久々の〝リアル・タイム・ロック〟という感じだったんです。

ディランが『欲望』の主な曲を録音したのは75年7月末。ニューヨークの若手ミュージシャンとアルバムをつくることにしたのは、かつてとはさま変わりしたグリニッチ・ヴィレッジで〝新しいロックの胎動〟を感じたからでしょう。男女の関係に言及したナンバーが多かったからか、ディランはエミルー・ハリスのヴォーカルと、スカーレット・リヴェラのヴァイオリンをフィーチャーしながらアルバムを仕上げていきます。その過程で「ローリング・サンダー・レヴュー」を思いつくんですが、「ジプシーの一座が予告もなしに街にやって来て、60年代風のフーテナニーを繰り広げる」というコンセプトをディランから引き出したのはリヴェラだったはずです。ヴァイオリン・ケースを持って歩いているところをスカウトされ、そのままレコーディングに参加することになったリヴェラはまったく無名のストリート・ミュージシャンでしたが、彼女の弾くジプシー風のヴァイオリンがこのアルバムのひとつのテーマだった〝女性の神秘性〟にぴったり嵌

【J46】
『明日なき暴走』1975年8月

まったんですね。

ディランは「ローリング・サンダー・レヴュー」のアイディアを、まずジャック・エリオットに相談します。彼の快諾を得ると、ジョーン・バエズ、ロジャー・マッギン、ボブ・ニューワース、キンキー・フリードマンを一座のシンガーに選び、アレン・ギンズバーグとサム・シェパードにも同行を求めた。これに、リヴェラ（**vn**）、ロブ・ストーナー（b）、T・ボーン・バーネット（g、p）、スティーヴン・ソールズ（g）、デイヴィッド・マンスフィールド（g）、ゲイリー・バーク（**ds**）、ハワード・ワイエス（**ds**、p）、ルーザー・リックス（**ds**、**perc**）、ロニー・ブレイクリー（**vo**）と、英国から来たミック・ロンソン（g）から成るバンド「グアム」がローリング・サンダー・レヴューの布陣で、ディランはすでに微妙な関係にあった妻サラも同行させました。詩人ギンズバーグと、作家シェパードを加えたのは、ツアーのドキュメントに即興ドラマを絡めた映画『レナルド&クララ』を撮影することにしたからで、シェパードはその顛末をロード・ムーヴィー風にまとめた書籍『ローリング・サンダー航海日誌〜ディランが街にやってきた（**Rolling Thunder Logbook**）』を77年に上梓しています。

ツアーは10月30日にマサーチューセッツ州プリマスでスタート。建国２００年を迎えようとしていたアメリカを〝上陸の地〟から旅して歩こうという意図があったからです。しかし、ろくに告知をしないツアーに人が集まるわけはありません。大所帯で動いてうえに、撮影クルーも雇っているわけですから、12月８日のニューヨーク・マジソン・スクエア・ガーデンで北東部31公演が終わるころには、映画の資金が底をついていました。マジソン・スクエア・ガーデンは「ハリケーン・ナイト」だったんですが、76年1月25日にテキサス州ヒューストンでも「ハリケーン・ナイト」をやって、ツアーは終わるはずだったんです。

ところが〝ローリング・サンダー・レヴュー〟は4月18日のフロリダ州レイクランドから南東部〜中西部をまわる27公演の〝第2期〟に突入する。映画を完成させるためです。2〜3千人の会場をまわった〝第1期〟とは違って1〜2万人のアリーナばかりだったために、当初の志が反故にされたことが酷評されます。ディランはテレビ・スペシャルの放映権をNBCに売り、ライヴ・アルバム『ハード・レイン（激しい雨）[J47]』の発売をコロンビアに許可させてなんとか『レナルド&クララ』を完成させるんですが、4時間弱の完全版、2時間の短縮版ともこの映画は不評で、その後ヴィデオ化もされていません。

〝ローリング・サンダー・レヴュー〟を終えたあと、11月25日にサンフランシスコのウィンターランドで行われたザ・バンドの解散コンサート「ラスト・ワルツ」に出演したものの、ディランは沈黙します。サラとの離婚裁判と、『レナルド&クララ』の編集に時間を要したからでした。そこでビジネスの見直しもはかったディランは、ジェリー・ワイントソープとエージェント契約を結び、ツアーに関しては彼のオフィスに任せることにするんです。ディランは69年にアルバート・グロスマンと袂を分かってからは、出版管理以外ではこういうゼネラル・

【J47】
『ハード・レイン』1976年9月

マネージャー的な人間を雇っていませんでした。〝ローリング・サンダー・レヴュー〟の失敗も、原因はマネージャー不在ということにあったはずです。それが何を示すかと言えば、77年ともなるとロック・ビジネスは成立していて、ディランのような大物であっても人や金を自由に動かせないようになっていた、ということでしょう。

だからパンク・ロッカーたちはＤＩＹを唱え、ロックを〝自分たちの手〟に引き戻そうとした。77年にパンクが爆発したのは、偶然ではなかったわけです。

ルーツを遡ることで見えてきた普遍の構造

では、ルーツ探訪、もしくは再発見という**宿題を残したまま解散に向かっていったビートルズ**はどうしたのか。

ゲット・バック・セッションは不完全燃焼で終わったものの、４人ともプロのミュージシャンとしての〝2周目〟でもそれなりの仕事をしたいという想いがあったんだと思います。ポールでさえ後期ビートルズ流の〝構築〟とは逆の方向へ行きたがっていた。

それを証明するのが、一応アップル・レーベルが存在していた——つまりＥＭＩとの契約が残っていた75年までのソロ作です。４人は随所で〝ゲット・バック〟と呼んでいいテーマに取り組み、まだライヴ演奏も諦めてはいなかった『**リヴォ**

ルヴァー』までに彼らがつくった〝ロック〟が、一体どこから来たのかを見つめ直しています。そこに関しては4人とも具体的な発言を残していませんから、ソロ作を丹念に聴き込まないと見えてきません。もっと言えば、ビートルズの〝2周目〟は、ビートルズ以外の音楽を知らないと〝成果〟として認めてあげることができないような達成のしかたをしている。4人とも音楽を分析する力が凄いですから、彼らが「コイツには敵わねーや」と認めた音楽は〝複合性の高いもの〟や〝近代的（モダン）なもの〟なんです。

彼らが初期にカヴァーしていた曲、とくにきちんとスタジオ・レコーディングした曲は、大半が「アメリカの最新ヒットだった」ということは指摘しました。60年代に入ってグッとのしてきたソウルは、もともとブリル・ビルディング系のポップスを意識して、白人層にも売れることを目標につくられたものです。それも以前、指摘しましたよね。

ソウル・ミュージックの生みの親と言ってもいいアーメット・アーティガンやベリー・ゴーディは、レコードを沢山売るために黒人音楽と白人音楽の融合を考えたはずですが、それを単に「商売」と考えたかというと、違うと思うんです。彼らの「レコードを沢山売る」という意識は、70年代に起こったロックやソウルの「産業化」とは別ものでしょう。**アーティガンやゴーディは、「自分たちが信じる音楽」を「大衆に供給」し、「新しい文化」をつくろうとした。**「送り手としてのセンス」を世に問うていた。アトランティックやモータウンが生んだ曲がヒット・チャートを駆け上がるたびに、彼らはスポーツ選手が記録を出したときのような感じで、純粋に「やった！」と喜んでいたと思うんです。

なぜなら、アメリカの大衆音楽に「黒人音楽の弾み」を加えることが、彼らにとってはそれまでのアメリカ音楽やアメリカ社会への「批評」だったからでしょう。それがヒットしたということは、新しい論理が「認められた」、「支持を得た」ということです。学者だったら「古い学説を覆した」、政治家だったら「選挙に勝った」ということに匹敵する。アトランティックやモータウン以前にも、白人層に受けるR&Bが存在したことは第2章で説明しましたが、アーティガンやゴーディは送り手ですから、「辺境にあったものを中央で売る」ということに賭けたわけです。それは東京のデパートのバイヤーが北海道物産展を仕掛けるようなものだったんですが、何度中央に引っぱってきても少しも「ローカル感」が薄れないものがあった。

ディランは『ブロンド・オン・ブロンド』のレコーディングでナッシュヴィルに行ったときに、土地の「磁力」と、その土地のミュージシャンならではの「職人技」があることを知ったはずです。おそらくディランは、自分の音楽が「カントリーのマナー」に落とし込まれるかもしれない、と危惧していたと思うんですが、ナッシュヴィルのミュージシャンは主役を立てることを忘れなかった。どんな曲でもうまくこなせるのに、ニューヨークのスタジオ・ミュージシャンにはない「職人技」が感じられた。それは有田焼とか大島紬みたいなもので、その土地の土や水、気候なんかに即した「技」なんですね。**ローカル性あっての「伝統」**なんです。

でも、つくるのは「ディランのオリジナル」ですから、有田焼の技法でディランがデザインした壺を焼く、とか、ディラン・オリジナルの柄を大島紬の技法で染める、みたいなことが起こった。66年という「時代」を考えてみてください。ロックやフォークが「流行歌《はやりうた》」に過ぎなかった時代に、ディランは「職人技」に「伝統」を発見し、自分の「オリジナル」にそれを取り込もうとしたんです。そうしたら**「流行歌」に「伝統」が染み出してきて、流行歌が流行歌ではなくなった。「普遍」が見えてきた**からです。

ディランは悔しかったでしょうね。だって、自分が4年ぐらいかけて掴んだ「ロック」を、おじさんくさいナッシュヴィルのミュージシャンたちはいとも簡単にいい形にしまう。どんな曲も、「ああ、そういうやつね」って感じなわけですから。「おいおい、オレの〝新しいロック〟に驚いてくれないの？」ということにもなる。日本でもそうですが、スタジオ系のミュージシャンはどんな凄い曲が来ても平然としているものだし、歌詞に反応することも稀です。淡々とベストなプレイをすることこそが、彼らが考える「職人芸」なんですね、ディランはきっと、「職人はスゲえや」と思った反面、「でも〝ロック〟をパフォーマンスすることにかけては〝オレたち〟の方がカッコいいぜ」という気持ちになったんでしょう。そうじゃなければ66年5月の、ザ・ホークスとの英国ツアーでの演奏はありえません。

ザ・ホークスは、上の世代では最もミクスチュア度の高いシンガー、ロニー・ホーキンス（35年生まれ）のバック・バンドとしてスタートしました。アーカンソー州出身のホーキンスは57年ごろにはプロとして活動していたんですが、レコード契約に恵まれなかったために、59年にカナダに活動の拠点を移してレコード・デビューを果たしたんです。ホーキンスと同郷のリヴォン・ヘルムは、58年後半からの2代目ホークスのドラマーで、ホーキンスと一緒にカナダに渡っていたんですね。カナダでメンバー・チェンジを繰り返したホークスに、ロビー・ロバートソン、リチャード・マニュエル、リック・ダンコ、ガース・ハドソンが揃うのは61年12月のことで、その4人はカナダ人でした。63年暮れにホーキンスとホークスが袂を分かったときに「リヴォン&ザ・ホークス」が誕生したのは、ホームシックにかかっていたヘルムと、アメリカで活動したがっていたロバートソンらの意見が合ったからでしょう。

リヴォン&ザ・ホークスはジョン・ハモンド・ジュニアの推薦で65年秋にディランのバック・バンドになるんですが、66年の英国ツアーにヘルムはいません。ディランと一緒にブーイングを浴びせられるのが嫌だった彼は、勝手にドラマーとしての仕事を取ってアメリカ南部に行ってしまったんですね。ビック・ピンクのセッションにヘルムが合流するのは67年秋ですから、1年半ぐらいいなかったことになる。それでもロバートソンらがヘルムを諦めなかったのは、ヘルムは彼らにとって、ロニー・ホーキンスと並ぶ「アメリカ音楽の先生」だったからだと思います。ロックンロール・シンガーとしてデビューしたホーキンスですが、彼の音楽はブルースとフォークとカントリーとR&Bを一緒にしたようなもので、「スワンプ・ロック」なんて言葉ができる以前からスワンプ・ロック的だった。カナダ人のロバートソンらは、ホーキンスやヘルムの資質に「アメリカの原風景」を見ていたんでしょう。だからリヴォン&ザ・ホークスは、**アメリカ中西部や南東部のミクスチュア感や、乾いているのに粘っこいリズムを根幹とした音楽をつくろう**としていた。それがディランと契約したコロンビアのジョン・ハモンドの息子で、すでに述べたように、ブルース・シンガーとして活躍していたジョン・ハモンド・ジュニアの目に止まったんです。68年にアトランティックに移籍したハモンドは、いち早くスワンプ・ロック路線に転じ、69年にはマッスル・ショールズ録音でデュエイン・オールマンも参加の『サザン・フライド』【J48】なんて傑作を残していますから、「流行歌としてではないロック」がどういうものになっていくのかを、早くから掴んでいたんでしょう。

そう。アラバマ州のテネシー川のほとりに位置するマッスル・ショールズという人口8000人の小さな町こそ、スワンプ・ロックの本拠地です。サン・スタジオ、スタックス・スタジオ、ハイ・レコードが運営したロイヤル・スタジオといった名スタジオがある南部音楽のメッカ、メンフィスから東へ240キロというこの地で、金属加工工場に勤めていたリック・ホールという青

【J48】
『サザン・フライド』1969年

年が音楽スタジオを始めたのは58年のことでした。最初は薬局の2階を借りて、友人とふたりで手づくりしたスタジオだったんですが、59年に場所を変えて本格的なレコーディング・スタジオにしました。これが「フェイム・スタジオ」です。FAMEとはフローレンス・アラバマ・ミュージック・エンタープライズの略。リック・ホールは地元の白人ミュージシャンを集めてハウス・バンドをつくり、62年にはやはり地元のアーサー・アレキサンダーをヴォーカルに起用した〈ユー・ベター・ムーヴ・オン〉を全米24位のヒットにします。この曲は64年、ローリング・ストーンズによるカヴァーで世界的な曲になりますが、フェイム・スタジオに注目したのはアトランティックのジェリー・ウェクスラーでした。キーボードのスプーナー・オールダム、ギターとベースのジュニア・ロウ、ギターのジミー・ジョンソン、ドラムスのロジャー・ホーキンスらの演奏は白人とは思えないソウルフルでファンキーなグルーヴを醸し出していたからです。すでにスタックスを手中にしていたウェクスラーでしたが、66年にスタックスの社長ジム・ステュアートと関係が悪化したため、フェイム・スタジオをサザン・ソウルの新たな拠点にしようと思い立ったんですね。

この年にはフェイムで録音されたパーシー・スレッジの〈男が女を愛する時〉、ウィルソン・ピケットの〈ダンス天国〉が大ヒット、67年にはコロンビアから移籍してきたアリサ・フランクリンとフェイムのミュージシャンを出会わせた〈アイ・ネヴァー・ラヴド・ア・マン（貴方だけを愛して）〉がR＆Bチャート1位

／全米9位となり、ウェクスラーの目論見はみごとに当たったんです。

けれども、ウェクスラーとリック・ホールは反りが合わなかった。アリサの初レコーディングでは、彼女の夫でもあるテッド・ホワイトとホールが揉めたんで、ウェクスラーはフェイムのミュージシャンをニューヨークに呼んでレコーディングを続けなければならなかった。ウェクスラーが好んで使ったのは、ロジャー・ホーキンス、ジミー・ジョンソンと、キーボードのバリー・ベケット、ベースのデイヴィッド・フッド、ギターのエディ・ヒントンらだったんですが、ウェクスラーは彼らに独立を勧め、69年にマッスル・ショールズ・サウンド・スタジオが誕生するんです。[26] フェイムに残ったシンガー／ソングライターのダン・ペン、スプーナー・オールダム、ドニー・フリッツらと差別化するためか、ロジャー・ホーキンスらプレイヤー組はこのころから「スワンパーズ」と呼ばれるようになります。ウェクスラーはアトコに移籍したシェールの第1弾アルバムをマッスル・ショールズ・サウンド・スタジオで録音、その住所である『3614ジャクソン・ハイウェイ』[J49]をアルバム・タイトルにして新スタジオの宣伝に協力するんですね。録音は69年4月、発売は6月20日でした。

この動きに最も早く呼応したロック界の大物は、ローリング・ストーンズだった。彼らは『レット・イット・ブリード』[J50]発売直前で、オルタモントでのコンサートの準備で忙しかった69年12月2日、3日にマッスル・ショールズを訪れ、のちに『スティッキー・フィンガーズ』[J51]に収録される〈ブラウン・シュガー〉〈ワイ

【26】
マッスル・ショールズ・サウンド・スタジオは、実際にはマッスル・ショールズではなく、隣のフローレンス市にある

【J49】
『3614ジャクソン・ハイウェイ』
1969年6月

ルド・ホーシズ〉〈ユー・ガッタ・ムーヴ〉をあわただしく録音します。『レット・イット・ブリード』で、キースとグラム・パーソンズの交流から生まれたカントリー趣味を爆発させ、リオン・ラッセル、ボビー・キーズ、メリー・クレイトンらをゲストにスワンプ・ロックに踏み込んだストーンズには、ジャック・ニッチェが連れてきたライ・クーダーまでついていました。メリー・クレイトンのパートは当初ボニー・ブラムレットに頼んだんですが、彼女の都合がつかなかったんでクレイトン起用になったんです。ディレイニー&ボニー・アンド・フレンズの英国〜デンマーク・ツアーはこの年の12月1日から。初日を観て感動したジョージ・ハリスンは翌日からフレンズの一員になるんですが、そのころストーンズはもう「スワンプ・ロックの本丸」に迫っていたんですね。

　ジョージは69年の春、アップルでディレイニー&ボニーの『アクセプト・ノー・サブスティテュート』をリリースしようと奔走し、サンプル盤までつくったんですが、発売権を持つエレクトラから譲ってもらえず、諦めたという過去がありました。その想いがライヴを観て再燃し、ツアーに同行することになったんですが、1年後のソロ・アルバム『オール・シングス・マスト・パス』【J52】に、ディレイニー・ブラムレットやリオン・ラッセルから学んだスワンプ・ロックのマナーを集約させることになるんです。

　それはビートルズが**ゲット・バック・セッションでやりきれなかったことの、最高の拡大解釈**になり、『オール・シングス・マスト・パス』は3枚組アルバム

【J50】『レット・イット・ブリード』1969年12月

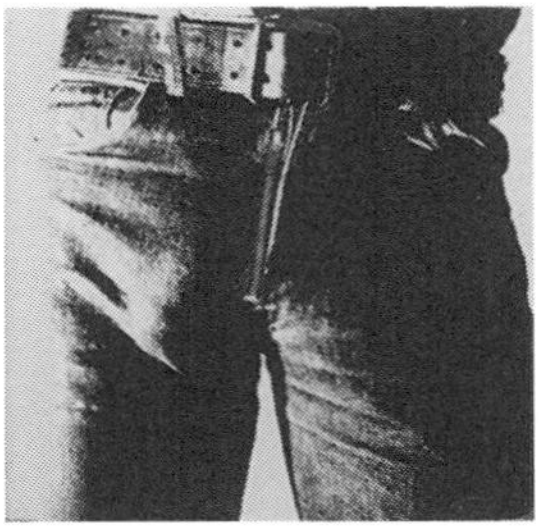

【J51】『スティッキー・フィンガーズ』1971年4月

としては史上初の全米・全英ナンバー・ワンに輝きました。ジョージは「解散して最も得をしたビートル」と言われ、71年8月の「バングラデシュ難民救済コンサート」で、さらに〝時の人〟になります。マジソン・スクエア・ガーデンで行われたこのコンサートは、リオン・ラッセルとシェルター・ピープルを紹介したり、ディランを引っぱり出したことでも高く評価されましたが、音楽的には「スワンプ・ロックのマナーを70年代ロックの中央で活用する術を見せた」という功績があったと思います。

けれどもそれは、もともとの形がマッスル・ショールズ産のスワンプ・ロックとは似て非なるものだったために、「黒人音楽の弾みを、白人、もしくは白黒混合バンドがスタイリッシュに演奏する」ということのみが、西海岸ロックやフュージョン、AORに活用されていくことになるんです。なぜなら、ミシシッピ州ポントトク出身のディレイニー・ブラムレットと、オクラホマ州ロートン出身のリオン・ラッセルが合流したのは60年代半ばの音楽番組『シンディグ!』のハウス・バンド、シンドッグズだったからで、その段階で彼らは「LAのスタジオ・ミュージシャンのマナー」でどんなシンガーのバックもやっていたんです。リオンはそれ以前からフィル・スペクターやスナッフ・ギャレットといったプロデューサーの下でソングライター、アレンジャーとして働いていたくらいですから、同じ「職人」ではあっても、**マッスル・ショールズ組のような「ローカル性」は早くに捨てていた**とも言えるでしょう。それは彼のソングライターとしてのヒッ

【J52】『オール・シングス・マスト・パス』
1970年11月

ト曲を見れば明らかです。カーペンターズで知られる〈スーパースター〉や、ジョージ・ベンソンがAOR化させる〈マスカレード〉には、ブリル・ビルディング系の作品みたいなポピュラリティがありますからね。

『レコード・コレクターズ』は98年8月号で、ディレイニー&ボニーから、リオン・ラッセルのシェルター・レーベルを経て、LAロックに至るスワンプ・ロック特集を組んだんですが、当時の編集長、寺田正典さんはそれを「スワンプ・ロックLAコネクション」と題しました。スピッツに『名前をつけてやる』というアルバムがありますけど、何と呼ぶかはとても重要で、実態を表すような名前がつけられるとちゃんと残る。およそ20年後の現在では、マッスル・ショールズのスワンパーズやフェイムのダン・ペンらが「スワンプの本流」であって、リオン・ラッセルらを語るときは「LAスワンプ」と呼ぶようになっています。それは「ニューミュージック」とか「Jポップ」みたいな乱暴なジャンル化とは違うもので、アラン・フリードがブルースやR&Bをベースにした新しいビート・ポップを「ロックンロール」と呼んだような、批評性を伴うものだったんです。

それはともかく、ジョージが『オール・シングス・マスト・パス』と「バングラデシュ難民救済コンサート」で見せた大所帯バンドには、ジャム・セッションでこそ出てくるファンキーなグルーヴの掬い上げという、いかにもスワンプ・ロック的な側面と、**復活したエルヴィス・プレスリーが見せた「新たな王道」を実践的に批評してみる、**という側面もあったはずです。

60年に兵役を終えて帰ってきたエルヴィスは、その後映画にシフトして、ロックンロールのキングだったことをすっかり忘れさせていました。ところが、68年12月3日にNBCで放映されたテレビ・スペシャル『ELVIS』（通称68カムバック・スペシャル）でみごと復活を果たすんです。この番組の全米での視聴率は42パーセント。英国では12月31日にBBC2で、日本では70年1月3日にフジテレビで放映されました。エルヴィスのテレビ出演は60年5月の『ザ・フランク・シナトラ・タイメックス・ショウ』以来、観客を前に唄ったのは61年3月25日のハワイ公演以来でしたから、前評判も高かったんですが、ロックンロール・ナンバーも多く、ゴスペル・コーナーもあって、「ロック、ソウルの時代」に応える内容でした。撮影は6月20日からバーバンクのNBCスタジオで、数回に分けて行われたんですが、29日撮影のスタンダップ・ショウではフィル・スペクターのレコーディングで知られたレッキング・クルーと呼ばれるスタジオ・ミュージシャンの面々──ハル・ブレイン（ドラムス）、トミー・テデスコ（ギター）、ラリー・ネクテル（ベース）らが起用されています。

それに追い打ちをかけたのが69年6月17日に発売された『フロム・エルヴィス・イン・メンフィス』【J53】でした。同年の1月から3月にかけてメンフィスのチップス・モーマンのアメリカン・サウンド・スタジオで録音されたこのアルバムには、ダン・ペンやレジー・ヤングも参加、先行シングル〈イン・ザ・ゲットー〉は全米2位／全英3位、アルバムは1位／13位、そして11月のシングル〈サスピシャ

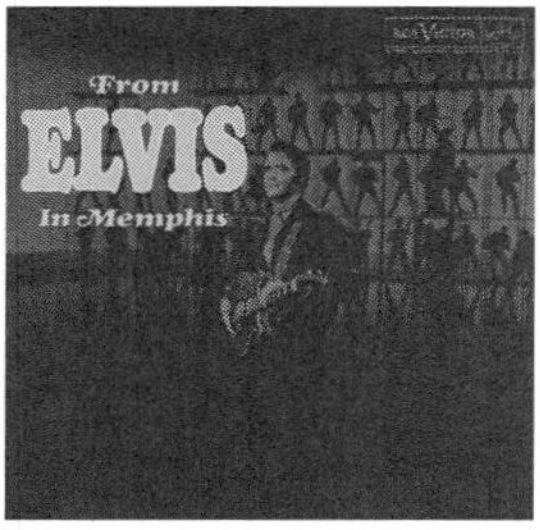

【J53】
『フロム・エルヴィス・イン・メンフィス』
1969年6月

ス・マインド〉は全米／全英1位になります。

　このときに英国のミュージシャンは、エルヴィスがロックンロール時代に放ったセックスを連想させる色気が、60年代のウィルソン・ピケットやオーティス・レディングにつながっていたことを思い知ったはずです。エルヴィスがソウル・レヴュー的なサウンドを求めてメンフィスに帰ったとき、**彼が50年代に白人音楽と黒人音楽を交配させてつくった苗木は大きな木に育って実をつけていた**。ローカルなセンスや職人の技が、ロックンロール以前にはなかった「ポップ・ミュージックの普遍」まで葉を広げていた。ロックにもソウルにも通用するファンキーなグルーヴに、フィル・スペクターばりのオーケストレーションというのは、70年代の「王道」を見据えて導き出されたに違いありません。

　エルヴィス復活に向けたプロジェクトが参考にしたサウンドは、フィル・スペクターがプロデュースしたアイク＆ティナ・ターナーの66年5月のシングル〈リヴァー・ディープ・マウンテン・ハイ〉と、同曲を含むアルバムだったんじゃないかと思います。なぜかといえば、スペクターの先鋭的な仕事だったわりに、シングルは全米88位、アルバムはチャート圏外の結果となってモータウンやアトランティックのヒット作ほど聴かれていなかったからです。そういう〝隠れた重要作〟は新しい作品をつくるときにベストなサンプルになりますから、研究されたはずです。一方、イギリスではシングルが3位まで上がるヒットとなりました。

　ジョン・レノンも、実はそういうところを見逃していません。69年のジョンは、ヨーコとの活動に忙しく、音楽的なソロ作は〈ギヴ・ピース・ア・チャンス〉と〈コールド・ターキー〉のシングルと、9月13日にカナダで行われた「ロックンロール・リヴァイヴァル・ショウ」で収録されたプラスティック・オノ・バンドのライヴ・アルバム『ライヴ・ピース・イン・トロント1969』[J54]しかありません。けれどもトロントでの、〈ブルー・スウェード・シューズ〉から始まり、ヨーコのアヴァンギャルドで終わるというステージは**「永遠にロックなもの」を並べたような格好**になりました。ジョンとヨーコは12月16日からまたトロントに飛んで、平和運動を展開したんですが、このときに滞在したのはロニー・ホーキンスの農場だったんです。ポール以外のビートルズは8月31日にワイト島フェスティヴァルに出掛け、ディラン／ザ・バンドのステージを観ました。そして翌日、ジョンはディランをティッティン・ハーストの自宅に招いています。このときふたりがどんな話をしたかは明らかにされていませんが、急な誘いだったにもかかわらずカナダのフェスに出演したのも、そのステージでワイト島のディランと同じような白いスーツを着たのも、ディラン／ザ・バンドの演奏から何かを感じ取ったからに違いありません。

ちなみにジョージが「バングラデシュ難民救済コンサート」で白いスーツを着たのもワイト島のディランを意識してのことだったはずですが、ディランは最初期にも見せたことがなかったジージャンにジーパンという衣装でジョージをはぐらかしました。

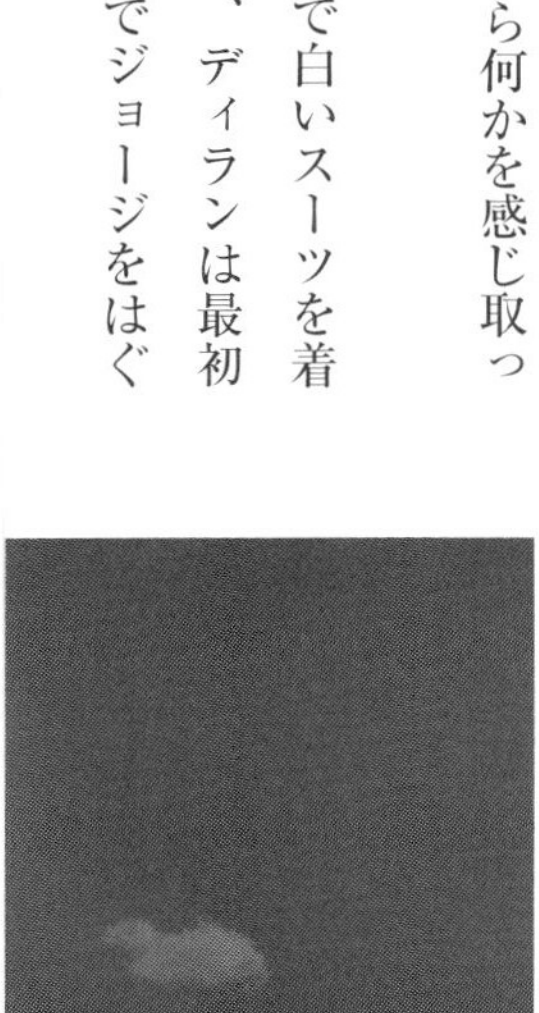

【J54】
『ライヴ・ピース・イン・トロント1969』1969年12月

70年1月にゲット・バック・セッションの再編集がスタートした際に、フィル・スペクターにリ・プロデュースを依頼してはどうかと進言したのはアレン・クラインです。そのときにジョンは、〈リヴァー・ディープ・マウンテン・ハイ〉は気に入ってるけどビートルズに合うかな……と答え、[27] 急遽リリースすることになったプラスティック・オノ・バンドのシングル〈インスタント・カーマ〉でスペクターを試しました。そしてジョンがゴーを出して、ゲット・バック・セッションは『レット・イット・ビー』に生まれ変わる。ポールがのちにスペクターのオーヴァー・プロデュースを責めたために、ジョンやジョージも『レット・イット・ビー』を認めていないかのような印象になってしまいましたが、**ジョンとジョージは演奏の粗をスペクターのオーケストレーションで隠すことで、復活後のエルヴィスのような「ゴージャス感」が出ることに期待した**はずです。実際にジョージはスペクターの作業を見に何度もアビイ・ロードに出向いているし、〈アイ・ミー・マイン〉をとりわけ絢爛豪華に仕上げました。そしてジョンもジョージもソロ作のプロデュースをスペクターに依頼するんですから、ポールの発言に惑わされてはいけません。

リンゴも解散直後は、自身の音楽観のルーツを考えていました。ヴォーカリストとしてスタンダード・ナンバーに取り組んだ『センチメンタル・ジャーニー』[J55]はジョージ・マーティンのアイディアだったと思うんですが、ナッシュヴィル録音のカントリー・アルバム『ボークー・オブ・ブルース』はディランやストーン

【27】
『リヴァー・ディープ・マウンテン・ハイ』は1969年にA&Mから再発され、それが作品再評価のきっかけになった。発言のタイミングを考えると、常にリアルタイムの音楽を気にしていたジョンは、再発盤を耳にしていた可能性が高い

ズにはできないストレートなアプローチで好きなカントリーに取り組んでみたいという意識から生まれたものだったはずです。映画としてのできはともかく、リンゴは役者として西部劇に取り組んだ『ブラインド・マン（盲目ガンマン）』も残しているし、72年3月には60年代半ばにニューヨークでブームになったラテンとツイストを融合させたリズム〝ブーガルー〟を活用したシングル〈バック・オフ・ブーガルー〉をヒットさせました。70年代前半のセッション参加は、リオン・ラッセル、ボビー・キーズ、スティーヴン・スティルス、ハリー・ニルソン、ハウリン・ウルフ、B.B.キングと多岐に渡っています。

73年の『リンゴ』[J56]と、74年の『グッドナイト・ヴィエナ』からは出すシングル出すシングルがヒットしましたから、ポップ・シンガーとして活躍していた印象が強いですが、**いま聴けばミクスチュア度の高さにビートルズの真骨頂が見える**ような「永遠不滅のポップ」です。それはこの二作のプロデューサー、リチャード・ペリーの功績でもありましたが、EMIを離れてからも、アトランティックの名プロデューサーのひとり、アリフ・マーディンと『ロートグラヴュア』と『リンゴ・ザ・4th』をつくったり、ブリル・ビルディングの名ソングライター、ヴィニ・ポンシアをずっと作曲のパートナーにしていたりと、裏方の人選にもセンスが窺えました。

解散の引き金を引いたポールは、そのせいで『マッカートニー』と『ラム』[J57]に正当な評価を与えられないという不幸なスタートを切ったんですが、アルバムは

【J55】『センチメンタル・ジャーニー』1970年3月

【J56】『リンゴ』1973年11月

売れていた。けれども、70年、71年のオーディエンスは、音楽的によくできているというだけでは納得しなかったんです。69年のウッドストック、ワイト島、オルタモントが、ヒッピー・ムーヴメントの中にあった「ロックの幻想」を霧散させていくような格好になったこともあって、60年代を総括し、批評性を持って70年代に踏み込んでいくような「ロック」が期待されていたからでしょう。50年代には「ロックンロール」の名の下に混ざっていったアメリカの白人と黒人の文化でしたが、ロックンロール以後の黒人音楽は「ソウル」に発展し、ビートルズとディランは「ロック」の扉を開けました。「ロック」の起点を65年と考えるなら**4〜5年で食い尽くされてしまった**ことになりますから、70年、71年には「新しいアプローチ」が必須課題だったんです。

　だから、ジャーナリストたちは『アビイ・ロード』を拡大再生産したような『ラム』を褒めるわけにはいかなかった。ジョンは70年12月の『ジョンの魂』[J58]で、「エルヴィスもディランもビートルズも信じない」と宣言したのに、それから半年後の『ラム』でポールはまだ「ビートルズの続き」をやっていた。いまさら「ビートルズの続き」に「マッカートニー・ミュージック」を置こうにしたポールに文句を言う人はいないでしょうが、『ラム』を音楽的な完成度だけで語ろうとすると、71年という「時代の気分」は忘れられていきます。ポールに苦言を呈した〈ハウ・ドゥ・ユー・スリープ?〉を『イマジン』[J59]に入れてしまったジョンもどうかと思うんですが、それがポールの目を覚まさせたから、ウイングスの

【J57】『ラム』1971年5月

【J58】『ジョンの魂』1970年12月

『ワイルド・ライフ』[J60]はジョンがいちばん好きな音楽を実践をもって批評したようなアルバムになったんでしょう。

ジョンは〈ヤ・ヤ〉がヒットした62年からリー・ドーシーのファンで、そのプロデューサーだったアラン・トゥーサンを頂点とするニューオリンズのR&Bをこよなく愛していました。ずっとドーシーを追いかけていたことは、ドーシー65年の〈ゲット・アウト・オブ・マイ・ライフ、ウーマン〉のリフを〈ヘイ・ブルドッグ〉に引用していることからも明らかですが、ジョンの影響でニューオリンズR&Bを聴くようになったポールは、プロフェッサー・ロングヘアやドクター・ジョンのピアノを研究して〈レディ・マドンナ〉をものにしました。ジョンとジョージがディラン／ザ・バンドやストーンズからスワンプ・ロック的なものに入っていったからか、ポールはあまりスワンプには向かわずにニューオリンズR&Bの研究を続け、69年か70年にはミーターズを聴くようになっていたようです。

『ラム』をリリースしたあとウイングスを結成したポールは、ミーターズのダンサブルなインスト曲が、シンプルなフレーズをループさせることによって出来上がっているのを参考に〈マンボ〉や〈ビップ・バップ〉を書き、すぐに『ワイルド・ライフ』のレコーディングに取りかかります。それがミーターズ研究会と呼んでもいいものだったのは、本家そっくりにつぶしたハイハットの音色や、隙間の多いアンサンブル、繰り返すことでファンキーさを増幅させていくアレンジからも明らかです。ここでポールが凄いのは、ミッキー&シルヴィアが56年に

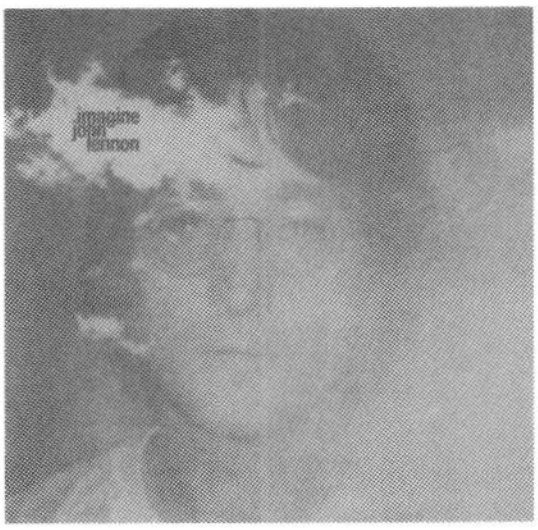

【J59】『イマジン』1971年11月

【J60】『ワイルド・ライフ』1971年5月

ヒットさせた〈ラヴ・イズ・ストレンジ〉をミーターズ・スタイルでカヴァーしていることで、オールディーズの「普遍」と秘境の「職人技」を「最新のポップ」に集約させたミクスチュア感覚はみごとと言うほかありません。

当時ミーターズを聴いていたのはわずかな人でしたから、『ワイルド・ライフ』の意義は理解されませんでした。[28] ただ、ビートルズから繋がっていた線が切れたことは多くのリスナーに認められ、ウイングスは過度の期待を背負わなくてすみました。

ジョンとポールが再び連絡を取り合うようになるのは、アレン・クラインが牛耳っていたアップルをビートルズの手に戻すための裁判をジョン、ジョージ、リンゴが起こした74年のことです。音楽の話をするまでになったジョンとポールは、アラン・トゥーサンがプロデュースしたラベルの〈レディ・マーマレイド〉が大ヒットになったのを喜びあったんですが、この意見交換がお互いをあと押ししたからか、ジョンはその直後に再開した『ロックンロール』のセッションでニューオリンズ趣味を爆発させ、ポールは翌年の『ヴィーナス・アンド・マース』[J61]でアラン・トゥーサンに協力を仰いだニューオリンズ録音を敢行しました。

『ヴィーナス・アンド・マース』を完成させたとき、ポールは、かつて英国のサウザンプトン〜フランスのシェルブール〜ニューヨークを周航し、カリファルニアのロングビーチでホテルになっていた客船クイーン・メアリー号の船上で披露パーティを開いた。この日ライヴをやったのはプロフェッサー・ロングヘアと、

【28】たとえばレッド・ツェッペリンが『フィジカル・グラフィティ』（75年）や『プレゼンス』（76年）でミーターズ的なリズム・アプローチを取り入れていたことを考えると、『ワイルド・ライフ』の先見性がきわだつ。多くの英国人はドクター・ジョンの『イン・ザ・ライト・プレイス』（73年）でミーターズの演奏に接したと思われる

【J61】『ヴィーナス・アンド・マース』1975年5月

ミーターズ。どちらもライヴ盤になったんですが、プロフェッサーの盤はポールの事務所MPL制作／英・ハーヴェスト配給ということになりました。

「ヴィーナス」と「マース」は「アイルランド／英国」と「アメリカ」を示すものでもあったんですが、そこには「ケルト起源のトラディショナル・フォーク」と「アメリカで形になった黒人音楽」という意味もあったはずです。ポールは「ポップ・ミュージックの二大要素」を語っていたわけですが、のちにU２は『ラットル・アンド・ハム（魂の叫び）』[J62]で、エルヴィス・コステロは『スパイク』[J63]で、それを踏襲しています。

一方、ジョンの『ロックンロール』には、ラグタイムやジャズの発祥した地で育ったR&Bにこそ「ロックの普遍性の鍵がある」という「結論」がありました。〈スタンド・バイ・ミー〉がヒットしてしまったためにそれは見えにくくなったんですが、ジョンの方が「音楽それ自体を分析している」んです。

実はそれがビートルズ最大のマジックで、**ある面ではジョンの方が音楽的、ポールの方が詩的**なんです。だからジョンはディランやヨーコの詩魂に惹かれ、ユダヤ教／キリスト教に共通する終末観から「色即是空」を語るようなディランに、仏教／東洋思想的な「宇宙即我」を突きつけたんじゃないかと思うんです。ジョンはキリスト教に改宗したディランが〈ガッタ・サーヴ・サムバディ〉を書いたのに怒り、〈サーヴ・ユアセルフ〉[29]と返した。それを真逆と取るか、表裏と取るか、言い方が違うだけで似たようなものと取るかは、聴く側の自由だと思う

【J62】『魂の叫び』1988年10月

【J63】『スパイク』1989年2月

【29】〈ガッタ・サーヴ・サムバディ〉は1979年の『スロー・トレイン・カミング』に収録（終章にも登場）。〈サーヴ・ユアセルフ〉は生前のアルバムに未収録で、98年の『アンソロジー』ボックスに収められた

んですが、そこに商売っ気はまるでないですよね。嘘がない。「ロック」とは、音楽にのせて言いたいことが言える場所のことなんじゃないでしょうか。

「リアルタイム・ロック」としてのパンク

75年、ディランとコロンビアの契約が新たなディケイドに突入し、ビートルズとＥＭＩの契約が事実上終わったのは偶然だったと思います。けれど、60年代後半に不文律のようにみんなに認識されていた「ロックの精神性」が危うくなったのはこの年です。

大物が極端に売れるようになったのはアーティスト側の操作ではなく、まさに「時代の傾向」でした。実際のところレコード会社だって、そんなに売れるとは思っていなかったんじゃないかと思います。

約20年に及んだ**ヴェトナム戦争が終わり、世界的に反体制的な気分が和らいだということも影響していたん**でしょう。73年1月27日のパリ協定を経て3月29日にアメリカ軍の撤退が完了、しかしこのころウォーターゲイト事件が明るみに出て、リチャード・ニクソンの立場はどんどん悪くなっていきます。10月には第4次中東戦争が勃発してオイルショックが起こり、日本でもトイレットペーパーの買い占め騒動が話題にレコードも値上げされました。ニクソンは74年8月8日の夜、ホワイトハウスから辞任会見を生中継するという前代未聞の形で退陣。そして75年4月30日のサイゴン陥落をもってヴェトナム戦争は完全に終わりました。ディランの「ローリング・サンダー・レヴュー」は、65年3月26日に発令した初の大規模北爆「ローリング・サンダー作戦」への皮肉、ヴェトナム戦争への皮肉も込められていたようです。いや、もっと言えば、ウォーターゲイト事件やオイルショックがあっても「建国200年」に沸いていたアメリカ社会に、ディランは異教徒として「北爆」を仕掛けたのかもしれません。『欲望』に収録されている〈モザンビーク〉は、一見アフリカの小国を賞賛しているような歌詞なんですが、11年に及ぶ独立戦争を経て75年6月25日に社会主義国家となったモザンビーク人民共和国に対して「ほめ殺し」を敢行したような人の悪い歌ですから、**ディランが簡単にアメリカの建国200年を祝うわけはありません。**

しかし75年の「ロック」は、社会に物申せるような「立場」ではなくなっていた。公民権運動の時代や、ヒッピー・ムーヴメントからウッドストックまでの時期とは、まるで違う、「エンタテインメント」になっていたんですね。イーグルスは翌年の〈ホテル・カリフォルニア〉で酒の〝スピリット〟にかけて、69年以来「精神」が切れていると歌いましたが、暗喩というか何というか、その程度にはぼかして言わないと、「大衆の意識を操作している」と批判されかねないほどに、ロックの大物は売れ、社会的影響力を認められた存在になっていたんです。

つまり、「言いたいことが言えなくなっていた」んですね。

75年9月にピンク・フロイドは『ウィッシュ・ユー・ワー・ヒア（炎）[J64]』を出

【J64】
『炎～あなたがここにいてほしい』
1975年9月

しますが、どこか歯切れが悪かった。『狂気』のトータリティはおいそれとは超えられないだろうとは思っていましたが、コンセプト・メーカーであるロジャー・ウォーターズが、言いたいことをうまく言えていない感じがしたんです。比べるのもどうかと思いますが、同じ月に出たブルース・スプリングスティーンの『明日なき暴走』に私が久々に「ロック」を感じたのは、口角泡を飛ばしながら「言いたいことを言っている」スプリングスティーンに、闇雲な「疾走感」や「潔さ」を見つけたからだったんじゃないでしょうか。

72年、中2の年にリアルタイムで、ニール・ヤングの『ハーヴェスト』や、ルー・リードのファースト・アルバム『ロックの幻想』【J65】を聴いた私は、中3になってすぐヴェルヴェッド・アンダーグラウンドのアルバムを集めました。もちろんデイヴィッド・ボウイやロキシー・ミュージックも聴いていたんですが、誰にいちばんロックを感じるかと言えば、ニール・ヤングとルー・リードだったんです。ジョン・レノンとボブ・ディランも集めてましたけど、ジョンやディランをロックとして聴くのは当たり前すぎたからか、自分にはフィットしない部分も感じていたんですね、当時は。**表現者は、いつ、誰に見られてもいいように背伸びし、演じているもの**なんで、私は「等身大」という言い方をまったく認めていないんですが、「自分にとってリアルな大きさ」の人はいると思います。それがニール・ヤングやルー・リードだった。中3ぐらいから音楽的には、アル・クーパーやリオン・ラッセル、デイヴ・メイスンに多大な影響を受けましたから、AORみた

【J65】
『ロックの幻想』1972年4月

いなものも聴いていたし、74〜75年にいちばん「新しい」と思っていたのはクイーンです。

でも75年暮れに出た『オペラ座の夜』でクイーンが世界に認められると、仕掛けの多さやエンタテインメント性の高さが「商業的すぎる」ように感じられて、冷めていきました。のちにクイーンはまた好きになって、本まで書けるほど研究もしましたが、それは「エンタテインメント・ロック」と言い切れるものが世の中にあっていいと思ったからです。

76年、私がいちばん聴いたアルバムはボズ・スキャッグスの『シルク・ディグリーズ』[J66]だったはずですが、**「リアル」だったのはラモーンズとパティ・スミスのファースト・アルバム**でした。ラモーンズは日本盤が出たころにバンド仲間に聴かされて衝撃を受け、「パンク第1号はパティ・スミスだった」と知って『ホーシズ（牝馬）』[J67]を聴いたんです。

アメリカでの発売は『ホーシズ』が75年12月13日、『ラモーンズ（ラモーンズの激情）』[J68]が76年4月23日。パティに夢中になっていったのは、プロデューサーがジョン・ケイルだったからで、「ヴェルヴェット・アンダーグラウンドの現代版」だと思えた。ヴェルヴェッツは一代限りの特異なバンドで、メンバーのソロ作以外には継承されていないと思っていたんで、「パンク」の名の下に「ヴェルヴェッツ的なロック」が復活したのを私は喜んでいたんですが、76年11月26日に英国でリリースされた〈アナーキー・イン・ザ・UK〉が日本でも話題になり始めた段

【J66】『シルク・ディグリーズ』1976年3月

【J67】『ホーシズ』1975年12月

階ではセックス・ピストルズを認められず、ロンドン・パンクを面白いと思うようになるのは77年も暮れ近くになってからでした。

当時パンクを聴いていたのはロック・ファンのほんの一握りだったし、76〜77年の段階でもヴェルヴェッツを聴いている人は少なかったですから、私の「パンク観」は誰の賛同も得られなかった。いや、ラモーンズやランナウェイズを面白がった人はいましたけど、それは「新種のハード・ロック」として聴かれていただけで、「パンクの意味」が理解されていたとは思えません。77年春にテレヴィジョンの『マーキー・ムーン』[J69]を買った私はパンクへの興味を本格化させていったんですが、ロンドンからザ・ストラングラーズ、クラッシュ、ザ・ジャムが登場すると、水上はる子さん、大貫憲章さん、鳥井賀句さん辺りが音楽誌にパンクに関する熱い記事を書くようになったんで、少しずつですが「パンク信者」は増えていったんです。

幸運なことに、私は動くストラングラーズやクラッシュやジャムをわりと早い時期に観ました。77年の秋にＴＶＫ（現・テレビ神奈川）が横浜駅西口のイヴェント・スペースで、洋楽の新人バンドを中心にしたフィルム・コンサートを開催したんです。私はそれを手伝いに行っていたんで、ロンドン・パンクのカッコよさがわかったんですね。

『ニューミュージック・マガジン』76年12月号に載った、大貫憲章さんによる「ニューヨークとロンドンの街角に育ったパンク・ロック」という記事が、日本

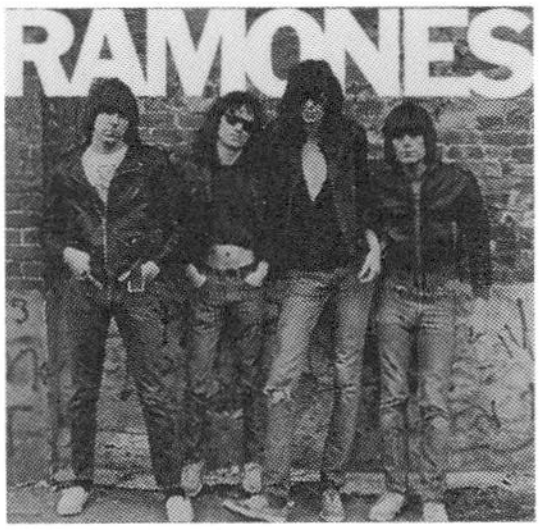

【J68】『ラモーンズの激情』1976年4月

【J69】『マーキー・ムーン』1977年2月

の音楽誌が初めてパンクに向かいあったものだったと思う。少し長くなりますが重要な部分を引用しておきましょう。[30]

《コトの起こりは（もちろん、ぼく個人の問題として）、パティ・スミスという女性シンガーのアルバムだった。周知の通り、パティ・スミスは、ニューヨークに住む、もともとは詩人という肩書きを持っていた女だ。彼女の名前が、ロック・シーンに何故浮かび上がっていたかというと、彼女がブルー・オイスター・カルトに詩、と言っても歌詞なんだけど、詩を提供したりしていたからだろう。まあ、彼女は、よくあるインテリ女性で、ニューヨークに住み、詩を創作し、ロックを愛するといった、まるで使い古された青春小説（ぼくは決して村上龍氏の『限りなく透明に近いブルー』をイメージさせようと思っている者ではない）のシチュエイションを地でいってるような女なのだ。

　彼女は恐らく、レッド・ツェッペリンやピンク・フロイドを熱心に聴くようなタイプの女ではないだろう。イーグルスやドゥービーも彼女の好みではないに違いない。ベイ・シティ・ローラーズは……バカバカしいからもうやめよう。

　思うに、彼女のお気に入りは、あのヴェルヴェット・アンダーグラウンドであり、ルー・リードであり、イギー・ポップであり、ストーンズであり、ディランであるはずだ。ああ、ニューヨーク・アングラの芸術家よ！

　そして、彼女は、ごく軽い気持ちで、行きつけの店（これは、たとえばCBGB'sとかボトムラインとかマックスのカンサス・シティとかをイメージしてもら

【30】引用した大貫氏の論考は『スペシャル・エディション[パート2] 1974-1977』（ミュージック・マガジン刊、1996年）にも再収録されている（引用は同書より）

わねばなるまい。断じて、歌声スナックじゃない）で、歌ったりし始めた。もちろん、そのうちにはバンドを従えたりしたわけだ。類は友を呼ぶ。彼女の周囲には、似たようなインテリ青少年や、パンクスたちが、とぐろを巻いていたに違いない。こういう連中が、いっちょうバンドでもやってみるかってなことになり、見よう見まねで音を出し始め、面白半分で演奏するようになった。

しかしだ、連中はギンギンのロック青少年ではないのだ。プロのロッカーをめざしてるやつなんて一人もいなかったろう。何しろ、何も面白いことがなくて、いっちょうバンドでも、って連中なのだ。そのへんが、同じニューヨークでも、キッスやエアロスミスたちロック青少年と違う。

そして、彼らは、どうせやるなら、売れなくてもいいから好きなことやろうって思い、まさか今さらツェッペリンでもキッスでもあるまいってんで、なるべくスタイルにこだわらない、オレたちの存在・イコール・サウンドって感じになるようにしたいって、こう思ったわけだ。第一、高度なテクニックを要する演奏は出来るわけがない。

ともかく、こうして、グショグショだけど、妙に切実な、リアルな、彼らの生活感のにじんだサウンドが生まれたのである。まあ、これを好意的に表現すれば、ロックが、コンサート会場や、ミュージシャンの音楽内的空間や、その結果としての芸術的産物としての商品であるレコードといった聖域から、街頭に、一般聴衆に戻って来た、と言えるのかもしれない。そして、ぼくは、こういった現象を、

ロックがストリート・ミュージックとして、再び息をし始めたんだと受け取っている》

憲章さんはこのあと、60年代のモッズを例に出して、ロンドンのストリート・キッズが、オシャレをしたり、ヴェスパに乗ったり、ちょっとクスリを決めてみたりしながら、行きつけのクラブでロックやR&Bを聴き、カッコいいオンナのコをナンパしたりしていたのが、彼らの精一杯のライフ・スタイル、心の〝叫び〟であって、ザ・フーの〈マイ・ジェネレイション〉こそがそのアンセムだったことを語っている。

そして、ニューヨークやロンドンやパリに登場したアングラなパンク・マガジンが登場していることを解説し、パリでは『ロック・ニュース』というメジャー誌が、「オリジナル・パンク」を特集する記事を組んだ、とリポートしている。

《それによれば、オリジナル・パンク・ロックというのは、65年から68年くらいまでの、いわゆるサイキデリック・ロックと呼ばれるものの中にあり、たとえばナッズ、スタンデルス、シーズ、ストレンジラヴス、ニッカーボッカーズ、シャドウズ・オブ・ナイト、カウント・ファイヴ、クライアン・シェイムス、バーバリアンズ、サム・ザ・シャム&ファラオス、?&ミステリアンズなどといった顔ぶれがそうなのだ》と、いまでいう「ガレージ・ロック」のバンドをあげている。

これが難しかった。名前を知っているバンドはありましたが、19歳の私はこの辺りをまったく聴いたことがなかったからです。パリの『ロック・ニュース』は、72年にエレクトラから出たガレージ・ロック・バンドのコンピレイション『ナゲッツ（Nuggets：Original Artyfacts From The First Psychedelic Era 1965-68）』[J70]を参考に「オリジナル・パンク」を特集したんでしょうが、『ナゲッツ』が再評価され、日本の中古レコード店にも並ぶようになったのは、79年ごろのことだったと思います。

　憲章さんの論考が素晴らしいのは、パリの『**ロック・ニュース』の選んだ「オリジナル・パンク」と、「現在のパンク」の違いをきちんと語っている**ことです。

《もっとも、そうしたオリジナル・パンク・ロックが、今日のパンク・ロックとまるで同じかと言えば、それは時代の隔たりが事実として横たわっているように、明らかに違うのだと思う。

　つまり、こういうことだ。60年代のパンク・ロックは、時代の流れとしてとても自然に辿り着いた結果のパンク・ロックだった。すなわち、シャドウズ・オブ・ナイトでもスタンデルスでも何でもいいのだけど、連中は、当時としては、ロックが当然進むべきメイン・ストリームの流れの中にいて。簡単に言えば流行の先端にいて、かくなるべくしてかくなったわけだ。ブリティッシュ・ビートとサイキデリック・サウンドあたりを背景として、彼らはコマーシャルな活動を続けていたのだ。

　ところが現在のパンク・ロックは、それと同じようには考えられない。と言う

【J70】
『オリジナル・ナゲッツ』1972年

のは、今日話題となっているラモーンズやテレヴィジョン、ハートブレイカーズ、トーキング・ヘッズ、マンプス、ウエイン・カウンティといった連中は、ロックのメイン・ストリームの進行結果とは、どうしても考え難い。もっとも、どんなものでも、生まれるからにはそれなりの必然があると言えばそれまでなのだけれど。けれど、ぼくには、今のパンクは、一種の先祖返りみたいなものとしか考えられない。どうしたって、ツェッペリンやパープルの後からは、エアロスミスやクイーンが来るのが進行形態としては、似つかわしい。

ぼくがパンク・ロックに興味を持ってとびついたのも、ひとつには、最近のロックに飽きてしまっていたからという理由が考えられる。ツェッペリンやクイーンやエアロスミスその他もろもろの今日のロックは、確かにそれなりに素晴らしいし、ぼくを満足させてくれる。けれど、音楽的な満足度とは別に、どこか物足りないのだ。刺激が少ないと言い換えてもいい。音楽性によって人を満足させることは出来ないのではないだろうか。少なくともぼくはそうだ。ぼくは、存在感によって満足したい。オレはここにあるゾー、オマエはどこだーって叫ぶ時、たいていのロックは、スピーカーの彼方から、ここにいるよーって答える。距離が絶対的に存在するんだ。しかし、ドクター・フィールグッドやラモーンズやパティ・スミスは、オレのすぐ目の前に現れて、ここにいるぜって、オレの手を取ってくれる。この違いは圧倒的だ。彼らは、手続きなしで、ぼくをその存在で包んでくれる。これは、ヤードバーズやストーンズやゼムなどのかつてのブリティッシュ・

ビート・グループにも共通する。

果たして、ぼくはパンク・ロックを本当に理解しているのかと、今、考えている。第一、パンク・ロックが何なのかがわかっているのだろうか。けれど、正直なところ、そんなことどうだっていいのだ。ぼくは、ラモーンズが好きだし、テレヴィジョンやハートブレイカーズもオトは聴いたことないけど、写真など見るとすっごくイカしてるし、ドクター・フィールグッドは文句なく圧倒的にサイコーだし、エディ&ホットロッズも「グローリア」なんか演っててカッコいいし、イギリスで観たセックス・ピストルズなんて、サウンドはグショグショメチャクチャだったけど、ルックスとかファッションとか雰囲気とか、いかにもロンドンって感じで涙出るくらいだったし、だから、そういう連中がパンク・ロックっていうんだったら、ぼくはパンク・ロックが大好きってことになるのだ》

何がスゴイって、憲章さんはこの段階では、**テレヴィジョンやハートブレイカーズの「オトは聴いたことない」**ってことです。私は当時、きっとこれを読んで、日本盤のレコードが出るのを待って、ライナーを読んで「ふむふむ、そういうことか」なんて言ってるようじゃ、全然「リアルタイム」に間に合わないんじゃないかと思ったように記憶しています。書いている本人が掴みきれていないような音楽を、読者がわかるわけがないんですが、憲章さんの「熱い想い」は伝わってきた。そして、「音楽性によって人を満足させることは出来ないのではないだろうか」というところに、すでにライヴ活動をしていた私は打たれたんでしょう。40年以上も前のことですから、記憶は曖昧です。実際はこの記事ではなく、翌年の『マガジン』に載った、ふたつのパブ・ロック・バンド、すなわち、ブリンズリー・シュウォーツとドクター・フィールグッドのマネージャーを務めてきたジェイク・リヴィエラとデイヴ・ロビンソン、そしてニック・ロウと、グラフィック・デザイナーのバーニー・バブルズの共同出資で始まったインディペンデント・レーベル「スティッフ・レコーズ」がロンドン・パンクの台風の目になっている、という記事だったかもしれない。

77年に私は、ブリンズリー・シュウォーツやドクター・フィールグッドを聴くようになり、パブ・ロックの残党がニック・ロウの号令で集結したようなグレアム・パーカー&ザ・ルーモアにノックアウトされました。リリースされたばかりのパンクのレコードを買い集めながら、中古レコード店をまわってパブ・ロックを探す日々が始まったんです。

そうすると、ロンドンのパンクにもちゃんと下地があって、ロックの産業化に乗れなかったパブ・ロック勢や、ハード・ロックともグラム・ロックともつかないモット・ザ・フープル辺りが、「パンクの兄貴分」と言えるような役目を果たしていたことがわかった。改めてモットを聴いてみると、イアン・ハンターの根っこはディランだし、ミック・ロンソンのギターは「凶暴なロック・ギターの歴史」を実践をもって批評しているようなものだったんですね。記憶に新しいところではディランの『ハード・レイン』でのプレイがありましたから、「ああ〝キーマン〟

というのはこういう人なんだな」と思いました。それはもっとあとになってわかったことですが、ロンソンのギターはヴェルヴェッツや、デトロイト・ロックの二大巨頭、MC5とストゥージズを抜きには考えられないスタイルです。デイヴィッド・ボウイは72年にルー・リードの『トランスフォーマー』[J71]と、モットの『オール・ザ・ヤング・ドゥーズ（すべての若き野郎ども）』[J72]を、そして73年にはイギー&ザ・ストージズの『ロウ・パワー』[J73]をプロデュースしていますが、**その真ん中にロンソンを置くと合点がいきました。**ロンソンがソロ・アルバムでヴェンチャーズの〈10番街の殺人〉をカヴァーしたのも、60年代前半のエレキ・インストをルーツとしていることの表明だったと思えてきて、ロックの歴史の奥深さがわかりました。

『マガジン』でスティッフ・レコーズの記事を読んだ私は、エルヴィス・コステロとイアン・デューリーが聴きたくて仕方なくなるんですが、当時はまだスティッフと日本のレコード会社の契約がなかったんで、なかなか手に入りませんでした。私がついにコステロの『マイ・エイム・イズ・トゥルー』[J74]に巡り会えたのは78年初頭です。西新宿にあったDUNという輸入レコード店に入荷してきたそれを運良く買えた私は、横浜の家に帰るとすぐにターン・テーブルに乗せました。そして、衝撃を受けるんです。63年3月末に英国でビートルズの『プリーズ・プリーズ・ミー』を聴いた若者たちは、時代が変わるのを直感し、「ビートルズという存在を丸ごと受け止めた」はずです。それが「いまコステロによって

【J71】『トランスフォーマー』1972年11月

【J72】『すべての若き野郎ども』1972年7月

再現されている」、**そしてここにこそ「時代の息吹がある」という感動**は、「ロックに原点回帰を促した」とされるパンクを、私が本当に理解したときにやってきたのでした。

【J73】
『ロウ・パワー』1973年2月

【J74】
『マイ・エイム・イズ・トゥルー』1977年7月

CODA: Where did our Rock go ?

最終楽章

ロックはどこへ行くのか

70年代の終わりとロックの意識

私はアマチュア時代を含めると、45年ロックをやってきました。レコード・デビューから36年、音楽業界がどういう風に動いているかを知ってからは無理して自分の作品をつくらなくなったんで、アルバムはようやく11枚目を制作しているところですが、そのほぼ全曲を自分で書き、唄ってきました。そのほかにプロデュース作品や、作詞・作曲で関わった作品、旧音源を発掘してリ・プロデュースしたものや、コンパイルしたものもあります。ライヴはたぶん1000回ぐらいやっていて、10席のバーから4000人の体育館まで、さまざまなところで演奏してきました。

その実感から言うと、**歴史は繰り返しません**。かつてブームになったスタイルのリヴァイヴァルとして語られることが起こるのを何度も見てきましたが、多くの場合、**再現はオリジネイターとは似て非なるもの**です。

パンク以降さまざまなネオ・ムーヴメントが起こりましたが、「ネオ・モッズ」も「ネオ・サイケ」も、60年代のモッズやサイケのリヴァイヴァルとは言えません。「気分」や「センス」、見せ方の「方法論」として、「あるスタイルが踏襲されること」はあっても、第5章に引用した大貫憲章さんの原稿にあるように、オリジネイターとリヴァイヴァリストのあいだには、「時代の隔たりが事実として横たわっている」んです。

メロトロンという楽器があります。鍵盤を押すとフルートや人の声が録音されたテープが再生されるという「プリミティヴなサンプラー」とも言えるもので、〈ストロベリー・フィールズ・フォーエヴァー〉のイントロのフルートみたいな音は、メロトロンのフルートです。キング・クリムゾンやレッド・ツェッペリンはステージでも使っていたし、プログレ・ファンの中には「メロトロン好き」が多く、いまや伝説の楽器になっている。でも、60年代に400万ぐらいしたし、テープが鍵盤の下に、ハエ取り紙のようにぶらぶら下がっているという持ち運びには適さない構造なので、シンセが出てきたら廃れてしまった。でも、いまもメロトロンの音は使われています。サンプラーに入っているんで、昔より簡単に使える。ポール・マッカートニーが5人編成のバンドで後期ビートルズを再現できるのも、メロトロンやホーン・セクションまでサンプラー音源で代用しているからです。

本家までそうなっていることを、嘆くつもりも、責めるつもりも、私にはありません。それこそが「時代の隔たり」ですから、受け容れてしまった方が気が楽でしょう。一方でポールは、その曲を書いたときに使った64年製のエピフォン・テキサンで〈イエスタデイ〉を唄っている。その姿勢は、「表現者にとって何がだいじか」を伝えていると思います。

フォスターを「商業的なポップ・ミュージックの始祖」とするところから

「ロックの成り立ち」を語った本書を、「パンクによる原点回帰」で終わらせたのは、その後のロックが繰り返しにすぎないからではありません。**80年代に入ってすぐ、「音楽づくり」に対する「共通認識」が崩れた**ためです。

ジョン・ケイジら「音楽とは何か」を問う人たちによる現代音楽や、「構築」という意識を粉砕するところから始まるフリー・ジャズのような「例外」は50年代からありましたが、ポップ・ミュージックのほとんどは、まずリズム・セクションを固め、その上にリード楽器やヴォーカルを乗せていくのを「音楽づくり」の「基本」としていました。オーケストラによる演奏と、シンガーによる歌を同録する「スタジオ・ライヴ」形式のレコーディングはジャズや歌謡曲の現場に残りましたが、50年代中期には、ギター、ピアノ、ベース、ドラムスを「4リズム」とするコンボ・スタイルのバンドで完成させるのが「近代レコーディング」の常識になっていました。4リズムにリード・ギターかサックスを加えたバンドに、シンガーという編成自体がR&Bやカントリーのスタイルだったわけですから、ロックやソウルのバンドには、70年代末まで大した例外は見られませんでした。ジェファーソン・エアプレインのパパ・ジョン・クリーチや、カーヴド・エアのダリル・ウェイのヴァイオリン、ジェスロ・タルのイアン・アンダーソンのフルートぐらいでも、「アディショナルな楽器をプレイするレギュラー・メンバーがいる」と思われていた程度で、だからメロトロンやシンセの使用が珍しかったんです。

クラフトワークの『アウトバーン』[J1]は74年11月のリリースですが、世界的なヒッ

【J1】
『アウトバーン』1974年11月

トになったのはディスコのおかげ。ジョルジオ・モロダーによるシンセを絡めたサウンドでドナ・サマーがディスコの女王になったのは75年ですが、当時ディスコものは亜流と見られていましたから、クラフトワークやジョルジオ・モロダーの先鋭性が評価されるようになったのは、ニュー・ウェイヴの時代になってからだったんです。

ニュー・ウェイヴの包摂力

「オールド」と「ニュー」の分岐点は79年。それまでは混沌としていました。

ニュー・ウェイヴという言い方は、パンクが認められた77年にすでにあったんですが、パンクとニュー・ウェイヴをどう差別化するかが不文律になるまで2年ぐらいかかった。精神的にはみんなパンクでしたけど、パンク・ムーヴメントに乗って、一口に「パンク」と呼んでしまうのは憚られるような音を出すバンドが次々に登場してきたんで、レコード会社もジャーナリズムも受け取れきれなかったんです。

日本ではランナウェイズもパンクと紹介されましたが、プロデューサーのキム・フォウリーの〝仕掛け〟にまんまと嵌まってしまってそういうことになった。フォウリーは自身のアルバムでは変人ぶりも発揮する天才ミュージシャンですが、プロデューサーとしてはリー・ヘイゼルウッドと同じタイプの仕掛け人。ランナウェイズはヴィジュアル先行、下世話な楽曲ありきで「パンク」に仕立てあげられてしまったわけですが、彼女たちがジーンズにTシャツでハード・ロックをやっても売れるわけはありません。**新しいムーヴメントを大衆が掴みきれていないうちに、「ほーら、パンクだよ」と贋物を売りさばく**のも音楽ビジネスですから、ときにテキ屋みたいな姿を見せるヘイゼルウッドやフォウリーが私は大好きなんですが、ランナウェイズのおかげでパンク自体を「贋物」と受け取ったリスナーも日本には少なくなかったのも事実です。ムーヴメントとしていちばん熱かった時期のパンクのライヴをリアルタイムで体験できなかったことは、日本のロック・ファンにとっては明らかにマイナスでした。

77年10月に〈ザ・パンク〉という曲でデビューしたニューヨーク出身のチェリー・ヴァニラも、パンク・シンガーとは言えません。アンディ・ウォーホルのファクトリーで芝居をやったり、デイヴィッド・ボウイの周りでバンドをやったりしていた彼女は、みんなに「まあまあイケてるんだけどな〜」と言われそうなタイプですけど、歌詞を書いて唄うのがやっとで、自分で音楽をクリエイトすることはできなそうです。ちょっとトウのたったそういう女性シンガーを、いっそ「ビッチな感じ」で売ってしまおうという動きはパンクについてまわりましたが、ブロンディのような成功例もあるわけですから、否定はできませんよね。

それはともかく、早くから「ニュー・ウェイヴ」と呼ばれていたのは、ニューヨーク系では、そのブロンディ、ジョナサン・リッチマン&ザ・モダン・ラヴァーズ、トーキング・ヘッズ、スーサイドあたり。みんな76〜77年のデビューです。それに対してロンドンでは、当初なんでもかんでも「パンク」と言っていた印象がありますが、ウルトラヴォックス、XTC、ワイアー、オーストラリアからやってきたザ・セインツあたりは、77年のデビュー時から「ニュー・ウェイヴ」として紹介されていました。

そして78年になると、「ポスト・パンク的なもの」や「オルタナなもの」が生まれ、ノイズやアヴァンギャルドまで「ニュー・ウェイヴ」に入ってくる。オハイオ州アクロンなんて辺境から登場したディーヴォが、ストーンズを解体〜再構築してみせた〈サティスファクション〉が話題になり、メンバーの人間的な個性を排除した衣装や、近未来SFのようなステージ・パフォーマンスで人気を博します。セックス・ピストルズを脱退したジョニー・ロットンがジョン・ライドンと名前を変えて結成したパブリック・イメージ・リミテッド（PIL）は、ポスト・パンク的な非ポップ・ナンバーをヒットさせ、レゲエのダブ・ミックスをルーツにする地を這うようなベースのうねりだけを活用したりという荒技で、それまでの常識を覆す「ミクスチュア」を提示しました。

パンク勢とUKレゲエ勢の接近は、ロック・アゲンスト・レイシズムの集会などでの同席から加速していたんですが、78年にはUKレゲエのリーダーだったデニス・ボーヴェルが率いたマトゥンビや、ラスタファリズムを継承するアスワド、バーミンガムの黒人居住区で結成されたスティール・パルスが相次いでレコード・

デビュー。**UKレゲエも「ニュー・ウェイヴ」の文脈で語られるようになる**んです。

「ミクスチュア」は、ジャマイカ人二世の多いノッティング・ヒルで76年から営業していたレコード・ショップ「ラフ・トレイド」がインディー・レーベルを興すに至って、さらに加速しました

79年になると、ラフ・トレイドの「何を出してもおかしくない」という姿勢が、「英国のパンク／ニュー・ウェイヴの在り方」を象徴するようになり、マンチェスターの「ファクトリー」や、ロンドンの「ベガーズ・バンケット」、そしてベガーズ・バンケットからの資金援助で誕生した「4AD」などが、インディー・シーンをリードしていくようになるんです。

ラフ・トレイドからデビューした女性バンド、ザ・レインコーツの、ド下手な演奏に半比例する「衝動」。ラフ・トレイドを経てニック・ロウやエルヴィス・コステロがいたレイダーからアルバムを発表したザ・ポップ・グループの、音楽を知らないからこそできた「パンクとファンクの融合」。ファクトリーから登場したジョイ・ディヴィジョンの、精神の淵を彷徨っているような「暗さ」。自身のレーベルでノイズをインダストリアル・ミュージックに発展させたスロッビング・グリッスルの「美学」。それらはスティッフ勢を、「パブ・ロックの残党らしいオーソドックスな音楽性」と思わせるほど、パンクなDIY精神に貫かれていてました。

ヴァージンからデビューしたザ・フライング・リザーズは79年に〈マネー〉をヒットさせます。ビートルズのカヴァーでも有名なバレット・ストロングの名曲から、熱気あふれるビート感とかファンキーなグルーヴといった「良いところ」を全部取ってしまって、リズム・ボックスとダブっぽいベースと切り貼りしたギターやシンセとやる気のない女性ヴォーカルでカヴァーしたこのヴァージョンは、「解体された音楽」から、「原型がわかるだけの要素」を選んで、「脱構築」を感じさせる成形を試みた場合、オリジネイターの「ポップな佇まいはどこまで残るのか」の実験みたいなものでした。当時もいまも多くのリスナーには「奇をてらったカヴァー」にしか聴こえないかもしれませんが、70年代末に究極の「ニュー・ウェイヴ」として生まれたこういう方法論は、すでにある「音楽の部分」をオリジナル・トラックづくりの「素材」にするヒップ・ポップや、DJミックスへの布石になったんです。

79年にはMことロビン・スコットの〈ポップ・ミュージック〉が世界的なヒットになりましたが、ソウルやロックを抜きにして、「ディスコ」と「ニュー・ウェイヴ」を合体させた能天気さは、「80年代のポップ・ミュージックを予見していた」とも言えるでしょう。スコットは70年にシンガー・ソングライターとしてデビューしたきり沈黙していた人で、ミュージシャンとしての実力は三流以下です。どこでどうチャンスを掴んだのか、そんなヤツが世界的ヒットを飛ばして億万長者となり、のちにはレイ・パーカーJr.の〈ゴースト・バスターズ〉を盗作と訴えて勝ってしまったりする。ロックの精神性とか、ソウルの職人技なんて知ったこっちゃない「表層だけのヤツ」がヒット・チャートのトップに立つこともあるのがポップ・ミュージックの面白いところではありますが、〈ポップ・ミュージック〉という曲でそれを果たしたMは面白すぎました。実体がよく分からないうえに、アルバムもそこそこの出来ですから、批判もされなかったんですね。

少しあとの話になりますが、81年8月1日の午前12時1分に放送を開始したMTVが最初にオンエアした曲は、バグルスが79年末にヒットさせた〈ヴィデオ・キルド・レディオ・スター（ラジオ・スターの悲劇）〉でした。歌詞がヴィデオ時代を象徴していたということはありますが、バグルスも当初は実体がよく分からないデュオで、アルバム『ジ・エイジ・オブ・プラスティック』[J2]を発表した途端、トレヴァー・ホーンとジェフ・ダウンズは揃ってイエスのメンバーになっていたんですから、トリッキーな存在だったんです。

日本では79年にYMOが売れて、「ニュー・ウェイヴ＝テクノ・ポップ」という解釈が一般的になってしまいました。プラスティックス、ヒカシュー、P-モデルらは生演奏するバンドにシンセを加えただけだったんで、強いて言えば「エレ・ポップ」だと思うんですが、そんなことはおかまいなしなのがメディアです。YMOにしても、3人のキャリアはろくに語られず、「インベーダー・ゲームの電子音で音楽をつくった」というような乱暴な説明がされていました。

細野さんたちは生演奏で黒人音楽の弾みに迫れるプレイヤーなのに、弾みを数

【J2】
『ジ・エイジ・オブ・プラスティック』
1980年

値化してコンピュータに打ち込んだ。それができればクラフトワークやジョルジオ・モロダーに勝てると思ったからかもしれませんが、ロックやソウルのリズムに日本人が感じてきたコンプレックスを克服するための「究極の策だった」とも言えそうです。ＹＭＯのファースト・アルバムには、シンセとコンピュータを絡めてフュージョンをつくったような印象がありましたが、そこには、『トロピカル・ダンディー』[J3]『泰安洋行』『はらいそ』で「非ロック」という秘境を巡って、ワールド・ミュージックがポップに取り込まれる時代を予見した細野晴臣と、サディスティックスで「生演奏の限界」を旅しながら最初のソロ・アルバム『サラヴァ！』[J4]で「幻想のパリ」という秘境に踏み込んだ高橋幸宏が、譜面に書けない「情緒」にこそ秘境を感じていた坂本龍一と組んだ「必然」が垣間見えます。

80年代のポップ・ミュージック

パンク・ロックは、間違いなく「ロック」に「原点回帰」を促した。ストリートにたむろする若者たちがシングル盤やジュークボックスで聴ける「お手軽さ」や、すぐに憶えられる「単純さ」こそが「ロックンロール」の真骨頂だったからです。それは第5章後半で述べた通りです。けれど、**65年以降の「ロック」は、「そうではない要素」をたくさん含んだ、「ロックンロールとは異質のもの」になっていた。**オリジナル・パンクと呼ばれるガレージ・バンドが65〜69年に集中してい

【J3】
『トロピカル・ダンディー』1975年6月

【J4】
『サラヴァ！』1978年6月

ることからも、「パンクの原点」は明らかですよね。

ということは、パンク・ロックという形では掬い上げられない「そうではない要素」もたくさんあるわけです。そのさまざまが集中したのが「ニュー・ウェイヴ」だったんですが、だからニュー・ウェイヴには「パンクな意識」しかない。デジタルっぽいシャカシャカした録音という音響的な傾向はありますが、音楽的な共通項はほとんどない。

けれども80年代のヒット曲を聞き直してみると、バグルスの〈ラジオ・スターの悲劇〉の「キラキラした感じ」と、Mの〈ポップ・ミュージック〉の「ロック的なディスコ・ビート」に、どれもこれも繋がっていくんです。デュラン・デュラン、カルチャー・クラブ、フランキー・ゴーズ・トゥ・ハリウッドといった「いかにもそこから繋がった」バンドはともかく、ジェネシスやフィル・コリンズ、プリテンダーズやユーリズミックスまでそうなっちゃう。アメリカ勢ではシンディ・ローパーやマドンナがその代表ですが、**ソウルを継承する役目があったはずのマイケル・ジャクソンとプリンスが、黒人音楽が抱えていたコンプレックスを晴らすように「ロック」に寄っていった**ためか、「ポップ・ミュージックの均一化」が起こったんです。85年の「ライヴ・エイド」までは、ロックンロールから始まった白黒混成の流れが大河にまとまっていくようで面白い部分もありましたが、それ以降の世界的ヒットからは、私は「ロック」も「ソウル」も「ポップ」も感じません。

【J5】
『スリラー』1982年12月

いや、そこの線引きは重要なので言っておくと、マイケルの『スリラー』[J5]と『バッド』[J6]はポップ・ミュージックのひとつの到達点だと思うし、『ブラック・アルバム』[J7]までのプリンスは私にとって「ジミヘンのつづき」を見せてくれる人でした。ふたりとマドンナは私と同い年ですから、「ロック」を抜きには生きられないのもよくわかる。我々にとってロックは「美学」ですから、作品の良し悪しや好き嫌いはあるとしても、同世代感は隅々まで共有できる。気持ちは理解できるんです。

デビューが早かったマイケルは、ニュー・ソウルの時代には現場にいましたから、スティーヴィー・ワンダーに近いような感性がありました。クインシー・ジョーンズと組んだのもその表れだと思うんですが、逆に言えば「パンクな破壊衝動」が音楽づくりの現場では少ない。上の世代っぽいんですね。私が本書で述べてきたようなことをマイケルはおそらくわかっていて、**60〜70年代のロックとソウルの「普遍」を融合させることをまっすぐに実践した**。だから「キング・オブ・ポップ」と呼ばれるようになった。それは当然でしょう。近年の日本では、現場を経験して音楽を少しわかったヤツが、Jポップの「ヒットの定理」なんかを語る番組がちょっとブームになっていますが、『日経エンタテインメント』的に、というか、広告代理店的に、「大衆の好み」を指摘することほど無粋なことはありません。つくり手がつくり手の技を賞賛することは「批評のうち」だし、「プロの分析」が披露される場があってもいいとは思うんですが、「センス」や

【J6】『バッド』1987年8月

【J7】『ブラック・アルバム』1994年11月

「ミクスチュア感覚」が「普遍」か「俗」か、「ポップ」か「ポップス」か、を分けるポイントなんで、つくり手なら誰でも知っているようなコード進行を「普遍」として語る程度では分析にもなっていない。「一般向きにはこの程度で」と思って番組をつくっているとしたら、そいつらは大衆をバカにしてますよね。

私は「20世紀ロック講座」で多くの年表を使いました。重要と思えるものは本書に再録しましたが、それらを見てもらうと、**ひとつのムーヴメントや、大衆を動かしたブームは、3年か4年で終わっている**のがわかるはずです。音楽的な傾向として見ても、せいぜい5年でしょうか。長く第一線で活躍しているアーティストには、ブレずにずっと同じことをやっているのを個性としている人が少なくないですが、ニール・ヤングみたいな人だって、バンドのメンバーを入れ替えたりするのとは別に、3〜4年のタームで変化を見せてきました。

第5章で私は、ロック第一世代の立ち位置を「1周目」「2周目」と表現しましたが、70年代組は「3周目」から文化の潮流に加わったようなものですから、**辺境にロックの普遍性を求めるだけでは「自分の立ち位置」を見せることができなくなっていった**わけです。だから、コンセプトの提示で「いまはここにいる」という姿を見せることが重要になり、「新たな地平に突入していく勇気こそがロック」という風潮が強くなっていったんでしょう。デイヴィッド・ボウイが『ヤング・アメリカンズ』[J8]と『ステイション・トゥ・ステイション』で見せたソウル／ファンク解釈は、白人が黒人音楽を取り込む方法の「革命」だったと思うんです

【J8】
『ヤング・アメリカンズ』1975年3月

【J9】
『ロウ』1977年1月

が、そこからイーノと組んだベルリン録音盤『ロウ』【J9】『ヒーローズ』への変わり身の早さこそ、ニュー・ウェイヴ以降の「ロック」にふさわしいものでした。ただ、「新たな地平に突入していく勇気」を見せるのは、高速道路にサーヴィス・エリアを置いていくようなものなんで、ひとつの路線には限りがあるわけです。

時代の潮目とディラン

では、この時期のディランの「コンセプト」は何だったのか。75年にニューヨーク・パンクの胎動に触れて、少なからず影響を受けていたことを考えると、ニュー・ウェイヴに対しての反応があってもよかった。けれどディランは、まったく逆を向くんです。

日本から始まった78年のツアーではフルートまで含む11人編成のバンドをバックに「落ち着いたロック」を聴かせ、そのメンバーでの『ストリート・リーガル』【J10】では骨っぽいところも見せました。けれど『ストリート・リーガル』は音楽的なまとまりが良すぎるきらいもあって、ディランらしい「違和感」に欠けていたんですね。本人もそれに気づいたのか、79年に、本来の自分からは最も遠い「コンセプト」を打ち立てる。それが、「キリスト教」「ゴスペル」だったんです。

いま思えば、「ディランがキリスト教に改宗した」というのは、『スロー・トレ

【J10】
『ストリート・リーガル』1978年6月

イン・カミング』[J11]からの、いわゆる〝キリスト教三部作〟の「コンセプト」を徹底するための方便だったのかもしれません。でも、ディランが改宗したことは確かでした。

それまでの彼は、旧約聖書にある、モーゼの律法を基に唯一神ヤハウェを信奉するユダヤ教を受け容れていました。『血の轍』の歌詞には、ユダヤ教の解釈が色濃く出ています。けれども、**『轍』をつくったことでユダヤ教に対する違和感も明らかになった**。ユダヤ教はイエスを認めず、神の国を地上にもたらすメシアの到来を信じる点で、キリスト教とは対立しています。ディランにはそこが引っかかっていたんですね。

ローリング・サンダー・レヴューから78年ツアー・バンドに残ったスティーヴン・ソールズやデイヴィッド・マンスフィールドらが南部出身者に多い再生派、つまりボーン・アゲイン・クリスチャンだったらしく、78年のツアーで彼らと話すうちに、「キリスト教も悪くない」と思ったようです。当時の恋人メアリー・アリス・アーティスも「そっちの人」だったんで、ディランは79年初頭から、ロサンゼルスのサンフェルナンド・ヴァレーにある福音協会、ヴィニヤード・フェロウシップに足繁く通うようになります。もちろん、彼女が通っていたからですが。

ルーテル派の牧師、ケン・ガリクセンが74年に創設したヴィニヤード・フェロウシップは、自前の教会も持っていないような小さな会派で、ガリクセンは「唄

【J11】
『スロー・トレイン・カミング』1979年8月

う牧師」としてレコードも出していた。ディランはそういう気安さも気に入ったらしいんですが、ヨハネ福音書の3章5節に、「イエス・キリストは、ユダヤのラビ、指導者ニコデモに、霊的な新生が必要であると説いている」と記されているのと、新生を「新しい創造」と定義しているのがおそらく決定打になって、キリスト教に改宗しちゃうんですね。

それでディランは、マッスル・ショールズ録音を思いつき、アトランティックのジェリー・ウェクスラーと、スワンパーズのバリー・ベケットにプロデュースを依頼する。録音の初日、改宗を熱く語るディランに、ウェクスラーは、「君が相手にしているのは62歳のユダヤ人で、しかも確信的な無神論者だ。さっさと仕事に取り掛かろう」と言ったそうですが、9月に発売された『スロー・トレイン・カミング』は素晴らしいアルバムになり、シングル・カットされた〈ガッタ・サーヴ・サムバディ〉（全米24位）は、ディランにグラミーの最優秀男性ロック・ヴォーカル賞をもたらしました。けれども、〝人は誰かに仕えなければならない〟と歌ったこの曲はジョン・レノンを怒らせ、彼に返歌〈サーヴ・ユアセルフ〉を書かせることになります。

11月1日に始まった「ゴスペル・ツアー」で、ディランは古い曲を一切演奏せず、MCも説法めいていました。フレッド・タケット（g）、ティム・ドラモンド（b）、ジム・ケルトナー（ds）に、スプーナー・オールダム（key）や女性コーラス隊を加えた演奏は、ディラン史上でもトップ・クラスのものになるんですが、

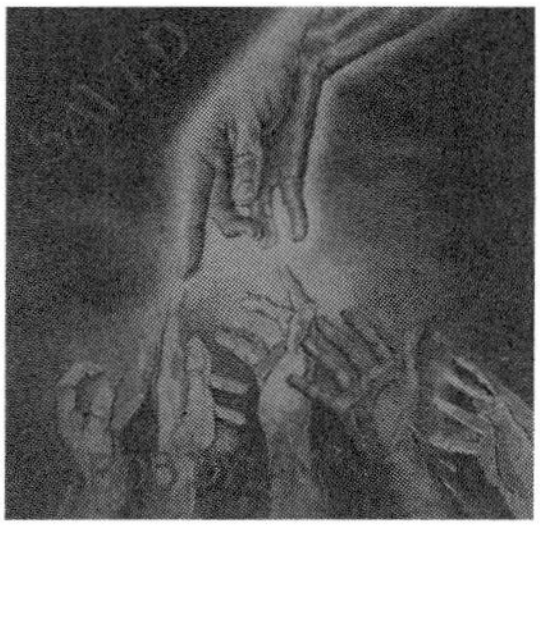

【J12】
『セイヴド』1980年6月

テーマがテーマだっただけに、「ゴスペル・ツアー」は南部でしか受けなくなっていくんですね。崇拝を歌った『スロー・トレイン・カミング』に続いて、80年6月には救済をテーマにした『セイヴド』[J12]が出るんですが、マッスル・ショールズ色がより強まったこのアルバムが意外に売れず、「ゴスペル・ツアー」のメニューにも次第に古い曲が増えていきました。81年8月の『ショット・オブ・ラヴ』[J13]ともなるとゴスペル色も弱まって、乏しい話題をロン・ウッドやリンゴ・スターの参加が救った感じになるんです。キリスト教三部作は、ディランがジャケットに顔を出さないことで「神のしもべ」という立場を表していたようですが、『ショット・オブ・ラヴ』では、ポップ・アートの巨匠ロイ・リキテンスタインがジャケを描いていますから、「ゲームは終わり」という意識があったのかもしれません。

そして83年10月の『インフィデルズ（異教徒）』[J14]で、顔をバーンと出した。内袋の写真はエルサレムの丘にしゃがむディランです。本人は多くを語りませんでしたが、〈ジョーカーマン〉の歌詞を読めば、自分の立場を言っているのかな、と誰だって思います。しかも曲がレゲエで、リズム・セクションはスライ＆ロビーなんですから、ディランの役まわりは偽物っぽいこと甚だしい。けれど、それが良かった。**「ファンを裏切り続けるのがディラン」というイメージが固まった**のは、実は『ショット・オブ・ラヴ』～『インフィデルズ』～『リアル・ライヴ』[J15]～『エンパイア・バーレスク』[J16]という時期なんですが、ミック・テイラーら英国

【J13】『ショット・オブ・ラヴ』1981年8月

【J14】『インフィデルズ』1983年11月

人バンドにカルロス・サンタナがゲストの英国／アイルランドでのライヴ盤『リアル・ライヴ』からピリッとしたところがなくなっていくんで、一般的な人気はどんどん下降していきました。けれど、「それでも俺はディランを聴く」という信奉者が静かに増えていったのもこの時期なんです。「誰も予想しなかったことを試す」「調和から逸脱する」という意味では、**もしかしたらディランがいちばん「ニュー・ウェイヴを生きた」のかもしれません。**「ライヴ・エイド」に参加しておいて、苦虫を噛み潰したような顔で通すんですから、ロックの潮流に対しても「異教徒」という感じでした。

本物のニュー・ウェイヴ

79年は英国のニュー・ウェイヴの最初の分岐点になった年でしたが、それをリアルタイムで体験した私から言わせていただくと、Mやバグルスのような**「ニュー・ウェイヴを狙ったもの」とは逆の方に、真に「ニュー・ウェイヴ」で、「ポップの先端」を感じさせるものがあった**んです。こういうことは語られなくなってしまったんで、アルバムを列挙しておきますね（470ページ参照）。

メジャー・レーベルから出たポップなものでは、ポリスのセカンド『白いレガッタ』が衝撃でしたが、A&Mではスクイーズの2枚目『クール・フォー・キャッツ』と、ジョー・ジャクソンのデビュー作『ルック・シャープ！』が秀作

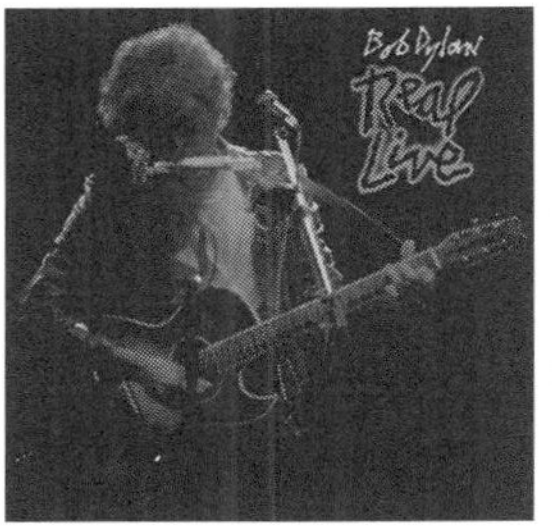

【J15】『リアル・ライヴ』1984年12月

【J16】『エンパイア・バーレスク』1985年6月

でした。ニュー・ウェイヴ・サウンド+レゲエでポリスを凌いだのが、パイ系のリアルトというレーベルからデビューした元デフ・スクールのスティーヴ・リンゼイのバンド、プラネッツの『グーン・ヒリー・ダウン』。これはいまでも愛聴盤です。

スージー&ザ・バンシーズのセカンド『ジョイン・ハンズ』は、スティーヴ・リリーホワイトの名を広めた1枚としても大きな意味を持ちました。ポリドール系ではバンシーズの兄弟バンド、キュアーのファースト・アルバム『スリー・イマジナリー・ボーイズ』も思い出深いです。冷蔵庫のジャケットのアート感がたまりません。

インディーでは、この年はやはりラフ・トレイドが凄くて、キャバレー・ヴォルテールの『ミックス・アップ』、ザ・レインコーツのファースト、エッセンシャル・ロジックの『ビート・リズム・ニュース』、スウェル・マップスの『ア・トリップ・トゥ・マリンヴィル』にはヤラれました。もちろんラフ・トレイド系でいちばん聴いたのは、レイダーに移籍してアルバム『Y』を発表したポップ・グループでしたが。

キャバレー・ヴォルテールなんかまで聴いていたぐらいですから、ノイズ/アヴァンギャルド/インダストリアル系もチェックしていて、スロッビング・グリッスルの『20ジャズ・ファンク・グレイツ』や、トーマス・リア&ロバート・レンタルの『ザ・ブリッジ』、チャールズ・ヘイワードのユニット、ディス・ヒートのファーストには、「ポップ」の概念を覆されました。

UKレゲエもニュー・ウェイヴとして聴いていたんで、スティール・パルスの『トリビュート・トゥ・ザ・マーターズ（殉教者に捧ぐ）』や、ミスティ・イン・ルーツの『ライヴ・アット・ザ・カウンター・ユーロヴィジョン79』に胸を熱くしたものです。でも、レゲエの新局面としては、スリッツの『カット』におけるデニス・ボーヴェルの仕事ぶりが面白かった。

PILの『メタル・ボックス』はもちろん缶入りヴァージョンで買ったんですが、スリッツのおかけでダブに興味を持ち始めたところだったんで、『メタル・ボックス』の音響にはKOされました。

そして年末にクラッシュの『ロンドン・コーリング』が出るんですが、当時は「クラブ・ミュージック」というものが存在するのを知りませんでしたから、パンクとレゲエやスカを一緒にできるセンスが不思議で、ジョー・ストラマーやミック・ジョーンズが何を考えているのかを本気で知りたくなったんです。当時の私は『ニューミュージック・マガジン』と『Jam』と『宝島』を読んでいましたが、アーティストへのインタヴューも、あるムーヴメントへの言及も、「情報」だと思っていたんでしょう。『メタル・ボックス』や『ロンドン・コーリング』は「音楽」として聴いているだけでは意味が掴みきれないような、ある種の「表現文化論」でしたから、それを私より物を知る大人が、「どう批評するか」に俄然興味が湧いたんです。

そんなときに出たのが、〝ニュー〟が取れた『ミュージック・マガジン』の80年1月号で、表紙はジュリーでした。特集は「ズバリこうなる！80年代」。それがどういう内容だったかは憶えていませんが、この号を夢中で読んだのをきっかけに持っていたバック・ナンバーを見直し、定期購読する以前の号を古本屋で大量に買って、一年ぐらい『マガジン』ばかり読み続けたんです。

森脇美貴夫さんが編集長だったインディー・マガジン『ZOO』が『DOLL』になったのもこの年の事件で、輸入レコード店ではパンク・ファンジンを真似たミニコミ誌を見かけるようになりました。81年にスクリーンを自分たちのレーベルからデビューさせた私は、すぐにミニコミをつくったんですが、そんなことをやっていると誰かに見つかるもので、82年にはインディー・マガジンや友人がやっていたミニコミに原稿を書くようになった。それが本書への遠い布石なんですね。

69年に本格的になった多様化は、ロックのサブ・ジャンルを様式に走らせ、ルーツへの視線が普遍性を生むことを示唆しました。けれど、**ザ・バンドが解散し、『ホテル・カリフォルニア』が出た76年をもって、「その形でできること」のほとんどを終えていたんです。**これからミュージシャンとして世に出ようとしていた私は、「ロック」が終わってしまうのは困る、と思ったんでしょう。だから、パンク／ニュー・ウェイヴに走ったんだと思います。

けれども79年のニュー・ウェイヴが持っていた「ノイズもポップ」というアヴァ

【J17】『コマーシャル・アルバム』1980年10月

ンギャルドなロック観は、80年になると、それを「コマーシャリズム」に落とし込めるまでに整理されたんです。79年にアヴァン・ポップの怪作『エスキモー』をものにしたザ・レジデンツが、80年にはその名も『コマーシャル・アルバム』[J17]に転じたのは、たった一年の変化を象徴しています。トーキング・ヘッズで言えば、『フィア・オブ・ミュージック』から『リメイン・イン・ライト』[J18]への、XTCで言えば『ドラムス・アンド・ワイヤーズ』から『ブラック・シー』[J19]への変化だったわけですが、おそらくそれは「毒の量」の差で、ワクチンに含むウィルスの適量が見えた、ということだったんじゃないでしょうか。

レジデンツもトーキング・ヘッズ（＝デイヴィッド・バーン）もXTCも、その後は**毒の種類を変えるようなやり方で「オルタナなロック」をつくり続けています**。

ロックを生きる

ダブリン出身のU2は80年に世界デビューを果たし、レコードの売り上げやライヴの動員といった記録を塗り替える歴史的なバンドになりましたが、「アイルランドからアメリカへ」という視線から「ポップ・ミュージックの必然」を実践することを引きつけたという以上に、魔術師的なレコード・プロデューサーであるイーノやダニエル・ラノワから教わった「毒の配合」で全人類に有効なワクチ

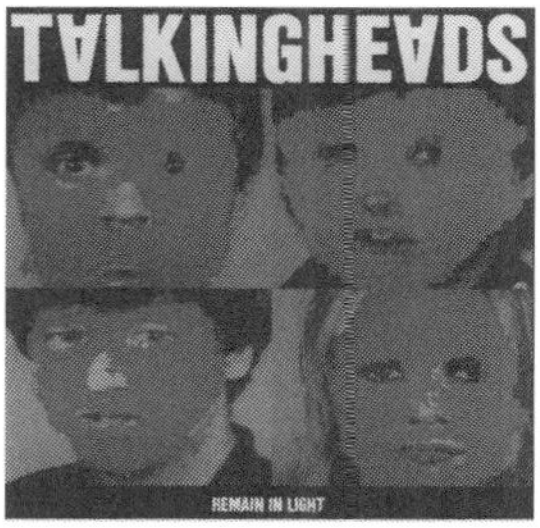

【J18】『リメイン・イン・ライト』1980年10月

【J19】『ブラック・シー』1980年9月

ンをつくり続けていることが、「揺るがぬロック」の秘訣なんじゃないかと思えてきます。

ボノは、「アメリカで現実を見なければ、ぼくらは音のデカいフォーク・バンドのままだったとと思う」（大意）という発言を残していますが、おそらく彼らはニュー・ウェイヴ・バンドとしてアメリカを旅することで、マーティン・ルーサー・キングの演説やアレン・ギンズバーグの詩が、「ロックの精神性」にどれだけの影響を及ぼしたのかをリアルに知ったんでしょう。ビートルズの偉大さを理解したのも、同じ時期だったと思います。

60年代のアメリカに、何の宗教や思想や哲学にも裏打ちされない「純粋な自由」を投下したビートルズに、２０００年も国家を持たないままタフに生き続けた「ケルト人の魂」を見たはずです。

ＷＡＲツアーの見せ場は、ボノが真っ白な旗を振る場面でしたが、そこには、宗教／思想／哲学的な「色を持たない」という意味がありました。でも、彼らのその後の音楽活動は、白い旗に込めたもうひとつの意思を伝えていくことになります。それは「あらゆるロックを受け入れる」という姿勢でした。[1]

そこには「毒」もあった。とくに世界デビューの前年にロンドンで体験した「ノイズもポップ」という姿勢は、ルーツを探る旅に出ようと、ヒップ・ホップの要素を取り入れようと、ボウイをなぞったベルリン録音を敢行しようと、９・11後の世界を体験しようと、少しも変わることがありませんでした。

【1】
U2の『オール・ザット・ユー・キャント・リーヴ・ビハインド』（2000年10月、右写真）と『ハウ・トゥ・ディスマントル・アン・アトミック・ボム』（04年11月、左写真）は〝20世紀ロック〟の最終形だと思います（和久井）

ジョン・レノンがビートルズには似つかわしくないミュージック・コンクレート作品を〈レヴォリューション9〉と題したのは、リーバー／ストーラーの〈ラヴ・ポーション№9〉に対するシャレだったと思うんです。68年のジョンは、ポップ・ミュージックへの揶揄を込めて、「ロックの地平」を広げておいたんでしょう。「産業化」には向かわなかった79年のニョー・ウェイヴ勢は、意外と広い「ロックの裏路地」で、カンやアモン・デュールやクラフトワークといったドイツ人バンドや、英国のジャズから島流しにあったような人たちが、それぞれの生活を営んでいるのを発見したはずです。U2はそこでニュー・ウェイヴの先輩たちがつくった「異形のもの」から、永遠に古びない「前衛」を感じ取ったんじゃないでしょうか。

ジョンはリンゴに〝おやすみ〟と唄わせる前に、明日の予定を語るように〈レヴォリューション9〉を置き、「前衛の巨人」と結婚したんです。ヨーコと出逢って、「ロックを生きる」とはそういうことだ、と悟ったからでしょう。

1979年の「ニュー・ウェイブ」19選

『ジョイン・ハンズ』
スージー＆ザ・バンシーズの
セカンド

『スリー・イマジナリー・ボーイズ』
キュアー

『白いレガッタ』
ポリス

『ミックス・アップ』
キャバレー・ヴォルテール

『クール・フォー・キャッツ』
スクイーズ

『ザ・レインコーツ』
ザ・レインコーツ

『ルック・シャープ!』
ジョー・ジャクソン

『ビート・リズム・ニュース』
エッセンシャル・ロジック

『グーン・ヒリー・ダウン』
プラネッツ

『殉教者に捧ぐ』
スティール・パルス

『ア・トリップ・トゥ・マリンヴィル』
スウェル・マップス

『ライヴ・アット・ザ・カウンター・ユーロヴィジョン 79』
ミスティ・イン・ルーツ

『Y(最後の警告)』
ポップ・グループ

『カット』
スリッツ

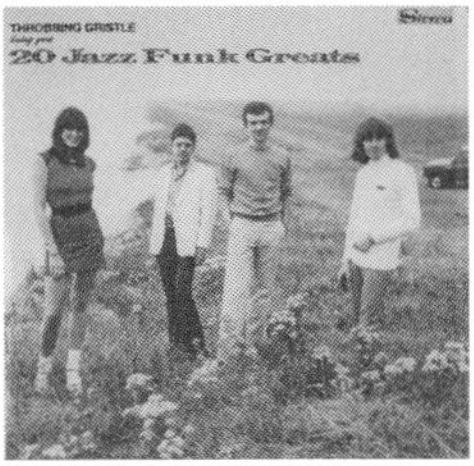

『20ジャズ・ファンク・グレイツ』
スロッビング・グリッスル

『メタル・ボックス』
PIL

『ザ・ブリッジ』
トーマス・リア&ロバート・レンタル

『ロンドン・コーリング』
クラッシュ

『ディス・ヒート』
ディス・ヒート

P.S. WE LOVE YOU

あとがき

この本を書き終えた翌日、10月25日に、エンケンこと遠藤賢司さんが亡くなった。

彼のことが気になり始めたのは中学1年の冬に〈カレーライス〉を聴いたとき、テレビでライヴを観てノックアウトされたのは73年の秋だったと思う。翌日、当時の最新盤だった『歓喜の歌　遠藤賢司リサイタル』を買いに行った。

以来。エンケンさんは私の〝心の師〟だった。『東京ワッショイ』は〝日本のパンク〟の鑑だった。

90年代後半にはお話させてもらうようになり、今世紀に入って親しくなった。

アルタミラピクチャーズの桝井省志さんが、『ゴールデン・カップス　ワンモアタイム』に続いて、「エンケンさんの映画をつくりたい」と言い出し、私が繋ぐような格好になったからである。だから、映画『不滅の男　エンケン対日本武道館』が形になっていくのを傍で見守り、武道館のリハーサルを見せてもらうことにもなった。

そんな流れから、キングレコードに残るエンケン音源をまとめたボックス・セット『キング・オブ・ワッショイ』を私が監修することになり、『にゃあ！』のジャケット制作にもつきあった。

エンケンさんはよく、「ちゃんとやらなきゃダメだ」と言っていた。誰よりも自分にそう言い聞かせ、弾き語りのライヴの前にもひとりでスタジオに入って練習していた。グレッチのエレキをハウらせながらドラムを叩くのも、マーシャルのアンプを引きずり倒すのも、ひとりスタジオで〝練習していた〟し、ステージではリハーサルから本気だった。

その、決闘に赴く野武士のような〝厳しさ〟に、私はいつもタジタジになったが、ライヴが終わるとエンケンさんは別人のように優しくて、楽しい話をたくさんしてくれた。

音楽づくりの現場では、よくエンケンさんの「ちゃんとやれ」を思い出すようになった。いや、

「ちゃんとやれ」の意味を考えながら音楽と向き合うようになった、と言った方が正しいかもしれない。

レコード・デビュー30周年を超え、55歳になった辺りから、「ちゃんとやれ」の意味を掴み始めた私は、バンドも弾き語りもずいぶん納得してできるようになった。それは「結果を出す」「うまくおさめる」ということではなくて、「全身全霊を傾ける」「精いっぱいやる」ということだと悟ったからだ。

そして、この本も「ちゃんと」つくった。自分の本が出せるようになって25年になるが、こんなに精いっぱいやった本は初めてである。ひとりでも多くの読者にそれが伝われば嬉しい。一冊でも多く売れれば嬉しいけれど、言いたいことを残しながら、「これはこれ」としてやりきった感があるのには満足している。

アタマからきちんと読んでもらえれば、置いておいた伏線がのちに効いてくるような仕掛けが随所にしてあるのがわかるはずだが、どこを拾い読みしても面白いようにもしてある。どうか、楽しんでいただきたい。

こんなクセの強い本に仕上がったのは、ＤＵ ＢＯＯＫＳの渡邉淳也くんと、スーパー・デザイナー真舘嘉浩くんのおかげである。みんなが「ちゃんとやった」からこうなったわけだ。本当に感謝している。

２０１７年11月3日　和久井光司

参考文献

※本文で触れている作品を除く

『20世紀全記録』講談社 1987

アレン・ギンズバーグ『ギンズバーグ発言　破滅を終わらせるために』諏訪優訳, 思潮社, 1988

ヴィクター・ボクリス『ウィリアム・バロウズと夕食を』梅沢葉子、山形浩生訳, 思潮社, 1990

カービー・ミラー、ポール・ワグナー『アイルランドからアメリカへ 700万アイルランド移民の物語』茂木健訳, 東京創元社, 1993

黒沢進『日本フォーク紀 コンプリート』シンコーミュージック, 2009

ジェリー・ホプキンズ『オノ・ヨーコ』月村澄枝訳, ダイナミックセラーズ, 1988

ジョージ・マーティン『耳こそはすべて』吉成伸幸、一色真由美訳, クイックフォックス社, 1980

スージー・ロトロ『グリニッチ・ヴィレッジの青春』菅野ヘッケル訳, 河出書房新社, 2010

田口史人、湯浅学、北中正和監修『増補改訂 ラヴ・ジェネレーション』音楽之友社, 2000

ティモシー・リアリー『フラッシュバックス ティモシー・リアリー自伝』山形浩生ほか訳, トレヴィル, 1995

デレク・テイラー『サイケデリック・シンドローム』水上はるこ訳, シンコーミュージック, 1988

中村とうよう『ポピュラー音楽の世紀』岩波書店, 1999

中村とうよう『大衆音楽の真実』ミュージック・マガジン, 1986

バリー・ギフォード、ローレンス・リー『ケルアック』青山南ほか訳, 毎日新聞社, 1998

バリー・マイルズ『ウィリアム・バロウズ』飯田隆昭訳, ファラオ企画, 1993

バリー・マイルズ『ビートルズ・ダイアリー』松尾康治訳, シンコーミュージック, 2000

バリー・マイルズ『ポール・マッカートニー　メニー・イヤーズ・フロム・ナウ』竹林正子訳, ロッキング・オン, 1998

ハワード・スーンズ『ダウン・ザ・ハイウェイ ボブ・ディランの生涯』菅野ヘッケル訳, 河出書房新社, 2002

ハンター・デイヴィス『ザ・クオリーメン ジョン・レノンの記憶』野澤玲子訳, リットーミュージック, 2002

ピーター・ファン＝デル＝マーヴェ『ポピュラー音楽の基礎理論』中村とうよう訳, ミュージック・マガジン, 1999

ザ・ビートルズ『ザ・ビートルズ・アンソロジー』ザ・ビートルズ・クラブ訳・監修, リットーミュージック, 2000

ピート・ベスト、パトリック・ドンカスター『もう一人のビートルズ ピート・ベスト・ストーリー』中江昌彦訳, CBS・ソニー出版, 1985

ビル・ハリー『ビートルズ百科全書』三井徹訳, 集英社, 1995

藤本国彦『ビートルズ213曲全ガイド』音楽出版社, 2015
ブライアン・サウソール、ピーター・ヴィンス、アラン・ラウス『アビイ・ロードの伝説』内田久美子訳, シンコーミュージック, 1998
ブライアン・サウソール、ルパート・ペリー『ノーザン・ソングス』上西園誠訳, シンコーミュージック, 2010
ベリー・ゴーディ『モータウン、わが愛と夢』吉岡正晴訳, TOKYO FM出版, 1996
ポール・オリヴァー『ブルースの歴史』米口胡訳, 晶文社, 1978
ボブ・ディラン『ボブ・ディラン自伝』菅野ヘッケル訳, SBクリエイティブ, 2005
マイケル・マッカートニー『素顔のマッカートニー』アルバ・フォーラム訳, CBS・ソニー出版, 1982
ミシェル・グリーン『地の果ての夢 タンジール』新井潤美ほか訳, 河出書房新社, 1994
ミュージック・マガジン増刊『スペシャル・エディション［パート3］1977-1979』中村とうよう編, ミュージック・マガジン, 1996
ミリセント・ディロン『伝説のジェイン・ボウルズ』篠目清美訳, 晶文社, 1995
四方田犬彦『モロッコ流謫』新潮社, 2000
リチャード・ウィリアムズ『ボブ・ディラン 果てしなき旅』菅野ヘッケル訳, 大栄出版, 1993
レイ・コールマン『ジョン・レノン』岡山徹訳, 音楽之友社, 2002
レコード・コレクターズ増刊『STONED !』ミュージック・マガジン, 1998
ロナルド・D・コーエン『アラン・ローマックス選集』柿沼敏江訳, みすず書房, 2007
ロベール・ブリアット『ポール・ボウルズ伝』谷昌親訳, 白水社, 1994
Chas McDevitt “Skiffle : The Definitive Inside Story” Robson Books, 1997
Clinton Heylin “Bob Dylan The Recording Sessions 1960-1994” St. Martin's Press, 1995
Harry Shapiro “Alexis Korner” Bloomsbury, 1996
Keith Badman “The Beatles After The Break-Up 1970-2000” Omnibus Press, 1999
Mark Lewisohn “The Beatles 25 Years In The Life” Sedgwick & Jackson, 1987
Various Artists “The Liverpool Scene” Donald Carroll, 1967

和久井光司（わくい・こうじ）
1958年東京生まれ。総合音楽家。81年にスクリーンを率いてデビュー。ソロ名義の代表作に『愛と性のクーデター』『ディランを唄う』（ともにソニー）があり、現在は弾き語りとバンドの二刀流で音楽活動を続けている。著書に『ビートルズ原論』『放送禁止歌手 山平和彦の生涯』（ともに河出書房新社）『ザ・ビートルズ・マテリアル』（全4巻、ミュージック・マガジン）など、編著に『英国ロックの深い森』（全2巻、ミュージック・マガジン）『ザ・ゴールデン・カップスのすべて』（河出書房新社）など多数。浦沢直樹との共著『ディランを語ろう』（小学館）でも知られる。

Cover Photo :
Wikimedia Commons, Ricardo Liberato
Wikimedia Commons, Library of Congress. Farm Security Administration
Wikimedia Commons, Captain Budd Christman, NOAA Corps
Wikimedia Commons, Mfield, Matthew Field
Wikimedia Commons, Santa Monica Palm Trees
Wikimedia Commons, Westminster Abbey by Canaletto, 1749

ビートルズはどこから来たのか
大西洋を軸に考える20世紀ロック文化史

初版発行 2017年 12月 25日

著者 和久井光司
デザイン 真舘嘉浩（Waters/Orgasmo）
編集 渡邉淳也（DU BOOKS）

発行者 広畑雅彦
発行元 DU BOOKS
発売元 株式会社ディスクユニオン
東京都千代田区九段南 3-9-14
編集 TEL 03-3511-9970 FAX 03-3511-9938
営業 TEL 03-3511-2722 FAX 03-3511-9941
http://diskunion.net/dubooks/

印刷・製本 中央精版印刷

ISBN978-4-86647-009-2 Printed in Japan
©2017 Koji Wakui / diskunion

万一、乱丁落丁の場合はお取り替えいたします。定価はカバーに記してあります。禁無断転載

DU BOOKS

細野晴臣 録音術

ぼくらはこうして音をつくってきた

鈴木惣一朗 著

これがポップス録音史だ。70年代のソロデビューから最新作まで。40年におよぶ細野晴臣の全キャリアを、その音楽活動を長きにわたり見つめてきた鈴木惣一朗が歴代のエンジニアと細野晴臣本人とともに辿る。現存する『はらいそ』『フィルハーモニー』『S・F・X』『オムニ・サイト・シーイング』『メディスン・コンピレーション』のトラックシートも収録！　登場するエンジニアは、吉野金次、田中信一、吉沢典夫、寺田康彦、飯尾芳史、原口宏、原真人。

本体2500円＋税　A5　296ページ　好評4刷！

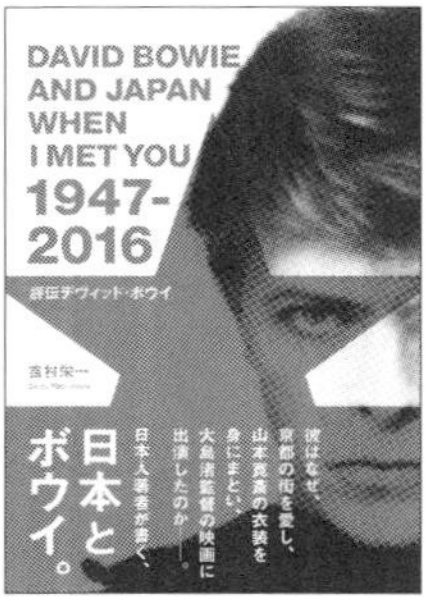

評伝デヴィッド・ボウイ

日本に降り立った異星人（スターマン）

吉村栄一 著

日本を生涯愛したロック・スター。ボウイのオリジナル・アルバムのライナーノート執筆を手掛ける著者が、特に日本とのかかわりについて大きくページを割いた本格的な人物評伝。今明かされる、坂本龍一、サンディー、高橋靖子ら、日本人クリエイターたちとの交流秘話とは？　秘蔵カラー口絵16ページ、全アルバム・ディスコグラフィー＆企画盤・重要映像作品の詳細解説付。

本体2200円＋税　四六　392ページ（カラー口絵16ページ）

レッド・スペシャル・メカニズム

クイーンと世界をロックさせた手作りギターの物語

ブライアン・メイ＋サイモン・ブラッドリー 著　坂本信 訳

世界一有名なハンドメイド・ギターの深部に迫る！　ブライアン自身から語られる本器誕生秘話とその記録。使用された自作の工具はもちろん、ピックアップの変遷や、エリザベスII世の在位50周年式典として行われたバッキンガム宮殿屋上でのパフォーマンスについての詳細な記述も必読。クイーンの華麗なアレンジを彩ったギターのすべてがこの一冊に！

本体3600円＋税　A4変型　144ページ（オールカラー）

スタジオの音が聴こえる

名盤を生んだスタジオ、コンソール＆エンジニア

高橋健太郎 著

サウンド・プロダクションの重要性が増した現在でも、DAW上で参照されているのは、60～70年代の機材を使ったテクニックであることが多い。本書に取り上げたインディペンデント・スタジオで起った出来事がいまだ影響を与えているのだ。音楽ジャンルさえ生んでしまった、スタジオの機材、エンジニアなどに注目し、「あのサウンド」の生まれた背景、手法に迫る。

本体2000円＋税　四六　240ページ　好評2刷！

DU BOOKS

ポール・マッカートニー　告白

ポール・デュ・ノイヤー 著　奥田祐士 訳

本人の口から語られる、ビートルズ結成以前からの全音楽キャリアと、音楽史に残る出来事の数々。曲づくりの秘密やアーティストとしての葛藤、そして老いの自覚……。70歳を過ぎてなお現役ロッカーであり続けるポールの、リアルな姿を伝えるオーラル・ヒストリーの決定版！

ポール・マッカートニーとの35年以上におよぶ対話をこの一冊に。

本体3000円＋税　A5　540ページ　好評3刷！

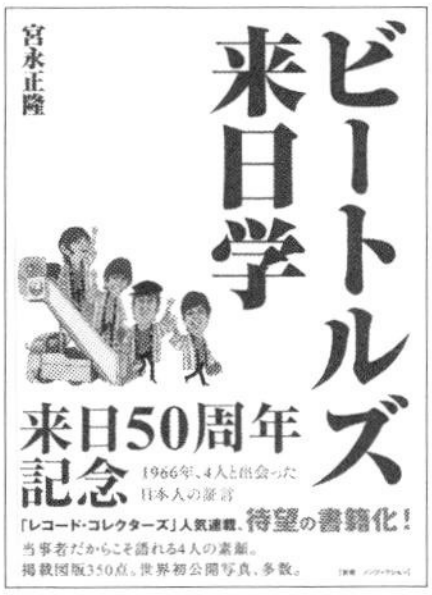

ビートルズ来日学

1966年、4人と出会った日本人の証言

宮永正隆 著

ビートルズ来日50周年記念出版。「レコード・コレクターズ」誌の人気連載、待望の書籍化。真実は細部に宿る！　当事者だからこそ語れる、来日時のビートルズの素顔や行動。世界初公開の写真も多数掲載。掲載図版は350点以上。マーク・ルーイスン（ビートルズ研究の権威）からも「第一級のインタヴュー」と絶賛された著者によるライフワーク。湯川れい子さん絶賛！（「週刊文春」）、「北海道新聞」「朝日新聞」（「ひと」欄）などでも話題に。

本体2500円＋税　A5　448ページ（カラー図版多数）　好評3刷！

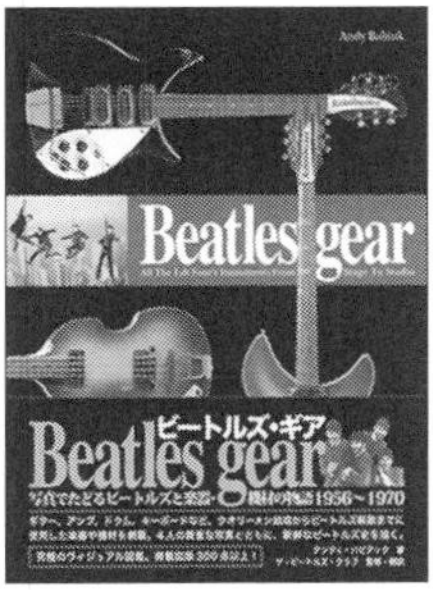

Beatles gear [新装・改訂版]

写真でたどるビートルズと楽器・機材の物語1956～1970

アンディ・バビアック 著　ザ・ビートルズ・クラブ 翻訳・監修

「レコード・コレクターズ」に書評が掲載されました！

1950年代のスキッフル・グループ、クオリーメン結成～1970年ビートルズ解散までの使用楽器・機材を綴った名著『Beatles gear』が、12年の時を経て新訳で登場！

世界中のビートルズファンが大絶賛した名著。本書を読めば、ビートルズがどれほど楽器を愛し、深い知識を持ったミュージシャンだったかがわかります。

本体5300円+税　A4国際版　256ページ（オールカラー）

Paint it Rock マンガで読むロックの歴史

ロックのルーツがまるごとわかる！

南武成 著　岡崎暢子 訳

ロングセラー『Jazz it up！ マンガまるごとジャズ100年史』の著者が贈る、韓国の大ベストセラーの翻訳版！　数々の伝説的ロッカーたちの生きざまとともに、ロックの誕生から四半世紀を分かりやすく、ユーモラスに描いた痛快！　歴史マンガです。

本体2500円+税　A5変型　352ページ